法意无边

——法治随谈

周瑞春 著

海峡出版发行集团
THE STRAITS PUBLISHING & DISTRIBUTING GROUP
福建人民出版社

图书在版编目（CIP）数据

法意无边 ：法治随谈 / 周瑞春著. -- 福州 ：福建人民出版社，2021.12（2022年.2重印）

ISBN 978-7-211-08742-6

Ⅰ. ①法… Ⅱ. ①周… Ⅲ. ①法律一文集 Ⅳ. ①D9-53

中国版本图书馆CIP数据核字(2021)第191641号

法意无边——法治随谈

FAYI WUBIAN FAZHI SUITAN

作　　者： 周瑞春

责任编辑： 黄须友

出版发行： 福建人民出版社　　**电　　话：** 0591-87533169（发行部）

网　　址： http://www.fjpph.com　　**电子邮箱：** fjpph7211@126.com

地　　址： 福州市东水路76号　　**邮政编码：** 350001

经　　销： 福建新华发行（集团）有限责任公司

印　　刷： 福建建本文化产业股份有限公司

地　　址： 福州市仓山区建新镇十字亭路4号

开　　本： 720毫米×1000毫米 1/16

印　　张： 23.5

字　　数： 347千字

版　　次： 2021年12月第1版　　2022年2月第2次印刷

书　　号： ISBN 978-7-211-08742-6

定　　价： 78.00元

序　言

瑞春的“铁粉”们期盼已久的《判重南山》的姊妹篇《法意无边》终于快要付梓面世了，瑞春嘱我再次作序。因为有了十二年前的“鲁莽”，此次也只好半推半就了。

《法意无边》延续了《判重南山》叙事阐理的风格与品味：从一则猫鼠轶事、一个故事传奇、一条谚语格言、一幅名画怪作、一件器物把玩等具象载体中，传递出事理物性，阐发出法意哲理，揭示出人生真谛，披露出微言大义……。从具象到抽象，由物象到意象；文随而情深，形散而意聚；从而鞭辟入里，引人入胜；继而使人有醍醐灌顶、大梦初醒之感。

与《判重南山》不同的是，《法意无边》尽管题材相对集中，主要聚焦猫鼠公案和法治画廊，视域相对缩小，然而意蕴多有外溢，由法理律意拓展至人生哲理和治国方略，远超法域之外；文笔更为潇洒老辣，不仅古今中外顺手拈来，而且嬉笑怒骂皆成文章；眼力更加犀利独到，不仅对狐辈国贼们的老谋深算洞若观火，而且对明主圣贤们的深谋远虑心知肚明；思想更加圆融深邃，不仅将法、理、情熔于一炉而升华为“哲”，而且将天、地、人存乎一心几近于“道”；境界更加深远宽广，既有从歌楼戏雨、客船观雨到僧庐听雨的禅修与蝶变，更有从隙中窥月、庭中望月到台上玩月的潇洒与高怀。

我曾说读完《判重南山》，有“文如其人”之感，而读完《法意无边》，我又有“文异其人”之惊！瑞春给我们的印象是：与书为伴、与茶为友、与人为善、与职尽责。而《法意无边》使我们对他又有了新的认识：既有书呆子似的执着，又有洞察秋毫的睿智；既有工夫茶的醇厚，又有深山泉的透彻；既有君子之谦和，又有侠士之义气；既有职责之担当，又有伟业之理想。

本想为《法意无边》编织一顶像样的高帽子，无奈江郎才尽，不如让读者于原著先睹为快：话休絮烦，读书去罢！

江必新

2021 年 11 月

本序作者系最高人民法院原副院长，现全国人大宪法和法律委员会副主任委员

目　录

第一辑　风雨老人桥

动物法庭 /3

树木之辨

——法律格言杂谈 /10

风雨老人桥 /16

好厝边会所 /26

愿在兽而为鹰 /30

重用儒生又如何 /35

反对不正义 /41

永远的大法官 /54

看培根怎样当律师 /60

听蒙田在壁炉旁谈法律 /66

等个人 /75

庭中望月 /81

客船听雨 /86

梦里依稀 /90

戴帽穿鞋 /94

巴山夜雨 /97

歌乐山下好读书

——西政乐事十则 /105

诗情·画意·哲理 /109

第二辑　老鼠告猫

打鼠记 /119
老鼠的四宗罪 /123
老鼠嫁女的成功学 /127
社鼠的政治智慧 /131
老鼠告状的法律观察 /136
猫的印象 /142
生态灭鼠 /146
驱除鼠耗平生志 /150
咄，你这只猫 /154
疑似的猫腻 /159
被审判的老鼠 /163
鼠牙雀角 /167
加缪的《鼠疫》/171
借问瘟君欲何往 /174
女巫身边的黑猫 /178
行走云端的猫 /182
谁也不能杀猫 /186
南泉斩猫 /191
提尾来见 /194
家猫是动产 /198
假鼠行恶 /201
行走法律边缘 /204
老鼠启示录 /207
稀奇猫事知多少 /213
老鼠带来的灵感 /218
猫也很文艺 /223

用老鼠教训人类 /232
终日招财为谁忙 /236
人鼠之间 /239
黑猫凶猛 /244
仓鼠人生 /251
捕鼠人生 /257
鼠事拾零 /262
这里，有没有猫禁 /267
老鼠和智人 /271
跳舞的水俣猫 /275
正说老鼠 /279

第三辑　法治画廊

跟随迟轲观赏法治画廊 /287
用天平称量心脏
——古埃及的豺头神 /291
发扬正义于世
——古巴比伦《汉谟拉比法典柱》的浮雕 /294
第三次的征服
——东罗马的查士丁尼壁画 /298
“无辜”的悲哀
——波提切利的《诽谤》/302
他表现了什么
——米开朗琪罗的《摩西》雕像 /305
法治必须被信仰
——米开朗琪罗的《最后的审判》/308
“粗大的金链子”
——贺尔拜因的莫尔肖像画 /312
小案大影响
——委罗内塞的《西门家的宴会》/316

带着你的剑来
——卡拉瓦乔的《圣母之死》/319
“法律”高于国王
——凡·代克的《查理一世行猎图》/324
“跟着良心走”
——乌顿的《伏尔泰》雕像 /328
黑暗之光
——伦勃朗的《夜巡》/331
“生存还是毁灭”
——大卫的《苏格拉底之死》/335
革命与艺术
——大卫的《马拉之死》/340
宗教裁判所
——戈雅的两幅《玛哈》/343
讽刺司法
——杜米埃画笔下的法官和律师 /345
正义作家
——马奈的《左拉像》/347
流放者之路
——列维坦的《弗拉基米尔卡》/350
流放地图
——列宾的《意外归来》/352
世纪末的惊恐呼号
——蒙克的《呐喊》/356

附：以人喻法　以事寓理
——读《判重南山》/360

跋 /362

风雨老人桥

动物法庭

有些寓言故事，常常让动物当法官判案。

克雷洛夫（1769—1844年）是与古希腊的伊索、法国的拉·封丹齐名的世界三大寓言作家之一。他从40岁开始写作寓言，一生中创作了203篇寓言。他的寓言用诗体写成，语言优美、形象生动、寓意深刻，有很强的感染力。他的寓言有一种浓厚的俄国味，因此普希金称他是“最具有民族性的诗人”，克雷洛夫也是一位具有人民立场的作家，他的作品，超越了寓言一般的道德教化功能，而充满了对现实的批判精神。这篇《大象当官》就是一篇经典的诗体寓言，遗憾的是限于手头翻译的版本，后面引述的几篇译文都是散文体寓言了。

身居要职的人却不聪明，
心肠软弱也会害人。
一头大象被任命为森林总管。
大象似乎是种聪明的动物，
但一家人里难免出个丑八怪：
我们这位长官啊，
和他父母一样身高体壮，
却没有父母那样的脑袋，
但它心软连苍蝇都不忍伤害。
善良的大象这天升堂理事，

绵羊递上一纸诉状：
“豺狼要活剥我们的皮。”
“恶棍！”大象高喊道，“伤天害理！
是谁给了你们抢劫的权利？”
豺狼回答：“我们的老爷，
是您让我们向绵羊征点薄税，
做上一件过冬的皮衣。
愚蠢的绵羊还要嚷嚷。
每个羊妹妹只剥一张皮，
连这点东西它们都怜惜。”
“也有道理，”大象说，
“你们都听着！
我不允许任何人胡作非为：
每只羊只许你们剥一张皮，
此外连一根羊毛也不得再取。”

羊告狼侵权，大象当法官。狼的狡诈善辩，大象的仁慈昏庸形象，被克雷洛夫描绘得栩栩如生。作为法官的大象，空有一副好心肠，却没有一颗明理心，其结果是事与愿违，判出错案、助纣为虐，不仅不能主持正义，维护被害者的合法权益，而且使不法侵害行为得到了肯定和支持，为罪行披上了合法的外衣。凡事皆有理，不可不明辨，作文要重文理，观物要察物理，做人要懂道理，做事要明事理，判案要讲法理。明理不仅是治学之功，亦是办案之道。所有的不公不义不法的恶行，都会乔装打扮，为自己蒙上一层美丽动人的外衣，不能明辨识别，难免上当受骗。正像狼被告对大象法官说的，“每个羊妹妹只剥一张皮，连这点东西它们都怜惜”，“仁慈”但不明事理的大象似乎不知道剥一张皮就是要一只羊的命，于是下判：“每只羊只许你们剥一张皮，此外连一根羊毛也不得再取”，不许狼多取一根羊毛，却准许狼剥取整张羊皮！“皮之不存，毛将焉附？”大象这种“糊涂的仁慈”，在现实中可说是不乏其人。但还有一些人则是“揣着明白装糊涂”，他们大抵也是采取这种伎俩。且看，“每只羊只许剥一张皮”，这是落地的实锤，夺命的实招，但却说得谦抑而仁慈，“只许”剥一张皮，难道一只羊还会有两张皮吗？“此外，连一根羊毛也不得再取”，这是煞有介事的空判，有名无实的虚招，但却说得掷地有声、义正词严，整张羊皮都剥走了，附在羊皮上的毛难道还会有剩余的吗？对要害处下手时轻描淡写，在无意义虚招处则高调宣示，融声东与击西、巧取与豪夺为一体，尽显高妙手段。

如果说大象当法官判错案是因为昏庸、不明事理，那么狐狸当法官判冤案的动机就有点可疑了：

> 农夫到法院状告绵羊，指控这个可怜的家伙触犯了刑法。法官狐狸马上开庭，先审问了被告，接着审问了原告，让他们挨个陈述，不得在法庭上喧哗，要讲清事情的来龙去脉，以及都有哪些证据。农夫说：“某月某日的清晨，我发现自己的母鸡少了两只，只留下了一些骨头和鸡毛，而当时只有绵羊在院子里。”绵羊辩解说自己当天夜里一觉睡到天亮，没有偷鸡，还叫来街坊们为它作证。街坊们都说，绵羊从来就没有偷盗和欺骗行为，况且它生来就不吃肉。狐狸听取双方的控辩后做出判决，原文照抄如下：
>
> “法庭不予采信绵羊提供的证据，因为骗子都擅长毁灭罪证。根据调查，那天晚上，绵羊根本没有离开过母鸡，况且鸡肉又是那么好吃。机不可失，时不再来。所以，我以自己的良心判断，绵羊绝对无法克制自己想吃鸡肉的欲望。因此判处绵羊死刑，羊皮归原告所有，羊肉上交法庭。”（《农夫与绵羊》）

农夫告绵羊偷吃鸡，狐狸当法官。在案件的审理过程中，狐狸严格按照法定程序开庭审理，也按照裁判规范进行裁判说理，表现得很专业，俨然是一个训练有素的法官，但是裁判的结果却是程序合法、实质不公，这说明形式正义并不能替代实质正义。实现实质正义的唯一路途是依据证据判定有罪无罪。本案中，按说绵羊提供的无罪证据是充分的，但是狐狸却先入为主，有罪推定，以个别证据（绵羊与母鸡同住一个院子）和自己的主观臆测（鸡肉很好吃，绵羊无法克制吃鸡欲望），就否定了绵羊充足的无罪证据，之所以说它是臆测，因为它的推测并非基于常情常理，而是建立在以己之心度羊之欲上的，实际上羊是只吃草、不吃肉的，哪怕是面对狐狸垂涎欲滴的鸡肉，羊也毫无兴趣，但经狐狸的一番自由心证下来，素食主义者绵羊却被认定偷吃鸡肉的罪名成立，并判处死刑。众所周知，而且狐狸也不否认自己有喜欢吃鸡的习性和欲望，它的心证理由无异也是其心理自供。因此，这个判决不能不让人怀疑：根本不吃鸡的羊可能成了爱吃鸡的狐狸的“替罪羊”。所以法官不仅要有良好的专业素养，还要有良好的道德品行，才能确保在审判中实现法律的公平正义精神，如果法官居心不正不公不廉，则可能借法律之名行不义之实。

抨击法官的同时，克雷洛夫也抨击同为司法者的检察官，《梭子鱼》的故事说：

> 梭子鱼把池塘搞得鸡犬不宁，于是便被告上了法庭。指控它的罪证装满一车都绰绰有余，于是这个罪犯便被装到木盒里抬到了法庭上。法官们就在附近吃草，因此很快就集合起来，幸运的是档案上面保留了它们的名字：两头毛驴、两匹老马、三只山羊。为了监督案件的审理，还请来了狐狸作为检察官。有谣言说梭子鱼经常给狐狸提供鱼，但法庭依然是秉公执法的。或者说，这次梭子鱼太无法无天，不论是谁都没法为它遮掩罪行。在无计可施的情况下，法庭判决对梭子鱼处以极刑，要将它吊死在树上，以此震慑他人。
>
> “尊敬的法官大人！”狐狸趁机说道，“吊死它实在是太便宜它了，我建议法庭，如果尚未有判决吊死的先例，那么为了起到震慑的作用，最好将梭子鱼淹死在河里！”
>
> “太妙了！”法官们高声叫着敲下了法槌。于是梭子鱼便被扔到了河中央。

这个案件是驴、马、山羊当法官审理梭子鱼犯罪案件，但主角是狐狸，狐狸作为监督公正司法的检察官，却徇私枉法，使梭子鱼逃脱法律制裁，它建议法庭采取所谓的“将梭子鱼淹死在河里”的方法执行死刑，以狐狸之聪明，它不可能不知道，这不是对梭子鱼执行死刑，而是给梭子鱼放生，让梭子鱼逃脱惩罚，当然，那些糊涂的法官们却未必知道，还以为狐狸的建议是一项司法制度的创新呢。狐狸的这种作为，不能不让人联想到之前的“谣传”：梭子鱼经常给狐狸提供鱼。如果“谣传”属实，狐狸这是拿人钱财，替人消灾了。然而狐狸的狡猾之处就在于它没有反对死刑判决，相反，它表面上大义凛然、义正词严、力主死刑，暗地里却采取移花接木、偷梁换柱之类的手法，来了一招“高级黑”，让人看起来觉得正义得到了完美的实现，实则不露痕迹地将法律的正义化为乌有，此正是“赃吏犯法，法在；奸吏乱法，法亡”之写照也。如果奸吏作为监督者，他有各种方法让法律名存实亡。无论是放纵罪犯，还是陷害无辜，他都可以运用自如地玩弄法律。但是如何监督监督者，却始终都是一个难解之题。

批评完司法，克雷洛夫也不忘讽刺立法，他仍然借《狼与羊》来说事：

> 羊群被狼逼得没了活路，最后为了拯救羊群，野兽们不得不召开专门的会议。在与会者中，狼依然占据多数。但是，我们总不能因此而非议它们，它们也有好的时候，我们决不能忘了这样的事。比如，当吃饱喝足之后，它们遇到羊群时，也是十分温和的。因此，狼为什么不能参加会议呢？虽然会议旨在保护羊群，但也不能打压狼呀！于是会议便在森林的深处举行了。经过不断的商讨，最后出台了这样一条法律。下面是这条法律原文，未改动一字：
>
> 一旦发现狼欺负羊，羊拥有以下权利——不论是哪只狼，羊都有权揪住狼的后脖子扭送到近处法庭受审。这是一条完备的法律条文，用不着增加或删减什么。虽然强调对狼要不留情面，但迄今为止，我看到的却是：不论羊成为被告还是原告，它们总是被狼叼进森林里。

制定法律是为了维护秩序和权利，实现公平和正义。崇尚法治的亚里士多德认为：“法治应当包含两重意义：已成立的法律要获得普遍的服从，而大家所服从的法律又应当是本身制定良好的法律。”他的法治观念基于两大基石：一是良法之治，二是普遍服从。这一观念至今仍是主流法学派对法治的基本认识。那么，什么是良法呢？我认为是不是良法，并不在于它的辞藻是不是华丽动听、形式是不是冠冕堂皇，发布是不是庄严隆重、宣称是不是完美无瑕、宣传是不是家喻户晓，而在于它的实际效果如何。这次森林会议通过的保护羊群的立法，讨论不可谓不深入，词语不可谓不给力，发布不可谓不庄重，似乎这是一条正能量满满的法条：当狼欺负羊时，羊有权揪住狼的后脖子扭送到附近法庭受审，但看起来很美，做起来却很糟。说这很公平呀，羊也可以抓狼呀，很动听，但问题是，羊如果有这个能力，它们也不至于“被狼逼得没有活路了”，因为现实中从未有人见过羊揪住狼的后脖子送审，而只看到羊被狼叼着后脖子送命。这是一条没有实际可行性的法条，给羊一项无法行使的权利，显然不是一条良法，而且在实际运行时，它还会变成一条恶法，法律叫羊自己去抓狼无疑是叫羊将自己送入狼口。正如威廉·布莱克说的：“以同一条法律来约束狮子和牛就是暴政。”但是，这次会议通过这样一条法律，原本也在预料之中，因为“与会者中，狼仍然占据多数”，作为直接利益相关者，狼自然是想方设法将自己的利益最大化、法律化了，以合法的形式掠取非法的利益，是强权者的一贯伎俩。

比克雷洛夫早一个多世纪的法国寓言家拉·封丹（1621－1695 年）有时也让他的动物当法官判案。如《狼和狐狸在猴子面前打官司》：

> 狼被偷了东西，他怀疑是行为不端的狐狸干的，因此他提出了诉讼。猴子审理了这个案子，案情复杂，双方当庭争论不休，猴子没有办法作出判断。于是他说：“我太了解你们了，你们都有罪，狼你犯了诬告罪，狐狸你犯了偷窃罪。”表面上看，判决相互矛盾，但事实上，坏人都应该受到惩罚。

狼告狐狸偷窃，猴子无法认定狐狸是否偷窃，遂做出了原告和被告都有罪的判决，而这个判决无论是从事实上，还是从逻辑上，都是自相矛盾的，因为狼如果犯了诬告罪则说明狐狸没有偷窃，而狐狸如果犯了偷窃罪则狼就没有诬告，二者之间只能有一真，不可能同真。从司法审判来讲这显然是一个错误的判决，但是拉·封丹却赞同这种判决，许多持有朴素正义观的人们也认同这个判决，他们不是不知道这是个矛盾的判决，但他们却都认同这个判决，这是因为他们认为狼和狐狸都是坏人，而坏人都要受到法律惩罚。好人坏人是一种道德价值判断，道德价值不能作为具体案件的判断标准。不能以道德思维代替法律思维。司法案件裁判要秉持法律判断标准，法律判断的基础是事实，而事实认定的依据则是证据。具体到本案来说，就是狐狸到底有没有偷狼的东西，如果有偷，当然要判决狐狸犯盗窃罪，但是根据控罪要举证的法律规则，本案狼并没有充分证据支持它对狐狸的指控，虽然狐狸有作案的嫌疑，但刑事案件的犯罪事实必须要有确实充分的证据证实，要能够排除一切合理怀疑，不能用疑似定罪，疑罪必须从无，不能从有。本案既然猴子法官觉得案情复杂，无法认定狐狸有没有偷窃，就说明认定狐狸偷窃的证据不足，应当做出狐狸无罪的判决。那么狼呢？狼也不应定罪，因为狼如果是错告，自然不能定罪，如果是有意诬告，则因为狐狸没有被定罪，狼的诬告还没有造成错判的后果，而且狼所告盗窃只是普通的刑事犯罪，就不属于诬告情节严重的情形，依法可以不追究狼的诬告责任。

写到这里，想起伊索的一则寓言说，有一只在法院筑巢的燕子飞出去了。蟒蛇爬进燕巢，吞食了里面的雏燕。燕子回来，发现巢穴空了，不禁号啕大哭，痛不欲生。另一只燕子飞过来安慰她说，不止她一个惨遭不幸，丢失了孩子。她回答说："唉，丢失孩子固然使我感到痛苦，但更令人伤心的是，在暴力受害者可望得救的地方，我竟然未能幸免，成了受害者。"

执掌法律的人，或许不能体会到当走进法律之门寻求正义的愿望落空时，人们是怎样的一种心情呢。

树木之辨

——法律格言杂谈

“生长者谓之树，不生长者谓之木。”

这是一句法律格言，说的是树木之辨。

大凡喜欢文学的人，都不可能不对格言、谚语、成语、歇后语这些语言的精粹怀有浓厚的兴趣，但我喜欢法律格言却还有另一层原因。

记得在西政求学时，林向荣老师给我们讲外国法制史课。他给普通法下的定义与众不同：存在于习惯里，表现在判例上，流传于法院中。这似乎是一种描述，而不像是惯常的定义方法：揭示内涵、划清外延，但他的这种定义方法却比通常的抽象定义法来得平实，切中实质，易于把握。他对普通法“流传于法院中”的解释是“法院将普通法的原则通过法谚——法律格言来表述”。例如：

1. 土地所有者的权利及于天上、天心、地下、地心；
2. 只有制作者的双方意思表示一致，才是契约的核心；
3. 构成婚姻的要件在于合意，而不在于同居；
4. 法律保护妻子的继承权，作为贞节的报酬；
5. 法官不决定事实问题，陪审员不决定法律问题；
6. 举证责任在于原告；
7. 任何人不受有罪的推定。

他对衡平法的公平、正义、重事实的精神实质的阐述是：衡平法虽然是根据法官的“自由裁量”，但并非无原则的自由裁量，这个原则即是公平、正义。他为此举出表现衡平法这种精神实质的法谚有：

1. 衡平法不注重形式而注重实质；

2. 平等即是衡平，这是衡平法的一个最根本原则；

3. 衡平法防止诉讼的重复提起；

4. 衡平法不半途而废，而乐于实现完全正义；

5. 把必须做的事情看作是已经做的事情；

6. 请求衡平的人，本身的所作所为必须是衡平。或进入衡平法庭的人，必须是两手干净的人；

7. 衡平法不进行不正当的救济。

这是我第一次接触法律格言，虽然只是隔物传功，称不上亲密接触（因为这些法谚只是老师译自日本人编的《英美法典》），但新奇有趣的感觉，还是让我有点激动不已，激情涌动之下，毕业论文的选题便自拟为《法律格言与法律原理初探》，一心想在向荣老师的指导下完成一篇有新意的毕业论文，尽管老师善意忠告，选题固然好，只恐资料难寻，我仍然不愿放弃，岂料搜遍整个图书馆的有关资料，还是一无所获，不仅参考资料匮乏，而且国内也无人涉及这个课题，忙乎了大半天，我手里攥着的仍然只有向荣老师讲课时课堂笔录记下的三四十条法律格言，无可奈何只得放弃了这个选题，改弦易辙。

尽管如此，终究是一桩心愿未了，毕业后仍是未能忘怀。

20 世纪 80 年代末，一次偶然机会购得一本郁忠民主编的《中外法律名言录》，当时真是喜出望外，如获至宝，虽然该书限于资料的来源，不少是转引自《西方法律思想史资料选编》及报刊之类，而非译自原著，而且许多是社会学、政治学的名言语录，并不是法学的，同时，“名言”亦不等于“格言”，但这毕竟是国内第一本跟法律格言沾边的小册子，亦足珍贵。此后，直至 2003 年，购得一本李秀清主编的《法律格言的精神》，看书名正是我所渴求的书，但翻阅该书却发现基本上是选摘自商务印书馆的汉译名著丛书，是法学名家名著的名言汇编。同前一本一样，仍属名言录，而非格言集。

真正的法律格言汇编直至2005年才姗姗来迟，这便是孙笑侠教授编译的《西方法谚精选》（法律出版社），该书每条法谚均有原文对照，每个专题部分前均有简短的概述，称得上是迄今为止大陆最具学术性的正宗的法律格言选编。说是大陆，自然意味着还有台湾之类。2007年，法律出版社又推出了台湾学者郑玉波编著的《法谚》，共录法谚992条，每条都有作者的简短解说，全书分九个部分，虽有部分条目重复，但仍不失为一部扛鼎之作。窃以为，解得其法谚二卷，即可明了民法学基本原理了，因为，“法谚包含法理”，而“法理乃法律之精神”。颇为令人欣喜的是近来整理报刊，发现法谚已从学者的案头进入了法官的视野，在《人民法院报》上，从2005年开始至今，我们都能读到《法谚解读》专栏，评析颇为精当，是个受欢迎的栏目。

什么叫格言？《辞海》把格言、谚语、成语、歇后语都归入“熟语的一种”，它给格言下的定义是：“可为法式的言简意赅的语句。”给谚语下的定义是：“流传于民间的简练通俗而富有意义的语句。大多反映人民生活和斗争的经验。”

两相比较，我以为：言简，即语言的简练性，意赅，即意蕴的丰富性，是二者的共同点。同时，格言的“可为法式”，谚语的“经验反映”，都说明二者对人们的社会生活具有指导启发意义。所不同者，格言的指导性源自思想的结晶，谚语的指导性源自实践的经验。当然，格言与谚语的区别，还有些特定内容上的区别，如天气谚、风俗谚，它只能是谚语，而不会是格言。但我以为两者最主要的区别是语言风格上的，格言书面语风格较强，故较庄重，如“清官难逃猾吏手”；而谚语的口语性较强，故较生动，如“任你官清似水，难逃吏猾如油”。二者虽则内容相同，但风格迥异，前者如着西装，后者像穿夹克。但这种区别并不是特别重要的，不同于它们与成语、歇后语这种形式结构上的明显区别。而且，格言与谚语在流传的过程中也常常互相转化，或交叉重叠，许多研究者也并不认真去区分格言与谚语的区别，将一些格言收录谚语集或将谚语当作格言引用是常见的事，这也说明它们之间的区别并不是很重要。特别是在法谚和法律格言上，我以为二者不妨通用。郑玉波先生更是将法谚与法律格言等量齐观的，其书序云：“法谚，亦称法律格言，仍谚语之一种。有如文艺作品之诗。诗为精炼之语言，言简意赅，含蓄无穷，所谓‘状难写之景，如在眼前；含不尽之情，溢于言外’，乃诗之上乘。法谚亦然，法谚虽非写景，亦非言情，但要言不烦，蕴藏法理，金科玉律，字字珠玑，加以韵语出之，读之趣味盎然，极易成诵，不似法条读后之有同嚼蜡也，故习法者每以读法谚为快。”

但是，谚语、格言与名人名言的区别还是明显的。名人名言不等于谚语，名人只能引述谚语，并不可能创造谚语，谚语的创造主体始终是人民群众，具有社会性，名言产生于可考的名人名著，个体性特征明显，因此，名言可以一炮打响，一鸣惊人，谚语却必须千锤百炼、辗转流传。名人名言也不等同于格言，虽有部分名人名言因其言简意赅而成为格言，但大部分名人名言，或因其大段的论述，不够简练而不能成为格言，或因其仅系一家之言，虽有独到之处，但不具普遍认同感，并非真知灼见，而不能成为格言，还有些名言，意在标新立异，或故作惊人之语，以耸人听闻，博人眼球，但只要是出自名人之口，均不妨其成为名言，然而怪诞偏颇的名言并不能成为可以法式的格言。

法律格言、法谚，它的内容是有关法律的，它的形式则是采用了格言、谚语这种语言形式。不仅如此，西方的法律格言、法谚，由于其起源于习惯法，所以它不仅是法律思想、法律原理、法律原则的一般表达，同时也是关于法律适用规则和技术的简练表述，具有法律专业性强的特点，西方甚至有云：“法律欠缺，法谚代之”，或云，“法律之不备，依格言定之”，可见，有时法谚是可以作为法律适用的。因此向荣老师说它具有“流传于法院中”的特征。这是西方法谚与中国的法律格言、谚语一个明显区别的地方，在中国，有关法律的格言、谚语主要是流传于社会上的。因此，在内容上社会性多，专业性少。西方法律格言、谚语，由于专业性强的缘故，一般没有法律背景的非法律人士看了往往不明白它的意旨。以法眼观物，蕴含在这背后的是一种法律思维。如“种类物不灭失”，其意并非指种类物的具体物品不会灭失，实际上种类物的具体物品灭失是屡见不鲜的，也不可能不发生灭失。此谚意谓，种类物灭失与特定物灭失在法律意义上不同，特定物灭失便无法给付或返还，只能赔偿或更作，而种类物的灭失，不发生给付不能的问题，同种类物品即可给付，除非发生此种类物品全部灭绝的情形。又如“播撒的种子视为属于土地之一部分”，其意乃谓：种子播入土地后，即附合而成为土地之一部分，即由动产转变为不动产，其不再是独立的动产，而归于该土地之所有权人所有。

回到本文开头的那句法律格言：“生长者谓之树，不生长者谓之木”，这其实是法律人撇开树和木的自然属性，在法理上给树和木下的定义，其意为：生产在地上的树系不动产，即土地之出产物，属于该不动产之部分，树为不动产；而一旦将树砍倒，成为木头之后，则与原不动产即土地分离，而成为动产，木为动产。可见，区别树与木实为适用动产与不动产不同法律规则之需要。由此谚想起上个月下旬在南昌送别鲁先时几个同学闲聊的场景，王敏远问景汉朝最近在研究什么？汉朝若有所思说：果树是动产还是不动产？窃以为，此谚似正可供汉朝兄参详也。

格言、谚语，往往以其洞悉入微的观察、入木三分的刻画、独特新颖的视角，让人耳目一新、印象深刻；而各种修辞手法的灵活运用则使其更显得生动有趣，鲜活明快；以明白晓畅的语言来说明深入浅出的道理，使人读之每有意会，恍然有悟，实非公文式的法学论文可以相比（读法学论文很累啊）。然而，我们在欣赏丰富多彩、琳琅满目的法律格言和法律谚语时，亦不可一概奉为金科玉律，以为是毋庸置疑的真理、无须论证的公理，在使用时不加分析地生搬硬套，不看时间条件地动辄引用。对于法律格言、谚语的运用，还是应当在准确理解其含意，深入把握其原理的基础上，用得其所，否则不免失之偏颇，使人难以苟同。何况，有些法律格言，深究起来也只不过是似是而非之说罢了。

“迟来的正义非正义，”这是为了强调审判效率的重要性时，人们常常喜欢引用的一句格言。但这句格言本身就是一条偏颇的论断。这条法谚本意是要强调正义的实现要及时，其道理与奖惩的即时性是一样的。但是在复杂的现实社会生活中正义并非总能如期而至，如期而至的正义固然是正义，但姗姗来迟的正义又何尝不是正义?！是否正义，以其实质上是否符合正义的标准而定。这是正义的内在品质，是恒定的性质，并不以正义实现的时间为转移，正义绝不因为其迟来而变为非正义。如果说“迟来的正义非正义”，我不知道古今中外会有多少沉冤不白的冤魂弥漫天空：为窦娥们平冤是没有意义的；为岳飞昭雪是没有意义的；“正义作家”左拉为平反德雷福斯冤案长期奔走呼号、唇枪舌剑挑战陆军部和整个主流法国社会也是没有意义的；进而胡耀邦主导的平反“文化大革命”期间制造的千千万万的冤假错案也是没有意义的了；进而，近年来为佘祥林们的冤案平反也是没有意义的了，因为，所有这些都是姗姗来迟的正义。所以，迟来的正义，我们最多只能说它是不完美的正义，有缺陷的正义，甚至，有时也是无可奈何的正义，但是我们决不能说它是非正义的。正义如果因其迟来而变成非正义，我不知道人世间还有什么能叫正义？还有什么比这些迟来的正义是更大的正义？正因为人们坚信正义可以期许：虽然正义也许可能迟来，但正义终将降临人间，人们才会相信法律可以期待、相信“法律总能显示正义的力量”，才能历尽艰难险阻去实现它，哪怕历时十年八年，甚至上百年，这就是一种法治信仰。所以，所谓“迟来的正义非正义”这条法谚的制作者们舍本逐末，目光狭隘，抓住一点，不及其余，实不足为训。

正义之辨，亦如树木之辨，是法律人所必须具备的逻辑思辨，不讲逻辑的思维，肯定不是法律思维。

2008 年 4 月

（原载最高人民法院 2016 年《民事审判指导与参考》总第 67 集）

风雨老人桥

这是一个老人和一座桥的故事。

一

老人叫邱阜，是明代嘉靖、万历年间人，他生活的地方，就在现今的闽东太姥山下的福鼎市管阳镇，那时这个叫作十七都的地方很不安宁，经济落后，民众穷困，苛捐杂税繁多，民风好争尚勇，各种纠纷官司层出不穷，打架斗殴习以为常，眼见种种乱象，邱老人心急如焚，思量再三，毅然决定挺身而出，充当人人避之唯恐不及的民间调解员，义务为村民排忧解难，还乡亲们一个和谐的田园乐土。

邱老人心地善良，为人厚道，处事公道正派，更难能可贵的是他长于解纷止争、善于息事宁人。平日里他以教化为先，循循善诱，劝人向善、重和轻争，见男人就劝导他要勤劳致富、善于耕作，见妇女就叮嘱她要勤俭持家、孝顺老人，逢人就讲教子读书、和睦乡邻的道理，时时提醒乡亲防火、防盗、不赌博。遇到村民有纠纷，他总是急人所急、东奔西走、跋山涉水、不辞劳苦，为调处纠纷，经常废寝忘食、苦口婆心地摆事实、讲道理、解心结，不厌其烦地说纲常、讲荣辱、辨义利，不仅持论公正、不偏不倚，而且能说会道、善于引导，解纷的办法和主意又很多，因此，经他调处的纷争不仅都能够得到合情合理的解决，而且当事人都心悦诚服地接受和解，不再惊动官府去打官司，实现了“零诉讼”，邱老人也因此为乡里男女老少所敬重，成为附近一带闻名遐迩的“和事老人”。

当地至今还流传一则邱老人解纷的小故事：有一对年轻的夫妇，因为争睡床沿闹到了邱老人那里。丈夫认为床沿位置朝外面，该当男人大丈夫睡，妻子说我女人家带个孩子，夜里把尿要起来好几次，睡在里床实在是很不方便。小两口为这事争得面红耳赤，各不相让。邱老人先是动之以情、晓之以理，劝导丈夫要照顾带小孩的妻子，让她睡床沿，可这位年轻人倔得很，任凭老人好话说了几箩筐，就是不肯让出床沿，因为他觉得那样有失男人大丈夫的面子，眼见得两人僵持不下，老人想了想说，不然这样吧，既然你们各不相让，就回家把床铺移到房中间，这样一张床不就有两个床沿了吗？你们不用再争吵，都可以睡床沿了。夫妻俩恍然大悟，笑逐颜开地回家了。思路决定出路，这真是一个双赢的解纷止争的好办法。

就这样，在漫长、艰辛的调和纷争道路上，邱老人几十年如一日，持之以恒、不懈努力，最终使得这一带的村民由好争到谦让，由打架到讲理，由不睦到和谐，人们安居乐业，一派祥和宁静的景象，俨然一处世外桃源。

岁月匆匆，不知不觉走过了三十多个年头。就在邱老人 82 岁的那一年，3 月 16 日的这一天，村里发生的一件小纠纷，却改变了这一切。

那一天，两个妇人为了争夺一只鸡，闹得不可开交，她们拉拉扯扯地来到了邱老人面前，要求老人评理公断。两人都争先恐后地向老人诉说对方无理，还时不时地拍胸发誓、跺脚对骂，面对突如其来的激烈争执，老人一边听，一边劝，但是因为双方各执一词、声嘶力竭地争辩对骂，老人觉得个中情由比较复杂，一时难以辨明曲直，只能好言相劝让双方冷静下来，但是其中一个妇人见老人不能立断，就迫不及待地转身要去县城告官，老人劝阻再三，那妇人却执意要去对簿公堂，这么多年来，老人从未见过事情到了自己手上还要去打官司，仿佛当头挨了一棒，愣了好一会儿，忽然，只见他仰天大笑几声，几步冲到溪潭边，纵身一跃，跳下了深潭。

关于老人投河的事迹，清嘉庆福鼎知县谭抡所编《福鼎县志》有一则记载：“邱阜，瓦洋人。有齿德，为遐迩排难解纷者数十年。有某甲，妇悍甚，小忿涉讼。阜劝谕弗听，自耻德薄，赴水死。闾里感其诚，建桥设主以祀，至今呼老人桥。”

福鼎管阳人，清末拔贡、福建省咨议局议员孔昭淦有一年春季随同当地父老祭祀邱老人时，作有《老人桥》一诗，亦记其事：

水上山苍苍，山下水茫茫。
山水得佳趣，老人桥中央。
相传此老人，姓邱名未详。
明时土著者，解纷素所长。
或称鲁仲连，或指王彦方。
都中三十年，雀鼠息争场。
嗟彼妇长舌，顽性如虎狼。
攘鸡事殊小，忿欲质公堂。
老人谕再三，执拗仍非常。
耻此未能格，散发若狂佯。
仰天忽大笑，一跃入沧浪。
都人哀其志，叹息不能忘。
相视沉尸处，鸠工成桥梁。
桥上祀老人，岁岁荐馨香。
今年春仲月，野花繁路旁。
我从父老后，与祭肃冠裳。
音容不能接，四顾徒彷徨。
木末起悲风，波心明夕阳。
呜嗟老人心，上比日月光。
灵均投汨罗，至今增感伤。
君虽后古人，亦可与颉颃。
他日登志书，万古俱流芳。

二

邱老人已逝，但是他的故事没有结束。当地民众在老人投水的潭面上，自发出工出钱，建起了一座风雨桥。他们还在桥内设立了供奉老人的神牌香位，并集资购买了祭田 60 担租谷，作为祭祀老人的有关费用。桥成之后，在翌年的 3 月 16 日这一天，也就是老人投水一周年的日子，十七都各村的头人和父老都斋戒沐浴，更衣整冠，备齐供品，齐集桥上，敬礼如仪，虔诚祭祀。此后年年祭祀，以至于相沿成习。邱老人俨然化身为桥，守护着一方的安宁。孟德斯鸠说："能将自己的生命寄托于他人的记忆之中，生命仿佛就加长了一些；光荣是我们获得的新生命，其可珍可贵，实不下于天赋的生命。"

然而，当地民众没有只停留在纪念上，他们继承了老人的未竟事业，自发办起了风决会，发扬光大老人的教化遗愿，风决会也叫讲风会，是典型的村民自治组织，它是由十七都各村的头人和民众公推有名望的父老组成，规定每年 3 月 16 日举行一次会议，讲评总结乡规民约履行情况，防火、防盗、禁赌等有关风化情况，同时表彰好人好事。讲风会由各村头人轮流主持，主持人兼做东道主，与会人员伙食费由老人祭田租谷收入项下开支。这个乡例一直延续到 1939 年因受抗战影响才停止。

"清江一曲柳千条，三十年前旧板桥。"一个夏日的雨后，我造访了管阳老人桥。饱经风霜、斑驳古老的老人桥是一座木构廊桥，弧形的桥梁横跨溪潭，桥长 30 米，宽 8 米，桥亭形似长廊，中间设两间神龛，一龛供奉神佛三尊，分别是泗州佛、水官大帝、真武大帝石像，一龛供奉邱老人，龛中神牌书：明排难解纷邱皇公神位，龛前石香炉镌刻有：邱老人公字样。岁月流逝，风雨苍茫，物换星移几度秋，从明嘉靖至今四百多年过去了，《福鼎县志》上记载的 162 座木构廊桥已经荡然无存，只有老人桥仍然屹立在风雨之中。老人桥，如今可真是桥如其名了，这座四百多岁高龄的廊桥，也堪称老人了。

桥头有一块"重修老人桥碑"，是清同治年间立的，在此之前当然已多次重修过。令我感慨不已的是当地群众在那些特殊的年代里所表现出来的对老人的敬和爱。1958 年刮共产风大炼钢铁时，神佛石像、老人神牌和石香炉被人扔到深潭里，廊桥的挡风板、栏杆等都被拆走充作大炼钢铁用材了。桥身零落，只余桥梁和瓦盖，美丽的廊桥像被人剥去衣裳，在风雨之中萧瑟发抖。不忍心眼看着老人桥的衰败，1964 年，刚刚渡过了三年困难时期，当地群众就募捐重修了老人桥，竣工时，人们将从潭底里偷偷捞起来保存的三尊石像、邱老人神牌和石香炉重新摆上，供奉如故。1967 年在“文化大革命”的“破四旧”风暴里，桥上的石佛神像、神牌、石香炉再次被人扔到潭底，村民又偷捞起来，隐藏在偏僻的地方。1987 年再次募捐重修后，仍供佛神石像、老人神牌，那个石香炉背面的缺损，就是“文化大革命”中被扔时留下的印记。

俗话说“逢山开路，遇水搭桥”。桥的基本功能是通行，但建造老人桥，却是为了纪念，为纪念一个人，修了一座桥，这不说是绝无仅有，也肯定是难得一见。

当时民众纪念老人，为什么不是就地立碑，而是造桥呢？我想这可能跟闽东一带的廊桥文化有关吧。

廊桥，因桥上盖廊、屋、亭，故又称屋桥、亭桥，侗族人称风雨桥，闽东则多称厝桥。廊桥的造型古朴而典雅，结构科学而实用，融观赏性与实用性于一体，在丘陵多雨的崇山峻岭之间，不仅方便通行和渔樵耕作，而且静默无声地展示着美丽的风姿。清代的周亮工在《闽小记》中描绘道：“闽中桥梁，最为巨丽，桥上建屋，翼翼楚楚，无处不堪图画。”

木拱廊桥，这种如桥似屋的独特建筑，它的源头令人意想不到：她就是大名鼎鼎的北宋《清明上河图》那座惊艳世界的虹桥，原来是虹桥遗梦，于不经意间洒落在了闽东的崇山峻岭之中。在金人攻陷汴京、宋室南迁之后，人们普遍认为，虹桥至明代以后就消失了，建造虹桥的技术在中国也失传了。1953 年当唐寰澄先生看到《清明上河图》的虹桥时，进行了深入的调查研究，在实地考察了浙南和闽东地区的木拱桥后，与茅以升等专家确认闽浙山区的木拱桥就是当年汴水上那座虹桥的演化，其区别只在于桥拱技术从虹桥的捆绑结构发展成为了榫卯结构。可谓：长恨虹桥无觅处，不知转入此中来。如今，廊桥的造桥技术已成为世界非物质文化遗产。

廊桥，在闽东至今还有不少遗存，是当地一大特色。

一桥飞架南北，天堑变通途。交通，是桥的基本功能，廊桥也不例外。但除了通行需要，廊桥还有许多独特的功能。由于桥上盖有屋顶，桥身又有挡板，桥内设长木凳，因此桥上可以供行人遮风挡雨、避暑歇息，还可以摆摊设市做买卖，有的廊桥就是墟日的集市，热闹非凡。廊桥还是一个聚会交流、休闲娱乐听戏的好场所，老人讲古、儿童嬉闹、青年男女约会，等等不一而足，可说是旧时农村集政治、经济、文化活动于一身的多功能场所。廊桥独特、优美的造型本身也是一道风景，往往还起到标志地理的作用。

但桥与庙的结合则是闽东浙南一带廊桥与众不同的特色。闽东的廊桥大都设有神龛供乡民祭祀。祭祀的对象主要是观音、关公、土地公、文昌君、临水夫人，以及不知名的只有当地人才知道的神灵。在桥上设神位，这或许是因为处于崇山峻岭、深山峡谷之中，当地群众为方便祭祀采取的一种便捷方法吧。但让我深感意外的是，当地民众竟然把邱老人与神佛同祭祀，我虽然知道，在农村"公道人"是非常受人敬重的，但也没有想到，他在老百姓心目中的地位竟然如此崇高，以至于可以与神佛并列同等地位，陡然间对自己所从事的职业也平添了几分尊荣感。

阅读老人桥的故事，仿佛打开了重重的意外之门：解纷化讼不成，竟然"一跃入沧浪"，这是第一重意外；筑桥纪念并与神佛同祭，相沿至今，这是第二重意外；村民自发办起讲风会，讲风会居然演变成乡俗，历时四百多年，这是第三重意外；而在那个"横扫一切牛鬼蛇神"暴风骤雨的特殊年代，村民们敢于冒着巨大的政治风险护桥，这是第四重意外，这一切都远远超出我的想象，因此，对邱老人的景仰和对村民的敬意不禁油然而生。

三

然而，邱老人为什么要投河呢？这是我阅读老人桥故事时一直纠结在心、反复思索、不得其解的疑问。志书上说，"阜劝谕弗听，自耻德薄，赴水死"，孔昭淦的诗写道："老人谕再三，执拗仍非常，耻此未能格"，才"一跃入沧浪。"史、诗的说法一致：老人无力息讼，引以为耻，投河自尽。但我始终有点不解：因调解不成而跳河，是不是太过严重了？

还有一种说法是：那悍妇不仅不听老人的劝说，反而将矛头对准老人，破口大骂，污言秽语，不堪入耳，老人当众受辱，激愤难已，纵身投潭。开始，我觉得这个说法好像更有道理，更符合当时的情景和老人的心境，如果不是这么强烈的外部刺激，老人应该是不会去跳河的。然而志书和孔昭淦的诗都没有这个说法，虽然悍妇性顽，小忿涉讼、劝谕弗听，但没有说她有辱骂老人。不能尽信书，但也不能不信书，还是综合一下，应该是两种因素兼而有之吧：既有自耻德薄、不能息讼的愧疚，也有当众受辱、颜面扫地的激愤，因此投潭，这应该更符合实际情况。就这样，我在心里给老人投河的原因下了结论。但有时仍觉得不够踏实，有一段时间晚上在西湖边上散步时，总是在琢磨这个结论对不对，渐渐地忽然对这个结论产生了疑虑：那两个妇女找老人求断，老人还没有给出结论，甲妇怎么会把矛头对准他、去辱骂他呢？而且邱老人在这一带德高望重，又是82岁的老人家了，通常情况下，村妇也不敢当众辱骂他，更何况对老人施以污言秽语，因为这样她势必会触犯村民的众怒，古代妇女，任她再“悍”，倘不敢公然如此作为吧。再者，从那妇女坚持要求告官的举止上看，她也没有到了那种丧失理智的程度。还有，如果说老人是遭到妇人辱骂，不堪当众受辱就去投河，也不符合特定人物的心理素质和行为方式，因为邱老人在是非场里摸爬滚打三十多年了，什么样尖酸刻薄难听的话没有听过？什么样刁蛮不讲理的人没有见过？何至于因言语受辱而投河？此外，老人如果是因为被妇人辱骂而投河，志书又怎么会对他的投河说是“闾里感其诚”，孔昭淦的诗又怎么会说“都人哀其志”，还说“呜嗟老人心，上比日月光”？志书、孔昭淦的诗对其诚、其志、其心的高度评价和由衷称颂，又当作何解呢？这样追问又回到了原点：邱老人为什么会投河自尽呢？这情形仿佛是围着屋子转了一圈，不得其门而入。于是回头寻找门径，志书云“自耻德薄”，是指老人认为自己的德行不够，所以劝解不听，孔诗曰“耻此未能格”，是指老人认为自己的能力不足，所以化解不成，仔细端详、打量、沉思一番后，觉得这两句话应该就是两扇门，即为自己的德行和能力不足以息争感到羞耻。因此拎出这个“耻”字，应该是找到了门闩，把握住了关键。只是这个“耻”字已经被岁月的风雨侵蚀得锈迹斑驳、面目模糊难辨了。

问世间，耻为何物，直教邱老人生死相许？

曾几何时，“礼义廉耻”作为“国之四维”支撑起华夏文明的几千年天空，然而放眼晚近，见利忘义，习以为常，鲜廉寡耻，司空见惯，“耻”字在国人的集体记忆中，已经渐行渐远，几成雪泥鸿爪。在功利主义肆虐横行、实用主义潜移默化下，多少人忘耻而行，耻以言耻、不屑言耻、不愿言耻，亦不敢言耻，那曾经照亮国人心灵之光的耻字，被俗尘遮蔽，日渐暗淡、远去，已成陌生。因为人心缺耻，党的十八大之前，才有那么多恬不知耻、鲜廉寡耻的奇葩丑行，堂而皇之地招摇过市，不以为耻，反以为荣，直让人瞠目结舌、匪夷所思，而当事者却浑然不觉。那一晚之后，我开始翻检、思索中国古代博大精深的耻文化。

耻，关乎国之兴盛大事体。管子把耻看作国家和社会的支柱，他说：“礼义廉耻，国之四维，四维不兴，国之乃亡”，王夫之说：“唯无所耻者，国家用之而必亡”；耻，关乎为人处世大准则。孔子把耻看作做人做事的界限，他说：“行已有耻”，就是说立身行事，凡自己认为可耻的事情，就不要去做，也就是朱熹说的“人有耻，则能有所不为”，进退取舍，止于耻字；耻，关乎人生道德大修养。孟子认为人有恻隐之心、羞恶之心、辞让之心、是非之心，这“四心”分别是仁、义、礼、智这四种德行的来源。羞恶之心，就是人有耻于做坏事之心，这是义的来源；耻，关乎安身立命的大气节。欧阳修说：“礼义治人之大法，廉耻立人之大节”，顾炎武则进一步说：“盖不廉则无所不取，不耻则无所不为”；《围炉夜话》说：“无位非贱，无耻乃为贱”，还说：“人不忘廉耻，立身自不卑污”，荀子把耻看作人与动物的区别，他说：“不知羞耻，乃不能成人。”可见，知耻不为是中华民族的传统美德，是做人的底线、做事的准则、做官的规范，是判别一个人道德高下、人格尊卑、行为善恶的分界线，甚至是人与动物区别的标识。所以，在中国古代，历来对人品的评价，最差的差评不是无能，而是无耻。中国几千年的文化，是把羞耻之心作为伦理道德的底线来看守的。

但是，如果仅仅把耻辱感看作知耻不为的底线，我们就不能理解邱老人投河的行为：邱老人并没有做可耻的事情，但他为什么会自感耻辱呢？实际上，一个人的荣辱感，不仅可以让人坚守伦理底线，也可以让人攀登道德高线。因为荣辱感不仅源于社会评价，有社会标准，同时也源于个人认知，有个人标准，而个人标准则因人而异，因为每个人给自己确立的道德标高是各不相同的，有人背信弃义、唯利是图，有人急公好义、扶危救困，有人重利轻义、损人利己，有人见义勇为、舍生取义。由于每个人对自己的道德要求定位不同、标准不同，所以同样一件事，不同的人会有不同的判别，对不该做的事情，做了，有的人心安理得，有的人则于心有愧，对该做的事情没做，有的人安之若素，有的人则于心不安。在根本上，个人给自己确定的道德标准在荣辱感体认上是起决定作用的。马斯洛把人类的基本需求划分为生理、安全、社交、尊重、自我实现五个层级，这五个层级的需求呈金字塔型的结构，生理和安全需求是初级需求，但也是基本需求，社交和尊重需求则是较高级需求，而自我实现需求是最高级需求，马斯洛认为人类一切行为的动机都是为了满足这些特定的需求。我们可以说这五个层级的需求与个人的道德追求高度是一致的，自我道德要求越高、越严的人，越注重追求尊重和自我实现。

然而，这些，跟我们说的邱老人投河有关吗？

当然有。因为重温这些，可以让我们知道中国古人是生活在一种怎样的文化氛围中的，他们长期受到怎样的文化熏陶，这种文化在我们民族的性格上打下了怎样深刻的烙印，形成了怎样的文化基因，代代传承。如果不懂得古人生活所处时代的文化环境，我们就不会真正“懂得”他们，当然，仅此还不够，我们要更深入地理解一个具体的人和他的行为，还要“懂得”这个人独特的个性和他行为时的特定情形。要真正“懂得”一个历史人物，就一定要懂得他是“那个时代的这个人做的这件事”。

那么，化解不成，邱老人为什么要投河自尽呢？作为和事老人，他一辈子致力于村里的排忧解纷化讼，不辞劳苦，呕心沥血，三十多年的辛劳付出，换来了乡党村民的和睦共处，也为他赢得了十里八乡的尊重，在“和事”的事业中，他实现了自我价值，由此也获得了理想和抱负实现所带来的内心愉悦、自信和满足。这是他人生的目的，生命的支柱，因此他把这份荣誉看得比生命更加珍贵，然而今天，当他面对一鸡之争，以他的德行威望却不能感召愚顽之人，以他的苦口婆心却不能平息争讼之心，眼见得甲妇走进县衙之际，也就是他这一生荣誉丧失之时，他忽然觉得，原来自己长期以来一直引以为荣的德行和才能只不过是自己的虚幻感觉而已，在自我实现和自我否定的巨大心理落差冲击下，他的精神世界瞬间轰然倒塌，他感到“无颜再活在世上”，“仰天忽大笑”，是他心灵的哀号：错！错！错！“一跃入沧浪”，是他悲愤的决绝：罢！罢！罢！他这纵身一跳，固然是为了荣誉，但更是为了尊严，而且，也是为了息讼，他要以生命为代价来阻止这一场争讼。——“宁愿生命消失，只要声誉能够长存”。

老人桥，它早已不只是一座桥了，它是邱老人精神的象征，因此岁月的风雨不能侵蚀它，人为的风暴也无法摧毁它。正是：精神恒久远，一桥永流传。

果戈理说：“当歌曲和传说已经缄默的时候，建筑还在说话”，这座历经四百多年风雨的老人桥，它到底在向世人诉说什么呢？让我们用心去聆听吧。

好厝边会所

好厝边会所，是坐落在厦门小嶝岛上的一个民事纠纷调解中心。一排三间，石条砌成的闽南风格平房，就是这个会所的所在。

小嶝岛，确实很小，面积不到1平方公里，人口只有2700人。但是当年它的名气却很大。它距离“敌占岛”金门只有1600米，是福建前线的前沿阵地。在1958年的“8·23”炮战中，它是有名的英雄岛。如今，虽然炮战的硝烟已经散尽，但跟随着向导环岛徐行，听他指点“弹洞前村壁”的讲述，颇有“装点此关山，今朝更好看”的感觉。海峡两岸的战争遗迹，无形中为“福建十大最美乡村”之一的小嶝岛，平添了一道独特的景观。

不过，促使我提笔写这篇短文的，倒不是昔日的“英雄岛”那惊心动魄的故事，或如今的“风景岛”那令人流连忘返的景致，而是岛上人们正在倾力打造的“和谐岛”。具体点说，是“好厝边会所”这名称，和它所蕴含的理念。因为，我欣赏它的创意。

从“好厝边会所”这五个字，我读出了三层含义。

一是闽南地方特色。这可以从“厝”这个字说起。“厝”（cuò，念错）是闽南话房子、宅院、家的意思。在汉语普通话里虽有“厝”这个字，但却没有层含义。《新华字典》有两种、《辞海》有四种解释，但都没有家宅的意思，因为汉语中的“厝”字，本身就没有这层含义。只有在闽南语，“厝”才兼有家和屋的意思。厝边，就是家的旁边，在我家屋子旁边住的人，当然就是我的邻居了。所以，厝边，也就是邻居的意思。可见，在闽南话，“好厝边”就是好邻居的意思。

二是传统法律文化内涵。闽南话有句俚语，叫作“千金难买好厝边”，这与汉语中的谚语：“千金买屋，万金买邻”，与福州俚语：“金厝边银乡里”，都是一个意思，反映了自古以来，中国社会高度重视邻里关系的价值观。

形成中国人重邻观念的原因，粗略想来有四。一者，儒家思想的影响。儒家思想所关注的人，从来就不是个体的、孤立的人，而是群体的、联系的、社会中的人，儒家伦理思想引导人们处理群己关系的次序，是分层次、由近及远的，先是要处理好自身与家庭成员之间的关系，然后是要处理好自身与社会的关系，而自身与社会关系圈里最接近的，除了亲戚、师友之外，便是这些隔篱相望、鸡犬相闻的邻居了。二者，因相邻而利害相关。从商鞅变法实行的什伍相坐制度，再到民国的保甲制度，其实质都是让这些相邻关系者互相作保，共担责任，由此形成了邻居之间休戚与共的利害关系。19 世纪末，一个美国的传教士明恩溥写了一本开中国国民性研究先河的书：《中国人的素质》，他在讲中国社会“共担责任”特征时写道，“仅次于家庭成员之间的责任，便是邻居之间的相互责任。邻居之间是否有亲戚关系这一点并不重要，责任仅仅取决于居住地域的邻近”。在这种制度下，形成了相邻之间的利害关系，就是一种“唇亡齿寒”“城门失火，殃及池鱼”的关系。三者，现实生活需要。中国古代的农耕文明形成了民众安土重迁，安居乐业的思想观念，故土难离，不愿迁徙，把安居作为乐业的前提，因此居住关系长期稳定，许多家庭都是世代相邻而居，由此形成了熟人社会、人情社会，一旦有个天灾人祸、缓急之事，难免需要邻居及时施予援手，所以中国自古就有“远亲不如近邻”之说。同时，因为长期比邻而居，靠得太近了，难免有磕磕碰碰的事情发生，举凡通行、采光、排水，东家果树伸到西家院里、李家鸡跑到王家窝里下蛋、两家小孩打架、老婆对骂，这些琐事，虽说不大，但是烦人，处理不好常常导致关系恶化，结怨生仇，甚至引发恶性案件。四者，相邻关系实际上还构成了人们的生活小环境，对人的生存发展影响很大。孔子说：“君子居必择乡”“与善人居”，孟母三迁也是为子择邻，希望他有个好的生活成长环境。安土重迁，择邻而居，是中国人的一种传统观念。

所以，中国文化倡导“睦邻友好”关系，反对“以邻为壑”的做法。这种处理相邻关系的准则，推而以家论国，被放大到成为处理国与国之间关系的一个准则。除了类似秦国的统一战争需要而采取“远交近攻”的方略外，和平时期，我们对毗邻的周边国家从来都奉行“睦邻友好”关系，而且睦邻关系被推崇到一种很高的境界，记得“文化大革命”时期，对“地中海的社会主义明灯”阿尔巴尼亚，毛泽东曾借用王勃的诗句说：“海内存知己，天涯若比邻”，比作好邻居关系。

和谐的人际关系，就从身边的睦邻关系开始。相邻关系就是一个小社会，无数个小社会和谐了，大社会才能和谐。当然，好厝边会所，并不只意味着处理法律意义上的相邻权关系，而是以此借指所有的民事纠纷，何况，如果我们放宽一点视野，把在这个不足一平方公里的小岛上人们发生的各种纠纷，看作是大邻居之间的纠纷，又何尝不可呢？

三是现代生活理念。也就是时代生活气息。会所这个词，我不知道确切起于何时，但应为时不远，查 1999 年版的《辞海》，有会场、会馆、会堂等 30 多个“会”字打头的词组，唯独没有“会所”这个词。可见，“会所”是现代生活里的一个新词汇，从现在使用这个名称的场所，无论是大都市的“会所”，还是小区里的“会所”来看，大都是一种休闲的、带有一定文化品位的场所，具有浓郁的时代生活气息。会所有点像俱乐部，但是俱乐部一般是以某种娱乐活动为号召的。会所似乎更重休闲轻松。好厝边会所，虽说只是一排石条房子，简朴得很，但是作为一种意念，并不妨碍美其名曰“会所”，唯其如此，更见命名者之匠心独运，富有创意，它意在提示人们：乡邻之间的争执纠纷，大可不必剑拔弩张那么紧张、对簿公堂那么严肃、唇枪舌剑那么激烈，尽可以轻松坐下，放松心情，泡杯茶，闲聊几句，心平气和再理论，在轻松的氛围中消融、化解那些烦人的争执。正如会所墙上标语告诉人们的：“有话好说，以和为贵。”不过，如果将这幅标语换成厦门市委副书记陈炳发说的闽南话：“都是好厝边，有话好好说”，我觉得会与“好厝边”的特色更加协调了。

地方特色、法律文化内涵、现代生活气息是“好厝边会所”的三个要素，而贯穿在这三个要素中的内在精神，正是现代司法的国情意识。

我们可以把这三个要素看作是点、线、面的结合。现代生活是一个横向的面，历史文化是一条纵向的线，贯穿到具体地方，就是一个点，这个点，是当地社会生活的实际，好厝边会所，就是这种点、线、面的融合，这种融合就是国情意识的自觉运用，司法的改革与创新，从理念、制度，到机制、方式、载体，到具体措施，都应当以国情为出发点和落脚点，中国的法律生长在中国的土地上，国情意识，是中国司法的安身之所，也是立命之根。这便是“好厝边会所”带给我的启示。

愿在兽而为鹰

愿在木而为樗；愿在草而为蓍；愿在鸟而为鸥；愿在兽而为廌；愿在虫而为蝶；愿在鱼而为鲲。

这就是张潮的《幽梦影》，译成白话很有点裴多菲那首著名的《我愿意是急流》的味道，只是张潮比裴多菲早创作了300年，而且，它不是爱情的柔声轻诉：

如果是一棵树，我愿是一棵樗树（因为不成材而不被砍伐，得以终享天年）；

如果是一株草，我愿是一株蓍草（可以预知未来）；

如果是一只鸟，我愿是一只海鸥（可以忘却尘世的烦恼）；

如果是一只兽，我愿是一只獬豸（可以抵触邪恶）；

如果是一只虫，我愿是一只蝴蝶（可以翩翩穿行在花丛中）；

如果是一条鱼，我愿是一条鲲（可以化而为鹏高翔碧空，遨游九霄）。

张潮的《幽梦影》、培根的《论说文集》、汪辉祖的《佐治药言》，是我时常放在手边翻阅的三本书，《论说文集》教我做人，《佐治药言》教我做事，《幽梦影》则教我一种生活方式。

阅读《幽梦影》是一种超凡脱俗、优雅洒脱的心灵生活历程。

章衣萍说，“《幽梦影》才子之书，亦大思想家之书也”，信矣！金圣叹称《史记》为第一才子书，而毛宗岗则评《三国演义》为第一才子书，但以我观之，则《史记》当评为“第一英雄书”、《三国演义》只能评作“第一权谋书”，方才妥帖，唯《幽梦影》可算作第一才子书。

一帘幽梦，影过无痕。

然而，邂逅《幽梦影》的情景铭刻在记忆中，十多年岁月风雨的洗刷也不曾褪色。

那是1995年的初冬，当时我在德化县政府挂职副县长，一个星期天上午睡了个饱觉起床，伸个懒腰，舒展双臂，享受了一份“大梦谁先觉，平生我自知”的惬意。闲来无事，忽然想起很久没到书店了，于是一路散淡前行，往县新华书店走去。路上，薄雾弥漫在空中，寒风拂面，不算冷凛却也有点冰凉，一边走，一边胡思乱想，不知不觉来到了书店门前，突然，下意识地刹住了脚步：咦？只见眼前一架书摊展开，《幽梦影》三个字一下跳入眼帘：《幽梦影》？这书我怎么不知道？女性的？小资的？随意上前拿起来一翻，只觉着从封面到内页的装帧和印刷都十分典雅考究，这种雅致的风韵是我不曾见过的，而且跟书的内容竟相配得如此得宜，更是我所不曾见过的，翻了几页：“读经宜冬，其神专也；读史宜夏，其时久也；读诸子宜秋，其致别也；读诸集宜春，其机畅也”，“花不可以无蝶，山不可以无泉，石不可以无苔，水不可以无藻，乔木不可以无藤萝，人不可以无癖”，“春听鸟声，夏听蝉声，秋听虫声，冬听雪声，白昼听棋声，月下听箫声，山中听松风声，水际听欸乃声，方不虚此生耳！”心下不禁喝彩：好书！因此尽管书皮右下角已有点卷页，仍是买下了这本书。急匆匆赶回宿舍，捧在手上，竟然不及坐下，站在房间一气不歇读完了它！真是快哉！读到开心处，一会儿把桌子拍得嘭嘭响，一会儿倾倒床上捧腹大笑，一会儿连连跺脚，欣喜若狂，畅快淋漓！那真是个手舞足蹈，得意忘形。一卷读罢，手掌拍红了，脚底跺疼了，力气也笑没了。正是会心处不必在远，只在眼前。畅读《幽梦影》是我这辈子无数的阅读体验中最快意的一件事，人生一大快事竟能于不经意间偶然获得，真是上天不负读书人之苦心也！不久，挂职期满前，有点依依不舍地将这本书送给了好朋友柯宏荣，并赞不绝口地交代他一定要好好读读，迫不及待地想让他分享那一份开心快意。不知当年的小柯，现在的全国工艺美术大师是否认真读过这本书，至今，我都不忍问他阅读的感受，这或许是因为我从心底里害怕听到万一他说这本书也没有我说得那么好的回答吧。回福州工作后的这些年，我又买到了好几个不同版本的《幽梦影》，但是再也遇不见当初那个版本了，手上的这些《幽梦影》，怎么看都没有当初的那本称意可心，这种感觉甚至于影响到了我对《幽梦影》的阅读，潜意识中时常会觉得这些版本似乎总有什么地方不太对头，为此，常常心有慽慽焉！这种缺憾似乎是无法弥补的，因为它们缺的是那本书的神韵，而这不是一般的书籍装帧所能达到的境界啊。仿佛是为了一种失落的纪念，前些年托健民兄请周悌先生刻一方藏书印石，便嘱他在边款上刻上“幽梦影”三个字。人生若只如初见，旧情难忘也绵绵。

张潮说：“阅《水浒传》，至鲁达打‘镇关西’、武松打虎，因思人生必有一桩快意事，方不枉生一场”，诚哉！在我，读《幽梦影》算得上此生一桩快意事也！想起《幽梦影》说：“天下有一人知己，可以不恨。不独人也，物亦有之。如菊以渊明为知己，梅以和靖为知己，竹以子猷为知己，莲以濂溪为知己，桃以避秦人为知己，杏以董奉为知己，石以米颠为知己，荔枝以太真为知己，茶以卢仝、陆羽为知己，香草以灵均为知己，莼鲈以季鹰为知己，蕉以怀素为知己，瓜以邵平为知己，鸡以处宗为知己，鹅以右军为知己，鼓以祢衡为知己，琵琶以明妃为知己。一与之订，千秋不移”，方读至此，不禁心中暗想：谁可与《幽梦影》为知己？我与《幽梦影》大抵只能算是知遇吧，想来堪称《幽梦影》之知音者，当属石庞先生也：

“若夫舒性情而为著述，缘阅历以作篇章。清如梵室之钟，令人猛省；响若尼山之铎别有深思。则《幽梦影》一书，余诚不能已于手舞足蹈、心旷神怡也。”

“舒性情而为著述，缘阅历以作篇章”，是石先生知张潮之深也，“手舞足蹈、心旷神怡”是石先生感《幽梦影》之深也，情感而应是为感应，心感以应是为知音也。不独人有知音，草木亦有之。记得大三的时候，在报上读得一篇短文：《草木知音》，是说虞美人草的，传言虞美人草会通音律，闻曲起舞，故陈师道诗云：“幽草通灵性，旧题虞美人。长言方度曲，应节若翻身”，辛弃疾亦有：“唱着虞兮当日曲，便舞春风”的句子，由此想起项羽虞姬垓下之别，竟将英雄气短、儿女情长的场景演绎得如此回肠荡气，淋漓尽致，感天动地，遂令这段英雄美人的故事成为千古绝唱，再也无人能出其右，心下感动，本来很少作诗，亦不谙此道的我，也不禁试诌了几句：迎风起舞和妙音，应是枝叶通灵性。莫道楚歌逝帐舞，犹见当年虞草情。列此就教：万华兄，以为然否？

看来这人老了，不独是“报纸越看越远”，还可以考虑加上一句：“文章越写越长”了：其实原本只是想再写一篇有关独角兽的文章，一直苦于找不到一个适当的题目，一日偶然想起《幽梦影》这句“愿在兽而为廌”的话，便要拿来做题目，不曾想牵思惹绪的，竟然又牵引出这么长的一大段话来，人到了只会感动不会激动的年龄，只好去搜寻一些曾经让他激动过的陈芝麻烂谷子的事，翻出来晒晒太阳，以证明他也曾经有过真情年轻的时代，就像是近年来翻拍经典影视剧的热潮，其实也只是《片片枫叶情》里的道白：“爱似秋枫叶，无力再灿烂、再燃”，所以只好拾掇些落叶包装制作成精美的书签，再隆重推出。此亦不足为怪也，不能忘情而已。想中国第一大隐士陶渊明先生的《闲情赋》亦有：“愿在衣而为领，承华首之余芳”“愿在裳而为带，束窈窕之纤身”，华首余芳，窈窕纤腰，竟至于有点香艳了。正是隐士亦多情，《修女也疯狂》。

以物况人，借题发挥而已，然以何物况己，实乃有所寄托。因多才遭忌，故愿以不材而终天年；因前程莫测，故愿为蓍草而能前知；因人心不足、烦恼无边而愿作海鸥以忘忧愁；因世道险恶、人心叵测则愿为獬豸，以辨善恶。为忘机鸟是出世，为獬豸兽则是入世，中国士人几千年之间都在出世入世之间徘徊不定，入世太烦恼，出世太清贫，心累了，人老了，这事还拿不定主意，只有张潮这样的人才能神游物外，翩翩然穿行于出世入世之间，用出世的心态做入世的事情。

“愿在兽而为廌”，足见这位旷古奇才对独角兽的高看一眼，以百兽之众，何不攀龙附凤，以显尊贵，或为虎为狮，以逞威风，而独愿为独角兽呢？可见善恶要分、是非要明、曲直要断，人世间要有公平正义，此乃天道人心不可欺。

话虽如此，但几千年的独角兽传说，几千年的文人墨客，何以只有张潮说：“愿在兽而为廌？”

张潮，号心斋，安徽歙县人，主要生活在清康熙年间，出身名门，少学八股，投身科举，却屡试不中，仅得个贡生资格，举业不顺，仕途自然无望，一生止于翰林孔目这样从九品的小官职。他擅长填词，有《花影词》传世，尤喜刊刻丛书，曾刊刻过《昭代丛书》《檀几丛书》（2013 年我在中央党校学习时，曾在军事科学院书店购得他辑录的短篇小说集《虞初新志》）。他还著有《心斋聊复集》，“心斋著书满家，皆含经咀史，自出机杼，卓然可传”，但或许是天妒英才，他的生活道路也是历经坎坷和磨难，据他说自十五岁到二十六岁就遭遇过人生的许多不幸，以致“壮志雄心，消磨殆尽”，更令他痛心疾首的是，年过半百还遭人诬陷，锒铛入狱，出狱后，以“穷愁著述”而终其一生。

所以，他说：“心中小不平，可以酒消之；世间大不平，非剑不能削也”，身遭冤狱之人，“无其罪而虚受恶名者”，或许比常人更为期盼人世间的公平正义吧?!

所以，他说：“愿在兽而为廌。”

2007 年 3 月

重用儒生又如何

汉宣帝确实是比较喜欢任用法吏的。魏相、丙吉、杜延年、于定国、黄霸这些人都是“少学律令”或早年为法吏的，但这些人“通于政务，明习文法”，都成了名垂青史的良臣。

元帝在当太子时，见宣帝“所用多法吏”颇不以为然，建议父亲说“宜用儒生”，汉宣帝大怒，说：“汉家自有制度，本以霸王道杂之，奈何纯任德政，用周政乎！且俗儒不达时宜，好是古非今，使人眩于名实，不知所守，何足委托？”并叹息说：“乱我家者，太子也!”为此，曾一度想换掉太子，只是珍惜与许皇后患难之交的情谊而作罢。

汉宣帝的治国理念是“霸王道杂之”。所谓“霸道”即是先秦法家的治术，所谓“王道”，就是儒家的仁道。其实也幸亏汉宣帝，历史上只有他才一语挑明了汉家几代秘不外传的统治心经，不然多少人还是蒙在鼓里，看不明白，琢磨不透。当然，他也因此惹得后世的统治者多少有点不高兴，怪他多嘴，其实宣帝当时也是情急之下脱口而出，要怪还是怪元帝迂腐，不开窍才是。话既然被挑明了，也就没太大意思了。但后世统治者绞尽脑汁也想不出比汉宣帝更好的办法，只好用了一招叫“阳儒阴法”：高举儒家的旗帜，争取人心，实施法家的统治术，掌控国家。儒家的德政可以高唱在嘴上，但法家的治术却只做不说，这种“外儒内法”的统治术实质上仍是“霸王道杂之”。

纵观秦汉，法吏受重用是一个普遍现象，究其原因，是因为秦汉时期“明习法律是为政者的基本技能，它包括了绝大部分的行政技术”（《中国古代权力与法律》），故熟知律令一般都能较好地处理好政事，懂法是从政为官的基本要求。那时法制虽然只是初创，但那时官员们还不至于像今天的一些领导把依法行政视为当官做事的累赘。至于“士不习律令”“为官不知律令”，这都是元代之后的事情。

秦朝是专任法吏的，故有所谓“以法为教”和“以吏为师”的说法。湖北云梦睡虎地出土的秦简之一《为吏之道》亦印证了这一点。汉家制度是霸王道杂之，汉初以道为主，辅之儒法，尽管汉武帝号称“罢黜百家，独尊儒术”，但实际上汉武帝任用了一大批像张汤这样的法吏，一直到汉宣帝都是儒法并用，后世统治者也都是阳儒、阴法并施的。汉代没有专任儒生，纯用德政的，但汉元帝是个例外。

汉元帝是个儒化很深的皇帝，他的经学功力深厚，举凡《春秋》《诗》《礼》《尚书》《论语》等无所不通，因此他一反前代帝王霸王道杂之的治国方法，而纯任德政，以儒家经学为治国指导思想，发布政令及诏书多引经据典，质问大臣则穷究经义的出处，处理案件也要“顺经本义”，大臣言语不合经义要受严厉批评。同时他又以儒家标准选官用人，所以当时社会风尚是“遗子黄金满籯，不如教子一经”，经学大师夏侯胜对弟子说，“经术苟明，其取青紫（高官）如府拾地芥耳”，经书读好了，官帽子弯个腰就能从地上捡到。这大概就是“学而优则仕”的通俗表达了。然而，以儒治国，重用儒生治国实际效果又如何呢？不曾想汉宣帝的话，不幸而言中。

班固对元帝的评语是这样写的：“少而好儒，及即位，征用儒生，委之以政，贡、薛、韦、匡、迭为宰相，而上牵制文义，优游不断，孝宣之业衰焉。”贡禹、薛广德、韦玄成、匡衡这些儒生受到重用，被委以政事，当此之时，正是元帝实践他以儒治世的理念，而这些儒生亦正可为满腹经纶找到用武之地了吧？不曾想，这般人学问都很大，文采也很好，但对处理政务却不怎么在行。因此，读书人的“上致君”和“下泽民”这两件事他们一件都没有做到。

贡禹，“以明经洁行者闻”，从谏议大夫当到御史大夫，位居三公，提建议倒是很积极，文采也很不错，《汉书》就收录了他的两篇文章，不过建言虽有益，却无关宏旨。

薛广德，以“《鲁诗》教授楚国”，他代贡禹为御史大夫做了两件事，元帝到甘泉宫郊祭想留下来打点猎，他上书劝谏了。又一次皇帝去祭祀宗庙要乘船走，薛认为要坐轿，脱下官帽说“宜从轿”，皇帝说：“大夫，你戴上官帽吧!”广德说：“陛下如果不听我的话，我就一刀抹了脖子，让血玷污你的车子，看你怎么进宗庙祭祀!”——碰上这种大臣，元帝也只有气得翻白眼的份了。

代于定国为丞相的韦玄成是诗书世家，又是官宦世家。他父亲韦贤“兼通《礼》《尚书》，以《诗》教授”，号称邹鲁大儒，宣帝时当过五年丞相，宣帝亲政第二年退休，丞相退休制就是从他开始的。而韦玄成则‘少好学，修父业’，诗写得不错，《汉书》收录了二首洋洋洒洒的诗在册，但他当了七年的宰相，班固只替他写了一句话：“玄成为相七年，守正持重不及父贤，而文采过之。”

匡衡，“好学，家贫”，年轻时的名头就很大，许多学者上书推荐匡衡明经“当世少双”，无奈当时宣帝“不甚用儒，遣衡归官”，但时为太子的元帝却很欣赏，因此“私善之”。元帝立，外戚史高推荐了匡衡，随后官职一路飙升，一直至代韦玄成为相。文采当然也很好，《汉书》一下收录了他三篇的上疏。但这些人说起来头头是道，做起来却不是那么回事，真正是一班“眼高手低”的大臣。

元帝也好不到哪儿去，他虽然精通儒学却不懂治国，政务能力很差。他甚至稀里糊涂地害死了自己最信任和尊重的师傅萧望之。萧望之是名儒，曾任元帝太傅，是汉宣帝指定的辅政大臣，其时任前将军，他与另一辅政大臣周堪及宗室刘更生（刘向）对宦官弘恭、石显、外戚史高专权，甚为不满，便向元帝建议说，“中书是朝廷的中枢，不能由宦官兼任”，弘恭、石显因此指使人告发萧望之等人密谋罢黜史高，挑唆皇帝疏远外戚。元帝让弘恭查办，弘、石向元帝奏报说：“萧望之、周堪、刘向结党营私、欺上瞒下、间离皇亲，应该把他们交给廷尉审理”，元帝不知道“交给廷尉”的意思，稀里糊涂地答应了。过了几天元帝要召见周堪、刘向，弘恭说他们已经被关在监狱了，元帝大吃一惊，连忙问："不是只让廷尉问一问吗？"非常生气地训斥了弘恭、石显，命令道："快让他们出来处理政事。"弘、石急忙找到史高，让他对元帝说："陛下刚即位，天下人还不知道陛下的威势。既然把他们关进了监狱，现在再让他们出来，官复原职，人们会议论纷纷，不如把他们免职掉。"元帝居然又稀里糊涂地下诏赦萧望之无罪，免去前将军的职务。周堪、刘向贬为庶人。后来因为地震，元帝认为是因为他赶走师傅得罪了上天，又重新任用萧望之、周堪、刘向。萧望之的儿子上书元帝为父亲上次无缘无故地被关入监狱鸣冤叫屈，元帝叫人复查。弘恭、石显知道萧望之气节高尚决不肯接受下狱的屈辱，便哄骗元帝说："萧望之自以为是陛下的师傅，有恃无恐，要是不把他关进监狱，压一压他的傲气，陛下以后就无法对大臣施恩了。"元帝犹豫说："萧师傅性格刚强，怎么肯去坐牢？"石显故作轻松地说："人都会爱惜自己的生命，太傅并没犯什么大罪，有什么可担忧的呢？"元帝觉得有道理，石显就派使者将诏书交给萧望之，又故意派武士将萧府团团围住，制造紧张气氛，萧望之一时间不知所措，仰天长叹说："我曾经贵为将相，如今年过六旬，再到监狱受辱，还不如死了好。"于是喝毒酒自杀了。元帝听说后大吃一惊说："我说过他决不肯到监狱去的，你们看，果然杀了我的好师傅。"于是罢酒食、哭泣，责怪弘恭、石显。但他始终没有意识到正是他自己被宦官利用逼死了师傅的。所以司马光也不禁为他叹息说："甚矣，孝元之为君，易欺而难悟也"——被人骗了还替人家数钱呢。元帝易欺而难悟，盖因其本性善良，懦弱，看来不独是"人善被人欺"，君善亦被臣欺啊，君王操权术以驭臣下，有时亦是势所使然，不然，太阿倒持，就难免小人、奸臣、权贵要欺君。

元帝以儒学治国，"颇改宣帝之政"，但是所更改的新制却又大多不可行，遂又改回旧制，因此常常失信于民。元帝重用儒生，原本以为是君臣相得，当有一番作为了，但他重用的这些儒生，喜欢从政却不懂政务，由此造成了元帝一朝为官者不能为治，能治者却不能为官的现象。而更为可厌的是，这班儒生，他们读经做学问似乎只是为了做官，喜欢功名利禄却没有忧国忧民的情怀和担当道义的风骨，做官之后不肯尽忠职守，报效君王国家，而只图保持禄位，甚至为此不惜曲身附恶，俯首低眉伺候权臣。

汉元帝时，宦官石显开始专权，身为宰相的这些儒生，却只是唯唯诺诺、乖乖听命，从不敢坚持原则。“中书令石显用事，自前丞相韦玄成、及衡皆畏显，不敢失其意”。元帝身体不好，不亲政事，认为石显可以信赖，就将政事都交付给他，朝廷事无小大，都要向石显报告，由他决定，石显因此贵幸朝野，权倾一时，百官都敬畏地侍奉他。但石显却是《汉书·佞幸传》八人中最阴险的小人，“显为人巧慧习事，能探得人主微指，内深贼，持诡辩以中伤人”，为了把持朝政，他先后设计陷害萧望之，迫其自杀，又设计陷害光禄大夫周堪，还有宗室刘向，以及大中大夫张猛、魏郡太守京房、御史中丞陈咸、待诏贾捐之等等正义有才能的官员，将这些人或论死，或判罪，或废锢。在宦官专权，迫害朝臣的时候，这些身居高位的儒生却噤若寒蝉，不敢吭声。但在元帝死后，成帝即位时，匡衡又想邀功，马上上书新皇帝历数石显罪恶，并要求追究石显及党羽。司隶校尉（相当于今之公安部部长）王尊看了气不打一处来，也上了一道奏折，说匡衡这些人居大位，明知石显等专权势，作威福，为患海内，却不在当时上奏处罚，而阿谀曲从，附下罔上，无大臣辅政之义。现在既奏显等，不检讨自己不忠之罪，反而宣扬先帝任用倾覆之徒，罪至不道。这番话中击匡衡痛处，弄得他灰头灰脸的，从此很难在朝廷混下去了，“嘿嘿不自安”，动不动就打辞职报告。元帝提拔重用的这批儒生，基本上都是这类人：有学问，没能力，有文采，没操守。

写下这么一大篇文字，其实也是略有所感。在我写下“匡衡这些儒生”几个字时，笔下曾略一犹豫：这些人也算是一代名儒了，怎么班固用“儒生”称呼？顺手改为“儒士”二字，但略一思索，旋即又改回“儒生”，也因此由衷佩服班固的炼字之精：这些人，为学，颇有学问，但大多是死学问，没有转化为能力，不善于实际运用；为人，不谙世情，不顾情理；为官，不懂政务，不省吏事，不通实务，不合时宜，不懂权变，理论脱离实际。他们似乎不明白，当官固然可以做学问，但却不能以做学问的方式处理实际政务，为政，为学，原本是两回事。治国不同于治学，为官从政能力比学问重要，这也是法吏强过儒生的地方（当然，法吏也有拘泥文字，不识大体等毛病，在此不赘述）。而且这些“儒生”他们缺乏忧国忧民的情怀和勇于任事的精神，也缺乏注重气节的风骨，故尔不配称为“士”。汉宣帝很不客气地称他们为“俗儒”，也不是没有道理的。说起来，我自己也是个读书人，原本不想说读书人的坏话，但对这类“儒生”，有点不吐不快之感觉，在我看来他们就是古代版的“精致利己主义者”，现代很多官僚的模样。

汉宣帝“所用多法吏”，汉元帝认为“宜用儒生”，这原本只是一个用人策略的问题，但是汉宣帝却异常敏锐地看到，用人不仅是术，更是道，因为用人政策与治国理念、国家制度等重大问题是密切相关的，汉元帝重用儒生，是要改变汉宣帝的“霸王道而杂之”的治国方略，以儒学经义为治国施政的纲领，但是理想很丰满，现实很骨感，由于他纯任儒家的“德政”，而摒弃法家的治术，加之本身执政能力平庸，选用的儒生又不堪重用，最终导致宦官、外戚专权，言路堵塞，忠直之臣被排斥、陷害，因此“孝宣之业衰焉”，使元帝一朝成为整个西汉王朝由盛转衰的转折点。

王夫之评论汉元帝任用儒生之事说：“自是以后，汉无刚正之士，遂举社稷以奉人。”确属精辟之论。

“看取汉家何事业，五陵无树起秋风。”我看史传，可能和许多人一样，往常只看英雄人物和跟自己业务有关的人物事件，对贡、薛、韦、匡这班人的传记是不会去翻阅的；我看史实也只看历史的早晨和黄昏，即一个王朝的崛起过程和衰亡败局，而很少看历史的中段，多看创业史，少看守成史，因此脑袋里装的历史知识是零碎不全的，只有点，没有面，线也断断续续，没有连成一线。这次读《汉书》却感到，读史，除了看王朝旭日东升的壮丽景象，日落西山的悲凉气象，那些帝国中午的景色亦是不可错过：除了大英雄、才子、狂人、恶怪、三教九流的奇事，亦不妨读一读那些平平庸庸、不好不坏、亦好亦坏、时好时坏的人物，这些黑白两极中的灰色人物，会让我们另有一番感悟，至少，它会让我们离历史真实更近，离现实社会也更近些。

写于 2009 年 3 月，2020 年修改

反对不正义

1894年发生在法国的德雷福斯案件是一起历史性的案件。

随着法国与普鲁士王国之间矛盾冲突的激化，1870年7月，普法战争拉开序幕。9月1日，法军在色当战败，2日，拿破仑三世率近十万法军向普军投降。法国发生政变，法兰西第二帝国被推翻，法兰西第三共和国成立，拿破仑三世退位。

法军投降后，普鲁士军队仍然长驱直入，围攻、占领巴黎。1871年1月18日，普鲁士国王威廉一世在法国的凡尔赛宫加冕即位为德意志帝国皇帝，宣告成立德意志帝国，最终完成了德意志的统一，德国开始取代法国成为欧洲大陆的新霸主，法、德两国的外交政策也相应作出调整，最终在欧洲形成同盟国和协约国两大军事集团，为两次世界大战埋下了伏笔。5月10日，德法两国签订的《法兰克福和约》确认，法国的战争赔偿款为50亿法郎，并割让铁矿蕴藏丰富的阿尔萨斯和洛林的大部分土地，赔款付清之前，德国占领法国的北方6省。战争的损失使法国的第二次工业革命和经济发展进程受到了影响，而德国一战崛起，经济也获得跨越式的发展。战败的法国一直想报仇雪耻、重振昔日的雄风。

一

1894年，普法战争已经过去二十多年，法国逐渐从战败的阴影中走出来，随着国内经济社会各方面的复苏和发展，国内的民族沙文主义抬头，军队的对德复仇情绪和天主教的反犹情绪高涨，右翼反民主势力甚嚣尘上。在这种背景下，法国发生了一起间谍案：1894 年 9 月 26 日，在德国驻巴黎大使馆充当女佣的法方情报员，从德国武官施瓦科彭上校的废纸篓里发现一张便笺，上面列有法军布防等 5 份法国国防部机密文件的清单，这表明法国参谋总部有人给德国武官提供情报。这个间谍留下的唯一线索是便笺上的签字“D”和笔迹。法国总参反间谍处的亨利少校等人怀疑这件事是参谋总部的见习上尉军官德雷福斯干的。因为他出生于现在被德国占领的阿尔萨斯地区，又是为数不多的犹太籍军官。于是让参谋总部提供德雷福斯的有关清单中词句的书法，经过对清单上的笔迹鉴定，5 个专家中有 3 个认为笔迹是德雷福斯所留。

1894 年 12 月 22 日，法国的军事法庭对德雷福斯案件进行了审判，法庭认定德雷福斯犯有间谍罪，判决解除职务和军阶，终身流放，1895 年 1 月，将其押送到法属圭亚那的魔鬼岛服刑。

然而，一年多之后，1896 年的一天，法国情报员又在同一个废纸篓里发现一份电报碎片，电报上写明艾斯特拉齐收，感谢他提供的情报，反间谍处调查比照上次清单上的笔迹，发现与艾斯特拉齐系同一个人笔迹。此时法国总参情报机构已由皮卡尔中校担任新局长，皮卡尔向上司贡斯将军报告说，他认为道德败坏和债台高筑的匈牙利血统的法国军官艾斯特拉齐是给德国人提供那些机密文件的人，不料，他竟遭到了上司的厉声申斥：“那个犹太佬待在魔鬼岛跟你有什么关系!”但是皮卡尔确信德雷福斯是一起冤案，不肯就此放弃调查艾斯特拉齐。不久，法国军方解除了皮卡尔情报局长之职，将他调到突尼斯，并让他噤声。亨利少校为了取悦上司同时也保护自己的朋友艾斯特拉齐，决定伪造一份文件，以做实德雷福斯有罪的证据。

听说这件事后，左拉再也无法释怀。那些支持德雷福斯的人士知道左拉疾恶如仇，正道直行，不会逆来顺受，忍受不公，便将德雷福斯的魔鬼岛来信拿给他看，这些信件让左拉感受到德雷福斯是一个有着强烈的民族主义精神、热爱法国军队的正直军人，不可能出卖国家利益。因此他坚信德雷福斯是个冤案。1897 年 11 月 8 日，左拉给妻子写信说：“有一件很吓人的错案，国防部的所有人都有责任。这件冤案太可怕了。”刚好在这个时候，一位银行家看到登载这张清单的报纸，认出这是他的一位顾客艾斯特拉齐的笔迹。德雷福斯的哥哥马迪厄在报刊上发表了强烈抨击军队的文章，并指责艾斯特拉齐才是真正的罪犯。11 月 20 日，左拉致信给为德雷福斯申冤的副议长舍雷说："我觉得应当紧握您的手。……我不知道我该干什么，但人间悲剧从来没有像这件事激动我的心。这是为真理而斗争，是正义的、伟大的斗争。"11 月 29 日，他对妻子说："德雷福斯案件使我十分愤怒，气得发抖。我要把事情扩大，变成一件强大的人道和正义的案件。"从此，左拉义无反顾地踏上了争取为德雷福斯平反的艰难历程。12 月，左拉在《费加罗报》连续发表三篇文章，一场援救无辜的运动就此掀起。左拉的文章在全国引起了轩然大波，全法国都沸腾了。法国社会由此分成了两派、对立的两个阵营：反对和支持德雷福斯。双方的争吵、咒骂不断，造成许多朋友翻脸断交，夫妻反目成仇，报纸铺天盖地、连篇累牍地互相攻击、讨伐，巴黎大街上一些狂徒高唱反犹进行曲，游行示威，舍雷副议长在参议院演讲时，一提到左拉的名字便被仇恨的喊叫声掩盖、打断。但是毫不畏惧的左拉写了一本小册子《青年，青年们》，他呼吁青年起来与他一起为真理而斗争，1898 年 1 月 7 日，他又写了一本小册子《致函法兰西》，号召法国同胞从反常的精神状态中清醒过来。此时反德雷福斯派立即将左拉作为主要的攻击目标，在报上发表大量的文章，极尽讽刺挖苦、侮辱诽谤之能事。

二

在这种剑拔弩张、强烈对峙的氛围中，1898 年 1 月 10 日，巴黎军事法庭对艾斯特拉齐案开庭审理，他的辩护人说，尽管被告字迹与清单有相似之处，但这也不能证明什么，因为卖国贼德雷福斯完全可以模仿别人的字迹。最后，法庭宣判艾斯特拉齐无罪。公众鼓掌狂呼："军队万岁！法兰西万岁！处死犹太人！"与此同时，皮卡尔被逮捕，以泄密罪被判入狱坐牢 60 天，舍雷被解除副议长职务。原本被寄予厚望的艾斯特拉齐案，竟然是这样的一种结局，德雷福斯派的整体期待值遭到了降维式打击，这让德雷福斯的一些支持者感到气馁，但左拉不能接受这种不公正。然而针对陆军部的问题，他不知道该如何下手，因为揭发参谋部，他的文字会被追究，可能会被送上法庭受审。这时他突然灵机一动：这不正是使真理取得胜利的解决方法吗？他想起了先贤伏尔泰为平反克拉冤案不懈斗争的事迹，决定像伏尔泰一样，为了证明一个他们素不相识的人的清白无辜，将个人的安危荣辱置之度外。1月11日夜里至12日，他通宵伏案疾书，文思如涌，下笔如有神，写成了长达40页的致共和国总统的公开信：《我控诉》。公开信的结尾是漂亮的六段“我控诉”的排比句式，文辞慷慨激昂，一往无前。他控诉军队将军、高级官员、军事法庭法官、撒谎的笔迹鉴定专家，所有的德雷福斯案件调查人员和这个案件的背叛行为、邪恶偏见，他指责这些人违反人道、蔑视正义、践踏法律。他激情澎湃地说：“真理在前进，任何力量都无法阻挡！……当人们把真理埋在地下，它就会在地下积聚起来，酿成爆炸性的巨大力量，而且一旦爆发，就会使一切归于毁灭。”他最后说他愿意以身试法，“我提出上述控诉，并不是不知道1881年7月29日的新闻法中30条和31条，这两条是惩罚诽谤罪的。我自愿承受……我的怒不可遏的抗议是发自内心的。让他们把我带上法庭，但调查要公开，我等着呢。”

13日，刊载《我控诉》的《震旦报》刚一出来，短短几个小时就卖出30万份，在巴黎的大街小巷、家家户户、人人都在谈论着《我控诉》。不久，大街上就出现了排队游行呼喊“打死左拉！处死左拉！”的人群，有人画了漫画：一幅画着一个德国人藏在戴着左拉面具的犹太人身后；另一幅画着左拉快淹死了，手里向普鲁士人递过《我控诉》这封信。但是法朗士等一批作家、艺术家、学者决定立即加入左拉行列，支持左拉行动，要求复核案件。起诉左拉还是平息事态？政府犹豫不决，进退两难。但右翼势力和军队发难了，“军队不能等待太久……军队首脑决定这家伙该得到什么样的回答！”国防部决定起诉左拉，控告左拉控诉国防部授意军事法庭为艾斯特拉齐开脱罪责的说法，他们断定左拉拿不出国防部“授意”的证据，意欲以此迫使左拉缴械投降。然而，接到法院传票时，左拉却兴高采烈地喊道：“朋友们，起诉了，我被起诉了！”因为，在左拉们看来，起诉左拉是迫使军方重审德雷福斯案件的好时机，因为左拉的罪名是否成立，有赖于德雷福斯案件的相关事实。左拉不惜以身讨法，目的就是为了揭露真相。但是军方耍了个花招，他们把这次指控、辩论与德雷福斯案件分开了。

三

2月7日，左拉和他的律师们前往巴黎地方法院，一路上遇到许多高呼“打倒左拉！处死犹太人！”的群众，但左拉一反常态，异常镇静，好像不是去出庭受审，而是前去接受加冕似的。庭长、陪审员就位，代理检察长起诉后，证人开始出庭，先是德雷福斯太太，接下来几天是情报部门的军官、军队的将军们出庭，他们断言：“德雷福斯是个卖国贼，他罪有应得。”参谋长以涉及国家机密为由，拒绝回答左拉律师的提问，军队其他高级将领对左拉律师的提问根本不屑一顾。亨利少校也出庭了，但随即拿出疾病证明，得到法庭允许退庭了。一位专家拿粉笔在黑板上划拉几下，作了糊涂的论证，在众人哄笑中退下。终于艾斯特拉齐在人们的期待目光下出庭了。当左拉和《震旦报》的律师问及艾斯特拉齐与德国武官的关系时，都被庭长制止了：“不要谈外国军官的事”，“因为这案件涉及国家荣誉和安全，这是高于一切的。”这赢得了军官们的一片喝彩声。皮卡尔也出庭作了陈述，讲到他如何发现艾斯特拉齐的叛国行径，自己反倒在军中受到排挤，但旁听者对他大喝倒彩。为了取得辩论的成功，艾斯特拉齐的上司，赛纳军区的司令官竟转身对陪审团嘟囔道：“你们要干什么！这支军队面临的危险时，你们无法想象到？……陪审员先生们，有人想把你们的儿子引到屠场！”陪审团动摇了。支持左拉的饶勒斯要求他们正视事实，法朗士陈述了左拉的公正，以及在国际上的地位，但是陪审团冷若冰霜，不为所动。开了15次庭，最后总检察官声称左拉控诉军事法庭有意释放罪犯是不真实的。22日左拉发言了：“你们打击我，只能使我变得更伟大……谁为真理和正义受苦难，谁就会变得令人敬畏和神圣……我发誓德雷福斯是无辜的……总有一天法兰西会因为我帮助她挽救声誉而感激我的。”他的发言在一片嘘声和嘲笑中结束了。《震旦报》的律师冲着陪审团喊道：“你们要我们出庭受审，而你们将在历史面前受审。”陪审团评议了35分钟，晚上7点，宣布了评议结果：左拉被判处一年监禁。这是该罪名的最高刑期。《震旦报》的经理被判处 4 个月监禁，两人均处 3000 法郎罚金。判决结果一宣布，大厅里一片欢呼声。当时，群众的狂热和左拉的孤立是难以想象的，就在第一次开庭的晚上，爱国者群情激愤，左拉须在警察总监保护下才能走出法庭。这次，左拉依然淹没在一片鼓噪声中，离开时左拉喃喃自语说："这是一群残酷的人！"事后律师也说："如果对左拉宣告无罪，我们谁也别想活着走出去。"

28 日，国防总长下令皮卡尔退役，取消退休金。格里莫教授因为替左拉作证，也被取消教授职位，在诉讼期间，左拉被人跟踪，收到的侮辱信件堆积如山，他妻子多次收到匿名恐吓信，甚至连他 9 岁的小孩也收到了父亲左拉被挖去双眼的照片，但左拉坚信："真理在前进，任何力量都无法阻挡。"在律师的帮助下，左拉向最高法院提出上诉，理由是国防部无权控告左拉，因为《震旦报》诽谤的是军事法庭。4 月 2 日，最高法院撤销了判决。于是国防部的军官们决定以自己的名义控告左拉。案子被送到赛纳—瓦兹重罪法庭审理，因为左拉一方对管辖权提出异议而延审。左拉案件在社会掀起的轩然大波，也愈演愈烈。对立在升级、扩大，从家庭到街道、学校，从报纸编辑室到政府办公室、议会办公室，到处都在争吵、谩骂、攻击，支持和反对德雷福斯的代表性人物甚至开始决斗。与左拉在国内陷入四面楚歌的境地相反，在国际上，在欧洲、美国，他都被当作有天地良心的英雄，外国报纸抨击法国政府起诉左拉，对他进行迫害。在诉讼期间，左拉收到 1500 份的电报。比利时诗人韦尔哈伦说："在这个今后有历史意义的德雷福斯案件中，整个欧洲都在维护法国，也在反对法国 "，美国作家马克·吐温说："这种军事和宗教法庭是由懦夫、伪善者和马屁精组成的，这种人每年能产生百万个，今后还会这样。但是像圣女贞德和左拉这样的人物，5 个世纪才能产生一个"；托尔斯泰说："在他的行为中，有崇高和美好的思想，那就是向沙文主义、反犹太主义斗争"；契诃夫说："左拉有崇高的灵魂……大多数有教养的人是站在左拉一边的，并相信德雷福斯是无辜的……感谢上帝，每个法国人已感到正义还存在这个世界上，如果控告无辜者，还有人出来为他辩护。"但是，反德雷福斯派对此无动于衷，他们攻击左拉是卑鄙小人，正用他的笔"刺痛祖国母亲的心脏”“用他肮脏的手掴军队的耳光”。以前大家都认为左拉是格调较高的作家，但是现在他为犹太间谍德雷福斯辩护，那就成为鼓吹暴力和色情的作家了，而他居然还敢向国人作道德说教！

1898 年 5 月议会开始向左转，6 月 15 日反德雷福斯的议长辞职，继任者试图纠正德雷福斯案，但是国防部部长卡芬雅克在 7 月 7 日议会质询上说，他确信德雷福斯有罪，并列举了“确凿的”证据，这些证据是从亨利的“秘密档案”中找到的，还有德雷福斯的“口供”，他在掌声中结束讲话：“明天，所有的法国人应该团结起来，宣布这支军队是值得骄傲的，不仅是赢得国家的信任，也是因为它们的行为是正义的。”但是，饶勒斯知道，这些“证据”文件都是伪造的，国防部部长在议会的发言无意中成了对手的神助攻。为此议会兴奋地将卡芬雅克部长的讲话公之于众，“秘密档案”被张贴在法国所有市政府的墙上时，饶勒斯在《震旦报》上发表一篇致冒失鬼卡芬雅克的信：“欢呼将消逝，真理会永存。”

预审员贝尔蒂吕斯负责审核对皮卡尔的指控，他约见了该案的主要证人艾斯特拉齐少校的侄儿，他参与了他叔叔安排的所有阴谋活动。因为他叔叔曾诈骗过皮卡尔，所以存心报复，伪造证据，亨利提供的假证据正是出于艾斯特拉齐情妇之手。贝尔蒂吕斯通知检察官要对艾斯特拉齐和他的情妇发传票，但是这个铁杆的反德雷福斯派检察官拒绝了。但在司法部部长的允许下贝尔蒂吕斯搜查了艾斯特拉齐情妇的住宅，找到了不少资料，正好这时艾斯特拉齐来找情妇去吃饭，司法人员逮捕了他，精神接近崩溃的艾斯特拉齐号啕大哭，表示愿意坦白，交出藏着的东西。艾斯特拉齐和情妇被分别送监看押。但是卡芬雅克因为感到被骗十分恼火，也叫人逮捕了皮卡尔。

7 月 18 日左拉案第二次开庭，审判大厅依然人潮汹涌，门口的人群依然大骂左拉“卖国贼！滚回到犹太人那里去！”最后左拉仍然被判处该罪最高的刑罚：一年徒刑，3000 法郎罚金。这在左拉原本没有什么，他本意就是要运用名人效应挑起官司，制造舆论、扩大影响，以推动德雷福斯案件的解决，为此不惜以身试法，求仁得仁罢了，但问题是实际情况打破了他的预期，不仅他自身被判刑，德雷福斯案件也毫无进展。事情到了这个地步，律师建议左拉离开法国，但左拉拒绝了，他说，“宁可坐牢也不逃跑，要投入战斗，就要承担任何后果”。但是晚上左拉的朋友都来劝他离开，因为如果左拉被投入监狱，就不可能再写《我控诉》这样的新文章了，也无法运用法律程序继续斗争，在保持荣誉感和斗争的需要上，他听从劝告，选择了后者。晚上 8 点，左拉坐上了离开法国的列车，又乘船到了英国。第二天法国的报纸刊出醒目的标题：“左拉逃跑了！”

四

左拉旅居英国期间，着手写作长篇小说。但他依然惦记着法国的事。8 月中旬左拉的朋友告知他一个大好消息：“亨利上校自杀了。”原来，亨利上校被预审法官贝尔蒂吕斯逮捕后供认了制造假证，但在押解途中用剃刀割喉自杀。这个消息让左拉十分兴奋，他似乎看到了胜利的曙光，但是事实又给他泼了一盆冷水，亨利的自杀并不能说服公众舆论，也不能使政府认为德雷福斯是无罪的。一种观点认为亨利的自杀是出于爱国心，为的是避免提供会危及国家安全的真正资料。而且把亨利伪造文书说成是由于不能将德雷福斯犯罪的不可辩驳的秘密材料公之于众，才编造了一个虚假文书，这是出于良心和良知、为司法利益做事。这种“爱国的伪造文书”观点被广泛扩散，右翼势力甚至将亨利形容为正义事业的殉道者。德雷福斯太太要求司法当局根据新的事实重审该案，接替卡芬雅克的国防部部长也赞同，但右翼报纸马上指责他将自己出卖给犹太人，在巨大的压力下他退缩了。1898 年 9 月 17 日，内阁通过再审决定。几经周折，德雷福斯夫人的重审请求被提交给最高法院，右翼势力宣称：如果德雷福斯回到法国，他将被碎尸万段。一线希望又变得遥遥无期了。日子在左拉的焦急等待中一天天过去了。1899 年 2 月 18 日，左派人士鲁贝当选为新总统，他是主张重审德雷福斯案件的。5 月 29 日，最高法院开庭，庭长宣读了一份调查报告，并对情报文件的来源作出了结论：“这不是德雷福斯写的，而是艾斯特拉齐写的。”6 月 3 日，最高法院撤销了对德雷福斯的判决，并将案件移送到雷恩的军事法庭。6 月 5 日，左拉按捺不住喜悦的心情，结束了将近一年的流亡异国他乡的日子，踏上回国的征途。火车开动时，他给报刊写了一篇文章：“既然真相大白，正义昭然，我就回来了。”德雷福斯也从魔鬼岛被带到雷恩监狱。

8月7日，德雷福斯案再审开庭，虽然新任总理同情德雷福斯，但是反德雷福斯派的头头梅西耶将军干涉，军事法庭的法官都是他的部下，他们宁愿得罪政府也不愿得罪军队的顶头上司，而且反犹主义者继续施压，宣称如果德雷福斯被宣告无罪，他们将进行报复。从8月12日开始，反犹太人同盟组织了声势浩大的抗议活动，与警卫部队对峙了38天。8月14日左拉的律师被歹徒枪击受伤。人们等待着艾斯特拉齐出庭与德雷福斯对质，但是后者躲在英国发表了一份声明说，那张清单内容确实是他写的，但是德雷福斯口授的。军事法庭既不愿得罪上司，也不敢得罪军队。因此，在9月9日以5票对2票判决德雷福斯有罪，但从轻处罚，判处十年监禁，因为他只写了清单的一半，是半个叛徒。这个判决在法国和国际激起了巨大反响，安特卫普、米兰、伦敦、纽约都爆发了反法游行示威。有的外国报纸要求旅游者不要参加明年在巴黎举行的万国博览会。左拉更是怒不可遏，他在《震旦报》上发文说：“人们已经看到反对真理和正义最奇特的勾当。……我简直是惊骇万分，这种惊恐，是人们的神圣的恐怖，这是颠倒黑白、河水会倒流到源头，太阳从地球西边升起。”他预见到该案的结局，同一天他给律师写信说：“这一切会可悲地以某种特赦或可耻的赦免来结束。”果然不出左拉所料，政府决定特赦和赦免。这样处理，就德雷福斯来说无异于间接承认有罪，左拉、饶勒斯、皮卡尔都反对，但是德雷福斯已经精疲力竭，魔鬼岛的生活极大地损害了他的健康，他的兄弟马迪厄和他的朋友也都建议他接受，最终，德雷福斯放弃对军事法庭的判决提出上诉，但不放弃将来申请合法重审的权利。1899年9月19日，鲁贝总统签署了特赦令，德雷福斯被释放出狱，左拉立即将一篇致德雷福斯夫人的信交给《震旦报》发表：“夫人，这种特赦只能是痛心的……一想到本该得到的是正义，而给的只是怜悯，真叫人恼火透了！判决无罪对各国人民的友谊、对团结和正义思想来说，比哲学上讨论、大讲人道主义理论要胜过百倍！……他的事迹由我们来颂扬……由我们这些诗人来将罪犯永远钉在耻辱柱上。那些被我们谴责的人，我们的子孙后代会鄙视和嘲笑他们。那些被我们咒骂的罪人，在岁月的流逝中只不过是些渣滓。”

左拉终于与他为之不懈斗争两年多的德雷福斯见面了，当他看见德雷福斯从前厅昏暗灯光中走过来时，以为是幽灵出现了。“在这个难忘和感人的夜晚，德雷福斯带着令人敬畏的冷漠的口气叙述在魔鬼岛的生活……在讲述肉体和精神所受可怕的折磨时，毫无怒色”，在送走德雷福斯夫妇时，他确信：自己做了一件确实该做的事情。左拉原本想给这件事画上句号，然而 1900 年 12 月 14 日议会通过了一项法令，正式废除这个案件的诉讼，这是对过去一笔勾销的做法，有罪的、无罪的都不作数。左拉像个老“愤青”再一次站出来，他在报上致信总统说：“这种决定在历史上会蒙上罪恶的名声。”后来，左拉把德雷福斯事件写进了他正在创作的小说《真理》中。

五

德雷福斯案件虽然已经结束，但左拉始终被仇恨所包围，他收到大量匿名恐吓信。1902 年 9 月 29 日，左拉在公馆里被发现死于窒息。警察查看了壁炉，发现通风管道被瓦砾所堵塞，造成一氧化碳倒流回室内，壁炉管道被瓦砾堵塞是如何造成的？调查的结果不得而知。消息传开，有人说左拉是死于意外事故，有人说是谋杀，也有人说是政治谋杀。右派报纸对他的死欣喜若狂：“自然主义的逸闻，左拉憋死了。”10 月 5 日举行葬礼，法朗士在左拉墓地发表了演说：“左拉为正义和真理进行不懈斗争，在这种精神面前，我对那些使无辜者陷于毁灭的人们，怎能保持沉默呢？你们一定已经听到，在法庭漫长的诉讼中，愚昧无知，假证迭出，还闪动着刀光剑影……但他被起诉时，他振臂高呼，声嘶力竭地辩护……你们不必埋怨他忍受和经受了一切。在愚昧、愚蠢和不怀好意的凌辱中，他荣光无比，无人可及，人们要为之羡慕。他浩瀚的巨著，伟大的行为，使祖国和世界都增添光彩，这也是人们要羡慕的。他的命运和他的心，使他成为最伟大的人物，他是人类的良心。”

左拉已逝，但是德雷福斯案件未了。“真理在前进，任何力量都无法阻挡。”社会主义者饶勒斯接替左拉，继续要求重审德雷福斯案件。1903 年 11 月 23 日，德雷福斯对雷恩法庭的再审判决提出申诉，议会决定，将雷恩法庭判决提交最高法院审查。1904 年 3 月 3 日公开开庭，1906 年 7 月 12 日，雷恩军事法庭的判决被宣布是“错误的”，予以撤销。德雷福斯获得平反，重回军队并获得少校军衔，数月后退役。皮卡尔被任命为少将，在左拉逝世四年之后，左拉胜利了。虽然他等不到胜利这一天的到来，但这是在他精神引领下取得的胜利。不久，克列蒙梭当上了议长，他立即重用了因为德雷福斯案件受到打击排挤的皮卡尔担任国防部部长。后来饶勒斯等人向议会提交了一个议案，要求将左拉的遗骨迁往先贤祠，以示对左拉的英雄主义和文学天才致以全民的敬意。

左拉的墓室就紧挨着雨果。议长克列蒙梭的讲话在军乐声中落幕：那一刻，左拉成了法国的荣光。这正应验了左拉在法庭上说过的一句话：“总有一天法兰西会因为我帮助她挽救声誉而感激我的。”

左拉死后 25 年，1927 年左拉房子取暖设备安装的承包商承认，左拉是被他闷死的：“当时他的邻居正在修理屋顶和烟囱，我们就利用这机会混进这幢房子，把左拉卧室的烟囱堵死了。第 2 天我们又去把它打通，去得很早，没被人发现。”这时，人们才发现左拉是死于政治谋杀，他为实现正义付出了生命的代价。

六

还在 20 世纪 80 年代末，我看见一篇德雷福斯案件的短文后，就有写一篇文章的想法，现在算是了却一桩心愿，但是用如此冗长的文字和超长篇幅来叙述这个事件倒不是因为这个原因，梭罗说：“千万人同砍罪恶的枝叶，不及一人独伐罪恶的根源”，因此觉得有必要带领大家跟随左拉看他“独伐罪恶的根源”的全过程。

德雷福斯案件经过 12 年才得到改判纠正，其间的一波三折、跌宕起伏、惊心动魄，让人感慨系之。而且，一个案件，对一个国家的稳定安定带来的影响如此巨大，引发的各大阵营撕裂对立如此严重，对国家政权的考验如此严峻，实属罕见。法兰西第三共和国在德雷福斯案件掀起的这场暴风骤雨中，我们眼见她似乎摇摇欲坠，但她却奇迹般地屹立不倒，年轻的共和国经历了这场民主与法治的深刻洗礼和考验，更加坚定而成熟。德雷福斯案件遇到的难题，至今也是司法上的重大难题：一是司法如何应对社会舆情热点问题；二是如何处理涉及军队的问题，前者是社会问题，后者是政治问题，它们都不是单纯的法律问题，已经远远超越了法律专业范围，但又是案件处理不得不妥善应对的问题，但是我们最终看到了，涉及这个案件的所有问题，都在民主与法治的框架和轨道内得到处理。这过程让我们看到了法国当时司法的乱象以及社会百态，更看到了制造冤假错案是何等容易而纠正冤假错案件是何等艰难。所幸的是 12 年的道路固然漫长，而且走得极其曲折，但正因为唯其能够在艰难中跋涉前行，才让我们肃然起敬，法治的道路，并不在于走得有多快，而在于是不是真正在走。

“法律的生命在于实施”，司法是推动国家法治建设的中坚力量，然而在德雷福斯案件中我们也看到了法国司法部门的诸多悲哀，所以，当我们向左拉致以深深的敬意的同时，作为一个以维护公平正义为职业、为天职的司法者，亦当躬身自问：当我们面对各种办案压力，包括权力，舆论、人情的压力时，我们是否能够如此无私无畏、如此大义决绝、如此正道直行；是否也曾裹足不前，或绕道而行，或畏惧退缩；是否也曾为了升迁、为了不得罪、为了不受打击报复放弃原则、舍弃法律、背弃正义。为法官者自当谨记，执法办案不可有违天道人心。

正义来了，但她却姗姗来迟，于是有人用轻飘飘的一句：“迟来的正义非正义”，就把她抹掉了。然而她却是“正义会迟到但不会缺席”的最好的诠释，也是无数冤屈者和社会公道人心真诚的期许。在这个案件中，我们看见了正义女神不是脚踏五彩祥云翩翩降临，而是一路跋山涉水、披荆斩棘而来，我们看见了她一路踉踉跄跄、跌跌撞撞、满脸尘土、一身伤痕的真实的样子，当此之时，我们当作何感想？如期而至的完美的正义固然好，但是须知现实中的有些正义很难达到完美。那么，面对迟来的正义、有缺陷的正义、不完美的正义，我们该如何看待？有多少人并不珍惜、并不满意他所得到的正义，只因为不符合他们心中完美的正义模样，而他们心中正义的模样又来自哪里呢？有太多的媒体和学者为社会大众描绘出了理想化的正义而不是现实中的正义，他们大多以理论上的应然替代了实践中的实然，理想化超越了现实性。时下对司法的指摘相当部分是基于这种情况。而且，有多少人，他们只觉得自己得到正义理所当然、本该如此，却从未想过有多少人为他所得到的正义在艰辛付出，忍辱负重，甚至遭受打击报复，自己也蒙受不白之冤，直至像左拉一样付出生命的代价。他们只是坐等正义到来，却从未想过自己也还为正义做过什么，当然，你不是司法者，但是，难道维护社会正义只是司法者的责任吗？左拉也不是司法者，但他却为维护正义、反对不公进行无畏的斗争，直至付出了自己的生命。如果你所为有限，但总可以有所不为吧，总可以为这个国家的法治建设环境保持清洁，不乱扔垃圾吧。这也是左拉精神的题内之义：不为不正义推波助澜。

2020 年 7 月写于福州鼓山

永远的大法官

“送他回到伦敦塔，从那儿把他拖过全伦敦城解到泰柏恩行刑场，在地上把他吊起来，让他累得半死，再从绳索上解开他，趁他没有断气，割去他的生殖器，挖出他的肚肠，撕下他的心肺放在火上烧，然后肢解他，把他的四肢分钉在四座城门上，把他的头挂在伦敦桥上。”

——这段令人毛骨悚然的话不是小说的描写，它是16世纪英国特种法庭对大法官托马斯·莫尔的判词。亨利八世总算格外开恩，莫尔的死刑没有按照上述残忍的步骤执行，英王命令把莫尔的头砍下来悬挂在伦敦桥上。

莫尔是视死如归的。临刑前他谈笑自如地告别家人，从容祈祷之后，自己用头巾扎住眼睛，跪在行刑台上，他转头对身旁的刽子手说：“我的脖子粗短，好好瞄准，不要出丑。”这句临终遗言以一种黑色幽默的方式表达了大法官对这项死刑判决的轻蔑。

说到大法官莫尔，在中国似乎是鲜为人知的，但是说到《乌托邦》的作者，莫尔却是名闻遐迩的。然而，莫尔并非死于他在《乌托邦》一书中揭露了私有制是万恶之源，主张实行公有制和人人平等的社会制度——不用说亨利八世没有这样的远见：这本书会成为未来社会主义理想的萌芽，即便是莫尔本人也认为，《乌托邦》的意义比不上他大法官的职位，甚至也比不上他反对宗教改革的斗争。

莫尔生于1478年，他的父亲长期担任皇家高等法院的法官，1492年他进入牛津大学学习古典文学，这期间深受柏拉图和著名的人文主义者伊拉斯谟思想的影响，1494 年他迫于父命离开牛津转入新法学院和林肯法学院攻读法律，出师不久他便赢得了伦敦市头等律师的名声。由于他的博学、正直、才能出众，1504 年，年仅 26 岁就被选为市议员，他在议会带头反对亨利七世增科新税的要求，这件事虽说成功了，但他父亲也因此被恼羞成怒的亨利七世关进伦敦塔。1509 年亨利七世逝世，新任英王亨利八世亲自拜访莫尔并对他宠信有加，但他始终保持清醒的头脑，有人祝贺他，他却说："如果我的人头会让他得到一座城池，这颗人头准得落地。"莫尔所言不虚，亨利八世后来以暴虐凶残闻名于世，他在位的 38 年里大约有 72 万人被处以死刑，他曾于 1531 年颁布一项新令：犯投毒罪的犯人要被抛入沸水中活活煮死。他在位时还下令，对缺席礼拜的人要判处割掉一只或两只耳朵。他还分别于 1536 年和 1542 年判处第二位妻子安妮和第五位妻子霍德华死刑。可见，莫尔看人的眼光是很犀利的。1510 年，莫尔担任伦敦市司法官并赢得了市民们的充分信任，此后，英商两次促请国王派他到国外调解商务纠纷，1516 年的出使，构成了《乌托邦》一书的背景，给他带来了写作灵感，《乌托邦》成书后，为他在欧洲各国带来了巨大的名声。很快，亨利八世于 1518 年任命他为王室请愿裁判长、枢密顾问官，1521 年他被任命为副财务大臣，并受封为爵士。1523 年他当选为下议院议长，1529 年他代替沃尔西受命为大法官。

莫尔被任命为衡平法院的大法官，成了衡平法历史上的一个重要转折点，它标志着衡平法的实施者由神职的教会法学家转为世俗的普通法学家。莫尔亦因此成为现代英格兰衡平法制度的创始人之一。衡平法的产生是基于普通法日趋僵化，导致它烦琐的程序变得毫无价值，甚至被当事人利用，造成不公正的审判后果。因此，为了确保通过法律手段实现正义，就有必要在普通法之外，创制一系列衡平法原则。衡平法的本原思想是"法律应当得到公正的实施"，衡平法的理论依据是国王应有不必拘泥于普通法而主持正义的责任，而主持正义的权力则由大法官根据"良知"来行使。法律以良知为中介，使得抽象的正义，在每一个个案中得到具体实现。关于普通法和衡平法的关系，历来被法学家们弄得很复杂，但是莎士比亚的一个诙谐比喻却将之说得十分透彻："法律这个装疯卖傻的老父亲，他对普通法院说：去吧，用你那不公平的法律去为所欲为吧！然后再对大法官说：你必须用公平的法律来矫正他们试图做出的不公正判决！”莫尔在大法官的任上以公平为念，勤勉敬业，他“以大法官的身份行使司法管辖权，复审各普通法法庭案件，并依据衡平法原则予以修正和纠错，还在原判法庭无能为力时提出补救的办法”（泰格）。《英国法的塑造者》一书评价说：托马斯·莫尔爵士高尚的人格使他在任何时候都是一位理想的衡平法院大法官，他特别适合担任这一极具挑战性的职位。他心地纯洁，公正严明，快刀斩乱麻般地清理了他所在法院的陈年旧案。他还很平易近人，并立下规矩：除非他认为原告提出了非常可信的控诉理由，否则不得轻易派发传票。当他听到普通法院的法官们仍在抱怨禁制令签发得太频繁，因而妨碍了当事人在普通法院打官司时，他邀请这些法官共进晚餐，解释他的行事原则。他向他们解释说，如果不降低普通法院僵化的特点，他就必须签发禁制令，“以便减轻人民的损失”。他在任职期间的主要成果是：在接下来的半个世纪里，衡平法院与普通法院之间的和谐关系得到了恢复。

始于1517年的路德宗教改革其核心是否认教皇和教会的权威，主张提高世俗权力的地位，呼吁脱离罗马教廷教会，并提出了一系列宗教改革措施。因而被恩格斯誉为反对封建制度的“三次大决战”之一，它在历史上的进步意义是不言而喻的。马克斯·韦伯在他的名著《新教伦理与资本主义精神》一书中，着重论述了新教观念与隐藏在资本主义发展背后的某种心理驱动力之间的生成关系。法学家、历史学家鲁道夫·棱姆也说：“路德的宗教改革不但更新了信仰，而且重塑了世界；不但是精神的世界，而且是法律的世界。”伯尔曼在《法律与宗教》一书中指出路德的宗教改革不但“把法从神学教条和教会的直接影响下解放出来”，而且促进了“法律的世俗化和法律实证主义的出现”。

亨利八世坚决反对宗教改革，支持教皇。莫尔也赞成保持教会政权，于是在英王支持下莫尔与路德展开了论战。虽说反对宗教改革的立场一致，但两人的动机不同，在莫尔是基于信仰，在英王是基于政治需要。莫尔相信“唯一真正教会”是统一的，他是个虔诚的信徒，并以此作为自己立身处世的原则，正如他说的：“要做国王的忠臣，但先要做上帝的忠仆”，为了维护这个传统教会，他反对路德的宗教改革。然而他同路德的论战并不限于宗教信仰问题，而且涉及法律观念问题。路德认为，如果统治者不依靠自己的天生智慧，而根据法律办事那就糟了；他认为，为了过遵守教规和安乐的生活，只要有一条法律——福音书就够了；他主张廉明的法官对法律拥有权威。莫尔作为民法学家和法律人道主义者，则认为法律是社会所必需的，正是人间的法律而不是神法制定出了现有的社会秩序。他坚决反对把统治者捧得高于法律的一切企图。他认为应当是法律对法官和遵守法律的官员拥有权威，他断言法官的任何一次公正判决都具有法律基础。倘若废除法律并把一切案件都交由法官审判，那么法官本身也将对社会无益，因为他们那时只会根据个人的天性随心所欲地去审判案件，也就必然会变得独断专行。可见莫尔反对宗教改革的立场是错误的，但他捍卫法律的观点却是正确的。

曾几何时，与莫尔一起反对宗教改革的亨利八世却突然改变了态度，他决定要使英国教会脱离罗马教廷而分立，原因是教皇受制于西班牙国王而不同意亨利八世与西班牙公主他的现任妻子凯瑟琳离婚，而教会分立则亨利八世不仅可以另娶美貌的宫女安妮·傅林为后，还可以从英国寺院里获得巨大的财富，但莫尔不能赞同拿原则来灵活地适应各种实际利益，他无法在这一重大问题上与英王保持一致，因此在 1532 年辞去了大法官的职务。

莫尔认为，国王离婚违背教会法和神律，因此反对国王离婚，而且拒不出席新后安妮的加冕仪式，很快他被控犯有叛国罪，由于这项指控纯属莫须有的罪名，他旋即被宣告无罪。1533 年英王迫使国会通过了《至尊法案》，宣布英国教会的领袖是他而不是教皇，所有英国的臣民都必须宣誓效忠他，但莫尔拒不宣誓。他因此被关进伦敦塔，被控犯有叛国罪，罪名是："意欲剥夺国王的尊严、称号或其他王室的身份名位"，他在那里关了一年多，三次拒绝宣誓，因为"我不能违背自己的良心"。为了置他于死地，当局安插了一名暗探到狱中摆布他，然后作为证人出面作假证指控他说过"议会无权宣布亨利八世为教会的领袖"，18 位法官组成的"听审委员会"，大多是他的政敌，陪审团只花了 15 分钟便发现莫尔有罪，尽管莫尔积极行使辩护权且辩才无碍，特种法庭仍于 1535 年 7 月 1 日判决莫尔有罪。7 月 7 日执行了这项死刑判决。

1886年，在莫尔去世300多年后，罗马教会追封莫尔为圣徒。他在英国最伟大的名人中排在第37位。

对于莫尔之死，历来有不同的解读，法国人博洛尔在他的政论名著《政治的罪恶》中归咎为因政治原因造成司法腐败所致；美国人赞恩在《法律的故事》中认为莫尔死于他自己的一句话，他说他不相信世俗的法律能使国王成为教会的领袖；泰格在《法律与资本主义的兴起》则说：莫尔死于他自己坚守的一个原则，即“要做国王的忠臣，但先要做上帝的忠仆”；还有人将莫尔之死看作当时英国诉讼法律制度的弊端所致等等，不一而足。当然这都无改于莫尔死于反对亨利八世的宗教改革这一基本事实。但多角度的思考和解读不仅显示了西方法律史学者对这一事件的重视，也为我们留下了许多思考的空间。

联系这位中世纪大法官与《乌托邦》之间的精神脐带是什么呢？这是我一直苦思不解的一个问题。《法律与资本主义的兴起》似乎给了我们一个有益的启示：“乌托邦描绘了一个公社式的社会，它并不强求一致，但却通过明显可见的公正制度而达到全体一致”，财产公有，人人平等，这是《乌托邦》的一个基本观点，有人说《乌托邦》是《理想国》的续篇，正如正义是贯穿《理想国》的内在精神，公平则是《乌托邦》的核心理念，我想正是在这里，乌托邦的精神与法官的职业精神得到了契合。莫尔不仅以公平的理念构筑乌托邦的社会制度，更在大法官的任上身体力行公平正义。公平正义是法官追求的终极目标，是法官工作的生命线，“法官就是通过司法裁判最完全地按照法律来实现公平正义”“如果正义有声音的话，法官的裁判就是正义的声音”，正是在这个意义上，小努南说：“理想的法官就是正义的化身。”经过了长期的探索之后，党的十六大第一次明确指出：“社会主义司法制度必须保障在全社会实现公平和正义”，这更要求我们要以公平正义为主导思想审理每一个案件，将一个个具体、实在的公平正义输送到社会大众手上和心中。

一个法官要毫不动摇地实践公平正义就必须有坚定的法律信仰。伯尔曼说：“法律必须被信仰，否则便形同虚设。”法律信仰是一种非宗教的世俗信仰，是现代社会公民的普遍信仰，这种信仰，在公民更多地表现为对法律心悦诚服的认同感和归依感，在法官则更多地表现为一种“法律至上”的职业精神。公民对法律的信仰程度决定了公民守法、用法的程度，法官对法律的信仰程度决定了法官公正司法的程度。法律是全体人民共同意志的体现，也是最广大人民根本利益的体现，信仰法律意味着服从人民意志，服务人民利益。法官的职业是一个输送公平正义的事业，因此他首先必须相信法律能够并且应该实现公平正义。法官是法律的良心，因此法官对法律的崇尚和奉行要有一种卫道士的气节和殉道者的精神，这便是正直司法的气概。也许正是在这个意义上爱尔利希说：“法官的人格是正义的最终保障。”

确实，从功利的角度看，莫尔的人生无疑是失败的，但从道德角度看，莫尔的人格却是成功的。他的独立人格代表着一种精神，而能够超越时空的只有精神——精神永远。

（原载《民事审判指导与参考》总第 16 集，有改动，
《人民法院报》2003 年 6 月 23 日有删节）

看培根怎样当律师

培根并不喜欢当律师。这有他的《论律师》为证："为人打官司是伤天害理的事，虽然律师有时也可以主持正义。但律师承包案件绝非出于对你的同情，而只是为了从你的官司中谋利。"

当然，我不知道为什么培根竟然对律师持否定态度，须知他自己曾是个律师，而且表现出色，他师出的格雷律师学院至今仍以他为荣，把他的塑像立在那里供人瞻仰、凭吊。

培根对律师的否定态度，让我感到意外的还有一个原因：在我的印象中，英国，是以法治发达，并以形成自己独具特色的海洋法系而著称于世的国度，在一个崇尚法治的国家似乎不可能对律师职业抱持这种态度的。更让人纳闷的是：他对律师的这个说法跟中国古时候称讼师为"讼棍"如出一辙。中国人非讼的思想观念根深蒂固，自从第一位律师邓析被杀、孔子倡导无讼以来，非讼、厌讼、畏讼、息讼的思想观念不断深化，直到清末沈家本改制之前，律师这个职业一直是非法、非正当的职业，而培根时代的律师不仅是合法正当的职业，而且具有较高的社会地位，是新兴贵族乐于从事的行业，也是步入政坛的捷径。至于律师以打官司谋利虽则受人诟病，但实则无可厚非，为社会提供它所需要的有偿法律服务，何过之有？如此说来，培根的这个指责实在无理，也不像一个法律人当说的话。想来培根对律师的否定态度，应是基于对他那个时代律师界道德水准不高的现实，并非只是他个人的偏见和愤懑。因为在培根之前、同样担任过英格兰大法官的莫尔，在《乌托邦》一书中也写道："他们把巧于操纵案情和曲解律文的全部律师逐出。他们认为一个当事人最好把拟告知律师的事由直接向法官陈述，为自己的案件辩护。当一个人未经律师欺骗手法的教唆，自理讼事，而法官则善于权衡各种陈词，帮助老实人挫败狡狯分子的诬告，这样事实真相易于明白，不容任何含糊。"当然，这种观感并非完全空穴来风，极端的事例则如培根所说"有的人之所以承包一件案子，正是为了使这个案子失败，他可能正是被你的对手所收买"等。可能，这两位大法官阁下都曾吃过刁钻律师的不少苦头吧。

其实，律师这个行当，在社会公众眼里，一直是"让我欢喜让我忧"的。律师精通法律，可以维护人民的权利和社会的正义，故英谚有云："律师多的地方最安全"，人们寄望甚殷，但有些律师刁钻无行，玩法无信，贪婪诈财，又令人厌恶，故英谚又有云："好律师是坏邻居""律师的房子建筑在愚人的头上""律师是出租言词和愤怒的人"。西人给律师编的幽默段子也是极尽讽刺之能事。看来，社会对律师这个行业的矛盾心态，培根亦未能免俗。但要当一名好律师，这始终是他的信念：

"正直是当好律师的本钱。"

"如果由于感情的关系，律师不得不站在没理的一方立场时，他还不如劝双方和解，而不应当去诬陷诋毁那有理的一方。"

"遇到不清楚的事情，不如多做些调查。当然要谨慎选择调查对象，以免被愚弄。"

应当说坚持正直和良知，注意调查，至今也仍然是一个好律师应当秉持的宗旨。

他还论述了律师如何处理好与当事人和法官的关系，这是律师日常工作中要处理的两种主要关系，前者是律师基于委托的民事关系，而律师占有主导权，故在《论律师》中谈，后者是律师的职务关系，法官更要注意处理好，故在《论司法》中阐述。

如何处理好与当事人的关系？

培根说："律师最恨的就是被托付人所欺骗，所以如果发现托付人不可信，一开始就应当严正地拒绝受理。假如你已接受了代办，那就要向托付人诚实地说明胜诉的可能性，而不要做出不切实际的虚夸，更不要为谋求高报酬而不择手段。”

“对取胜的策略应当有所保留，不要使当事人产生盲目的乐观。”

“与其一次性就索取高额酬金，不如分几次提出要求。”

这些观点，应当说是他从业的经验之谈，由此可见，他不仅是个有良知的人，亦是个聪明的律师，这或许也是培根的可爱之处，培根是世俗的，他并不远离人间烟火，从政则野心勃勃，做律师则不会忘记赚钱，但他懂得“君子爱财，取之有道”的道理。他也不忘忠告当事人说：“选择律师与其根据名望，不如根据实际；与其选择一知半解者，不如选择专家。”

培根在《论司法》中对法官与律师关系的论述亦不乏透彻和睿智：“法官与律师的关系不可太过密切，否则难免引起不公正的嫌疑。法官对于正直公道、辩护得当的律师应当表示赞许，以维护当事人对他委托人的信任；而对于律师的诡辩、重大疏忽、证据不足、强词夺理，则应当给予合理的批驳，这是法官对社会公众的一种责任。律师不可在法庭上与法官唇枪舌剑，也不可在法官宣判结案之后，把自己纠缠在翻案的事情中。同时法官也不应过于迁就一方律师或者让律师觉得法官不听他的辩护、不理睬他的证据。”

虽然，培根的《论律师》比起《论司法》一文逊色不少，但他的律师生涯却不乏精彩之笔。

1573 年，年仅 12 岁的培根被父亲送到剑桥三一学院学习，受担任大法官的父亲的影响，培根在大学毕业后开始对法律产生兴趣，1576 年，培根进入英国格雷律师协会（亦称公会）进修律师业务，格雷律师协会是英国四大律师协会之首，当时英国的律师从业人员都出自四大律师协会。1582 年，培根经过考试合格成为正式律师，从 1584 年起 23 岁的培根连续三届当选为国会议员。

律师行业无疑是需要口才的。蒙田说：“鉴于当今最需要口才的职业是布道者和律师，我建议，说话缓慢者最好是布道，而说话快捷者最好当律师。因为布道者有足够的时间进行准备，布道时循序渐进，没有间断；而律师的职业需要你随时加入辩论，对方的反驳也无法预料，会把你原先的思绪打乱，因此必须随机应变。”年轻的培根善于思辨，思想敏锐、能言善辩、锋芒毕露，他的才华在法庭上和议会里都得到了充分的施展。与他同时代的著名剧作家本·琼生几乎是用崇拜的口吻描写道：“没有第二个人比他说得更清楚、持重而又感动了。他的材料比什么人都丰富，他的内容比什么人都充实，他的演讲词的每一个部分，环环相扣、无懈可击。所有听他演说的人，不能偶然之间头向外看，否则就要遗漏相当部分的意思了。凡是他演说的地方都用演讲词控制了听众，此时没有其他东西可以吸引听众了，听他演讲的人都有一种担心，担心他的演讲就要宣告结束。”

1596 年，培根被伊丽莎白女王任命为“私人特别法律顾问”，以律师身份担任女王的法律顾问，既非官职，亦无实权，但他仍尽心履职。在这期间，培根遇到一起棘手的重大案件，使培根的才德经历了一次重大的考验，这就是著名的艾塞克斯伯爵叛国案。

艾塞克斯伯爵是女王的宠臣，也是培根的好友。艾塞克斯伯爵初识培根时既被他的超人智慧所吸引，他深知培根求官不得的苦恼，于是三次向女王力荐培根出任检察总长、副总长、副大法官，但均不被任用。似乎是为了表示歉意，伯爵将一幢价值 1800 英镑的花园送给了培根，甚至帮助培根追求品貌俱佳且富有的哈顿夫人，虽然哈顿夫人和检察总长一职一样，最终落入了议员、民法学家爱德华·科克爵士之手，但亦可见伯爵对培根的真诚友谊，而培根在伯爵需要他的时候也是随叫随到，尽力帮忙。如替伯爵在政治斗争中出谋划策、帮伯爵起草文件、撰写给女王的颂词等。伯爵是一个具有骑士气质的人，热情慷慨、争强好胜、感情用事，他并没有意识到自己不是一个高明的政治家、军事家。他反复请求、说服女王让他去攻打西班牙的亚速尔群岛，此次英国舰队倾巢出动远征，但却无功而返，巨大的耗资曾使国库一度空虚，这使女王对伯爵大为不满。不久英国驻爱尔兰的总督病逝，蒂龙伯爵领导了叛乱，艾塞克斯伯爵受命领兵前往平叛，但两个月的战役下来，兵力损失大半，失败惨重，最后竟与蒂龙签订了停战协议，实际上是投降协议，女王闻讯大怒，修书要求伯爵复信解释自己的行为，并明令禁止他离开爱尔兰，但恃宠的伯爵无视王命，擅自返国。回国后即遭拘禁，1600 年就爱尔兰的军事失败问题准备对伯爵进行起诉，但培根并不认为伯爵在爱尔兰的失利和举止是对女王的不忠和背叛，而认为是属于伯爵性格和能力方面的原因导致的处置不当。因此，他事先曾写信给女王要求不参与这次审判，女王不准，他只好与其他宫廷律师一道对伯爵起诉，过后他向伯爵表示了歉意。为了开脱伯爵，减缓女王的恼怒，培根以伯爵的名义，精心编造了两封给女王的信，请求宽恕，6月，伯爵获释。

可见，在这次事件中，培根对伯爵是有情有义的。但在对伯爵的另一场审判中，培根却表现出无情无义了。

艾塞克斯伯爵获释后满腹怨愤，培根写信劝告他，重申对他的友谊，同时也明确表示，女王和国家的利益，在自己的心目中是至高无上的。8月，伯爵在家中与追随者举行秘密会议，策划监禁伊丽莎白女王，推举女王的侄儿、苏格兰王詹姆斯六世（即后来的詹姆斯一世）为新英王，9月，伯爵享有的十年葡萄酒贵族专利到期，申请延长时遭到女王断然拒绝。次年2月，女王传令伯爵进宫解释在家中举行会议的问题，伯爵称病不往，当掌玺大臣及三位贵族到来“再次有请”时，伯爵竟将四人拘为人质，率领300多名武装追随者一路鼓噪入城，攻打王宫，结果被女王卫队击溃，伯爵被擒。这是一次有预谋的内外勾结、诉诸武力的叛逆行为，与过去伯爵和女王之间的争吵斗气性质完全不同。伊丽莎白女王是英国的伟大君主，她在位期间，对内积极推行政治改革，富国强兵，对外打败西班牙，使英国成为欧洲最强盛的国家，因此维护女王的统治就是维护国家利益。1585年国会专门通过了《女王安全法》，根据这一法律，任何危及女王人身安全的行为都将被判处死刑。培根很清楚这次事件的性质，作为国会议员、王室律师的培根义不容辞地与首席检察官爱德华·科克一起承担起了起诉人的职责。开庭时，由于科克不讲究策略，纠缠在许多枝节的问题上，冲淡了主题，以致诉讼拖延了很长时间仍不能证明伯爵的犯罪意图，起诉即将功败垂成之际，培根站了起来，他觉得作为起诉人，他有责任排除被告的遁词和借口，使法官的注意力回到案件要点上来，针对伯爵声称自己是私人争吵，是由于害怕失去女王保护、害怕被政敌谋害，因此被迫闯入市区以请愿方式请求保护的说法，培根敏锐地批驳道：

有武装的请愿者吗？有以君王失去自由为前提的请愿吗？秘密的商议，以武装加以执行，这作何解释？掌玺大臣作为使者前去告诫都不起作用，这不是叛逆又是什么呢？培根的诘问击中要害，艾塞克斯伯爵不再申辩，最后法庭以叛国罪判处伯爵死刑。

然而，参与审判艾塞克斯伯爵案使培根背上了忘恩负义的恶名。是培根不义还是法律无情？培根历来强调"'公善'高于'私善'"，公善便是社会之善，是社会大多数人的利益和幸福。按照这一原则，培根忠诚对象的排序是：上帝、女王、亲朋好友。他始终恪守公益高于私谊的信条，因此，事后他大义凛然，激情而自信地说："我的辩护不需要冗长和繁复，就是关于那件案子和审讯过程中我所做的一切，都是出于我对女王和国家的职责和义务的，在这样的事情上，我是绝不为世界上的任何人而表现虚伪和胆怯的，因为任何诚实而居心端正的人都会宁愿舍弃他的国王而不愿舍弃他的上帝，宁愿舍弃他的朋友而不愿舍弃他的国王，但宁愿舍弃任何尘世的利益，还有在某些情形下，宁愿舍弃自己的生命而不愿舍弃他的朋友。"

对这件事，罗素在《西方哲学史》中作了公正的评论："为这件事他一向受人严厉非难。例如，里顿·斯揣奇在他写的《伊丽莎白与艾塞克斯》里，把培根描绘成忘恩负义的大恶怪，这十分不公正。他在艾塞克斯忠君期间与他共事，但是在继续对他忠诚就会构成叛逆的时候抛弃了他，在这点上，并没有丝毫甚至让当时最严峻的道德家可以指责的地方。"——岂止是没有可以指责的地方，培根在处理艾氏一案的过程中所表现出来的正义感和正直精神，可以说是近乎伟大了。年轻的培根深明大义，作为一个真正的法律人，他以法律为判断是非的基本准则和最终价值取向，当公义和私情发生冲突时，他毅然选择了公义。我们可以想见他做出这种抉择时的艰难，他既要用理智战胜自己的感情，又要承受世俗对他人品的责难，因此，与其说是培根不义不如说是法律无情，与其说培根无情不如说培根有义，这个义不是朋友之义，而是法律之义：正义。

（原载最高法院2007年《民事审判指导与参考》总第32集）

听蒙田在壁炉旁谈法律

16世纪，有点古典了。

那是莎士比亚和培根的时代，但当我们打开手里的《蒙田随笔录》，它总会引领我们来到波尔多的那座城堡。

城堡，是欧洲封建时代的象征。然而城堡里并不一定总是住着英俊的王子和美丽的公主，也有智慧的老人和深沉的学者，只是他们很少被人编成童话罢了；叩访城堡的也并不只是骑士和行吟诗人，也有满怀憧憬的求知青年，只是他们的行状不浪漫而不被人注意罢了。

蒙田的塔楼高踞于一座僻静的小山丘上。

此刻，我们正坐在会客室的壁炉边上，静静地倾听这位智慧而安详的老人娓娓而谈，那情景，正仿佛中国古人的围炉夜谈。

蒙田总是“像哲人那样讲话，像朋友那样谈心”，只是谈到法国的法律，他的神情有点激动、愤慨：

“请考察一下我们受其支配的法律的性质吧。那是人类弱点的最确切的明证，其中包含了多少矛盾和错误啊……然而法律仍然维护着它的权威，倒不是因为正确，而是因为它是法律。其权威的神秘的基础就在于此，而不是别的。……法律的过失比任何事物的过失要更厉害，更严重，而且是持久性的，因为法律正确才服从法律的人，正是出于这一原因而违犯它，我们法国的法律已混乱变质，正因为这样，在一定意义上来说，它是助长腐化堕落的。从它的实施和执行都可以看出这一点。……法令含糊而多变，因此违犯和错误解释法律都是可以原谅的。无论就执法或是就守法方面来说均是如此”。法律多而混乱、含义模糊且多变、相互矛盾，甚至错误百出，看来，法国那时的法律的确有点糟糕，蒙田的抨击于激烈的语气后面却包含着冷静的理性思考，实际上他是那个时代里的呼唤“良法之治”的先声。

面对一大堆品质低劣的法律产品，他忍不住要谴责那些“劣法、恶法”的制造者，认为“制定法律的人通常是些蠢货，而更经常的是憎恶平等、缺乏公正之心的人，总而言之，那是些虚浮的、靠不住的常人而已”。慈眉善目的蒙田谈到法律竟然变成怒目金刚，他撕开法律的外衣说，这些法律是主观武断的，违反自然的，但又不容置疑，只能遵从。因为他是法律。

司法腐败当然也逃不过他的指责和揶揄：

“我竟到了这样的程度：只要有可能，我就绝不去晋见可以对我生杀予夺的司法人员。我的荣誉、我的生命不是取决于自己的清白无辜，而更多的是仰仗我的辩护人的灵巧和努力。……我们的法律只给我们伸出一只手，而且还是左手（注：当时欧洲人认为，左手比右手差，左手是犯罪之手）。无论是谁，只要是求助于法律，到头来总要吃亏。至此，还没有哪位法官，因为什么案件以法官的身份和我打交道，不管是民事案件或是刑事案件，无论是牵涉到我自己或是第三者，真是谢天谢地！我还没有进过任何监狱，哪怕是到里面溜达一会儿。我只要想象一下监狱的外表也会感到不快。……”

这便是蒙田的《论法律》。作为一个人文主义者，蒙田对刑讯逼供当然深恶痛绝，蒙田写道：“刑讯是一项危险的创造。我觉得，这与其说是追查真相，倒不如说是考验体力。因此，能够顶得住刑讯的人便可以隐瞒真相，而受不了刑罚的人则会胡乱供认。的确，因受刑而承认有罪，或因受刑而被迫说出莫须有的事情，这两种情况，何以见得前者一定多于后者呢？反过来说，倘若没有犯下被告之罪的人，能相当坚强地顶住了刑讯，犯罪者为什么就做不到呢？他换回的报酬是可免一死啊。……‘屈打成招，无辜受苦’。这种做法的后果是，法官为免无辜者一死而用刑，却使无辜者备受折磨而丧生。千千万万的人，由于不堪受刑竟胡乱招认。……当一个人的罪行尚未确定的时候，便使用严刑对其进行肢解，这种举动是恶劣的、残酷的……您不想无缘无故地处死他，却让他饱尝比死亡还要难受的折磨，您这样做公正吗？事情十分明显，您想想，多少被告人宁愿含冤而死，也不愿经受比死还要难熬的审讯。那种审讯极端凶残，被告人常常不待判决，便已经在刑具下死去。有这么一件小故事，我不知道是哪里听来的，它却正好说明我们司法部门的意识。有一名村妇在将军面前控诉一名士兵强抢了她留下喂孩子用的一点面糊。证据嘛，一点也没有。当时那支军队蹂躏了那里一带的村庄。那将军真是一名大法官，他警告那妇人要注意自己说的话，如果她撒谎，那是要犯诬告罪的。妇人一口咬定自己所说的不假，将军便下令将士兵剖腹以弄清真相。那妇人说的果然是真相。预审和判决就这样合而为一了。”（《刑讯》）。当然，对于诱供之类的伎俩，他也是毫不留情加以指责的，“的确，我常见一些司法官员通过诈唬、许诺、优待或赦免的办法引犯人暴露自己的犯罪事实，这种在办案中运用欺骗和无耻的做法令我气愤。……我认为那种不讲信义的司法对自身的伤害并不亚于别人对它的伤害”（《论功利与诚实》）。经过蒙田、孟德斯鸠、贝卡利亚这些人的大声疾呼，刑讯逼供在欧洲早已几近绝迹了，但在现代中国仍还屡见不鲜，近年披露出来的重大冤错案件表明，始作俑者，就是刑讯逼供，值得我们深思的是，这都是在我们国家确立和实施“依法治国”方略的过程中，而且不断强调程序公正的新理念的背景下发生的。中国传统法律文化根植于我们头脑中的一个潜意识是：刑讯如果能够发现犯罪真相这是可以理解，也是可以谅解的。因此蒙田说的那位将军在中国是不一定要受责备的。

苏格拉底是蒙田心目中崇拜的英雄，蒙田说“他是我所知道的最完美的人”，是“独步一世的人物”，但他却死于雅典的司法民主裁判，尽管审理他的案件的法官中有将近45％的人都主张他无罪。因此，蒙田对司法民主也是充满疑虑的，何况，雅典司法民主的荒唐判决并非仅此一例，所以在司法裁判上他不认为多数意见即是正确的，他说，“我几乎能够了解那对于民主政体的深切痛恨，虽然我觉得民主政体最合理、最公平。当我想起雅典的人民把他们刚战胜斯巴达人的英勇将领一无宽宥也不容分辩地处以死刑那种非人的暴戾——只因为这些将领不肯留在后面埋葬他们阵亡的同胞，却依照兵法乘胜进击。……几年以后，命运用同样的方法惩罚了他们。因为夏比里亚雅典的海军大将与斯巴达的海军大将波力士战于拿克士岛，已经占了上风，可是为了不重蹈前车的覆辙，竟丧失了他们最分明的胜利，因为不肯任他们几个同胞的尸首漂浮于海面，他们竟让大队的敌人从容逃走”（《我们的感情延续到死后》）。

既然法律不好，司法腐败，即应大力改革才是，但是他不，他不主张革新，尽管他怀疑、批判、抨击法律和司法，他却主张还是要遵守法律：“我们都来模仿善良、伟大的苏格拉底吧。尽管法官违背正义，极不公正，苏格拉底出于对法律权威的服从，仍然拒绝越狱逃生。因为每个人都得遵守所在国的法律，此乃规中之规，法中之法，毫无例外，‘守法方为上’。”他认为法律具有系统性，不能轻易变更：“再从另一方面来说吧，无论哪种现行的法律，轻易更改所带来的祸害很可能比得到的好处要多。这是因为支配着一个国家的成套法律好比一座建筑物，由各个部分组成，结构严谨，触动一处，整座楼房便受影响。因此，卡塔尼亚的立法官，对于举凡想取消法或制订新法的人，都命令他们将绳子挂在脖子上来见众人，一旦新法不为每个公民认可，他们就得马上被勒死。我厌恶革新，不论其形式如何。”（《守旧表现其外，自由思想其中》）他注重法律的稳定性，以至于达到执着的程度，“我认为不稳定性是我们这个国家的一件最坏的事情，我们的法律和我们的时装一样缺乏稳定性”，他把法律看成是变动不居的宇宙中的一块相对稳定的岩石，容易出错的人类理性不能对它进行修改。

读这段文字，我原本也觉得蒙田过于保守，但想想这几年的司法改革的情况，又觉得他说的也许不无道理，革新一定比守旧好吗？自古以来，世界各国都将法官个性、法院特性定位为“保守”，这难道是偶然的吗？某种意义上，“保守”不是意味着平衡和稳定吗？离开蒙田的城堡时，我产生了这个疑问。法律和司法既要保持相对的稳定性又要与时俱进，这是毫无疑义的，问题的关键并不在于革新与守旧谁好，而在于一些具体的改革是否必要以及怎么改的问题。如果把改革当作“作秀”，就像蒙田说的，把法律变成了时装，而忘记了法律首先是服装，那就是搞形式主义了。

离开城堡的时候，我们参观了蒙田的书房，这间半月形的书房，就在会客室的隔壁，三扇窗户随季节变化而变换着画面，“我是人，我认为人类的一切都与我血肉相关”——贴在书房墙上的古罗马作家泰伦修的这句箴言，透露出了蒙田精神世界的广阔天空，以及他对全人类的关注和关切之情。原来，他中年退隐，在城堡读书、思考，为的是有朝一日向全世界、全人类敞开他的思想之窗。他思想的基石立于人文主义大地。对个性和人性的尊重，以及对整个世界和人类的关注，是文艺复兴时期人文主义思想家的一个显著特征。作为一个思想家，他一反常态地不去构筑自己的所谓思想体系，他反对经院哲学，不屑于多少思想家穷毕生精力而乐此不疲的那种架屋叠床式的“思想体系”，他相信，人类研究的重点原本在于对人的研究，人应当清醒地认识自己，他毕生所做的就是对人、对人性的种种形态的冷静审视和研究，他只是写出通过内省和内心省察所感觉到的自我，以及通过观察沉思所体会到的人类生活方式和思想感情，还有他所理解的生在其中的这个现实世界。蒙田怀疑，但并不否定一切，他的座右铭是：我知道什么？但不至于像他的朋友、信徒沙朗说的，我一无所知。他的怀疑并不导致厌世，反而激发了对生活的热爱。正如他说的：“就我来说，我热爱生活，并开拓生活。”蒙田的超人之处正在于他把认知和生活区分开来，认知上审慎怀疑的态度，并不妨碍他在生活上的尽情投入，这种生活方式无疑是圣贤的人生态度。

作为一个散文家，他在文学史上的地位是永恒的。他不仅创造了“散文”这种体裁，而且创造了散文这种风格。他以漫话的口吻信笔写就，给人以亲切自然之感，虽有枝蔓却并不絮叨，思绪虽然时有中断，但思想的脉络隐现于驳杂纷繁的文字之中，无怪乎有人说，读他的散文就像看一道风景：左边是一座山，右边是一条河，前面是一排树，后面有一坡草，分开来看是山河林草，连起来看是一片完整的风景。更难能的是，他创造的是历历在目的一道道风景，他并不在乎文章的长短，题材的新旧，也不在乎思想的结论，他让他的思想随着他的笔端流动，让我们看到了思维溪流的缓缓流动，听到了思维溪流的潺潺水声。语言朴素，色彩却丰富，文字简洁，形象却生动，学识博大精深，然而不乏诗情画意。围绕着他个人的经验和思考，时而拉来古人言论作支撑，旁征博引，或侃侃而谈，或喃喃自语，或娓娓道来，让读者自己去体会这些有关人类的话题。德利说，“他善于像哲人那样讲话，像朋友那样谈心”，这大约是得益于他身上兼具的思想家和散文家的气质吧。

见过蒙田，你当知道他是谁了，“一切事物都要经过自己的思考，掂量，视野开阔、见解通达、语言机智而冷静，嘴角含着讥讽而又悲悯的笑”，这便是蒙田。16 世纪的作家，很少有人像蒙田那样可以同现代人对话，这是因为他所关心的问题，时至今日，我们仍不得不关心，包括法律问题。也许，有人认为蒙田作为思想家的地位更重于他作为散文家的地位。孟德斯鸠说道：“在大多数的作品中，我看到了写书的人，而在这一本书中，我却看到了一个思想者。”确实，蒙田是一个冷峻、机智、深刻的思想家，尽管他的《随笔录》貌似“闲话家常，抒写情怀”。但仅以三卷《随笔录》就在人类思想史、文学史上占得一席之地，蒙田的才情当令许多所谓“著作等身”的学者、作家汗颜吧。其实大浪淘沙的历史长河，从来都只对“质”青眼有加，而对“量”却弃之如敝屣。正如左拉在莫泊桑的葬礼上说的：“面对我们时代卷帙浩繁的产品，我有时真有点忧虑不安。诚然，这些都是长期认真写作的成果……不过，对于荣誉来说，这也是十分沉重的包袱。人们的记忆是不喜欢承受这样的重荷的。那些规模庞大的系列作品，能够流传后世的从来都不过寥寥几页。谁敢说获得不朽的不更可能是一篇三百行的小说，是未来世纪的小学生们当作无懈可击的完美典范口口相传的寓言或者故事呢?”

蒙田的《随笔录》是和培根的《论说文集》及帕斯卡尔的《思想录》一起，被人誉为欧洲近代哲理散文三大经典之作，有意思的是这三位作者或多或少都与法官这一职业有关，培根不仅当过律师、检察官，更当过大法官，蒙田也当过十三年的法官，帕斯卡尔的父亲是一位法庭的庭长。但即便是培根和蒙田，虽说是习法律出身，也长时间从事法律和法官工作，但使他们享有盛名的并不是法官工作，他们的主要成就也不在于对司法或法学上的造诣，使他们闻名于世的是在其他领域的贡献。有趣的是三人生前虽不曾相识，但这三大经典作品的关系却很密切，培根的《论说文集》的文体既得益于蒙田《随笔录》所开创的随笔散文体，但培根要告诉我们的是讨论的结论，而蒙田却是要激发我们讨论的兴趣。帕斯卡尔的《思想录》则以批驳蒙田的《随笔录》为己任，他甚至将蒙田的一些观点和语句融汇到他自己的那套与蒙田截然不同的思想框架中，对蒙田似乎怀有一种刻意的嫉妒感。哲理散文，熔思想的火化（哲学）与语言的魅力（散文）于一炉，实系难为之文。要能成为哲理散文的经典之作，我以为有四个条件是不可或缺的：智慧与沉思，才华与情趣，阅历与经验，还有就是热爱生活、珍惜人生。而法官生涯对于铸就这些条件无疑是有帮助的。蒙田的文字也深深地留下了习法之人的印记。如最著名、篇幅最长的文章就叫《为雷蒙塞那辩护》，有一篇随笔就叫《论凭我们的动机裁判我们的行为》，他有一句名言说："我有我自己的法律和法庭来审判我自己"——所言所语，信手拈来，难改习法者本色。

蒙田于1533年出生在法国的佩里戈尔地区，中学毕业后学习法律，法国古老的贵族以从戎当骑士为天职，而新兴的贵族则更乐于从事法律，因此，蒙田学成之后先在佩里格的审理间接税案件最高法院当法官。从1557年到1570年，十三年的法官生涯让他感到厌倦而决定退隐。蒙田离职的原因大致有三个方面，一方面是他对当时法国社会的法制状况深感失望：法律多于牛毛，终于失去了效果，而且他们的来源也极不可靠，与其说是理性的产物，不如说是因袭习俗。另一方面是对司法状况的反感：一些法院的法官出于无知或狂热，常常滥用职权，他说，"我曾亲眼看到，多少判决比罪犯的罪行还要罪恶"，因此，十三年中他宁愿有负于法院，也不愿愧对人类。蒙田的离职当然还有他天性不喜欢这个职业的原因，法官职业的本质是判断、分析，思考之后要作出判断，要做出实际决定，而蒙田的特点是长于思想，他的思想特点却是怀疑论，因此，让他作实际判断自然有点勉为其难了。

1570年，"厌倦了宫廷和法院的束缚"的蒙田，卖掉了他的法官职位（这在当时是正常之举）退隐回乡。他深居简出，闭门读书思考，充分享受他一贯向往的"自由、安宁和闲暇"。次年，他为亡友拉博埃西整理出版了作品集，此后便开始着手《随想录》的写作。1580年，他的二卷本《随想录》出版，他潜心读书写作之后，便想出去"发现新鲜的事物"，出国旅游了一年多。在巴黎，他将《随想录》进献给法国国王，得到了国王亲书的介绍信，一路游历德国、奥地利，在罗马，他受到了教皇的接见，他把《随想录》送给教廷审查。罗马是人文主义的故乡，他在那里度过了惬意的时光：“我想睡就睡，想学习就学习，当我心血来潮想出去走走，到处都能找到我谈得来的男男女女”，这次游历为他的《随想录》第三卷积累了丰富的素材。但是形势已不容他再逗留了，就在他旅游期间，他被选为波尔多市的市长，就是那个因其优质的葡萄酒而让国人耳熟能详的城市的首长。不曾想，对法官职务兴味索然的蒙田，在市长的任上却是十分的投入。他说，“我不愿人们对自己的职务不经心、不奔波、不费舌、不流汗、该流血时不流血，我希望人民得到最大的幸福……我会不遗余力地为他们服务。我为民众辛劳犹如为我自己”。正是这种无私服务市民的精神，使他在任满之后再次被选为市长。但他的连任任期却是在宗教争执、海盗猖狂、瘟疫流行、军队密谋刺杀市长的混乱局面中结束的。

卸职之后，他身处混乱的环境但始终保持着超然的态度。1585 年，他躲避鼠疫离开故乡，1587 年，返回城堡写《随笔录》，1588 年，出版了《随笔录》第三卷。此后，蒙田前往巴黎，因宗教战争被关进监狱，后来被交换出来，陪同国王流亡各地。混乱的局势、坎坷的人生，经历过战争、瘟疫、入狱、流亡，这回他是真正厌倦了，于是在他的城堡里，潜心修改、增补他的《随笔录》，《随笔录》成了他晚年生存的目的，从 1572 年到 1597 年他逝世，在长达 20 多年的时间里他从不间断地写作、修改他的《随笔录》。在那个混乱血腥的年代，蒙田成了节制、谨慎的化身，与他同时代的许多名人都是手持刺刀，只有他从不参加破坏和屠杀。

“蒙田是野蛮时代的奇才”，《随笔录》一经问世，便牵动了无数欧洲优秀的神经为之颤动：培根、笛卡尔、卢梭、狄德罗、孟德斯鸠、尼采、弗洛伊德、巴尔扎克、司汤达、歌德、席勒、拜伦、萨克雷、房龙……半个世纪前还有人发起成立蒙田友好协会，会员已遍布世界各地。“蒙田的书却在以智慧之士座谈会的名义下聚在一起的文明人中阅读、翻译和讨论，并且持续达三百多年之久”（房龙语。现在应是四百多年之久了），“蒙田的作品从未绝版过，这实在是我们这个文明的令人鼓舞的一面……到今天，地球上所有书面语言都能读到他了，各国的学者们都靠他那三本书干起了红红火火的事业”——这当然不包括本文作者，偶尔炒一下冷饭，生意也不算红火。

和与他差不多同时代的莎士比亚、培根一样，蒙田是个人文主义者，他的个性特点是怀疑主义，他有一句千古名言是：我知道什么？我觉得这句名言对法官亦不啻是句座右铭，当我们学习时，可以这样问自己，当我们审案件时又何尝不可以这样问自己呢？作为法官这种职业，如果没有怀疑，便无法形成真正的内心确信，因此，也判不好案件。

（原载最高人民法院 2007 年《民事审判指导与参考》总第 30 集）

等 个 人

“等个人”，当有人告诉我这是政和的一款红茶时，我真的感觉有点意外，一款红茶，居然会有这么一个诗意而又禅意的名字！

等个人，乍一听到这个名字，我的眼前便浮现出一个年轻和尚的形象，他身着黄色衣服，肩背一顶斗笠，手持一柄禅杖，面如满月，明眸远视，静如处子，那神情分明在告诉你：我在等个人。

等待，是一种真诚的守候。不独人有所待，凡物亦有所待。菊等渊明，梅等和靖，莲等濂溪，杏等董奉，荔枝等太真，茶等卢仝、陆羽……不一而足。

大凡等待，总是等一个有情人，因为有情人才会懂得她；不然，谁还会在风雨中为你守候？

她要等的当然也是一个有缘人，因为有缘人才会遇上她。不然，便纵有风情万种，在我的花期里等不来你的季节：无缘对面不相逢。

一泡好茶，她要等谁？

想来，她第一个要等的该是一个会品水的人吧。水是茶的生命。茶离不开水，无水则不成茶。“有茶而不瀹以名泉，无茶也”（《茗谭》）。张源的《茶录》有云：“茶者，水之神也；水者，茶之体也。非真水莫显其神，非精茶曷窥其体。”故而，好茶要配好水，茶水相宜方显茶之精妙。但是对水质优劣的问题向来是众说纷纭，莫衷一是。如所谓“天下第一泉”这把交椅该谁来坐，从唐代开始直到清代，这场笔墨官司打了一千多年。专家陆羽评过，名人欧阳修断过，皇帝乾隆判过，都不能案结事了。传统的品水高手，大致分为两派，一派是“座次派”，像梁山好汉，一定要将天下名泉排出个座次，这一派的代表人物有唐代的张又新，其著作有《煎茶水记》；明代《茶谱》的作者朱权也属这一派，茶道高手乾隆皇帝甚至亲自当裁判，他用银斗取天下水称水质轻重以定座次，将水质最轻的北京玉泉山水钦定为“天下第一泉”，结束了千年马拉松的夺冠赛。另一派则不讲座次，但论优劣，是“优劣派”。艺术天子宋徽宗属这一派，他在《大观茶论》中说，“水以清、轻、甘、洁为美”，他认为不要排具体座次，“但当取山泉之清洁者，其次则水之常汲者为可用；若江河之水，则鱼鳖之腥，泥泞之污，虽轻甘无取”。可见他认为，山泉水上，井水中，江河水下。与陆羽看法略有不同，陆羽认为，山水上，江水中，井水下。但山泉水为上，却是共识。

笔者认为，简单以山水、江水、井水之水源来论优劣，过于机械，不足取。而从宋徽宗之“清、轻、甘、洁”发展而来的“清、活、轻、甘、洌”品水五字法则深得评水之真谛。

清，就是要求水无色透明，无沉淀物，这是基本要求，亦是常识，但是水之清浊，缺少科技手段的古人怎样评判呢？古人自有“试水法”：“水置白瓷器中，向日下令日光正射水，视日光中若有尘埃烟氤氲如游气者，此水质恶也。水之良者，其澄澈底。”用白瓷碗盛水，在日光下观察水之清浊，可称日测清浊法。古人还有使浊水变清的方法，如对黄河水用沉淀法，或在水坛里放白石子以养水味，并澄清水质。

活，就是要用流动之水。宋唐庚《斗茶记》说“水不问江井，要之贵活”，苏轼在《汲江煎茶》一诗中亦云“活水还须活火煮”，因为“茶非活水，则不能发其鲜馥”。一泡好茶，非得“为有源头活水来”冲泡不可。

轻，乾隆用银斗称量天下名泉的做法也有一定的科学道理。按现代化学分析，每升含有 8 毫克以上钙镁离子的水称为硬水，不到 8 毫克的称为软水。实践证明，用软水泡茶最好，色香味俱佳，硬水泡茶则汤变色，茶变味。同时，若水中溶有其他矿物质，也会增加水的重量，并影响茶味。

甘，就是水一入口，舌与两颊之间会产生甜的感觉，故有回味，水甘能助茶味，不甘则损茶味。但是这个说法也有人不认同，秦西熊“试水法”的“味试”认为：无味者真水，凡味皆从外合之，故试水“以淡为主，味甘者次之，味恶者为下”。

冽，就是冷、寒。古人认为，寒冷之水，尤其是冰水、雪水，滋味最佳，这也是有道理的，因为水在结晶的过程中，杂质下沉，比较纯净。科学地讲，自然界的水，只有雪水、雨水才是纯软水，最宜泡茶。所以《红楼梦》中妙玉要用雪水泡茶，雨水也要取梅雨及秋雨的雨水，不能取夏天水，因为夏天多雷阵雨，飞石走沙、水分不净。

五字评水法，总的来讲是很有道理的。一方山水养一方人，一方山水也泡一方茶。虽然现在大多用瓶装矿泉水泡茶了，那些大大小小的塑料瓶里装的水看起来好像都一样了，但是它们的来源不外山、江、井之水，其水质的优劣，如清浊、软硬、活滞、甘涩等，还是有区别的。鼠年春节，我曾泡过一款老枞水仙，枞味、香味、韵味俱佳，惊为仙品，后来再泡，枞味、香味却像闷在水里出不来，还有一款老枞，初泡也极好，但第二次泡的茶和水却不能交融，香气溢于水表，没有溶入水中，想来盖因水质不好的缘故。要泡一泡好茶，先要识得水，会评水才能泡好茶。

这第二个要等的就是一个会泡茶的人了。煮茶或泡茶，一讲规矩、程序，二讲方法、手法。

首先是煮水，水煮到什么时候才宜泡茶？对煮水，明人是很讲究的，有三大辨十五小辨之说，三大辨是：一曰形辨，二曰声辨，三曰气辨。形为内辨，声为外辨，气为捷辨。不过笔者以为，宜取《茶经》对煮水的“三沸”之说，“其沸如鱼目微有声，为一沸；缘边如涌泉连珠，为二沸；腾声鼓浪为三沸”。“三沸”之水，是用眼观耳听的方法，很容易识别，不至“三沸”是水沸不到位，太嫩；过了“三沸”，沸过了头，太老，即过和不及都不是泡茶最佳的沸水。煎水到三沸而冲泡，是一般的共识标准，也是一般的操作规程。为了沸水不致太嫩或太老，一般情况下，在水过二沸、即将三沸时冲泡茶叶为最佳时机。

标准是普适的，也有个性的问题要注意。所以还得因茶而异，灵活掌握。

如冲泡绿茶、花茶、新茶，应以三沸之前的嫩水为宜，而冲泡岩茶、普洱茶、黑茶、陈茶、老花、紧压茶则以三沸之后的老水冲泡更佳。同时，还要因人而异，喜喝浓茶者，用老水冲泡，喜喝淡茶者，可用嫩水冲泡。

接着是冲泡。怎样冲泡才能使茶味出来、茶香飘逸，茶韵最佳？一般泡茶的器具以紫砂茶壶或瓷盖碗为佳。使用茶壶或盖碗泡法略有不同，但手法上都要高冲低泡，这是一条原则。高冲，就是泡茶时，水壶要从高处往下向茶壶、茶碗里注水，目的是让壶、碗里的茶叶翻滚而充分受热，这样，才能将茶叶冲泡开、将茶香冲泡出来，有泡茶者将水壶靠在茶壶、茶碗边缘往内滴沥注水，有气无力，这是冲不出茶香、茶味、茶韵的。高冲时还应将水注满壶、碗，略溢出边缘，然后用壶盖或碗盖将口沿上的污沫轻轻刮去。低泡，就是分茶时，茶壶、盖碗与茶杯要靠近，将茶汤斟入杯中，这样以防止茶香散发过快，如果分茶时将茶水从高处注入茶杯中，则茶香飘散、茶杯还会泛起泡沫来。茶水在茶壶、茶碗中停留的时间，即坐杯的时间长短要恰到好处，浸泡不宜过长，亦不应过短，浸泡的时间太长，茶味太浓，成为老汤，韵味不够鲜活，有点呆滞，像老牛拉破车的样子；浸泡的时间太短，茶味出不来，茶味太淡，成为嫩汤，香味韵味散发不出来，有点寡淡，像瓜未熟而食，不得其真味也。如果是泡工夫茶，还有关羽巡城、韩信点兵等冲泡法，不一而足。当然，要泡活、泡好一壶茶，还有其他讲究，但高冲低泡是基本法则。

泡茶，要茶与人两情相悦，所以，第一泡醒茶是免不了的。苏轼说，从来佳茗似佳人，将沉睡的茶叶用恰好的沸水冲泡下去犹如唤醒沉睡的佳人，这是醒茶，同时也是洗茶，就是唤醒她，给她洗个脸，让她容光焕发，亭亭玉立地站在那儿与人对话，人茶交流、心意相通。所以第一泡不醒茶、洗茶，在我看来总觉有点像与一个蓬头垢面的美女相对，或是让她在睡眼惺忪之中去上工，不得其趣也。另外，即使是上等好茶，这也仍是一道“洗脸水”，现今有人美其名为“头汤”供饮，实为忽悠人，且不说“头口烟、二道茶”，第一道水茶味并未出来，单说喝这“洗脸水”也是不卫生的，如此饮茶更是无趣。

还有投茶，投茶亦有讲究，茶叶的投放量是关键，要适量，就是一次冲泡要放多少茶叶要掌握好，现行包装袋的一包有 5 克、6 克、7 克、8 克不等，非包装袋的，随个人所好即可，但亦宜适量，茶叶放多了，太浓，放少了，太淡，都不太好喝。当然，多与少还与茶壶或盖碗泡茶容器的大小、喝茶人数的多少有关，没有绝对定量。

要等的第三个人自然是个会品茶的人。品茶，一是观色，二是闻香，三是品味，四是赏韵。泡普洱茶宜选紫砂壶，但如泡武夷岩茶，欲得个中三昧，则宜选白瓷盖碗，如此，观茶之色，茶的汤色纯净是要旨，如果茶汤污浊大多不堪饮，好茶汤色饱满、晶莹剔透，呈琥珀色，一目了然。闻茶之香，闻香识好茶，是否有各种花香、果香、木质香、苔藓香、棕叶香，一嗅便知。有的一泡好茶，甚至能够冲泡出花香、果香、木质香三重境界，且唇齿留香。闻香，还可以在冲泡前闻干茶香，冲泡时闻盖碗挂香，冲饮后闻杯底留香。若用紫砂壶杯冲泡岩茶，则观色、闻香均有缺憾，因为紫砂色深，看不清壶、杯里的茶色，且紫砂易透气，会分走部分茶香。品茶之味，要看茶汤是否圆润、活滑，劣茶一般水滞味涩，茶好不好，最重要的是看饮时能否两颊生津，能生津的便是好茶。赏茶之韵，则无可名状，大抵岩茶讲岩韵，所谓岩韵花香，花香易辨，岩韵难寻，韵，只可意会，不可言传也："闻鹅声如在白门，闻橹声如在三吴，闻滩声如在浙江，闻骡马项下铃铎声如在长安道上"，我喝老枞，则如返身入深林，穿行在少时故乡的深山密林中。

观色，赏心悦目；闻香，神清气爽；品味，心旷神怡；赏韵，意在茶外。卢仝七碗喝不得，皎然三饮通大道。是曰：一盏茶在手，色香味俱得，心意神皆入佳境，不亦乐乎！

品茶在人数上亦是有讲究的，"一人得神，二人得趣，三人得味，七八人是名施茶"，或云："独啜曰神，二客曰胜，三四曰趣，五六曰泛，七八曰施"，这是讲品茶的人数。唐宋以来对品茶都有相当要求，不仅要有志同道合的茶友，还要有良好的品茶环境。《岕茶笺》提出了十三项"茶宜"，即适宜品茶的十三个条件，曰：一无事，二佳客，三幽坐，四吟咏，五挥翰，六徜徉，七睡起，八宿醒，九清供，十精舍，十一会心，十二赏鉴，十三文僮。当然有相宜，便有不宜，故又有七忌："一不如法，二恶具，三主客不韵，四冠裳苛礼，五荤肴杂陈，六忙冗，七壁间案头多恶趣”。这些都是品茗时应避免的，否则，有如花间喝道，月下举火，败兴也，更遑论得其佳妙处。

这些都是硬件，品茶还有软件要求。明人许次纾在《茶疏》中描绘了品味的优雅意境：心手闲适，披咏疲倦，意绪芬乱，听歌拍曲，歌罢曲终，杜门避事，鼓琴看画，夜深共语，明窗净几……这其实也是一种心境，一种品味，更是一种情调。

可见，品茶，是一门雅致的艺术，闲适的文化，不仅要茶好，还要人好，还要环境好，如此，方能得茶之韵，体茶之道。

等个人，来懂你。

吃茶去。

庭中望月

一夜，随手从书架上取下朱东润的《陆游选集》，随意翻阅间，猛然心中一惊：扉页上写着的购书日期是“一九八O年六月”——不知不觉，此书竟已伴随我29个年头了。想我购书时，还只是一个大学未毕业的青年，再翻看时，竟已届知天命之年了。真是“再回首，恍然如梦”啊！

看着脚下奔流的大河，孔子喟然感叹：“逝者如斯夫，不舍昼夜！”桓温北伐，经过金城，看到自己早年种下的柳树，“皆已十围”，慨然曰：“树犹如此，人何以堪！”攀枝执条，泫然流泪。孔子、桓温，异代不同时，但见眼前景，触心中情，感慨岁月流逝的心情却是一样的。余虽不才，但人同此心，如今眼见得岁月的脚步踏过《陆游选集》，竟然悄无声息，只在扉页上留下一道浅浅的脚印，恍如雪泥鸿爪，怎能不让人感慨系之?!

因此，匆忙检视了一遍自己的读书生涯。大致的历程是：小学看小人书，初中读小说，高中读古典文学，大学读外国文学，参加工作后读传记、历史、散文、小品等杂书。

大半辈子的读书生涯，虽不敢说是“读万卷书”，但无论是在家里、在宾馆、在飞机上，却也称得上是“手不释卷”了，这算是我半生聊可自慰的一件事。鲁迅说，读书有职业的和嗜好的两种。我这里说的这些阅读当然是业余的兴趣阅读，与工作无关。从青年读到了中年，又从中年读到了老年，期间亦略有感悟。

李霁野说，读书“必须和自己的生活经验熔为一炉”，“生活的经验越丰富，读书的欣赏和理解力也就越深广，也就越能领略书中的真味”（《读书与生活》），莫洛亚在《生活的艺术》中也说道：“读书的艺术，在很大程度上，就是在书中重新发现生活，更准确地理解生活的艺术。”或许，这就是为什么有人说读塞万提斯的《堂吉诃德》，少年人会发笑，中年人会沉思，老年人会想哭的缘故吧。

阅读是读书本，阅历是读人生。阅读随着阅历的丰富而深刻。

不同的年龄段读书的体验和境界是不同的。张潮的《幽梦影》说：“少年读书，如隙中窥月；中年读书，如庭中望月；老年读书，如台上玩月。皆以阅历之浅深为所得之浅深也。”读书如观月，这个比喻，把读书所得与人生阅历的深浅联系起来，分别以“隙中窥月、庭中望月、台上玩月”来形容少年、中年、老年读书的不同境界，十分生动真切。

隙中窥月，月在天上。少年读书，看月是月。试想我们少年时读书，那时少不更事，不识人生愁滋味，一心只读眼前书，眼里书就是心中书，书就是书，也只是书。因此，其时读书只如在房间透过窗户的缝隙所看到的月亮，月亮高远而神秘。隙中窥月缘于好奇，如少年读书缘于求知。佛云一花一世界，那时一本书便是一个世界，眼跟书走，心随书游，思为书发，情因书生，打开书册的两翼就展开了想象的翅膀，在无垠的天空里自由飞翔；翻开一本书就拉开了一道情感的闸门，心情随着书里的悲欢离合跌宕起伏。少年的阅读，是一种最单纯的阅读，也是一种最客观的阅读，“一心只想跟你走”，进入书里的世界，登山，则情满青山；观海，则意溢于海，与书共情，恰似如影随形，“我歌月徘徊，我舞影凌乱”。他可以攀着射进窗户缝隙的那缕月光爬上月宫，帮着吴刚砍伐桂树，夺过小白兔的捣药棰藏在嫦娥的背后；他可以相信头上是玉皇大帝住的宫殿，脚下是阎王爷管的地狱，森林里有黑山老妖，大海中有海龙王居住，他会把小说当真……充满幻想和浪漫的情怀，是少年人读书的专利，中老年人是再也体会不到的了。所以浪漫派的诗人，如李白、李贺、徐志摩、拜伦、雪莱、普希金、泰戈尔，他们必是保有一颗童心，童心未泯，方能浪漫。失去童心，绝无幻想，也无浪漫，一般而言，对书的情感体验，到了中老年基本上已经消费得所剩无几了。想来，少年读书的妙处也正在于他少不更事，缺乏阅历，因而在阅读时绝不掺入自己主观的人生经验判断，所以对书的体验最直接、最真切，记忆也最深刻，这正是少年读书忘我境界与中年读书有我境界的不同。

少年时窥见的那道美丽的月光，永远是引领我们走到中庭凝望月亮的神秘力量。

庭中望月，月在心中。中年读书，看书不是书。人到中年，随着阅历渐丰，遍尝人生诸般滋味，人格成熟，情感内敛，从容淡定，认识人生也认识自己。相比少年读书强大的代入感，中年读书则显得有点三心二意了。眼里是书，心中却是人生，眼前的书已经不再只是书了，书中的内容与自己的人生体验和感受往往互相渗透交融，溶化在了一起。此时读书，虽然少了激情，但是多了意境。其时读书，有如中夜时分负手中庭，仰望夜空，看到的就不仅是一轮月亮，还有月亮之上和月亮之外。

相对隙中窥月而言，庭中望月视野更清晰。庭中望月，没有窗框的遮挡和限制，能够把月亮看得真真切切。人到中年，丰富的阅历，使得他不再尽信书，眼跟书走，心，却在书外转悠，时不时用自己的人生经验来检验、判断书里的一切，天上有个月亮、水中有个月亮、心里还有个月亮，他想知道哪个更圆、哪个更亮。生活给了中年人一双慧眼，他要用心中的月亮去观照天上的月亮——书籍，与水中的月亮——生活。参透人情世故的中年人，对虚伪的描述、无病的呻吟、“为赋新词强说愁”的作态，会有一种本能的反感，对一些天真幼稚的说法和观点，心里会有一种不屑一顾的轻蔑，或者宽容一笑的同情，所以，中年人读书主观性强。成熟的中年，不再做“客观”的阅读。再者，庭中望月，眼界更开阔。开阔的中庭远非窗隙可比，庭中望月，不仅可以看见月亮本身，而且能够看到月亮之上的夜空，还有缀满夜空的星星，中年人读书是不会只看到天空中一轮孤月的，他知道事物之间的联系，因此也就对书里所说的一切理解更深刻。“举杯邀明月，对影成三人”“江畔何人初见月，江月何年初照人”“小庭月色近中秋”“千里怀人月在峰”，中年人读书往往喜欢东攀西扯，理性的中年，不再做“单纯”的阅读，在中庭望月的那个中年人，眼里望着天上的月亮，心里却在想着亲人故乡、曾经爱情或者是生活历程、工作方案……而绝少会像小时候那样想到嫦娥奔月、白兔捣药、吴刚伐桂之类，他务实而不务虚，功利性强。这是因为中年人读书已不再是为播种，而在于为收获，在这个金色的季节里，他知道冬季即将来临，我生有涯，而书山无尽，像东北人说的："别整那些没用的。"因此，中年人读书实用性强。忙碌的中年，已不再做"无用"的阅读。

中年人读书，大抵如涨潮所云："善读书者，无之而非书，山水亦书也，棋酒亦书也，花月亦书也"，有心读书则满眼是书，游览、娱乐、风物，人情，尽是书也。

台上玩月，月在掌上。老年读书，看书还是书。老年人读书，因其饱经沧桑的人生经历，见多识广的社会经验，平和宁静的生活态度，以及卸下社会责任重负后的轻松心情，使得他能返璞归真，心领神会书中的道理，这也是少年人所没有而中年人很吃力的一件事。许多人读书，只读出知识，但就是没有读出书中的道理，所以他知道的知识仅限于读过的知识，再博学也只是"两脚书橱"，或者是"让自已的脑袋成为别人思想的跑马场"。一个人读书，如果读出了书中的道理，他就会知道没有读过的知识。不用格物，也能致知，这就是智慧，转识成智是老年人读书的长处。同时，还有一层，就是老年人读书的平淡无求心态：平淡，则别于少年的好奇；无求，则别于中年的功利，书还是那本书，月亮还是那个月亮，看月亮的还是那个人，只是心境已经不同了，"浮沉世事沧桑里，尽在枯僧不语禅"，因此他的阅读也平添了许多消遣、玩赏的意味，娱乐、养性多于求知、实用。我以为，陶渊明的读书境界最接近于老年人的读书状态："闲静少言，不慕荣利。好读书，不求甚解；每有会意，便欣然忘食"，还有八大山人 ："静几明窗，焚香掩卷，每当会心处，欣然独笑。"自此，以读书为乐耳。

我对"台上玩月"这四个字有一种近乎崇敬和仰慕的感觉，"玩月"，那应是一种很高的境界。差不多是"独上高楼望尽天涯路"了。因为，只有到了相当高的境界才能玩得起来、玩得转，才能玩出水准、玩出兴味，就像如今说的"玩家"，必是行内高手，方能称得上"玩家"。玩书，就像在把玩一件工艺品，从材质到造型，到做工，从形到神，到意，没有精深的造诣是玩不起来的，也玩不出兴味的。所以，不仅因为年龄的缘故，更因为境界的缘故，我自认为自己现在还只是在“庭中望月”的阶段，而且也不太敢奢望将来能够达到“台上玩月”的境界。

高台玩月，我想那是一种学问已臻化境，人书俱老：究天人之际，通古今之变，情与景会，意与象通；更兼触类旁通，融会贯通，穷理尽性，由博返约，执简驭繁，收放自如，运用之妙，存乎一心。如果要用一个字来概括的话，我以为是个“通”字，但这个“通”，不是“通材”的通，什么都知道一些但知道得都不深，谓之通材或曰知道分子，系以博洽见长。这个“通”，是学理上的通，事理上的通，情理上的通，道理上的通。虽然隔行如隔山，但隔行不隔理，“理”的通，是以参透胜出，多数人，包括我自己，读了一辈子的书，可能还是没有读“通”，而只有“通”方能“达”。“理”是特殊规律，“道”是普遍规律，只有打通“理”，才能到达“道”，大智若愚，大巧若拙，大音稀声，大象无形，这就是“大道至简”的呈象。从这个意义上说，能够上高台玩月的人是不多的，非学问之大师，无由“独上高楼，望尽天涯路”，不是到了老年就能上高台“玩月”的。

故此，相对而言，我以为不同年龄段的读书特点是不同的，大致是：

少年读书忘我，中年读书有我，老年读书无我；

少年读书客观，中年读书主观，老年读书通观；

少年读书感性，中年读书理性，老年读书养性；

少年读书因兴趣，中年读书因实用，老年读书因娱悦；

少年读书重求知，中年读书重求实，老年读书重求理；

少年读书重“情”，中年读书重“思”，老年读书重“悟”。

当然，这也只是一得之见，姑妄说之。

2009 年春写于说陶轩

（2010 年《终身教育》第 8 期）

客船听雨

回望那一连串留在人生道路上的脚印，心情是颇为复杂的。1982 年我从西南政法学院毕业后，分配到福建高院，在刑一庭工作三年，在研究室工作六年多，在刑二庭工作五年（其间到德化县人民政府挂职两年），在知识产权庭工作两年，在民一庭工作七年。2005 年开始任副院长。前后还在最高人民法院借调、挂职各半年。如果不太较真的话，我这大半辈子勉强也称得上是读万卷书、行万里路、经万般事了。“三万”，给人的感觉，仿佛自己是个人生的富翁。有时，长夜无眠，我会把自己的生活经历在脑海里盘点一遍，一时间也是千头万绪，更是感慨万千，一言难尽，佛云：“不可说”，不如听雨。听雨是对生命的咏叹，对生活的礼赞。

宋人蒋捷的《虞美人·听雨》一词云：

少年听雨歌楼上，
红烛昏罗帐。
壮年听雨客舟中，
江阔云底断雁叫西风。
而今听雨僧庐下，
鬓已星星也。
悲欢离合总无情，
一任阶前点滴到天明。

通过“听雨”的不同地点和场所来揭示少年、中年、老年三种不同的生活境况和情形：少年“欢娱”，故在“歌楼”，中年“奔忙”，故在“客舟”，老年“沉思”，故在“僧庐”，几年前，看到这首词就觉得很有感触。

雨，可以看。细观春雨，则“斜风细雨不须归”“豆棚瓜架雨如丝”“细雨湿衣看不见”“子规声里雨如烟”，这是我们寻常可见的乡村雨景；放眼山雨，是“柴门对急雨，壮观满空山”，这是我在三清山见过的夏雨；面对江雨，则是“对萧萧暮雨洒江天，一番洗清秋”，这是我在镇江芙蓉楼见过的秋雨。

雨，更可以听。雨打芭蕉，是听雨的一种典型意象：“隔窗知夜雨，芭蕉先有声”，小雨，则“渐零零，细雨洒芭蕉”，大雨，则“破窗蕉雨夜还惊”，雨打芭蕉确实能给人带来丰富的听觉美，以至于有人觉得在窗外种芭蕉就是为了听雨，说“芭蕉为雨移，故向窗外种”，其实，在野地听雨打芭蕉一样富有诗意，广东十大名曲之一的“雨打芭蕉”，就诞生于野外。清同治年间的一个夏天傍晚，何博众正在古屋后的芭蕉园蹲茅坑，不料风雨骤至，他赶忙顺手拉过一片芭蕉叶遮雨，雨水就“滴滴答答”打在芭蕉叶上，就这样，他一边如厕，一边听雨，回家忆起刚才雨打芭蕉时发出的淅沥滴答声，感到极富韵味，灵感泉涌，遂谱成《雨打芭蕉》乐曲，虽事涉不雅，但佳趣天成，无妨此曲成为体现南国风情的名作。当然还有梧桐、荷叶这些阔叶植物也是听雨的佳物。梧桐滴雨，也是很有名的听雨意境，孟浩然曾用半首梧桐雨的诗惊艳了一千多年，他写道：“微云淡河汉，疏雨滴梧桐”这两句便卡顿了，虽说只是半首，但一直被模仿，从未被超越，连优等生都来抄作业，白居易写道：“雨滴梧桐山馆秋”，李清照写道：“梧桐更兼细雨”，大宋达人苏东坡也未能免俗，说：“卧闻疏响梧桐雨”，不过这老兄豁达，一次野游见好景，说：“目尽孤鸿落照边，遥知风雨不同川。此间有句无人见，送与襄阳孟浩然”，眼前有景道不得，就把这一川风雨都送与孟夫子了。梧桐雨，惹人愁，温庭筠半夜听雨：“梧桐树，三更雨，不道离情正苦”，辛弃疾通宵听雨：“攲高枕，梧桐听雨，如是天明。”“春风桃李花开夜，秋雨梧桐叶落时”，秋雨梧桐是悲愁，夏雨荷池则是欢快的物象。故李商隐要“留得残荷听雨声”。二十多年前，我们刚到省法院工作不久，一个周日下午，我和方元龙同学躺在福州西湖荷亭的竹椅上，一边喝着大碗茶，一边隔着雨帘，看着碧绿的荷盘上一颗颗晶莹剔透的珍珠在滚动着聚散着，在满耳的雨打荷叶声中度过了一个惬意的下午，那情景至今令我难以忘怀。

雨，还可以寄情抒怀，如“斜风细雨，乱愁如织”，这是白昼见雨生愁，心乱如麻；“半夜灯前十年事，一时和雨到心头”，这是夜半听雨辗转反侧，感慨万般。

为什么要用“听雨”串联起一生的感慨呢？这或许是因为“含情疏雨有声诗”，对雨生情，雨景总是容易勾引起人们对生活的感伤、对人生的愁绪，因此对景抒情，意在境中：“吾听风雨：词心也”，这是千古文人的同声感受。少年听雨歌楼上，是对生命的漫不经心的闲抛：恍如“十年一觉扬州梦”；老年听雨僧庐下，是对生命的沉思和生活意义的追问：“浮沉世事沧桑里，尽在枯僧不语禅”；而中年听雨客舟中，则是为了生活的忙碌和奔波，人在旅途的中年人，总是步履匆匆，风雨兼程，平常他甚至没有时间感慨，没有时间沉思，但在乘舟遇雨给他带来的心情闲暇时却引发了太多的感慨。“江风引雨入舟凉”，一江风雨，在让人领略“风雨江山”意境的同时，也让人感叹“世事波上舟”的无奈，当然最通常的感慨则是“风又飘飘，雨又萧萧，何日归家洗客袍”的游子心情。

雨，是引发各种愁思的媒介，“风雨江山”是对世事的感怀，所以陆游听雨是“夜阑卧听风吹雨，铁马冰河入梦来”，李煜听雨则是“无奈朝来寒雨晚来风”；“忧愁风雨”，是对自身的感叹，“伤心枕上三更雨”，是因为“枕上十年事，江南二老忧，都到心头”。中年人听雨的那一份心情，没有亲身经历的人是体会不到的。

少年是“桃李春风一杯酒”，中年则是“江湖夜雨十年灯”，中年，是一个劳碌的年龄，“柴门闻犬吠，风雪夜归人”，就是中年人奔波劳碌的形象；中年，也是一个沉重的年龄，“稻粱群鸥共，霜露一身寒”，就是中年人心灵的苦楚；中年，还是个无奈的年龄，时光荏苒，“可惜流年，忧愁风雨，树犹如此”；中年，更是一个辛酸的年龄，岁月蹉跎，错把陈醋当成墨，写尽半生都是酸。所以，中年人客舟听雨是“江阔云低”，“江阔”，预示归程渺茫，

"云低"，显示压力沉重，而"断雁叫西风"其实是中年旅人的心灵悲鸣。所以，人到中年，虽身不由己只能在名利场上翻滚，但心灵却应自由地在荒村中听雨，如此方能保持一份空明清净："草色人心相与闲，是非名利有无间。"

中年，虽则繁忙而沉重，但却也因此而充实丰厚，所以，中年听雨，其实是在听自己的风雨人生，也是于红尘喧嚣中听一份内心的宁静。

2009年春写于听雨轩

梦里依稀

驱动我这一双脚在崎岖的山路上跋涉前行的精神力量，是我的母亲。

从小，母亲就常常对我说：人，一定要有志气，要有骨气。志气，是向上的动力，骨气，是不向下的定力。在母亲善良、诚实品德的熏陶下，我才能够以不变应万变立足于这个时常让我感到彷徨的社会；想到母亲的正直、奉公，我就不敢懈怠职责，不敢违背做人的良心和做法官的良知，虽然因此招来不少明枪暗箭。

我是一岁时由母亲抱养并跟随她身边生活的。那时她在尤溪县新桥公社卫生院工作。在我记事不久便是狂热、混乱、喧嚣的“文化大革命”时代，到了1969年，毛主席号召到农村去办合作医疗，母亲被下放到老家林尾大队去办合作医疗站，我们在农村度过了六年艰难困苦的岁月。1974年，体弱多病的母亲无法再支撑病痛的折磨便要求调回公社卫生院。此后她有一年多的时间卧病在床，我至今不知道她得的是什么病，只知道母亲早年在福州读书时得过肺炎，这在当时是难以治愈的病，她因此辍学返乡，也一直没有结婚。后来又得了哮喘病，夜里常常坐在床头喘，咳出很多白色的痰，基本无法躺下睡觉，后来又得了肠胃病。她最常吃的药是四环素和红霉素两种抗生素消炎药品，她说不能给公家增加负担，就尽量吃更便宜的四环素，省着吃红霉素，虽然实际上红霉素药效更好，而且，每个月开药的数量都让我掌握在3—4元钱，超过4元钱，我们就自己花钱买，那时她的月工资是21.5元。她怕增加单位负担也不愿去县医院看病，说是治不好，没有用，这样病情就一天天拖下来，也一天天严重起来，最后骨瘦如柴的她，好像是油尽灯枯而逝，但实际上，她后来时常腹痛难忍，有医生说可能是得了肠癌。就这样在我读高一的那一年，也就是1976年3月22日，她病逝了。在那个大雨滂沱更兼涕泣滂沱的上午，我脑袋一片空白，一路踉踉跄跄跟随众人将她送到那个墓地。从此天人永隔，结束了我们母子十多年相依为命的生活。

就在母亲病重到她去世前后的那段日子里，我也看透了人情世故、世态炎凉，因此深深懂得了：人，一定要自强、自立，靠自己。

1978年，我考大学，其实是完成母亲的一桩心愿。因为从小，母亲就一再叮嘱我：你以后一定要考上大学。想来真钦佩她的执着信念，因为直到她逝世时这都是一件没影的事，那时候“四人帮”还没有倒台呢，一般人做梦也想不到会有恢复高考的这一天啊。“文化大革命”先是砸烂、停办大学，后期是保送进大学，因为高考制度被废除了，所谓“保送”讲白了就是凭关系进大学，这样的大学跟我们这些普通人根本无关。我至今都深深感念她为我指明的人生道路：那时候，对于每一个生活在农村的青少年来说，改变自己命运的唯一道路就是上大学。从我那个时代出来的人都会深切感受到：国家的状况和个人的前途命运是如此息息相关，仅凭这一点，我们就不可能不感念邓小平。

我上大学后，很多人碰到我都对我说：“可惜梅英姐不在了，不然的话，看到你上大学，她不知道会有多高兴呢。”是的，她不能亲眼看到我上大学，实现她的愿望，但我相信她在另一个世界一定会为我高兴，也终于可以放下心了。因为那时上了大学就意味着会有工作，而她在抱病卧床的一年多时间里，对我念叨最多的一句话便是：“我死了，你以后怎么办啊!”因为我还没有长大，她不忍离去，让我一个人生活在这世上，所以哪怕活着对她来说只是一场无尽的病痛折磨！她生无所恋，却因心有挂念，宁愿承受人间的炼狱，她是我的佛。而我此生最大的遗憾、最痛心的事莫过于我不能报答她的养育之恩于万分之一。“子欲养而亲不待”，人的一生再也没有比没有机会做你最该做、最想做的事更悲哀的了。

多少年来我一直都有一个心愿：想写一篇回忆悼念母亲的文章，可是一直都无法实现这个愿望，因为，我总觉得我的写作能力和所能运用的语言文字都无力表达对母亲的那种刻骨铭心的怀念，轻薄的文字怎能承载得起厚重的思念？所以不敢提笔，生怕文章写不好，亵渎了她在我心中的神圣感情。因此，每当想起母亲的时候，我竟然无法用自己的语言表达诉说，而只能借用别人的诗句来倾诉，在心底里反复吟诵，以寄托对母亲的思念之情，虽说是借他人酒杯，浇胸中块垒，但总胜于无。

“梦里依稀慈母泪。”在众多的怀念母亲的诗中，我觉得鲁迅这句诗写得最好。梦，是我们能够与逝去的亲人栩栩如生地重逢相聚在一起的唯一途径。自从母亲逝世直到我给她迁坟的那些年，她总是时常到我的梦里来。每次，在梦里见到母亲，和她在一起的时候，似乎心里都有一个清醒的疑问：母亲不是已经去世了吗？怎么还会和我在一起呢？忽然又好像明白了：她现在还没有去世呢，她现在还跟我生活在一起，可能以后才会去世离开我吧。真是“梦里不知身是客”啊。现在我明白了，其实母亲住在我心里，我在她便在，如果有一天她离开我的心里，不会有别的原因，只是因为我已离开了这个世界。

从梦里醒来，发现和母亲的相处时光只是一场梦时，心里的那份失落和哀伤是难以言表的。那时，我才明白了为什么第一次读到苏轼的悼亡词《江城子》时，会在心里引起那么强烈的共鸣：“十年生死两茫茫。不思量，自难忘。千里孤坟，无处话凄凉……”，这词句，是我时常在心里念叨的。我读大学时曾在图书馆借阅过一本罗马尼亚诗人爱明内斯库的诗集，发现有一首悼母诗也写得很好，当即抄在笔记本上，但后来，有十多年的时间，我忽然记不起这首诗抄在哪个本子上了，无论怎么找都找不着了。想起这首诗凭空变没了，就像一件珍贵的东西，因自己的粗心弄丢了，时常感到懊恼。幸好苍天不负苦心人，去年我又从当年的笔记本中重新找到了这首诗：

哦，妈妈，亲爱的妈妈，
在时光的迷雾里，
在树叶的飒飒声里，
你把我呼唤到你的身边，

在神圣的墓地的阴暗的坟墓边，
槐树在秋天的寒风里脱落树叶，
枝丫在轻轻地摇曳，
你在喃喃低语……
枝丫将不停地摇曳，
你将永远安息。
……

或许是这首诗留给我的印象太深刻了，一次看到俄国的风景画家列维坦《永恒的安息》，便觉心中一慄，被深深地吸引住了：在那高高的河岸上，狂风吹动着树木，木质的小教堂迎风挺立，那些矮小的十字架已被风吹得东歪西倒，这是一片寂静的墓地，它独自面对那一湾无声涌动的河面，浓厚的乌云笼罩着西沉的落日，大自然的永恒和生命的短暂形成了强烈的对比，在灵魂与自然际会时咏叹着一首忧伤的诗。沉重的乌云仿佛生者的思念，永恒的寂静则是死者的安息。

当年母亲下葬的墓地在低矮、潮湿的山脚边，我曾在心里许愿：阿嚒，等我将来长大了一定替你选个好的墓地，并按你说的在墓碑刻上“周梅英女士之墓”。不料这个心愿，我直到她逝世 20 多年后才了却。因为这件事，我常常在梦见母亲后心里深感愧疚，迁坟之后再梦见母亲才觉得心安一点。然而墓地只是我们寄托哀思的一个有形物而已，大凡经历过至爱的亲人离世，我们总不愿相信那个墓穴就是她曾经的全部，总觉得躺在里面的是亲人死去的身体，而她活着的灵魂却在另一个世界里时刻关注着我们，也等待着将来有一天与我们相遇。有时我也会想：母亲是孤寂的，她独自一人在故乡的山上。现在，怀念她的人大约只剩下我了，她只活在我一个人的心里，但是我知道这对她来说已经足够了，就像在她生前那样，对她来说我就是她的全部世界。现在，只要她还活在我的心里，她仍旧是拥有整个世界。

母亲住在我的心里，那里才是祭奠她的最神圣的殿堂。

2009 年春写于林下亭

戴帽穿鞋

序犹帽子，跋如鞋子。

一本书就像一个人，当他站在我们面前的时候，首先映入眼帘的是头部，我们打量一个人的目光习惯上也是从头看到脚，先看帽子，最后才看到鞋子，就像我们翻看一本书，先看到的是序（或序言），最后才看到跋（或后记）。我很感谢必新同学送给我的这顶漂亮的帽子——《判重南山·序》，虽然觉得有点高，不过戴起来还是蛮舒适的。

说一本书就像是一个人，其实也是抄袭，并非我的创意。我看过许多作家的“后记”，发现每当一本新书被炮制出笼，作者都喜欢把它称作（或当作）一个新生儿的诞生。因此，给新书写序、跋，就像是给新生儿搞穿戴打扮，自然是做父母即作者的一件大事了。想来，一者是防寒御冻的物质需要，二者是赏心悦目的审美需要吧。一本书出世，如果没有序、跋，总觉得就像是让孩子上街裸奔一样，这样做且不说容易让孩子得伤风感冒，恐怕还会招来许多奇异的目光和议论。所以，给孩子戴帽穿鞋与其说是一种习惯，不如说是一种责任，不然，总是一份亏欠，于心不忍。所以，穿鞋戴帽，对写文章而言大可不必，但对出书而言，又似必不可少。

序，这顶帽子一般是别人送的（当然也有人喜欢自制），而送帽子的人总是格外的慷慨大方，因为亲朋好友生孩子是件大喜事，总要挑顶漂亮的帽子送他。而跋这双鞋子则大多是自制的（我印象中好像很少见过后记是请别人写的），因此帽子不妨漂亮，鞋子却要合脚。而合脚这档事，说起来简单，好像尺码对了就行，其实不全是那么回事。据说老外喜欢把最微妙复杂的婚姻关系比作穿鞋，说合不合脚只有自己知道。如此说来，跋这双鞋子还是自制的好。

从前，农村的大婶、大嫂冬天在午后的闲暇时光，会拎起一张板凳，坐到屋门前，在暖洋洋的太阳下纳鞋底，一边纳鞋底一边有一搭没一搭地闲聊，还时不时地用锥子挠挠发痒的头皮。这是辛劳的农妇在一天里最休闲的时光了，闲谈的光景，总有点心不在焉，东拉西扯，就像我此刻写这篇短文似的。

跋，字典里的解释有两种意思，一种是指翻山越岭，长途跋涉，喻行路辛苦；另一种是指写在书籍或文章后面的短文。我以为这两种意思，并非各不相干的。试想，为什么古人将这种在书籍或文章后面的短文称作跋呢？如果说写文章是爬格子，写书就是爬文山了。写一本书实实在在的就是在翻山越岭，跋山涉水，只不过爬自然山是用体力，爬文字山是用脑力而已，写出一本书就像是辛辛苦苦爬完一座大山，完稿时等于停下歇息，回首来时路，跋山者不免有些感慨要发，有些想法要交代，此时写篇短文，算是作一个小结，是顺理成章的事，所以我觉得第二种意思，其实是第一种意思的引申，古人将这种短文称作“跋”，是再形象不过的了。当然，这只是我的想法，并不是考证得出的结论，姑妄说说而已。

爬山要用脚，脚要穿鞋。这双鞋该怎么做呢？我以为，鞋子既是给脚穿的，当然是合脚最重要，但外带还要结实些才好。因而寻思，带我走过这大半辈子的两只脚，应该是一只叫作读书，一只叫做工作。千里之行始于足下，我们的人生道路全靠这一双脚走出来，它们最是辛苦，但却最受冷落，因为在生活中，它们最常态化，习以为常，以至于理所当然地忽视了它们的存在。我们从未犒劳过这双脚，即使有也绝少是出于感恩。似乎只有马周是例外。据说马周未遇时，到长安，入酒肆，酒保见他是个穷士对他颇为无礼，马周叫了一斗八升酒，旁若无人地“悠然独酌”，喝了一阵，端起剩下的酒一股脑儿全部倒入盆中，悠然自得地洗起脚来，众人见状大骇，时中郎将常何恰在酒肆，他见马周气度不凡，便将他带回家中，后来推荐给唐太宗，马周遂成为一代名臣。马周的惊世骇俗之举给我们留下了一个“浊醪濯足”的典故。

穿鞋是为了走路，然而，自古人间行路难，人生最怕走入歧途，李白曾感慨“行路难，多歧路，今安在！”《列子》云，杨朱的邻居丢了羊，派很多人去找都没有找回来，杨子问："为什么没找着?"邻人说："岔路很多，岔路上又有岔路，不知道羊往哪里去了。"歧路亡羊，找不回来了。杨朱听后面容悲憾，一整天都不讲话，脸上没有笑容。还是这个杨朱，《荀子》说，一次杨朱走到十字路口，感慨地说："在这个地方要是方向走错半步，就会导致千里的差错啊。"因此伤心痛哭起来。杨朱知道，人生的羊，大多是迷失在歧路上的。人生首要走正道，但是正路并不好走，正路不是一马平川，大道坦途，更是山高水险、路途坎坷、布满荆棘，在长途跋涉的旅途中，使人疲惫的不是远方的高山，而是鞋子里的一粒沙子。所以，我们不仅要有一双合适的鞋，还要不忘中途坐下来，把鞋子里的沙粒倒出来，才好继续赶路。

回头说帽子吧。必新同学送来的这顶帽子，我一看便欣喜不已，但也很意外。他居然有这么出色的文采，在这之前似乎没有显露过。看来，成大器者经常是深藏不露的啊。书印出来后，几乎所有看过的人都跟我说，江院长的序写得真好。今年1月27日的《法制日报》和《法制资讯》第三期，都以《品尝法文化的"工夫茶"》为题，刊登了这篇序言，福建《海峡通讯》的杨振辉同志，对江序赞不绝口，并对高级领导干部动笔写序，而且居然写出一篇好序文，感慨不已，为此，他专门作了一篇《期待诗文唱酬蔚然成风》的文章，登在该刊第二期上。

忽一日，妻子王丽云笑着对我说："看来江必新的序盖过你的书了！怎么样?"她大概想问我的感受怎么样。怎么样？我可不会因此沮丧或者冒酸水，我很高兴、很开心啊！因为我知道，文学史上流传下来的名文不少都是序文，倘若因我的书而催生一篇经典美文，岂非善莫大焉，何乐而不为呢?！我怎么会泄气呢。

"看看长长的路，擦擦脚下的鞋，不管明天什么季节。"——穿上鞋吧，人生总在跋涉之途。

2010年春写于瑞云楼

（注：《戴帽穿鞋》《庭中望月》《客船听雨》《梦里依稀》原本是作为《判重南山》一书的《跋》，后因太长，感觉不妥，略作删改，成4篇短文）

巴山夜雨

清明节，在北京回福州的飞机上，脑海里没由来地飘浮着两句诗：白头宫女在，闲坐说玄宗。

这话说的是淡之又淡，场景也只是一幅白描：寂寥落寞的古行宫门前，坐着几个满头白发的宫女，她们心不在焉地闲聊着唐玄宗的轶事。

这“闲说”，当是实实在在的“闲”了，韶华已逝，“红颜暗老白发新”，无须再卷入宫闱争斗，成天无所事事，自然是“身闲”了；繁华已经烟消云散，兵荒马乱复归安定，劫后余生，开始了意态从容的慢生活，自然是“心闲”了；远离名利场的车乘，任它一路红尘滚滚、喧嚣而去，与我何干？则是“境闲”了。身、心、境皆闲，方乃真“闲”，如此，自可闲坐、闲说、闲话了。

但忽然惊觉，这“白头”两字，又怎一个“闲”字了得？你想，“白头”宫女，意味着历经沧桑，见证过开元盛世，亲历过安史之乱，不仅有歌舞升平，也有颠沛流离，不仅有缠绵悱恻的爱情，更有血流成河的战乱悲情，历经劫波，宫女犹在，“只是朱颜改”。元稹显是故作轻松语吧，以“白头”反衬“闲说”，正是浓情淡说之笔。张祜有诗云：“故国三千里，深宫二十年。一声何满子，双泪落君前”，元诗之淡与张诗之浓形成强烈对比，但却有异曲同工之妙。

由此想到了，十多年后，我当退休，“白头法官在”，闲坐时当说些什么呢？我从 1982 年到现在，二十多年来一直在法院工作，是新中国法制从“文化大革命”的废墟中重建的亲历者和参与者，多少往事，尽可“闲说”。只是如今“共话”却少了一人，想起十天前到南昌参加同窗好友尹鲁先的告别仪式，不禁感慨人生无常。这时，我忽然明白为什么今天在飞机上脑海里总是飘浮着那两句诗的原因了。因为从学校毕业后，每当我想起鲁先时，心里经常会默念：何当共剪西窗烛，却话巴山夜雨时。别后重逢，剪烛夜话，一直是我对好友的心愿。

鲁先是我1978年10月3日去重庆的列车上认识的，他在南昌上车，一问之下，都是被西南政法学院录取的新生，这样一路同行到了学校，报到后发现我们不仅是同班同学，还同组同宿舍，一个偶遇却成了最好的安排。鲁先长相英俊、仪表堂堂，戴一副眼镜，西装和腰杆一样笔挺，尖头皮鞋锃亮，他的下巴和嘴巴特别像当年的电影明星达式常，不仅举止儒雅潇洒，而且才华横溢，见多识广，虽然有点傲气，但很有教养，善解人意，且重情义。因此我对他敬之如兄，亦作良师益友待之，他对我亦如弟，关照有加。在他大三时被查出患肝炎与我们隔离住宿之前，我们都是同上课、同打球、同散步，几乎达到形影不离的地步。他对我的学习帮助也很大，我晚上看书较迟，时常上午的头两节课没去上，差不多睡到九点起床，洗漱后到烈士墓边上的“好再来”吃一碗红油麻辣小面，然后晃悠悠地到教室上第三、四节课，下午或晚上就借鲁先的课堂笔记本抄一遍，当作是补课，鲁先的笔记详细工整，字也很漂亮，所以我抄一遍基本没有耽误课程。我读书杂，只看大意，不求甚解，所以成语之类大多没有认真去记，说出来时常常凭印象组装，往往颠三倒四，也常念错别字，被他嘲笑了好几次，觉得很不好意思，之后读书渐渐开始纠正自己语文基本功不扎实的毛病，我们除了交谈一些法学、文学上的共同话题外，由于我从农村来，没见过什么世面，对于城市，对于机关，对于大学都知之甚少，所以我基本上只有当听众的份了，但也因此增长了不少见识。

在大学毕业前，有一天下午听说鲁先被人打了去医院缝针，原来在中午排队买饭时，一个81级的学弟插队，鲁先说他，发生争执，那小子挥起一拳打到了鲁先的眼角，眼镜打飞了，鲜血直流，到医院缝了几针。当天傍晚，郑元璋、徐乃斌、张林我们几个人聊起来，气不打一处来：反了！竟敢打 78 级，简直大逆不道！于是决定：揍他！一来为鲁先出气，二来为 78 级撑面子。于是两天后的一个下午，元璋搂着那个学弟的肩膀骗他过来谈谈，到了一楼宿舍的房间后，我们马上关起门来开始揍他，幸好那个学弟还算机灵，刚被打了几下，见势不妙，便夺门跑走了。开头我们以为这事就这么了了，江湖恩怨，私下了结，也是规矩，不料那学弟跑到年级领导那里告了一状，接下来，学校开始调查处理，因为张林在这之前和外校同学私自跑到峨眉山玩了五天，可能要被学校处分，所以我们商定把张林包庇下来，说他没有参加打架，不然罪上加罪，他就死定了。在接下来等待处理的差不多一个月时间里，我们就过得很煎熬了，因为临近毕业，我们听说如果被记过处分就要记入档案，将来到各省人事局分配工作时肯定要受影响，因此不免心情沮丧、忐忑不安。处分终于下来了：通报批评。但我们还是很不服气，觉得 81 级师弟先无理打人在先，我们教训他并无大错，也没有把他打伤，所以在不久的班级、年级毕业照合影时我们不去参加，以示抗议学校的处理不公。现在想来，当年血气方刚，快意恩仇，有点不计后果哈。张林因为跑到峨眉山玩，挨了个记过处分，他是四川人却被分配到陕西省监狱管理局女监当管教，一生郁郁不得志，终致英年早逝，时也，命也！

1982 年 7 月我们毕业了。离校时应鲁先之约，我在回福州的路上在南昌下车，鲁先和他弟弟陪我参观了南昌八一广场、八一南昌起义纪念馆。后来，我们各自分配到省高院工作，他在江西省高级人民法院从书记员、审判员、到研究室副主任、办公室主任、民庭庭长，1993 年调任海南省高院任经济庭庭长，后来任专委。这期间，我们有十多年未见面，但一直书信不断，后来有了手机就很少写信了，我保存了他历年写给我的所有信件，一共有大几十封，在 2006 年元旦整理书信时，我突发奇想，将这些信件打包作为新年礼物寄给他，附一便笺云：忆往昔，峥嵘岁月稠，这些激情燃烧的岁月印迹，供你今后写回忆录用吧。1997 年吧，得知他要来榕公干，我很高兴，请省陶瓷公司的朋友带我到福州脱胎漆漆厂的仓库，挑选了一个花瓶买来送给他，还带他参观了林则徐纪念馆。1998 年 10 月在 1978 级入学 20 周年返校纪念日时，我们又聚了一次。2001 年他调回江西，任省院副院长，11 月我新加坡朋友谢威廉先生来，邀我参加江西省陶瓷艺术家的聚会，适逢周末，鲁先得知后专程从南昌赶到景德镇，我们在周国祯大师艺术馆会面，第二天他陪我吃过早餐，我们才各自返回。2006 年我在最高法院挂职时，鲁先到北京开会，我们在李庆处还喝过一场酒。

2004 年的相聚给我留下很深的记忆。那年 4 月初，鲁先在电话聊天时说起，最高法院民一庭副庭长杜万华同学一行要到江西搞“告状难”专题调研，邀我一起去。那天恰逢清明节，我们从机场接到老杜，路上鲁先说胡耀邦同志的陵园就在南昌近郊的共青城里，大家就径直前往拜谒，因为耀邦、小平同志都是我们这些人非常崇敬的领导，是他们改变了这个国家和我们这些人个人的命运。我们冒雨敬献了花圈、参观了陵园。在耀邦的雕像前我们伫立良久，思绪亦如雨丝飘忽而纷乱，耀邦同志头像的正面看去安详而和蔼，侧面看去则忧思沉吟，既慈爱有加，复忧思难忘，“知我者谓我心忧，不知我者谓我何求！”因为深爱，他才忧国忧民，陵园边上有一块石头，是耀邦夫人李昭同志立的，上头的题词是：“光明磊落，无私无愧”，据说李昭同志先是题写：“无私无怨”，略一思索觉得不妥，改作了“无私无愧”，一字之别，个中意味，非知耀邦之深者不能道也！之后我们观看了耀邦葬礼的纪录片，在这里我买了一本戴煌的《胡耀邦与平反冤假错案》。随后几天，我们从南昌到吉安，在吉安参观了文天祥纪念馆。到了井冈山后入住最高法院的井冈山培训基地，工作之余，鲁先陪同我们展开了红色之旅，那天，我们从培训基地各借了一套红军军装穿上，还打着一面“中国工农红军第一方面军”的军旗，一行 6 人排队出发，一路上引来许多路人好奇的目光，中午吃井冈山农家菜、红米饭、南瓜汤，喝井冈山土酒，那是我见过的鲁先喝得最多的一次。到了井冈山，鲁先显得特别兴奋，我知道因为父辈的原因，他有很深的井冈情结，在校时他曾跟我说过，他老家是永新人，他们家跟贺子珍家是亲戚，他父亲早年参加红军，在井冈山战斗过，他的身上流淌着红色的血液，他对井冈这片大山有着深切的眷恋，因此，他刚从海南调回江西不久就抽空上了一趟井冈山，并写了一篇《感受井冈》发表在2003年1月14日的《人民法院报》上：

这是一片神奇的红土地，先烈用热血染透它的胸膛；

这是一片苍劲的绿海洋，松竹以坚毅撑起它的脊梁。

每当我一次次走进这片土地，总有一种异样的感应久久地攫住心灵。数十万英灵长眠于斯，似乎正透过漫漫群峰向后人述说……伴随着共和国经济腾飞的节律，英灵笑慰：建设速度还要提高，人民生活尚需突破；注视着国际政治格局的脉跳，战争虽已结束，威胁并未远去。

于是，我再一次真切地感受井冈的壮丽，用听觉、用视觉、用感觉；于是我再一次真切地领略大山的沉重，从历史、从现实、从未来……

一

雾洗千嶂不见松
竹间但闻水如风
五大哨口今犹健
十里杜鹃香大同

二

云抒五指回望空
岚退黄洋始现峰
千尺龙潭游人处
百万红军有无中

三

青山忠骨枕吴钩
未忘史海荣与羞
铸剑为犁非怯战
哨口敢悬书生头

我每次走进井冈，仿佛黄洋界上的隆隆炮声又响在我的耳畔；千万面红旗，在猎猎的东风中，正英姿招展。

2005年八一建军节之前，鲁先又在《人民法院报》上发表了一首律诗《井冈颂》：

梦里青山是故乡，一点星火越三江。
小井村口寻旧迹，仙女潭前理新妆。
虽羡庐陵三千士，更思罗霄十万郎。
清明祭雨拭莫干，升平未敢忘国殇。

他的这份井冈情结，让我从心底里将他称为“井冈之子”。

2007年鲁先带队从上海参观考察后转道福建回江西，我们又一次相聚。后来一次偶然的机会，才得知他病重在上海住院治疗，想去看他，但回说不便探视，只好等他回江西住院治疗再去探望。2008年元旦我从福州赶去江西医院看望他，当时觉得病情还不会很悲观，回来后，联系一位患肝癌但经治疗恢复得很好的朋友，他非常热情，联系了帮他治疗的老中医，老中医专程飞南昌，给鲁先看病开药，药吃了一个多星期，鲁先那边传来消息说有些好转，心下甚感欣慰，不料，不久却接到鲁先病逝的噩耗，大吃一惊，不想转眼之间竟天人永隔。3月22日我从福州赶往南昌参加23日上午的鲁先遗体告别会，我们班有18人参加，包括江必新、景汉朝、王敏远等。

追悼会上，有不少同学校友同事为鲁先撰写了挽联悼诗和悼文。

三十年从法　道义铁肩　扛一身正气，
五十载生涯　文章妙笔　著两袖清风。

（同学江必新）

文能中举　武能射雕　文武双全才貌郎，
情可安人　义能护法　情义并重英豪侠。

（同学方晓春、叶青等）

学律司法卅载　严气正性　其实铁面柔肠　几多知音敬以仰，
尚俭殷勤一生　克己奉公　竟至鞠躬尽瘁　千百亲朋痛何依。

（同事陈建平）

我不知道下面这首诗是谁写的，但它深深地打动了我：

为了忘却的纪念

北京时间3月19日19点36分，
他走了，
他安静地走了，
亲人的声声哭泣，
朋友的殷切呼唤，
终未挽留他远去的步伐，
正如他一贯的坚毅。

他嘴角渗出的鲜红的血，
在雪白的餐巾纸上慢慢洇开，
犹如朵朵桃花，
那么的鲜艳，
那么的灿烂，
却掩饰不住生命的脆弱。

苍白的脸孔，
逐渐冷却的还有我们的心灵，
而他的心，早已停止跳动。
医生离去的脚步，
在拥挤的走廊里回响，空荡荡，
带走了我们最后一点对奇迹的渴望。

他终于远离了疾病所带来的痛苦，
却将痛苦和悲哀永远地播撒在我们的心中，
任由它在黑的夜里疯狂地生长。
他的英容笑貌，

犹在耳边回响，眼前重现，

突然间，

我却发现我再也记不清他的模样！

题记：为了忘却的纪念，是因为无法忘却。三十多年来，也曾遭遇过亲友的离去，却是第一次亲眼看见生命的流逝，仅以此为念，沉重地悼念，我们永远的师友！

这首诗，在我 23 号参加完告别仪式回到福州的当天晚上，坐在家里展读时，看了前面二节，竟双泪滑落，不忍卒读。今晚，在鲁先新逝的第一个清明节里，我读完了它，依然泪流不止。

人生几回伤往事，

怀旧空吟闻笛赋。

今晚的巴山，想来也是夜雨绵绵吧。

2008 年清明节初稿，2021 年修改

歌乐山下好读书

——西政乐事十则

赏心乐事谁家院，似水流年歌乐山。

校庆那年，李庆嘱属文西政往事，因忆歌乐山下读书岁月，亦有诸多可乐之事，诚如李渔所言："乐不在外而在心，心以为乐，则是境皆乐。"故而西政校园虽"稀烂"，然亦可"随时即景就事行乐"，盖因"心以为乐"也，不亦快哉!

一

入学一周，学校安排同学登琵琶山观山城夜景。暮色中，一车人东歪西倒坐车盘旋而上，从鹅岭公园至山顶红星亭，即身处山城最高处，暮色中，南眺长江，北瞰嘉陵，放眼大江奔流，云水苍茫，烟雾缥缈：真是喜茫茫空阔无边啊！正仿佛天荒地老时，俯瞰山下却见村庄散落，厂区星罗棋布，炊烟袅袅。华灯初上时，从大桥一路渐次点燃的两岸万家灯火，溶进了天边，与满天闪烁的繁星一起镶嵌在巨大的夜幕：仿佛天上人间，疑是银河落九天!

二

入学之初，背英语单词，天刚蒙蒙亮就翻身爬起来，一路念念有词来到烈士墓，沿着那条散发着栀子花香的小径转圈，晨雾弥漫，呼吸着湿润清凉的雾气，不禁神清气爽，心想，修仙辟谷，大抵也只是这般舒坦吧。只是这英语课文，也如坠云里雾中，被一头雾水打湿了的记忆，沉甸甸的再也拎不起来了，从此记住了那浓郁的栀子花香，也记住了那曾像花一样美丽的青春岁月。后来，无论在哪里闻到栀子花香气，我都会想起开满栀子花的 烈士墓的早晨。

三

早晨迟起，趁第一节课未下课，拎上挎包里的搪瓷碗铝汤匙，到校门口“好再来”小店，用四川话说跟老板说：“好又来了，来一碗小面！”——香喷喷，麻辣辣的，好吃，真爽！人间美味无过于此。忆西政，最忆是小面。“好再来”的小面，入口麻又辣，吃过一头汗，真过瘾。

四

听张紫葛老师讲《逍遥游》，飘飘然，有羽化登仙之感，我欲乘风归去，又欲晓梦化蝶，亦欲乘槎浮于海……把酒凌虚，心随风动，扶摇飘举，直上青云，遨游九霄，品察万物，不亦快哉！

五

东山大楼前，一日下午见我西政同学，勇敢挺身面对川外女生宿舍引吭高歌：“对面山上的姑娘……”歌声忧郁而深情，忽听“砰”的一声，川外女生一把关上窗户，似伴骂声，歌声戛然而止，我方帅哥仿佛迎头撞上一扇玻璃门，就地愣住，呆立良久，垂头丧气地走开，其状惨不忍睹。

六

下午，常常一个人到白公馆方向的路边，找一块青草地，用挎包当枕头，躺在草地上，跷起二郎腿，从《少年维特的烦恼》到拜伦、普希金、莱蒙托夫，从莎士比亚到但丁的《神曲》、罗曼·罗兰的《约翰·克利斯朵夫》，在薄雾弥漫的山坡，带着朦胧驿动的青春心情，品读这些忧郁浪漫的作品，真是天地人相得，情景意相通，诗意的阅读境界不复再有。

七

太阳将落，在东山大楼前打排球，不用拉网，三五人站开不同位置，挥臂猛扣往死里打，随心所欲，畅快淋漓，待全身汗湿，手酸腿软，赶在食堂关门前结束，没有菜就买两个大馒头回宿舍，泡一牙杯糖开水，就几瓣大蒜，还有腌香椿，狼吞虎咽，抹一把嘴说：味道好极了！

八

后山边上的铁路，弥漫着一股臭烘烘的屎尿味，经过白天太阳炙烤伴随晚风送来阵阵恶臭，饶是如此，晚饭后在铁路上散步的同学依然三五成群、络绎不绝，非我同学好这味，无奈校园“稀烂”，无处散步也。说是散步其实是跟自己过不去：“反人性”设计的枕木一步太大，二步太小，走起来甚是别扭，找不到一点散步的轻松感，这是铁路设计者有意提醒我们的吧：“同学，这边散步，要不得！”

九

重庆火炉，夏夜闷热得透不过气来，一晚张建田同学拉我将铺盖搬上了楼顶，果然有凉风徐来，好不快意，一众同学吹牛聊天，直到夜深人困呼呼入睡，不料下半夜狂风大作，暴雨倾盆，一干人鬼哭狼嚎，连滚带爬，逃离屋顶，其状似狼奔豕突。

十

从大三开始，喜欢每隔一段时间爬一次歌乐山。站在高高的歌乐山顶，风吹过湿透的衬衣，有“振衣千仞冈”之快。投入歌乐山的怀抱，你可以看山，近山青翠的活力，远山青黛的深沉，歌乐山郁郁葱葱的精神，总是让你忘却烦恼忧愁；你也可以听松，听山风吹过松林发出的阵阵松涛声，这是歌乐山为你现场演奏的古典名曲《风入松》。如果是夏天的下午，在山里瞎转悠，不期遇上了急促的夏雨，赶紧躲进山亭里，但不是要等雨停，是要屏息静听那雨点敲打瓦顶、阔叶、地面、草丛的声音，还有从檐沿下滴落的雨声；是要全神注视那雨点冲刺而下，雨线忙不迭地坠落雨珠，雨脚义无反顾地冲向地面，珠弹玉碎，溅起一小窝沙土。而此时，山风不时携来阵阵雨丝扑向你的脸庞，心旷神怡，淋漓畅快，无过于此！雨停了，踏着暮色回校，一路乱哼：歌乐山下好读书！

西政四年，赏心乐事不止于此，相忆者亦不止此数事，姑举此十者，以概其余。至如夏卫民同学在入校的第二天晚上，忽然手拎一双拖鞋冲进我们大房间，义愤填膺地鼓动大伙去攻打占据西政校园的川外；张猛、李春敏同学长期占据厕所旁的灯光背外语等，诸如此类，或因不利校园安定稳定，或因事涉不雅，故而略过不叙，以免贻误后学。

诗情·画意·哲理

我最早对楹联感兴趣是在1981年我们大三实习的时候。

那年夏天，学校安排我们班到成都实习，我的实习单位是成都市检察院，住在青羊宫边上的西城区政府招待所。置身天府之国，久闻其名，今日亲临其境，自然欣喜不已：原来，孔明的羽扇纶巾就在这里，杜甫的秋风茅屋就在这里，薛涛的枇杷门巷就在这里……在我，这是第一次亲身感受到了历史文化景观的熏陶，恍若时空交错，之前的历史知识、传说故事与眼前的实物实景融合激荡，酝酿出一坛香醇的美酒，它散发出芬芳的气息，弥漫在我的天空，让我实实在在地感到了沉醉。

万里桥西一草堂，薛涛井边望江楼，古柏森森武侯祠，那清静、古雅、秀丽、安逸的景色和氛围让我流连忘返，而它们周身散发出来的历史文化气息则让我心醉神迷，那些楹联更是让我一读三吟味，差不多是五步一反顾，六步一徘徊，仿佛“伊人宛在水之涯”。

崇文儒雅的成都

一杨二益古名都，禁得车尘半点无。

四十里城花作郭，芙蓉围绕几千株。

——《成都竹枝词》

成都的崇文儒雅由来久远。《汉书·循吏传》的第一个写的便是蜀郡太守文翁，文翁年少时热爱学习，通晓《春秋》，以郡县官吏身份被察举到朝廷做官，汉景帝末年担任蜀郡太守，宽仁爱民，喜欢用教化来影响、治理蜀郡，他看到蜀郡地处偏远僻陋的边境，深受少数民族落后风俗的影响，便从多方面来教导、启发当地人进步，他挑选郡县小吏送到长安学习儒家经典和朝廷律法，回来后安排重用为高级官员。他在成都建立学校、招收学生，免除税赋，选补为县官吏，又经常选拔青年学生帮助处理政务，巡行各地时带上学生宣扬教化，学生可以自由进出衙门，民众看到这种情况非常羡慕，几年后都争先恐后地送孩子到学校读书，从此教化盛行，成都风气大为改观，在京城学习的人多得可以和齐鲁相比。地方办学校这是从文翁开始的，汉武帝时得到推广，下令在全国各地设立学校。直到今天，巴蜀地区的人民喜好文雅，这都是受文翁教化影响的结果。

文翁以文化俗，成就了成都的儒雅风韵，创办学校，造就了成都的崇文品格。

杜甫不是成都人，他只在成都住过三年零九个月，其存世的1400多首诗作中，作于成都的也只有270多首，杜甫草堂或杜公祠在全国也不只成都一处，至少还有五处，可奇怪的是，唯独成都的草堂却成了杜甫的一个意象，一个标志性的符号。说起杜甫，人们都很自然地想起成都的杜甫草堂，而不是其他的五处，包括他老家的杜公祠，其中原因可能有不少，但是，我认为这主要得益于成都人“崇文学”的风尚。成都是一个平民化的城市，泡茶馆、摆龙门阵、打麻将、听川剧、吃小吃，追求舒适安逸、悠闲自得，但是成都虽然平民化，却绝不庸俗化，成都人不会为了挣钱去破坏自然和历史文化景观，他们在追求物质享受的同时，也热衷于精神享受。儒雅、清静、秀丽，这是我初识成都让我陶醉的地方。2004年，在时隔20多年后我再访武侯祠和杜甫草堂时，依然没有满目疮痍、俗不可耐的广告海洋，依然没有嘈杂刺耳、喧嚣烦人的儿童乐园，而在东南沿海城市这些喧嚣早就伴随着商业大潮如乱石崩云、惊涛裂岸了，哪里还会给你留下一块涵养心灵的无用之地呢？所以，在我看来，成都的儒雅，源自成都人“崇文学”、珍惜人才，包容外来的品质和胸襟。不然，你想，凭什么，他杜甫一个河南佬，在成都也就住了三年多，犯得着给他这么崇高的礼遇和永久的怀念吗？不仅给他盖纪念祠堂，还把正月初七的人日定为游草堂日，反客为主，直把草堂变成了杜甫文化的嫡传。

这一点从望江楼公园的形成也可以看得很清楚：薛涛乃唐代一乐妓，有诗名，王建称道：“扫眉才子知多少，管领春风总不如”，然而中国历史上色艺双绝的乐妓比比皆是，其中也不乏像薛涛这样的才女，但她们都没有薛涛这般幸运，只因这位女校书长期生活在成都，成都人便生生地替她打造了一个偌大的主题公园：望江楼、薛涛故居、薛涛井、吟诗亭、浣笺亭、流杯池，还有薛涛生前喜爱的翠竹，也遍植满园。其实，薛涛生前并未在望江楼一带住过，只是死后坟地在附近里许，然而怜才的成都人却大肆移景入园，仿佛薛涛当年果真在此井汲水制浣花笺、吟诗作对、曲水流杯，是成都人把薛涛打扮得时尚而高雅。可见成都人的胸襟和品味。

风清月白一草堂

杜甫草堂诗情洋溢。踏进草堂迎面而来的第一幅对联便直抒胸怀：“异代不同时，问如许江山，龙蟠虎卧几诗客；先生亦流寓，有长留天地，风清月白一草堂”，江南才子顾复初的感怀，情景交融，曾让我沉吟不已，久久不能忘怀。

诗史堂，陈毅元帅1959年游草堂时，有感而发道：“新松恨不高千尺，恶竹应须斩万竿”，并题跋云：“此杜诗佳句，最富现实意义。”1966年深秋，陈毅奋笔再书此联，寄予草堂，这是两个政治风云变幻的特殊年代，两次书联一样情，感伤时政的意蕴耐人寻味。

工部祠，原祭杜甫，清代将陆游、黄庭坚陪祀，晚清名儒王闿运撰写的“自许诗成惊风雨，将平生硬语愁吟，开得宋贤两派；莫言地僻经过少，看今日寒泉配食，远同吴郡三高”亦堪称佳构，读来让人感慨系之。

让我感到意外的是，在此地读到了福建老乡沈葆桢的题联：“地有千秋，南来寻丞相祠堂，一样大名垂宇宙；桥通万里，东去问襄阳耆旧，几人相忆在江楼。”几人相忆在江楼，意淡情浓，韵味悠长。

工部祠东边有一碑亭，顶上盖着茅草，亭中竖一碑刻，上书“少陵草堂”，古意盎然，我很喜欢这个茅亭，在我的意念中，这个茅亭就代表着杜甫草堂，当然这是包括茅亭和“少陵草堂”碑刻这个整体的，而且是我当年所见之草亭，现今的草亭太刻意工整了，还有点居高，反失天然之趣，亲切之感，有些事表面看似进步，其实是退步，此乃“事与愿违”之谓也，然今人大都乐此不疲。

几树枇杷倚门巷

望江楼画意盎然。放眼翠竹满园的望江楼，楹联亦是佳作如云：何绍基用鸡毫题吟诗楼：“花香名磁香千载，云影波光泛一楼。”别有风味。何子贞，擅书法，自成一家，草书名重当世，亦为制联大家，先后为人书楹联数千，句无雷同，可见其才调超群。

随着顾复初的题联映入眼帘，犹如在展读一幅苍茫辽阔的山水图卷：“引袖拂寒星，古意苍茫，看四壁云山，青来剑外；停琴伫凉月，予怀浩渺，送一篙春水，绿到江南。”顾复初，看他的草堂题联和此联，不禁让人遥想风姿，我原本以为此人系文学才士，风流倜傥，不想这次一查资料，老先生竟然是研究《春秋》的专家，其研究《春秋》五十年，自谓三十年泛览、十年精思、十年执笔。乾隆帝南巡时特别召见，御书“传经耆硕”四字。我原以为治经学之士大抵“形似枯槁，心如死灰”，不意顾先生竟有如此诗情，意气风发，是真才子也。

“古井冷斜阳，问几树枇杷，何处是校书门巷；大江横曲槛，占一楼烟月，要平分工部草堂”，此联直可入画了：近景，古井斜阳、几树枇杷倚门巷；远景，大江横流，一楼烟月傍曲槛；中景，薛校书在窗前执笔寻诗。画题为《枇杷门巷》。惜乎我不擅丹青，空有挥毫之想。

游胜景，读名联，追昔抚今，慨然有“侧身天地更怀古，独立苍茫自吟诗”之感，好长一段时间心绪笼罩在这些楹联所营造的氛围中。

审时度势定宽严

草堂重诗情，望江楼多画意，武侯祠说哲理。

“丞相祠堂何处寻，锦官城外柏森森”。从正门入武侯祠，大门匾书“汉昭烈庙”，武侯祠在汉昭烈庙内，参拜诸葛亮殿要先经过刘备殿，但到武侯祠来的游人更多的真正想参拜的是诸葛孔明。一首诗很好地说出个中的缘由：“门额大书昭烈庙，世人多道武侯祠；由来名位输勋业，丞相功高百代师。”历史、人心更看重功业而不是名位。

武侯祠三字为郭沫若手书，匾下有两副对联，一曰“三顾频烦天下计，一番晤对古今情”，为新中国第二任最高人民法院院长董必武所撰书，把君臣相得，风云际会，一语道尽；二曰“志见《出师表》，好为《梁父吟》”，此联为郭沫若撰书，颇可吟味。“志见《出师表》”：“汉贼不两立，王业不偏安”，故以最弱之蜀汉，六出祁山，北伐最强之曹魏，欲以正统统一天下，知不可为而为之，“鞠躬尽瘁，死而后已”，真乃“天地英雄气，千秋尚凛然”；“好为《梁父吟》”：《三国志·诸葛亮传》，“亮躬耕陇亩，好为《梁父吟》”，足见高士情怀，特立独行，超凡脱俗。因《梁父吟》乃送葬礼曲，为一般人所不喜，孔明生逢乱世，民不聊生，饿殍遍野，其常抱膝长吟《梁父吟》，实以天下苍生为念，以拯民于水火为己任。

武侯祠的楹联中，最为人所称道的还数清人赵藩撰书的“攻心联”：“能攻心则反侧自消，从古知兵非好战；不审势即宽严皆误，后来治蜀要深思。”上联赞颂诸葛亮善于“攻心”，以德服人，下联称许诸葛亮明于“审势”，宽严得时。短短 30 个字，概括了诸葛亮丰富的用兵和施政经验。1958 年 3 月，毛泽东曾在此联前驻足良久，赞赏有加，后又多次叮嘱治川领导要悉心揣摩。

读此联，人们大都对诸葛亮征云南时七擒孟获的“攻心为上”策略赞不绝口，但对诸葛亮初定四川时重刑施治的道理却不甚了了。殊不知，上联“攻心”实为取天下之策，下联“审势”则为治天下之策。治平年代当更注重“审势”联的意义。据《三国志·诸葛亮传》注引：蜀汉政权新立，刘备进驻成都，诸葛亮拟制治国条例，刑法颇重，蜀郡太守法正因此建议诸葛亮要效法汉高祖入关搞个“约法三章”之类的，“缓刑弛禁，以慰民望”，但是诸葛亮不是食古不化的书生，他知道此一时也，彼一时也，故没有采纳法正的意见，他分析其中的道理说，君知其一，不知其二。秦用法暴虐，万民皆怨，故高祖以宽仁得之。今刘璋闇弱，德政不举，威刑不肃，蜀土人士专权自恣，君臣之道，渐以陵替，宠之以位，位极则贱，顺之以恩，恩竭则慢。所以致弊，实由于此。吾今威之以法，法行则知恩，限之以爵，爵加则知荣。恩荣并济，上下有节，为治之要。可见诸葛亮治蜀乃从实际出发，审时度势以定宽严，他的这个思想，对于我们今天制定和执行“宽严相济”的刑事政策也是很有借鉴意义的。

历来治国，宽与猛是两种基本的手段和方式，但是怎样具体运用好宽猛两手，并不是所有的当权者都能明白。春秋时的政治家子产说，治国手段一般有宽猛两种，宽是第一位的，但并不是什么事情都可以用仁慈宽厚的手段来解决的，也不是随便什么人都能够用好宽的，只有品德高尚的人才能做得到，如果其他的人来治理国家，则只好严刑峻法，用猛的手段了。他用常见的人们“怕火不怕水”的现象来比喻，烈火熊熊燃烧，百姓见而畏惧，避之唯恐不及，因而很少人会被烧伤，相反，对柔弱平静的水，百姓亲昵玩耍，毫不在意，结果很多人因此溺死。子产为相，以宽厚仁慈治国，国中出现了“路不拾遗，夜不闭户”的景象。但子产死后，他的儿子治理郑国，没有认真领会子产的话，沿袭子产用宽的手段，不忍用刑，结果盗贼四起，天下大乱。可见用宽是很难的。用宽之所以比用猛难，是因为用宽要以德服人，使人心悦诚服，是心服，很难；而用猛则是以威服人，使人畏惧而从，是口服，容易。治理社会也好，当领导也好，这个道理是相通的。比如，民主就比专制难。

对子产的治国才能，孔子也十分钦佩，尽管他是反对子产“铸刑书”的，但他却从子产的治国实践中引发出了宽猛相济的治国理念。仔细体会，窃以为，宽猛之道，其要有三：一是宽猛相济。孔子说：“政宽则民慢，慢则纠之以猛；猛则民残，残则施之以宽。宽以济猛，猛以济宽，政是以和。”相济，是一种能动的过程，是在实际运用宽、猛过程中实现的，通过宽猛相济达到施政和谐的状态，静态孤立地看宽猛，机械简单地用宽猛，言不及义地论宽猛，都未得宽猛相济之精髓。二是宽严有度。用宽或用严都应当有度，执法立威，但不能一味施威逞强，实行宽大，也不能宽大无边。宽严失度，是过犹不及，宽严无度，则适得其反。因为一个事物突破了它内在规定的度，便会从量变到质变，不再是该事物。适度，就是要把握好尺度，拿捏好分寸，使宽严恰到好处，这是执政成熟的一种表现。但遗憾的是，时至今日，无论是在立法领域，还是在执法领域，不讲度，为一时一事之需要，一心只想突破度的现象，仍屡见不鲜。把一件事推向极端，导致事物走向反面，大多是“宁左勿右”思维作祟，但有的则可能是“高级黑”了。三是宽严应时。《周礼》有治国三典之说，即刑新国用轻典，刑平国用中典，刑乱国用重典，三典之说也不是一个供人现成套用的公式。之所以分别用轻典、中典、重典，正是因应治理新国、平国、乱国不同的实际情况而采取的不同方法。体味三典之说的精神，就在《尚书》中的一句话：“刑罚世轻世重，惟齐非齐，有伦有要”，刑罚的轻重，要根据社会的实际情况而定，相同或不同，都有它的道理。我以为，这个道理便是形势需要决定宽严政策。正是深谙这个道理，所以蜀国新立时，诸葛亮并不照搬“刑新国用轻典”的公式，也不照抄刘邦“缓刑弛禁”的做法，而治之以严。因刘璋闇弱，彼时“政宽民慢”，故诸葛亮在此时要“纠之以猛”。赵藩说：“不审势则宽严皆误。”正确“审势”是确定宽严政策的前提，此“势”乃大势，即对现行之“时势”，总体之“局势”，发展之“趋势”的综合分析判断和把握。

后世人评说易，局中人决策难。诸葛亮审时度势，在《隆中对》中制定了三分天下的策略，在初定四川时采取重典施治的方略，这都是正确审时度势的结果。然而，即便是大谋略家诸葛亮，也有不能正确“审势”的时候，在三国鼎立局势已成，他却仍以最弱之西蜀，六出祁山攻打最强之曹魏，搞得劳民伤财，积弱积贫，是不知“势”也；而刘备为了哥们义气，又不顾国家大局，倾全国之力东伐孙吴，任性蛮干，致一败涂地，是不顾“势”也，此皆逆势而行。

俗话说，世事如棋，棋理如事理，围棋讲个“势”。然而，当局者迷，局中人沉浸其中，大都难以跳出局外以观局势，故每多失误矣。

游武侯祠，心中总有一份沉重的感慨。

老鼠告猫

打鼠记

小时候我很厌恶，甚至很痛恨老鼠。

记得那是1969年，我十岁那年，因为毛主席号召在农村大办合作医疗，我母亲从新桥公社卫生院被下放到林尾大队办合作医疗站。

医疗站和大队小学都在那座地主大院里，大院背靠青山，四周土夯围墙，沿着围墙是一条青石路，像是玉带缠腰，面前是一大片宽阔的水田，可以一览无遗地望到对面的小溪、稻田、青山。

这是一座很气派的院子，林尾大队小学也办在这里。院子的主体建筑是一座正方形两层楼土木结构的房子，院前有一块宽大的埕坪，右边有一颗两层楼高的大橘子树，这么大的橘树至今我也没有再见过；而且它的品种也不知道是从哪里来的，结的果子不是我们那一带常见的橘子，很小，差不多只有金橘那么大，但又不是金橘，有点像是江西南丰的蜜橘，埕两边的裙楼原先可能是堆放柴草、谷物、农具的吧，现在摆放着乒乓球桌。沿阶而上，铜首的大门，两旁有一对非常精致的青石鼓形门当，油光发亮，后来，每当夏天酷暑难耐，或跑得满身大汗、满脸通红时，我会把脸贴在青石上面冰凉。

进门后是一个四面合围的大天井，二楼是木栏杆的走廊。大队给我们安排的那间宿舍在二楼左边的最后一间，大约只有8平方米，房里还有个夹墙形成的暗室，暗室的门已经拆掉，变成一条窄窄的走道，只能容纳一个人通过。房间的简陋、寒碜出乎我们来前的想象：连床铺和桌子都没有。那张床铺是临时叠架起来的，用两条打草鞋的旧长凳放在两头，铺上几块杉木床板，再垫一层稻草编成的床垫，再铺上一张草席，就是床铺了。那张桌子也是临时垒起来的，一头用一条旧矮凳子，另一头用两个装过葡萄糖注射液的松木旧箱子叠起来，在上面放一块小旧门板，就成了桌子。

我们刚开始动手安营扎寨，就发现最里边的床角地板上有个老鼠洞，于是，瑞和哥哥到厨房用柴刀削了一截木棍，将老鼠洞堵上。记得我们是上午十点多到的，打扫卫生，收拾房间，忙乎了大半天，直到傍晚，总算可以在那张桌子边上坐下来吃饭了。刚吃几口，忽然“嗦啰”的一声，一只老鼠从墙角一溜烟飞快地蹿了过去，我心里一惊：有老鼠！心想床角下的老鼠洞不是堵上了吗？怎么还会有老鼠？我们起身察看寻找，发现那暗室里竟有好几个老鼠洞！

从此，老鼠就跟我们结下了不解之缘。每当我们吃饭时，不知它打哪儿溜出来探头探脑的，张着尖尖的小嘴巴，露出一对大门牙，抖动着几根稀稀拉拉的胡须，一双小眼睛滴溜溜地乱转，特别是那肉红色的小鼻尖，让人觉得特别恶心，只要它一出现，你就是肚子再饿也食欲大减。更可气的是，每当你睡得正香，半夜里不知哪里传来“窸窣窸窣”的声音，像是木匠在拉锯子锯木头，有规律的“窸窣窸窣”声，让人心烦不已，难以入睡，当你下床寻找声音的来源时，拉锯声就戛然而止，你一上床，刚躺下一会，拉锯声又响起来了，夜深人静之时，这有规律的拉锯声仿佛有一种魔力，让你的心不由自主地跟着它的节奏“窸窣窸窣”起来，真是恼人声音不须多，这此起彼伏、断断续续的拉锯声，足够折腾得你一夜无眠。那声音分明就是老鼠在向你示威，成心气你：就不让你睡！就不让你睡！你能拿我怎么样？我就喜欢看你生气又干不掉我的样子！开头听到这拉锯声，我还想这老鼠真可怜，饿成这个样子，居然啃木头充饥。后来听大人说，老鼠半夜里拉锯不是啃木屑吃，而是在磨牙。为了让自己吃得更舒坦，它居然半夜里起来练牙功，不让人睡觉，你说气人不气人？

老鼠不独可气可恼，还很可恶。那个计划经济年代，物质匮乏，我们家只有母亲一人是吃商品粮的，每个月可以凭肉票到供销社买半斤肉回来，这一个月定量供应的半斤猪肉，是我眼巴巴指望着的每月一次的开荤节，可是在灶间里，你一不留神肉就会被老鼠偷走一块，更气人的是鼠胆包天，有时它居然当着你的面趁你不备一下蹿上饭桌，叼起一块就跑，形同抢夺，作案身手无比敏捷，你眼睁睁看着它把肉叼走，想拿东西砸它出气，又正好犯了投鼠忌器的心病，怕砸坏了灶间里的那些坛坛罐罐，回头看看碗里被它碰过的肉，你就是再馋，心里也不禁犹豫起来，这还能吃吗？最终只能忍痛割爱将整碗肉倒掉。这样，我们人类受老鼠侵害不说，还要被它耍弄，尤其后者，最是罪不可恕，简直是嘲笑人类的智慧，侮辱人类的尊严，因此你很难不怒从心头起，恶向胆边生，誓死与鼠为敌，决心扫灭鼠类。

我那时候小，也没有想到自己以后会学法律、当法官，更看不到《史记》这本书，所以不懂得要像张汤一样，抓住它，然后起草一篇判词，历数它的罪行，然后宣布判它死刑立即执行。不过，即便是对付鼠辈，我也不愿使用下毒、设陷阱这一类阴谋手段，因为咱们真理在胸，正义在手，要公开讨伐，当面开战，方能表明义愤填膺的气势。再说用那些阴谋诡计，一不小心，阴差阳错，搞不好会反受其害。在农村，我们经常会听闻有人被自己下的老鼠药、老鼠夹误伤一类的事情，所以还是要胆大心细为好。因为痛恨，心里憋着一股无明火，我对老鼠下手很狠，毫不留情。

刚开始打老鼠，心里有点虚虚的，看它那浑身毛茸茸、油腻腻、脏兮兮的样子，心里有点发毛、也很嫌恶，跟这种东西打架实在没有什么意思，不过想到鼠辈之可恨，心一横、牙一咬也就痛下杀手了。那时老鼠猖獗，白昼横行，所以我打老鼠一般都在午后到傍晚这段时间进行，我把事先准备好的木棍和铁火钳放在身边，然后假装上床休息，眼睛盯住洞口，一会儿，只见老鼠先是从洞口探出半个脑袋，伸长脖子窥视一下，然后溜出洞口，它先是站在洞边瞪着一双小眼睛，竖起两只小耳朵，开始东张西望，这时不能着急，得沉住气，因为它是随时准备返身蹿回洞里的，等它离开洞口相当一段距离，瞅它不备，冲上前，不是打它，而是快速将鼠洞堵上，这下，它就慌了，急忙回头往洞口窜，发现钻不进去，就开始满屋子乱跑起来，咱也就满屋子追着打。初时打鼠，因心里嫌恶又有点发怵，不免手忙脚乱，得费好大劲才能打死一只，不过很快我就发现老鼠喜欢贴着墙根逃窜，哈，这正是它的致命弱点，因为这样棍子捅下去就能跟墙根形成犄角，很容易用棍子捅伤并按住它，不让它挣脱逃跑。后来打顺手了，我就瞄准它的头部，一棍扎下去，再紧紧按住，任凭它挣扎着吱吱乱叫，决不松手，以免它带伤跑掉，死在哪个角落，带来传染病。打死的老鼠都用火钳夹着扔到灶里烧焚。就这样，一年多下来，少说我也打死二三十只老鼠。我那时候不知道农村有个说法，说老鼠夜里吱吱叫是在数钱，意味着聚财，闻者大吉，可能就这样把财运打掉了吧。

后来，老鼠应该是被我打怕了吧，渐渐很少光顾寒舍了。不料，有一次我和母亲整理存放在暗室里的被褥时，居然发现被子里躲着一条红红的大蜈蚣，乍一见，当场吓了我一跳：早就听说蜈蚣这东西是很毒的，没想到居然躲到了被窝里，这要是被它咬一口，岂不完蛋！虽然我对蜈蚣那一排排密密麻麻的红脚很害怕，但毒物上门，没有办法，只好大着胆子开始打蜈蚣，那些年，我打死的蜈蚣不比老鼠少。

我讨厌老鼠还有一层原因，就是它一脸的奸相。小时候的夏夜，常常坐在村部桥头的大树下听老人讲古，对古代奸臣的形象，我脑子里被他描绘的就是这副贼眉鼠眼的模样。后来，我对历史上奸臣的形象大都定格在了这种长相上。这种鼠相倒不一定是瘦，而是奸，油肥脑满也好，尖嘴猴腮也好，关键在一脸的奸相，其奸之处，就集中体现在那一双滴溜溜乱转的小眼上，可谓“传神写照，正在阿堵之中”。小时候我到公社粮站买米时，见过粮站的仓鼠就是这一副脑满油肥的模样，它瞅着你的目光甚为卑睨，很有点挑衅的味道。一次买米，见一只肥鼠从柜台营业员身后昂首斜视走过，心里不禁愤愤地骂了一句：“他妈的！凭什么公家粮站的老鼠都这么跩！”当然，在公社的厕所里我也时常见到那些满眼惊恐不安、动辄抱头鼠窜的厕鼠。因为不喜欢对着鼠辈深入观察与思考，所以也就无缘像李斯那样从志满意得的仓鼠和惊恐不安的厕鼠之间悟出些什么人生哲理了。

在农村的那些年，日子过得很苦，但回想起来也是挺有意思的。至今我对小时候打鼠的英雄业绩，每每想起辄引以为豪、亦以为快。

老鼠的四宗罪

在人类的法庭上，老鼠被指控犯有四宗罪：争粮、毁物、溃堤、播病，这都是证据确凿的事。用法言法语说，就是老鼠犯有侵犯财产罪二项，一是偷窃罪，二是故意毁坏公私财物罪；危害公共安全罪二项，一是决堤罪，二是传播传染病罪。可见，老鼠属于龙勃罗梭笔下的天生犯罪者，是以犯罪为业，作奸犯科，集数罪于一身的惯犯。所以《十五贯》给那个偷窃杀人的罪犯起名娄阿鼠，真是惟妙惟肖的神来之笔，一个画龙点睛式的经典命名。

老鼠犯偷窃罪是已经确定的公案，看成语上的“贼眉鼠眼”“鼠窃狗盗”便知道了。老鼠故意毁坏公私财物的罪行也是显而易见的，举凡衣物、家具、书籍、贮藏物、建筑物等等，无不成为它侵害的对象。自古吃穿并提，吃饱穿暖是人的基本需求，衣、食、住、行是人生的四大项目。老鼠毁损衣物，上至天子百官的朝服锦缎，下至平民百姓的布衣襦裙，无一能幸免。老鼠毁损家具，在墙根房角打洞，亦不论是皇宫衙门，还是宅院茅屋，都难逃其利牙，因此举国共愤，人人皆曰可杀。老鼠还偏偏跟读书人作对，大肆毁损书籍，所以不仅国人口诛，还惹文人笔伐。这些损毁的书籍里，相当一部分还是经书，遥想当年唐三藏取经时，为防经书被老鼠啃坏，专门购猫护卫，由此也不难知道，老鼠平时毁坏的经书亦不在少数，这就更引得人神共愤了。虽然，老鼠啃啮东西不光是为了吃，还为了磨牙，因为老鼠的门牙发达，没有齿根，终生不停地生长，所以需要借啮物来磨牙，以免门牙生长过快而影响进食，但饶是如此，亦是罪不可恕。何况还有扰眠，这是最让人恼怒愤恨之事。但考虑到老鼠习惯于夜间作案，扰眠并不在其主观犯意之内，不宜客观归罪，可以不单独认定破坏休息睡眠罪，但仍然应当作为一种从重处罚的情节，在量刑中加以体现。

如果说磨牙是老鼠毁物的作案方法，那么打洞则是老鼠溃堤的作案手段了。20世纪90年代中期，我在德化县挂职，有一次回福州路上，中途在闽侯下车休息，想看看闽江两岸的风景，就爬上了江边的防洪堤，不料，当真是不看不知道，一看吓一跳，堤坝的草坪上，遍布鼠洞，简直是千疮百孔，惨不忍睹，亦是触目惊心。心想有道是“千里之堤，溃于蚁穴”，何况眼前这密密麻麻的老鼠洞！后来看到中央电视台的一则新闻说，内蒙古有整片的大草原被老鼠洞毁坏了，我还有点心存疑虑：在那一望无际的茫茫大草原上，老鼠似乎不过是沧海一粟，能有那么大能耐吗？后来查了老鼠犯罪的历史记录，赫然列有“危害草原”一款，不由得信了。老鼠喜欢打洞，所以繁体字的“鼠”字，上面有个“穴”字，形象地描绘出老鼠喜欢钻地洞的天性。想来可能是老鼠习惯于夜间作案，白天怕见阳光，喜欢躲在阴暗的地方，而且作为偷盗专家，它也需要深洞作为它隐藏赃物的仓库，同时，老鼠可能也深知自己作恶多端，不免整天提心吊胆，惴惴不安，深居洞穴才能给自己找到一份安全感吧。

老鼠的四宗罪中，咬东西毁物、打洞决堤尚不属最严重的罪行，它对人类社会危害最大的是争粮和播病，这是一场老鼠通过持续的大规模的犯罪运动挑战人类生存的斗争。

遥想人类早期，一定有一个鼠辈横行的时代。所以先民们忧伤地咏唱道：硕鼠，硕鼠，无食我黍，三年养活惯你了，可你从都不把我来照顾！我已决心离开你，去到那安静的乐土。乐土，乐土，何其快乐，那里才是我的安身之处。复唱道：硕鼠，硕鼠，无食我麦……；再唱道：硕鼠，硕鼠，无食我苗……《诗经》里传来两千多年前先民们的忧伤叹息，至今仍让我们感受到那份沉甸甸的无奈。从无食我黍、无食我麦、无食我苗的祈求中，我们可以看到，早期人鼠冲突的主要矛盾是老鼠与人争粮，这是一种生存权的斗争。那时人类面对遍地横行、猖狂盗抢粮食的老鼠，很是无奈，所以向往迁居到一个无鼠的地方安身立命，可见鼠辈猖獗，对人类曾造成多大的伤害。对于老鼠偷粮给人类造成的威胁，我们现代人可能体会不到，以为老鼠也就拳头一般大小，充其量又能偷吃掉多少粮食呢？但《燕山夜话》说有人统计出老鼠偷粮毁粮的犯罪事实是，一只老鼠在粮仓居住一年，可吃掉 20 公斤谷物，排泄 2 万多粒鼠屎，毁坏粮食 40 公斤，全世界每年被老鼠糟蹋的粮食约 3500 万吨，可供 1000 万人口的城市吃 20 年。而且，老鼠的繁殖力、生命力特强。据说在地球上，老鼠是除了人类之外，数目最多的哺乳动物，而且种类繁多，什么家鼠、仓鼠、田鼠、竹鼠、沙鼠、跳鼠等等共有 480 多种，在生产力低下、人类生产的粮食只够养活自己的情况下，却要面对如此庞大的盗粮抢粮集团军的劫掠，可以想象，人类的生存有多么艰难了。这种情况，我们还可以从各地流传下来的什么“打老鼠眼”“蒸瞎老鼠”“熏鼠火”“照虚耗”“送鼠节”等一大串民间习俗上，得到充分的印证，因为这些民俗无一例外的都是祈求、诅咒老鼠不要盗窃粮食、损坏庄稼的。因此，对《诗经·硕鼠》的理解，与其说是对所谓剥削阶级的控诉，我宁愿相信自己的理解：它是对与人类争粮的老鼠的控诉。

老鼠争粮威胁到人类的生存，播病则直接危害人类的生命和健康。老鼠会传染二十多种疾病。特别可怕的是鼠疫，又称黑死病，有腺型、肺型、败血型三种，这种由鼠疫杆菌引起的烈性传染病，死亡率非常高，在鼠疫肆虐的年代，可以毫不夸张地说，鼠类曾经差点灭了人类。站在欧洲那些鼠疫纪念碑下，你会对老鼠残害人类的罪行感到触目惊心，眼前的雕塑展现出鼠疫肆虐欧洲时，人们惊恐万状、四处奔逃、呼天抢地，世界末日降临般的惨痛景象。鼠疫在欧洲由来久远。据美国约瑟夫·P·伯恩的《黑死病》一书“年表”所列，第一次鼠疫大流行是在查丁尼时代，从 541 年到约 760 年；第二次鼠疫大流行是从 1347 年秋天开始，期间持续 400 多年，爆发过多波疫情，第一波是 1347 到 1352 年，第二波是 1360 年到 1363 年，第三波是 1370 年到 1374 年。此后又陆续爆发过多次，直至 1722 年西欧最后一次爆发，1771 年俄国最后一次爆发。第三次鼠疫大流行是 1894 年到 1899 年。可以说，黑死病是人类历史上已知的最大的自然灾难。据有关资料统计，三次全球性的鼠疫大流行，死亡人数超过一亿，比两次世界大战死亡的总人数还多。仅1347—1352年五年时间，鼠疫就夺去了欧洲2500万人的生命，占当时欧洲人口的四分之一以上，如果不是上帝显灵，鼠疫持续下去，真保不定人类会被鼠类给灭掉的（网络上有所谓人类历史上十大鼠疫的说法，包括在查士丁尼之前，发生在公元前430年至公元前427年的雅典鼠疫和发生在公元164—180年的古罗马安东尼鼠疫，但从所描述的症状看，并不能确定这两次瘟疫就是鼠疫，所以我采取较为专业严谨的《黑死病》一书的说法）。“黑死病”这个词出现在第二次鼠疫大流行第一波鼠疫发病时的症状，当时患者的皮肤上会出现许多黑斑，时人称为“黑死病”。“黑死病”这个词在欧洲曾是一个让人谈虎色变的恐怖字眼，从查士丁尼时代的第一次鼠疫大流行，一千多年来，鼠疫一直是一个缠绕欧洲人挥之不去的恐怖梦魇，所以欧洲人至今也难以摆脱鼠疫给他们带来的心理创伤和阴影。在网上，现今还可以买到“黑死病来了”的T恤衫和咖啡杯等这类无厘头的恶搞物品。鼠疫，是留在人类心底深刻的烙印、永远的伤痛。

老鼠嫁女的成功学

老鼠嫁女是个很有意思的民间故事。

传说老鼠夫妇想为女儿找一个最好的婆家，为自己攀一门有权有势的亲戚。他们走出阴湿黑暗的洞穴，开始了寻亲之路。一出洞，他们就看见雄赳赳的太阳高挂天空，照耀大地，觉得太阳太强大了，于是就想把女儿嫁给太阳，但是太阳说："乌云能把我遮挡，嫁给乌云比我强"，老鼠去找乌云，乌云却说："大风能把我吹散，大风来了我胆战"，于是老鼠找到大风，但大风却说："围墙能挡我的路，我见围墙心打怵"，老鼠又去找围墙，围墙说："老鼠打洞我就垮，见了老鼠我害怕"。这一遭找下来，老鼠夫妇面面相觑，看来还是咱们老鼠最有力量，那我们老鼠最怕谁？怕猫啊！那猫肯定是最强大的了，就把女儿嫁给猫吧。于是，满心欢喜地把老鼠嫁给了猫，不料"新娘刚到猫咪家，猫咪一口就吞下"，猫说"新娘怕人欺，为保平安藏肚里"。故事的结局，正如民谚所云："老鼠睡猫窝，送来一口肉。"这个结局嘲笑老鼠弄巧成拙，送女入猫口，显然很符合善良人们的愿望和预期，但我以为，故事的结局也未必一定如此，还有另外一种可能：就是老鼠嫁女逆袭成功，如愿以偿，从此猫鼠一家亲，这个故事也因此剧情反转，从对老鼠的嘲笑，变成了对猫的讽刺。

仔细想来，后面这种结局的可能性还是很大的。因为联姻是一种双向选择和决定的结果，不是一种单方行为。老鼠愿嫁女，还得猫儿愿娶亲，嫁娶双方合意，方能成亲。老鼠在嫁女之前，是与猫儿经过了充分沟通协商的，双方都表示愿意结成亲家，方有这门亲事。鼠家愿嫁，猫家愿娶，两相情愿，是这桩婚事的前提。所以老鼠嫁女，绝无送女儿进猫嘴的意思，猫郎官也没有借娶亲吃掉鼠新娘的意思。

那么老鼠为什么要把女儿嫁给猫呢？说起来老鼠也是有智力的动物，智商虽然略低于人类，但它还不至于像人们想象的那样蠢笨，把娇滴滴的女儿送上门去给猫儿当美餐。据我推测，老鼠嫁女的动机应当有两重。一者，以和亲政策化敌为友。自从人类养猫捕鼠之后，猫就成了老鼠的克星，《诗经》所叹咏的老鼠把人类赶得到处搬家的时代一去不复返了，鼠辈横行的局面得到了彻底改变，鼠类的数量在不断减少，而且生活质量也急剧下降，成天被猫儿追逐得四处逃窜，胆战心惊。在生存权受到了严重威胁的情况下，热爱和平的鼠类便想要化敌为友，所以就仿效古人的和亲政策，将女儿嫁给敌人，与猫结成亲家，化干戈为玉帛，不战而屈人之兵，从而达到和平共处、共同繁荣、共同发展的目的。二者，以最小的投资取得最大的回报。从经济学角度讲，以嫁女的方式进行感情投资，是成本最低的投资，即使血本无归，损失的也不过是一只鼠女，但出现这种情况的概率不大。因为猫鼠两家有嫁娶协议在先，而且猫也没有多少不诚信的记录，所以投资成本不大，但它可能获取的利益回报却是无比丰厚的，一旦猫鼠建立了和谐家园，通过鼠女的统战工作，不仅能化敌为友，还能感化、驯化、同化猫儿，从而使猫儿为鼠所用，供鼠驱使。

老鼠这个如意算盘，确实打得很精，但是能不能如愿却要取决于猫儿了，一种猫不忘天性，不忘本职，不忘初心，它当然不愿娶老鼠的女儿为妻了，因为它清醒地知道老鼠嫁女是不安好心，不怀好意，所以严词拒绝这门亲事，决不上当，始终保持猫儿的本色。这样也就不发生老鼠嫁女的事情了。另一种猫则可能因各种原因，而迷失了本性，忘却了职守，放弃了使命，高兴地答应了这门亲事，迎娶了鼠新娘。从此猫鼠一家亲，猫儿放弃了捕鼠的职责，甚至可能当起了护鼠的警察，老鼠嫁女的目的也就实现了。

那么，老鼠嫁女为什么能成功呢？据我不太权威的考证，老鼠在这个问题上是下了苦功的，在嫁女之前就做足了功课。老鼠嫁女成功的原因大致有三，一是老鼠让它的女儿学走猫步，模仿猫走路，即走猫的路线，让猫觉得她政治上可靠；二是老鼠的女儿在T台上秀猫步的时候，对猫儿暗送秋波，大献殷勤，让猫觉得她感情上亲近；三是老鼠嫁女的时候准备了丰厚的嫁妆，送亲的队伍抬着一箱又一箱的陪嫁，让猫觉得在经济上有利，人财两得，何乐而不为呢？

《老鼠嫁女》，从前我只是把它当作一个有趣的民间传说来看，并不以为意，现在忽然觉得老鼠嫁女或者可能实有其事吧，至少，猫鼠同眠是有籍可查的。《新唐书·五行志一》载："龙朔元年十一月，洛州猫鼠同处，鼠隐伏，象盗窃，猫职捕鼠，而反与鼠同，象司盗者废职容奸。"由这段史实，还衍化出了一个成语：猫鼠同眠。意谓猫鼠本为誓不两立之物，今竟能同枕共眠，和平相处。形容渎职失职，姑息养奸，也比喻同流合污，狼狈为奸。当然，说起来这也不算稀奇，老版的警察与小偷的故事而已。《新唐书·崔祐甫传》还记载了一则猫鼠同乳的故事：陇右节度使朱泚军中的一个士兵家里有一只猫给小老鼠喂奶，朱泚就把猫鼠同笼进献给皇帝，并上表称贺祥瑞，宰相常衮率领百官向代宗皇帝祝贺，唯独崔祐甫说，此事"可吊不可贺"，问他什么缘故，他说："人养猫是用来抓老鼠的，现在猫不吃老鼠反而给老鼠喂奶，难道不是丧失了猫的本性吗？猫没有尽到捕鼠的职责，这预兆应验的好像是说执法官吏有不敢触犯邪恶小人的，边境将领有不敢抵御敌人的。有什么可祝贺的呢？"

老鼠嫁女，猫儿迎亲。半夜里，猫儿张灯结彩，喜气洋洋，笑逐颜开地迎娶老鼠女儿，一拜天地，二拜高堂，夫妻对拜之后，喝交杯酒，从此猫鼠同窝一家人。新婚后猫"改正归邪"，放弃了抓老鼠的职责。偶尔，猫儿闲来无事也玩玩"猫抓老鼠"的游戏，以掩人耳目，或者干脆以此作秀拿演出费。更多的是猫鼠同流合污，串通作案，猫给老鼠当保护伞，徇私枉法，尽心掩护老鼠作案，竭力庇护老鼠的犯罪行为，而且不仅他自己不抓老鼠，也不让别的猫来抓老鼠。所以老鼠嫁女之后，一夜之间，猫鼠由天敌变成了亲人，猫也就开始转性了，它不再捕鼠，反而护鼠，如此猫也就徒有其名而无其实了。

《贤奕编》有一则“鼠猫”，说齐奄家养了一只猫，自以为这猫不同一般，对人号称“虎猫”。有个朋友劝他说：“老虎固然凶猛，毕竟不如龙那么神，请改名为龙猫。”又有个朋友劝他说：“龙固然比虎神奇，但龙飞到天上还须凭借浮云，云超过龙吧！不如改名为云猫。”又有一朋友劝他说：“云雾遮盖天空，只要大风一刮就迅速散开，云比不上风，请改名为风猫。”又有一朋友劝他说：“大风刮来，只要用墙作屏障，就足以遮蔽了，风哪里如墙呢？称它墙猫吧！”又有一朋友劝他说：“墙虽然坚固，但只要老鼠在墙上打洞，墙就会倒塌，墙能拿老鼠怎么样呢？就称它鼠猫吧！”东乡一老人听到这件事后，嗤笑他们说：“哎呀，捉老鼠的本来是猫！猫就是猫，为什么人为地改变猫的本名呢？”

给猫起名为鼠猫，固然好笑，东乡老人说的也很在理。但是，如果猫不再捉鼠了，它还能称作猫吗？既然猫鼠同眠一家亲，猫改性了，就给它改个名，叫它“鼠猫”，又何尝不可呢？

社鼠的政治智慧

闲翻苏轼文集，有一篇叫《黠鼠赋》的短文，记载了一则有趣的小故事：

一天夜里，苏子正端坐夜读，忽然听到有老鼠正在啃噬东西。他急忙拍打床板制止它，可是这声音刚刚停止又再次响起。他只好派童子点上蜡烛照一下老鼠啃噬的地方，有一只里面空空的箱子，咯吱咯吱的声音就是从箱子里传出来的。童子说："嘿！这只老鼠被关在箱子里出不去了！"他们打开箱子一看，里面非常寂静，没有一点声音，举起蜡烛照看，发现箱子里有一只死老鼠。童子惊叹说："这就是刚才那只啃噬的老鼠，但为什么这么快就死了呢？"于是把箱子翻过来，没想到老鼠掉到地上马上就跑了，即使再敏捷的人，也来不及动手了。苏子感叹说："真是奇异，这只老鼠可真狡猾。关在箱子之中，因箱子结实它不能打洞，所以不是真啃噬却发出啃噬的声音，用声音来吸引人的注意，本来没有死它却装死，用这种方式来求得逃脱……难道它也是有智慧的动物吗？"

老鼠也有智慧吗？我突然对这个问题也很感兴趣。

拉·封丹的答案是肯定的，他举了一个说是他亲眼所见的例子：有一天，两只老鼠找到了一颗鸡蛋，馋得口水直流，但在这时它们发现不远处有一只狐狸正慢慢走过来，怎么办？它们不愿舍弃到口的美味，于是决定把鸡蛋搬回家，可是怎么搬走易碎的鸡蛋呢？它们立即想出了一个办法：一只老鼠抱着鸡蛋躺在地上，另一只老鼠拖着它的尾巴，就这样，它们把鸡蛋拖进了洞里。拉·封丹说，这个事例可以证明老鼠不是仅仅凭着本能，它也是会思考的动物。

现代科学家给出的答案也是肯定的：老鼠是除了人类和猩猩之外最聪明的动物。这个答案并不奇怪。科学家研究还发现，老鼠的基因有八成与人类完全相同，九成与人类非常相似，如果从基因上来说，老鼠与人类的相似之处超过了猴子与人类。在美国，有科学家曾用白鼠作过找奶酪的实验，证明老鼠能用脑选择和记忆。所以我们不难理解美国动画片《猫与老鼠》为什么是一连串的机灵老鼠耍弄笨猫的闹剧了。

我们今天形容一个人的精明厉害时，也还常说这个人“比老鼠还精”。在中国，传说十二生肖是玉帝钦定的，按报到早晚排序。本来勤劳的牛最早起来赶去报到，但不料到了天庭，不知什么时候趴在它头上的老鼠跳了下来，抢先跑在前面，第一个报到。所以老鼠成为十二生肖之首，牛反倒排到了第二。可见老鼠之精明狡猾。

仔细想来，这个结论从这只一千多年前的老鼠身上似乎也可以得到印证：掉到箱子里的老鼠就像是身陷牢狱的囚徒，要想摆脱囚徒困境只有两条道路，一是冒险越狱逃脱，但是难度很大；二是积极表现，争取减刑假释放出来。这个道理，那只老鼠好像也懂。它被关在结实的箱子里，不能打洞逃跑，于是就要想办法让人主动放它出来。为了让人自动帮他逃离困境，它有计划地实施了两个步骤：一是用假啃噬的声音引起人的注意，而当人为了探明究竟打开箱子时，它原本可以趁机跳起来逃走，但是箱子太高，这样做把握仍不大，所以它不慌不忙地实施了第二步：躺在箱底装死，眼见一只死老鼠搁在箱子里，任谁心里也不太舒服，所以很自然要翻过箱子，把它倒出来：这下OK！胜利大逃亡，越狱成功。眼见得死老鼠翻个身变成活老鼠一溜烟跑了，人们才猛然发现：鼠心难测，上当了！

可能苏轼觉得这只老鼠有点可爱吧，所以他用了一个“黠”字，狡猾是贬义词，狡黠则是个中性词，运用得当会显得有点可爱，因为它是智慧的。想想苏子笔下的黠鼠运用智慧逃生，也确有可爱之处。不过这个“黠”字，似乎也是说老鼠有点小聪明，这一点，我觉得有点小看老鼠了。老鼠固然有小聪明，但也不乏大智慧，比如社鼠。

最早发现社鼠有大智慧的是春秋时期的政治家晏婴。《晏子春秋》载：齐景公问晏子："治理国家，最害怕的是什么东西？"晏子回答："最怕钻进土地神身躯里居住的老鼠。"景公说："为什么这样说呢？"晏子回答说："土地神是用木料捆好内架，外面再涂上泥塑成的，老鼠挖洞钻在里面，人们如果用火烧怕烧坏神像体内的木料，用水灌又怕冲掉涂在神像外面的泥土，之所以没有什么法子可以杀死这些老鼠，是因为他们躲在神像身躯之中的缘故。"这就是社鼠的故事。当然，不仅智慧的晏子发现了土地神庙里的老鼠难除的问题，战国时期冷峻的法家韩非也关注到了社鼠现象，他在《韩非子》中也说到了这个故事，内容一样，只是问答的主角换成了齐桓公和管仲。因此古代就有了鼠凭社贵这个成语典故。

如果说黠鼠装死逃生只是小聪明、是生活智慧的话，社鼠托身神坛，则是大聪明、属于政治智慧了。因为这样，第一是安全，人们害怕毁坏神像，既不敢用火烧，也不敢用水灌，纵有灭鼠之心，却无打鼠之法。第二是尊贵，高居神坛之上，接受人们的顶礼膜拜，同时还可以尽情享用原本奉献给神祇的祭品。身为鼠辈，不仅高居无忧，还能尊享奢华，关键在于它选对了栖身之所，所谓"老鼠爬上金交椅，东西不济位置好"。所以说，你是谁不重要，重要的是你和谁在一起，选择与神祇在一起，充分证明了社鼠是一种具有政治智慧的动物：因为它知道自己作恶多端，人们不是不想打它，只是不敢打它，不敢打的原因是顾忌打鼠的同时会损坏了神像，得罪了神明。社鼠的智慧之所以堪称大，就在于它懂得将人们在日常生活中常见的投鼠忌器的心理，提升到了打鼠忌神的政治高度，使人欲打鼠又怕犯神，左右为难，权衡再三，终致束手无策，无可奈何，敢恨而不敢打。因此社鼠不仅安然，而且尊贵。社鼠的智慧之大，早已把仓鼠甩出了好几条街，因为仓鼠再肥大也只是鼠类而已，但社鼠则俨然跻身仙班。

晏子、韩非用社鼠比喻国君身边左右的小人。也就是说，国家有败类投身于重要的靠山而难以除掉。韩非说，对于这些“社鼠”，法官如果不管，就要乱了国法，如果去管，又怕君主不高兴，所以说治国就怕遇到“社鼠”。面对社鼠的尴尬，也是中国古代法治实践的一道纠结的难题。以法治国嘛，就要做到“刑无等级”，“法不阿贵”，坚决将社鼠绳之以法，但这样必然有打鼠欺神之嫌，因此社鼠往往逍遥法外；任由社鼠逍遥法外嘛，则社鼠肆无忌惮、变本加厉地为非作歹，最终可能啃啮掉社稷江山。何况现实社会中不乏柳宗元笔下的“某氏”之人，他们敬鼠、爱鼠、护鼠、纵鼠习以为常，且乐此不疲。社鼠给人类出了一个小小的难题，但人类几千年写出的答卷并不完全及格。怎么对付社鼠，这个缠绕了中国社会两千多年的法结也仍然没有彻底解开，即便现今也还在困扰着我们。

因此社鼠依然，依然社鼠。

现代社鼠一族是鼠类中的成功人士，其成功的秘诀就在于：凭借着托身的神坛，而巧夺豪取、而尊贵富有、而让人打鼠忌神。比如，作为社会主义公有制主要形式的全民所有制经济，法律上的定义应该是全体民众共同所有，但实际上全体民众对自己所有的财产却大都是看得见而摸不着的。对全民所有的财产既看得见又摸得着的是那些替我们全民代管、打理财产的国企、央企的老总们，只有他们，对全民所有的财产，不仅看得见、摸得着，而且还偷得走。国家宪法写道：社会主义的公共财产神圣不可侵犯。那些偷盗全民所有的财产的老总们，不就是躲藏在社会主义公有制神坛里的社鼠吗？古代，人们将托身于神社的老鼠，称之为社鼠，现今，如果我们将托身于社会主义公有制的老鼠们称之为社鼠，不也一样名副其实吗？

“社鼠”难题的纠结，其实是一个心结，心病还须心药医，打开心结，则难题迎刃而解：欲除“社鼠”必先破除心理障碍，调整好打鼠者和土地神的心态。作为打鼠者，应当明白，依法打鼠是为了保护神像不被社鼠毁坏，供神的祭品不被鼠辈偷食，是从根本上维持神祇的形象和利益，要摒除“打鼠忌神”的顾虑，忠诚履职，依法打鼠，把敬神的诚意落实到护神的行动上来。而作为土地神则应当明白，“社鼠”托身神坛，并非出于对神祇的崇拜和礼敬，而只是为了躲藏在神像后面干坏事。俗话说：“老鼠啃神食——欺神灭将”，这是连老百姓都懂得的道理，社鼠钻进神像里做窝已是欺神，又偷啃神食，更是欺神，社鼠实乃神祇之心腹大患，必欲除之而后快才是，从而消除对“打鼠欺神”的顾虑和误解，不做社鼠的凭恃，支持灭鼠行动。如此，何患社鼠不除！

能否破解“社鼠”难题，是检验一个社会法治化程度的试金石。

老鼠告状的法律观察

想不到老鼠挺会告状的。

这不，它先是上天庭告了人类一状。起因是这样的，玉皇大帝在天上看到世间有些人不爱惜粮食、衣物，就让老鼠精下凡，专门糟蹋粮食、咬坏衣物。老鼠长期干这种坏事自然引起了人们的痛恨，所以只要一见到它就打。老鼠精觉得满腹委屈，就上天到玉皇大帝那里哭诉说："不敢串门儿，不敢逛街，祖宗八辈子受屈受憋，投毒下药，堵洞掏穴，恨不得俺全家早点死绝"，还说自己是奉旨行事，并没有过错，人类这样对待它太不公平了。玉帝听了，也觉得老鼠精说的有道理，于是就下判：允许老鼠在正月初三这一天娶妻生子，如果有人胆敢破坏老鼠的好事，就要加倍惩罚人类。这样初三就成了老鼠的法定结婚日。第一场官司天庭告人，老鼠赢了。

有了玉皇大帝的许可，到了初三这一天夜里，鼠界可热闹了，各地的老鼠都成群结队，欢天喜地地举行迎亲活动：接新娘、行仪式、宴宾朋、闹洞房，不亦乐乎！周作人用一首小诗生动地描绘了这个有趣的场景：

老鼠今朝也做亲，灯笼火把闹盈门。

新娘照例红衣裤，翘起胡须十几根。

这个场景，也是剪纸、年画等民间艺术喜爱的题材。剪纸《老鼠娶亲》表现成群结队的老鼠，前呼后拥着一顶花轿，张灯结彩，锣鼓喧天，唢呐欢唱，彩旗飘飘，喜气洋洋，热闹非凡，花轿里坐着俏丽的老鼠新娘，花轿前引路的"鸣锣鼠"调皮活泼、"执旗鼠"昂首挺胸、"执伞鼠"煞有介事、"执灯鼠”眉开眼笑，花轿后的“抬箱鼠”大汗淋漓，嫁妆丰盈，“送亲鼠”神气活现，趾高气扬，把个老鼠嫁女的场面描绘得十分生动形象，趣味盎然。

在这个良辰美景喜庆天里，老鼠决不允许人类干扰。因此有言在先：“人闹我一天，我闹人一年。”所以，初三晚上人们早早就熄灯上床睡觉，不敢打搅老鼠的好事，以免来年遭到老鼠的报复。有些地方，人们在天黑以前还在屋子里撒一些盐、米、糕点之类的食物，表示庆贺老鼠的吉日佳期。

但是，问题来了。就在老鼠结亲的婚宴上，正当老鼠们沉浸在欢声笑语、推杯换盏之际，忽然听到老鼠新郎在喊救命，众鼠一看：坏了！鼠新郎因为趁机偷吃粮食，被猫卫士给抓住了，眼见鼠新郎成了猫俘虏，老鼠们愤愤不平，说今天是我们的大喜日子，你怎么能抓新郎，纷纷要求猫儿释放鼠新郎，但猫儿坚决不肯，说要履行职责，这样，老鼠就把猫儿告上了衙门。县老爷坐在大堂上，升堂审案，依次听取了原、被告双方的陈述，认为老鼠偷吃粮食确实有错，但念在今天是老鼠的大喜日子，一生只此一次，应予以宽宥。猫在老鼠大喜的日子里抓它，太不近情理，所以应当放鼠。就在县老爷举起惊堂木准备拍下去的时候，一低头，却发现桌案上的桌裙不知什么时候居然被鼠新郎给咬烂了，气得县太爷勃然大怒：混账东西，真是本性难移！“啪”的一声，惊堂木落下，判词变成了：“老鼠被捉，罪有应得；猫吃老鼠，为民除害；天经地义，永远如此！”话音刚落，猫儿立即执行，一口将鼠新郎给吞进肚子里了。第二场官司人间告猫，老鼠转胜为败，功亏一篑，输了。

老鼠觉得这真是个天大的冤枉：初三是玉帝亲许的结婚日，然而就在这一天鼠新郎居然被猫儿捉去吃掉了，人间判案实在是不公！鼠新郎咽不下这口气，冤魂不散，请人代写了一张状纸，阴魂飘飘荡荡来到了阴间地府，向阎王递上状纸申冤，状告猫儿。阎王命令拘魂鬼拿着拘票，将猫儿拘传到了阎王殿，阎王亲自开审。猫儿在法庭上慷慨陈词，历数老鼠的罪状，老鼠无法否认偷粮毁物的事实，自然理屈词穷，无言以辩，于是阎王认为老鼠确属罪大恶极，不可饶恕，应当加倍惩罚，就将老鼠判入刀山地狱，猫儿捕鼠有功，着重返人间继续捕鼠。第三场官司地府申冤，老鼠又输了。

细察这三场官司的三个判决，有三种判法：

天庭判案循天理。天理即是天道，老子有言："天法道，道法自然"。老鼠精上天庭告人类，玉帝判决：允许老鼠在初三这天娶亲生子，人类不得侵犯。玉帝是天上人间的最高统治者、最高立法者，也是最高裁判者。当初为了惩戒人类不爱惜粮食，玉帝派遣老鼠精下凡，给人类制造了一个粮食的竞争者，老鼠因为与人类争粮，危害人类的生存权，引起人类的愤怒，因此到处赶杀老鼠。但老鼠精其实是奉旨办事，本身并没有过错，玉帝不能任由人类把鼠类都给灭了，如果让人类消灭了老鼠，人类必定又会忘乎所以，故态复萌，不知敬畏，这样有违玉帝的本意，因此，老鼠的生存权要保护；但另一方面，玉帝也不能放任老鼠把粮食都抢光了，如果那样鼠类就会灭了人类，占领人间。人间原本是玉帝创造来给人类居住的，不能变成鼠占人巢，而且，当初玉帝派老鼠精下凡，也只是为了要惩戒人类，不是要灭绝人类，如果老鼠危及人类的生存，这也有悖玉帝的初心。因此，人类的生存权也要保护。

那么，怎样实现这个"双保护"呢？玉帝判决：正月初三这一天为老鼠的结婚日，人类不得侵犯。

老鼠虽然一年只有一天的法定结婚日，但这个判决是"许可老鼠生加禁止人类打"构成的，含金量很高，是硬核，这相当于老鼠取得了宪法上的生存权、生育权，可以确保老鼠的传宗接代，永不灭绝。之所以判决只给老鼠一天的法定结婚日，是因为如果对老鼠平时结婚都保护的话，老鼠夜夜做新郎，天天生孩子，人类又不能打它，那人间肯定是鼠满为患，必然会威胁到人类的生存权。所以，玉帝这个判决是一种底线思维：守住人类不会把鼠类灭掉、鼠类也不会把人类灭掉的底线，维护生物之间相关又相克的自然平衡关系，以此确保人类和鼠类长期在世间共存共发展，实现万物共存的第一重天理。这是判决的原则性，把该管的事情管住。老鼠虽然只有一天的法定结婚日，但是按照"法无禁止即可为"的法治原则，老鼠在平时也不是不能结婚生子，平时老鼠爱谁跟谁，爱生去生，玉帝不管，但平日里老鼠结婚被人类碰上了，人类爱打就打，爱杀就杀，玉帝也不管，这样就留下了一个很大的空间，让人鼠社会去自我调节，这是判决体现的灵活性，不该管的事情不要管。平衡不是静止的，让人鼠竞争，双方力量对比的此长彼消，都无关底线大局，所以放开不管。通过这种人鼠之间关系的自我调节，实现动态平衡的第二重天理。考虑到这次老鼠告状是因为人类太过强大，把老鼠追杀得无路可逃，无处藏身，老鼠精才上天庭告状，而且也确实是，人类身体强、力量大、智力高、诡计多，相对来讲，老鼠显得太过弱小，一年一天的法定结婚日万一不能保证鼠类不被人类灭掉就不好了，所以底线还要加固，于是，玉帝在判决之外，还给予老鼠特殊的人文关怀，就是赋予老鼠超强的繁殖力和生命力，就算人类拿原子弹炸也炸不灭老鼠，这样人类就甭想灭绝鼠类了。但是，人文关怀只给老鼠也有失公平，因此玉帝在判决之外，也送给人类一件礼物，这就是猫。猫让人类省去了半夜三更黑灯瞎火起来捉老鼠之苦。这样，老鼠偷粮、人养猫、猫抓老鼠，就形成了人、猫、鼠三角游戏的格局，三角形具有稳定性，三者长期共存，各得其所，各安天命，这是一种秩序。人类是万物之灵，在生态系统居于食物链的顶层之上，猫鼠是次一等的动物，所以在人间的地位，以人类为主，动物次之，植物更次之，等等，主次分明，井然有序，这是另一种秩序。共存要有秩序，无秩导致混乱，混乱无法运动，没有秩序就没有动态平衡，也无法共存。玉帝在判决之外附送的人文关怀是一种司法延伸，实现了自然有序的第三重天理。

玉帝不愧是天地间最高的裁判者，他的判决完美地展示了裁判的高超艺术：万物共存维护了自然界生物的多样性，动态平衡维护了自然界发展的协调性，遵从秩序维护了自然界运动的有秩性，始终贯穿了科学发展的思想。

人间判案依情理。俗话说：“法律不外人情。”老鼠新郎在结婚日偷吃粮食被猫捉住，老鼠将猫告上县衙，县老爷开头考虑的是，老鼠偷吃粮食固然不对，但在大喜日子里可以宽宥，猫在老鼠的大喜日子里抓新郎太不近情理，准备放鼠。其实对老鼠在结婚日里犯法该不该抓的问题，玉帝已有立法：初三为老鼠结婚日，人类不得侵犯，但是县老爷在审案时压根儿没有考虑玉帝的立法是怎么说的，他考虑的是，鼠新郎在大喜日子里偷粮，有错但可以宽宥，猫在老鼠的大喜日子里抓新郎，不近情理，所以可以放鼠，这个“大喜日子”成了县老爷考虑要不要抓的标准，该不该放的依据，这是典型的情理考量。那么，有人要说了，老鼠的“大喜日子”，不就是“法定结婚日”吗？

确实，客观上，老鼠的“大喜日子”就是“法定结婚日”，也就是初三这一天，但同一天不等于是一回事，因为两种考量背后的思维逻辑是不一样的，在县老爷的考量里，因为婚庆日是个吉祥喜庆的日子，从情理上可以宽宥，可以不抓，而在玉帝的考量里，因为这一天是特许的“法定禁抓日”，不能抓，如果连这一天也抓，鼠身的安全就一天也没有保障了，如果“法定结婚日”不禁止抓鼠，玉帝的底线也就被突破了，禁而不止，设立“法定日”也就没有意义了。所以，从法理上不应抓，两种考虑背后的逻辑实际上体现了情理思维和法治思维的区别。接下来，情势发生了变化。因为鼠新郎当庭把县老爷的桌裙咬烂了，惹得县老爷勃然大怒，做出了老鼠败诉的严厉判决。这是一个在情绪引导下做出的判决，虽然，喜乐哀怒乃人之常情，但是法官判案是理性思维的结果，法庭是个讲道理的地方，不是发泄情绪的场所，有情绪虽然也符合情理，但它是个感性思维，不符合判案的理性要求。可见，县老爷前面的考虑是用情理代替法律，后面的判决是以感性取代理性。情理缺乏客观标准，取决于主观认知，而主观认知是因人而异的，复杂多变的，没有统一性；感性缺乏逻辑规则，取决于主观感受，而主观感受是因时而异的，人的情绪一天可以有好几种变化，不可以预期。既没有客观尺度，又没有逻辑规则，就不是法治思维。因此我们看到了县老爷的判决，从可以宽宥放鼠，到不仅不能放，而且该抓该杀这个一百八十度的大转弯，这可是从无罪开释到判处死刑立即执行的转变啊，同一个裁判者，转眼之间就得出了天壤之别的结论。

情理思维、感性裁判还导致了为追求实体正义而牺牲程序正义的后果。老鼠在庭审时咬烂了桌裙，按说是个新的行为，与之前的偷粮行为是另一件事，而本案要审理的是偷粮行为是不是该抓的问题，咬烂桌裙的行为，应当另行起诉、审判，而不能用这一新的行为直接作为改变对原先行为的定罪量刑的事实依据，而且，本案老鼠是原告，老鼠的诉讼请求是猫抓鼠新郎不对，应当放鼠，猫鼠双方的争议焦点是：该不该抓、要不要放的问题，但是县老爷直接不顾对不同行为应当分别定罪量刑的法理，更直接无视原告的诉讼请求和双方的争议焦点，本来猫没有提出要吃老鼠的请求，老鼠更没有被吃的要求，县老爷在双方争执的要不要抓的问题之外，又加判不仅要抓，而且要吃，一手包办，新账旧账一起算，随心所欲，裁判不仅没有实体规范，也没有程序规范，这是中国古代法官判案的思维习惯，所谓法律不外人情，这里的人情指的就是情理，这个县官判案正是这种思维定式的真实写照。

地府判案认死理。阎王判案很简单，只分好人坏人，只管惩恶扬善，好人善行赏，坏人恶行罚，其他不管，而且认为好人肯定做好事，坏人肯定干坏事，是以人论事定赏罚。如果反过来说，做好事的是好人，做坏事的是坏人，以事论人定赏罚，那就判不清楚了，因为好人也有做坏事的，坏人也有做好事的，甚至，有人好事坏事都有做，亦好亦坏，就无所适应了。因此阎王用这个二分法判案虽然简单明了，把复杂的人性简单化，但也两极化了。老鼠当然是坏人，到阴间申冤是吧，这是不认罪服法啊！罪加一等，判你入刀山地狱，千刀万剐！对阎王的判法，我就不好评论了。

那么，如若本官，怎样判法呢？

最根本的当然是依法裁判。玉帝写的法条是：初三为老鼠的结婚日，人类不得侵犯。但是，本案人类并没有侵犯老鼠，是猫抓了老鼠，这就需要参详了，参详就是要参悟玉帝的立法精神，结合案情判断，本案虽说人类没有直接侵犯鼠新郎，但猫是人养的，猫是在粮库值班时抓住鼠新郎的，它的行为应视为人的意志的延伸，法律规定，在老鼠结婚日里人类不能侵犯，因此，主人有义务告知并管束所饲养之猫在老鼠结婚日里不能抓捕，但主人没有履行法定义务，对猫在禁捕日里抓鼠的行为负有责任，但由于老鼠只告猫，没有告主人，也没有将主人与猫作为共同被告起诉，所以，应判决如下：猫应当放掉鼠新郎，并赔偿鼠新娘精神损害抚慰金。

可能有人对这个判决表示强烈的不满，老鼠偷粮却要放掉，这不是明目张胆保护坏人吗？但是，我们不应当忘记，即便是坏人，法律规定不应当惩罚时，仍然不应予惩罚，否则，当有一天，你被人指控为坏人时，还有谁能保护你呢？

猫的印象

小时候我对猫的印象没有多少诗意，只是觉得它很神奇，也很神秘，还有点神怪。这主要是源于我在农村听到的一些似是而非的说法，以及日常生活中对猫的印象。

猫很神奇，小时候听农村老家的人说，猫是老虎的师傅，老虎那一身扑、掀、剪厉害的武功，都是猫教给它的。这么一只不太起眼、性情温顺的小猫，居然有这么大的本领，能给号称百兽之王的老虎当师傅，这当然很神奇了。而且听说老虎当年从猫那儿把武功学到手之后，忘恩负义，想一口吃掉猫儿，没想到在这关键时刻，“蹭”的一下，猫儿一下蹿到了树上，老虎没有学过爬树的本领，只能干着急，围着大树团团转，抬头一望，高坐树上的猫儿正挤眉弄眼地朝它“喵、喵”呢，老虎气得吹胡子瞪眼睛，但却无可奈何。这个故事常常被农村人用来说明师傅教徒弟时要留一手的生动教材，民谚亦有云：“猫被老虎撵上树——多亏留了一手。”说的就是这件事。

《本草纲目》说：虎“状如猫，而大如牛”。《汉字源趣谈》说猫“似虎而小”，成语亦有“照猫画虎”之说，梅里见到雨果家的猫忍不住脱口说出一句金句：“上帝创造了猫是为了带给人类抚摸老虎的乐趣。”可见，猫是老虎的微缩版。在动物学分类上，老虎与猫同属猫科动物，猫虎说起来应当是同一家族的，民间也有说猫是老虎的舅舅，所以猫给老虎当师傅的传说，也不是没有一点科学根据的。

不过，对老虎不能爬树，记得还有另一种说法，说是老虎跟猫在晒谷坪上学武艺，不小心摔断了腰，一时间采不到草药治疗，猫急中生智，就近跑到一户农家，拿了一块豆腐帮老虎接上了断腰，所以老虎的腰力不好，爬不上树。不过老虎怎么看也不像肾虚的样子，所以对老虎腰不好的说法，我有点将信将疑。不料，后来查一下资料，发现老虎的交配时间很短，这样说它有点肾虚也不算过分。所以汇仁可以考虑卖肾宝片给老虎："是不是肾透支了？"以前都说农村愚昧落后，从我的生活经验来看似乎也不尽然。民间的一些说法还真的不可轻视，以为它不科学，其实它也并非空穴来风。对于猫给老虎当师傅的说法，原先我也很怀疑，后来看一些作家的猫文，发现北方的农村，也有这种说法，因此有点相信。

猫从高空中掉下来摔不死，这也是神奇的事，但后来发现还有更神奇的事：猫从越高的空中摔下来，越是摔不死。人是"爬得越高，摔得越死"，猫却是相反的。据说在美国曼哈顿有个动物救护中心，两个兽医博士记录了115例猫从高空中坠落的案例，只有11例死亡。这摔死的11例都是从5—9层之间的高度坠落的，还有104例没摔死的，都是从更高的9至33层的地方坠落，结果却都安然无恙。对猫从高空坠落很难摔死的现象，有人试图做出比较科学的解释，说是因为猫保留了它的祖先长期爬树跳跃练就的灵敏身体运转能力，使它能在下坠时的半空中重新把身体反转过来，确保四个爪子先着地，以减轻撞击力，而它的尾巴则是很好的平衡器。还有人从猫身体的重量和面积在进行自由落体运动时的力学计算来解释它不易摔死的原因。但是，我始终抱有疑虑：你想，猴子也是从远古的祖先那儿开始传承了在树林间挪腾跳跃的基因，尾巴也不比猫短，你拿一只体重跟猫差不多的猴子从9楼以上的高度丢下去，看它死不死？

对猫感到神秘，首先是那双猫眼，尤其是在黑暗的屋子里，猫眼里的那道"长条形闪光"，幽深而神秘。猫眼的光被称为"活光"，据说号称世界五大珍贵宝石的金绿猫眼石，就是因为会出现一条闪光的亮带，在转动宝石时亮带会随之闪动，很像猫眼的"长条形闪光"，因而被称之为"猫眼闪光"，这种宝石也被称为"猫眼石"。不知道是不是因为这道"长条形闪光"让猫在夜间的视力超棒，相当于人类的6倍，因此现代科技根据猫眼的原理，制作出的“夜猫眼”——微光夜视仪，可以把极其微弱的光线增加几万倍，甚至几十万倍，使得任何光线，哪怕再微弱，也逃不过“夜猫眼”。可能是因为身怀绝技比较跩吧，所以猫眼看人总是一副视而不见的样子，好像根本不把你放在眼里。而在你盯着它的眼睛时，它的眼眸并不回馈你的眼神，它眼睛的玻璃体仿佛并不是为了透视，而是为了阻隔，不让你看到它的心思，“眼睛是心灵的窗户”这句话，对猫完全不适用。但猫眼里看到的世界究竟是什么样的呢？我们确实不得而知。农村有人说，看猫的眼睛可以知道时间，当时觉得是无稽之谈，后来看到一本清末民初外国传教士写的书，提到中国农村有用猫眼定时间的习惯。之后又看到一则逸闻说，欧阳修曾经得到过一幅《牡丹丛》古画，牡丹下面有一只猫，欧阳修不知道这幅画的精妙之处，但有人一眼认出这是正午的牡丹，依据就是猫眼里的黑瞳仁像条线，这是正午的猫眼。因为猫眼在早上和傍晚时的瞳仁是圆的，随着大阳的升高就变得狭长，到中午就细得像一条线了。

猫的步态也增加了它的神秘感。猫走路总是轻手轻脚，常常神不知鬼不觉地站在了你的身旁，有时会冷不丁吓你一大跳。它的消失也总是突然不见了，消失得无影无踪，无迹可寻：刚才明明还在这里的？让你觉得怪怪的。还有，猫总是在夜深人静时跳到屋顶，在檐沟上散步，月冷风寒时，我们都躲在被窝里，它却在屋顶上发出凄厉的长叫声，这也让人有点毛骨悚然的感觉。俗云：“猫喜月”，在有月亮的晚上，我们常常可以看到猫站在墙头屋脊上望月，但老人们却说猫不是在赏月，它对着月亮张大嘴巴是在吸取月光的精华，以便将来变成猫精。这也是很神秘的事。

猫好像还有点神怪。小时候听说猫有九条命，这真是有点不可思议了。人只有一条命，死一次也就玩完了，猫居然能死九次？

猫有九条命，都是从哪里来的呢？猫好像很爱去拜访墓地。记得我读初中时，晚自习下课回家要走三四华里的山路，那一带的山坳很僻静，山上散布着许多墓地，有些是荒坟。有一次晚自习下课，我们几个同学一路上说说笑笑回家，经过一处墓地时，猛然间“嗖”的一声，一条野猫从身边飞快穿过，吓得我脊背发凉，头发竖了起来，大伙嚎叫一声，拼命撒腿就跑。我们真的无法想象，半夜三更，猫为什么要一个人跑到墓地去溜达，它去找谁啊？它那么多条命，是不是去向墓地的亡灵借来的呢？有人说，猫和墓地很搭，我想如果是黑猫的话，可能会更搭吧。这次墓地惊魂，着实吓了我一阵子，有时感觉一条猫悄无声息地走过去，不禁心里一动：有没有鬼魂跟着它飘过去呢？农村有人说猫可以看见阴间，“当村子里的老人低声讲述，说地狱王国只有猫看得见。”洛夫克拉夫也是这样开始讲述猫的神怪故事的。猫仿佛跟未知事物之间存在着某种神秘的联系，无论是宇宙，还是阴间。巴尔扎克说，“天空在它的眼里，地狱在它的心中”，不知道这句话是不是这个意思。

我年轻时也养过猫，但不是我想养的，是儿子君儒坚持要一只猫。在我养猫时，那是一件毫无乐趣、很累人的事，据说现在网络上卖得最好的是猫粮，但在 90 年代，还不时兴养猫，街上没有狗粮猫饲料卖，所以三天两头，我都要在中午或傍晚下班时赶到菜市场的鱼贩摊点，低头钻进肮脏的摊桌下，用手去捞拣杀鱼时丢弃的那些鱼内脏，装上塑料袋，拿回家给猫吃，弄得满手腥臭，简直不胜其烦，一年之后便将猫送人了。所以，我的养猫体验，毫无“吸猫”的乐趣。但我对猫始终抱有一种感激之情，那是因为《小猫钓鱼》，这篇我在小学一年级读过的课文。是她，让我在童年时就懂得了做事要专心，不能三心二意，不能半途而废。用心做事，这是我为数不多的好习惯之一，如果说我这一生也有过一点小成就的话，应该说主要得益于这个习惯。我深知自己的资质平平，用心一处尚且不一定能把事情做好，如果一心两用，肯定是一事无成的。因此，对《小猫钓鱼》至今我心存感激。

生态灭鼠

养猫抓鼠，确实是人类的一大发明。想来人类苦鼠久矣，固想了许多灭鼠的办法。

《龙门子凝道记》说了一个焚鼠的故事：越西有个单身汉，家里老鼠成灾。白天老鼠成群结队在屋里乱窜，夜里唧唧吱吱地乱咬东西直到天亮，他憋了一肚子火。有一天，他喝醉酒回家，刚要睡下，老鼠又吵起来，让他的眼睛都不能合拢一会儿，他愤怒极了，就拿着火把四处焚烧老鼠，结果，老鼠是被烧死了，可他的茅草房也给烧毁了。

《燕书》有一则溺鼠的故事，老鼠喜欢夜间偷吃谷子，有个越人在缸里放了些谷子，任由老鼠来吃，不加理睬。老鼠就邀他的同伴一起来吃，每次吃饱了才回去。于是越人把缸里的谷子换成了水，把谷糠洒在水面上，而老鼠一点也不知情，到了夜里，照样一起来吃，它们一个个跳进缸里，结果都被淹死了。

除了这些最常见的火烧、水淹，还有像我曾经用过的直接用棍打之外，人类还发明了老鼠夹、老鼠药，这些都可以统称为人工灭鼠法，这些方法虽然有一定的作用，但是效果不一定太好。比如，用火烧，有时不小心，会引发火灾，把房子都烧了。用水淹，会淹坏了地板、墙基，杀敌亦自损。用老鼠夹，老鼠往往不踩，农民的脚拇趾却常常不小心被夹伤。用毒药，老鼠往往不吃，而且风险更大，老鼠药误毒死人的事情屡见不鲜。最让人不放心的是，毒死了老鼠却不知道它死在哪儿，而老鼠尸体的腐烂往往可能引发疫病，鼠疫爆发可不是闹着玩的，它是老鼠对人类最恶毒最残酷的报复方式。这样看来，还是养猫捕鼠的办法最为高明。

猫的来历，非常遥远古老了。大约一万年前，中东的一只野猫走进了一个村子，开始了猫类与人类共处的历史，这只猫便成了家猫的最早祖先。据说史前猫有五种，分别是：欧洲野猫、近东野猫、南非野猫、中亚野猫、中国沙漠野猫，只有近东野猫繁衍成了家猫。2007 年《科学》杂志发表了美国一家试验室花了 6 年时间的研究成果：通过对全世界的猫科动物、野猫、家猫的 DNA 检测，表明所有家猫的祖先都可以追溯到 5、6 只属于近东野猫一族的母猫。而且，上面五种不同种系的野猫之间不能杂交繁衍。家猫最早在三千多年前落脚埃及的尼罗河两岸，因为它能消灭破坏庄稼粮食的老鼠，所以住了下来。从那时起，猫类和人类就达成了一个默契：猫为人类消除鼠害，人类为猫提供住所。后来，猫被埃及人神化为太阳神女儿贝斯特的化身，所以，埃及人饿死也不吃猫，而且法律禁止伤害猫，也禁止将猫出口国外。

至于在中国，对猫的来源说法可就有点扑朔迷离了。中国古代猫叫“乌圆”，也称“狸奴”，还有多种好听的名号，有说我们的猫原产地在中国，也有说它是引进的动物，有说西周时候中国就有猫了，也有说是汉代跟着佛教东传来的。更有《夜航船》说是唐三藏取经时才从印度带回来的，当然，这种说法是不靠谱的，因为东汉的画像砖就已经有猫的图案了，不过，东汉画像砖大都是 20 世纪才出土的，可能张岱在写《夜航船》时压根儿见不到吧，不过，不管怎么说，《礼记》确有“迎猫，为其食田鼠也”的记载。《埤雅》也说“鼠害苗，而猫捕之，故字从苗”。《韵府》说：“猫本狸属，故名狸奴。”《猫苑》作者黄汉认为，古者猫狸并称，后来家猫为猫，野猫为狸。

但总的来说，人类与猫类的链接无疑是建立在猫能捕鼠上的。中国有句俗话说“猫抓老鼠——祖传手艺”。西方有人给猫下的定义是：“猫，会喵喵叫和与老鼠为敌的小型家养动物。”

猫与老鼠为什么会成为死敌呢？在中国，民间传说众说纷纭，但一般都与十二生肖有关。据说十二生肖里本没有老鼠的什么事，玉帝要选十二种动物来配合十二地支，内定的候选人是鸡司晨、狗看门、牛耕田、马驾车、猫念经、兔拜月、龙蛇治水、虎猴填山、猪羊做牺牲，届时按报到先后顺序排出位次，老鼠从猫那儿得到消息后，说要陪猫一起去，结果第二天一早老鼠独自偷偷跑去报了到，猫因为等老鼠错过了报到的时间，因此落选。另一种说法是，玉帝召集动物开会，老鼠通知猫的时候，故意说晚了一天，因此造成猫不能参加十二生肖排行榜，从此，猫与老鼠结下怨仇，见鼠即咬。还有一种说法是，玉皇大帝选十二生肖时决定举行赛跑比赛，赛跑路上要经过一条河流，不谙水性的猫和老鼠来到河边，正好遇到水牛，于是请求水牛驮它们过河，水牛就让猫和老鼠一起坐到背上过河，到了河中间，老鼠为争第一名，趁猫不备，一把将猫推下河里，独自坐在牛背上过了河，猫被老鼠算计，因此落选十二生肖动物，从此与老鼠结下深仇。水牛原本应当是第一名的，不料到玉帝跟前，趴在水牛背上的老鼠跳到了水牛前面，抢先报到，因此形成了十二生肖的排序：子鼠、丑牛、寅虎、卯兔、辰龙、巳蛇、午马、未羊、申猴、酉鸡、戌狗、亥猪。这些，可能是人们对老鼠列为十二生肖而且排在第一觉得不服气，所以编排出来的故事吧。但从发掘出来的秦简里看，老鼠排十二生肖之首的地位从未撼动，二千多年不曾易主。

在国外，也有不同说法，拉·封丹说，猫鼠是因为一场官司结仇的。说很久以前，有一个人养了一群狗和一群猫，猫狗之间常常为了食物的分配问题起争执，于是主人订了一份《公约书》，明确了分配制度，从此猫狗和平相处，不再争吵。直到有一天，一条母狗怀孕了，主人额外赏了一碗骨头汤，对这一打破分配制度的做法，猫大为不满，于是猫狗争执再起。主人无力调解，猫就进城找了一位律师，要打官司，但是当初订立的那份《公约书》到哪里去了呢？他们四处寻找，不见踪影，最终发现，《公约书》是被一群老鼠给咬烂了，猫告状缺乏证据，于是就迁怒于老鼠，猫狗之争变成了猫鼠之战，从此，只要看见老鼠，猫就会扑上去咬它。当然，这些都是民间传说了。及至现代，科学发达了，人们终于搞清楚猫为何成为老鼠的天敌了。因为猫是夜行动物，夜间要能够看得见东西，需要大量的牛硫酸，而老鼠和鱼的体内富含牛硫酸，所以猫爱吃老鼠和鱼。据说日本有个猫岛，生活在这里的5万只猫把岛上的老鼠吃光后居然学会了下海捕鱼吃。看来猫吃老鼠的原因很简单，是生理原因造成的，并没有那么多的故事，这是动物天生的食物链原理，在整个生态系统中，一切动物都是通过“吃”与“被吃”来完成的。所以老话说“猫吃老鼠——理所当然”。

因此，利用猫的这一生理特性，养猫抓鼠，我们可称之为生态灭鼠。相对而言，生态灭鼠比人工灭鼠的好处多了去了。一是卫生灭鼠。猫吃老鼠，吞到肚子里去了，不会弄得到处是老鼠的尸体；二是安全灭鼠。不会夹伤到人，不会误毒到人，不仅没有伤人风险，亦无水火灭鼠的毁物风险，也不会留下引发鼠疫的隐患；三是效益灭鼠。买只猫，养在家里，也就吃点东西，花不了多少钱，比起火烧、水淹、设陷、下毒，省时省力省成本，也无因此带来的意外损失；四是和谐灭鼠。用猫捕鼠，一物降一物，相生相克，灭了鼠患又填饱了猫肚，符合生物链上环环相扣的自然规律，天然的东西总是和谐的。

以猫制鼠，是遵循自然规律解决问题的方法，我们真应该感谢祖先留给我们这个生态灭鼠的方法，更应该感激祖先教给我们这种顺应自然解决问题的思维方法，聪明的先辈留给我们类似的启示其实很多，远如都江堰，近如沙坡头等等，只是我们浮躁的心无暇去领悟而已。

驱除鼠耗平生志

可以说，如果没有猫，地球上必定是鼠辈横行。

因为老鼠的繁殖力超强。一只母鼠每胎可产 5 到 10 只幼鼠，而且妊娠期只有 26 天左右，母鼠在分娩的当天又可以再次受孕。幼鼠一个多月就发育成熟，加入繁衍后代的行列。有人统计过，一对雌雄家鼠，四年之间能繁殖出 16827920 只的鼠子鼠孙，如果是一对田鼠就更厉害了，四年之间竟能繁殖出 116827920 只。这不啻是一个天文般的数字！这种几何级数的繁衍能力，你说强大不强大？老鼠不仅超能下崽，更可怕的是，老鼠的生命力也超强。想当年日本广岛挨了老美的一颗原子弹，鸟兽灭迹，唯独老鼠却安然无恙。居然连原子弹都杀不了它，你说它的生命力顽强不顽强？前些年日本福岛发生了核泄漏，我忽然想到，那些核弹都杀不死的老鼠，如果被核辐射后，身上的细胞发生裂变，逃到海里，一只耗子变成了一头大猪，而且成几何般的级数增长，突然有一天早上，这些怪兽向东南沿海，排山倒海般滚滚而来，不知道我们能不能灭得了它？其实，耗子大如猪，也不是我的臆想，后来我查了资料，江苏睢宁县城就曾发现过一只特大老鼠，身长 69 厘米，胸宽 28 厘米，体重 6.9 公斤。法国北部的一个城市也发现过一只特大巨鼠，身长 1 米，体重 7 公斤，每颗牙齿长 4 厘米。所以，老鼠经过核辐射变成庞然大物也不是异想天开的事啊。何况，《五杂俎》还记载说："鼠大有如牛者，谓之鼷鼠"呢！

有人说老鼠最大的天敌是蛇，其次是猫。我觉得，确切地说，应该是老鼠在野外的天敌是蛇，在屋内的天敌是猫，蛇是田鼠的天敌，猫是家鼠的天敌。野鼠的天敌不仅有蛇，猫头鹰也是捕鼠能手，它的主要食物95%是野鼠，黄鼠狼的主要食物也是鼠类，但家鼠的主要天敌就只有猫了。我们实在难以想象，如果没有这些天敌，以老鼠超强的繁殖力、顽强的生命力，不知道人类还能不能在地球上安居。

幸好，有猫能捕鼠。《孔丛子》说，有一天孔子弹琴，闵子骞听到后告诉曾子说："以前夫子的琴声清澈激昂而又和谐，今天的琴声却变得很低沉，夫子有什么样的感受让他这样呢?"两个人就进入孔子的居室询问。孔子说："是啊，你们说得对，刚才我看见一只猫正在捕捉老鼠，心里希望猫捉住老鼠，所以才会弹出幽沉之音。"圣人仁心，而犹欲猫能得鼠，甚而鼓琴为之助力，可见鼠辈可诛也。猫也确实不辱使命，有些骁勇善战的猫，捕鼠战绩非凡，超乎我们的想象。据说英国有一只叫"米奇"的猫，23年共捕杀了32.2万只老鼠，另一只叫"汤斯"的猫，20年共捕杀了22.7万只老鼠，算一算，他们一天得抓多少只老鼠啊！毫无悬念，这两只捕鼠能猫都被列入《金氏世界纪录大全》，成为捕鼠冠军。

捉老鼠是猫的本能，也是猫的拿手好戏。猫捉老鼠，一般是爪到擒来，毫不费力的，故俗话说："老鼠碰上猫——难逃!"但是，有时也很不容易，特别是碰上大老鼠时，猫捉老鼠就是一场惊心动魄的猫鼠斗，此时猫必须与老鼠斗智斗勇，才能降服、战胜老鼠。蒲松龄的《聊斋志异》有一则故事说，万历年间，皇宫中有一只跟猫一样大的老鼠，祸害极大，宫里找了好多猫来捉它，却都被它吃了。刚好有个藩属国进贡了一只狮猫，浑身雪白。于是宫人将这只猫放到有大老鼠的屋子里，关上门，众人在门外观察，只见猫在地上蹲了很久，那头大老鼠才逡巡着出洞，看到猫，确认过眼神之后，便愤怒地冲过去要吃它，猫跳到桌几上避开老鼠，老鼠也跳上桌几，猫跳到地上，老鼠也跳下来，这样反反复复跳上跳下，不少于一百次，门外吃瓜的人都以为猫被老鼠追赶着，怕成这个样子。然而，渐渐地老鼠跳跃的动作慢了下来，蹲在地上稍作休息，这时只见猫对着老鼠以迅雷不及掩耳盗铃之势冲下，利爪抓住老鼠头顶上的毛发，嘴巴咬住老鼠的头部，这样，双方在地上辗转搏斗，猫声呜呜，鼠声啾啾，叫声不断，门外的人急忙开门观看，发现老鼠的头骨都被猫咬碎了。这时才明白，猫当时跳避老鼠，并不是因为害怕老鼠，而是要让它疲累，所以才上蹿下跳，反复往返，结果老鼠果然中招，猫这是用智慧战胜老鼠啊。猫与老鼠斗智还有一则民间笑话：说有一天，猫在脖子上挂了一串佛珠，老鼠觉得猫已经皈依佛祖，一定慈悲了，可以不用害怕了，但是心里还不太相信，于是大老鼠想了一个办法去试探，它先让一只小老鼠从猫面前走过，猫伏着不动，又让一只中老鼠从猫跟前走过，猫还是趴着不动，最后，大老鼠才放心地朝猫走去，不料，猫突然跳起来，一把抓住大老鼠咬死了，一群老鼠吓得四散逃窜，边逃边喊道："原来是假慈悲，原来是假慈悲啊。"据说，这是"猫哭老鼠——假慈悲"的由来。这样看来，"猫哭老鼠，假慈悲"这句话，应当是"猫抓老鼠，假慈悲"演化而来的吧。

有时老鼠太强悍了，猫必须拼尽全力，才能跟巨鼠打个平手，在毙鼠的同时力战而死，自己也光荣地牺牲了。袁枚的《新齐谐》有一则说，一户人家有巨鼠为害，许多猫去捉它，都被它咬死了。后来，有个西方商人拿来一只猫，要价五十金，保证能除掉巨鼠。于是主人买下来，将猫放到仓库里，一会儿那只巨鼠来了，猫先把自己的身子藏在谷堆中，只露出一个脑袋，巨鼠从它跟前走过，猫好像没看到一样，纹丝不动，等到巨鼠有点累了，猫一下从谷堆跳出来咬住老鼠，老鼠拼命挣扎反抗，双方缠斗了近将一天时间，老鼠终于毙命，但猫也力尽而死。后来称重，巨鼠重达三十斤。

《聊斋志异》和《新齐谐》虽然是志怪小说，但也不全是空穴来风的杜撰。如《新齐谐》的这则故事，明人谢肇淛的笔记著作《五杂俎》亦有类似条目云："太仓中有巨鼠为害，岁久，主计者欲除之，募数猫往，皆反为所噬。一日，从民家购得巨猫，大如狸，纵之入，遂闻咆哮声，三日夜始息。开视，则猫鼠俱死，而鼠大于猫有半焉。"老鼠比猫大一半，打了三天三夜，战况惨烈，最后玉石俱焚。甚至，老鼠吃猫，史书上亦有记载，《新唐书·五行志》载：唐宏道初，梁州仓有大鼠，长二尺余，为猫所啮，数百鼠反啮猫——居然以数百只之众群殴一猫，老鼠真是"不讲武德"哈。

应该说，猫抓老鼠，居功至伟。因此在我们的农耕文化中形成了蔚为壮观的猫文化，不仅有文人雅士为猫著书立说，如《猫苑》《相猫经》等，人民文学出版社还结集出版了现代文化人的猫文专集——《猫》，收有冰心、茅盾、老舍、梁实秋、林语堂、莫言等这些大咖的猫文。还有许多文化人为猫写诗作画，盛赞猫功、猫德、猫神态、猫风姿等。黄庭坚说，“养得狸奴立战功，将军细柳有家风。一箪未免鱼餐薄，四壁常令鼠穴空。”陆游说，“裹盐迎得小狸奴，尽护山房万卷书。”罗大经说“陋室偏遭黠鼠欺，狸奴虽小策勋奇。”据《宣和画谱》记载，五代李蔼之善画猫，徽宗皇帝库府里收藏有他画的《戏猫》《雏猫》《醉猫》《小猫》等 18 幅猫画。宋人何尊师专工猫画，为时所称，他画的猫有各种各样的姿态，都到了奇妙的地步，特别受人欣赏和喜爱。明代李孔修画猫技巧极其精妙，高官们拿着信纸去请他作画总是得不到，他曾欠柴夫钱，便画了一幅猫图给柴夫，柴夫正闷闷不乐，没想走到半路上，人们就争相抢购这幅画。不久，柴夫又用柴草来请求他作画，李只是笑而不答。近代则有刘奎龄、刘继卣、曹克家、孙菊生、杨海滨五大画猫名家。社会上更是形成了许多世代相传的民间习俗。一是崇猫。古代甘肃凉州有供奉猫神的猫庙，浙江金华有“差猫亭”庙，安南有猫首人身的猫将军庙。杭州有祭祀猫神的习俗，称猫为“隆鼠将军”。有的地方还有刻猫镇鼠、画猫驱鼠的习俗等；二是爱猫。民谚纷纷为猫点赞说：猫吃老鼠——应该，老鼠见了猫——怕得要命，老鼠给猫捋胡子——拼命溜须，爱猫之情，溢于言表，赞猫之辞，不吝奢华；三是护猫。许多地方以杀猫为不吉利，有些地方流传着一只猫七条命的说法，意思是说杀死一只猫要偿还七世的性命，因此各地都不杀猫，也不吃猫肉，像广州那样以猫、蛇炖品为佳肴，搞什么龙虎斗，是极少的例外。而且，我相信，经过“非典”，这道菜肴应该是绝迹了吧。

猫捉老鼠，虽然功不可没，但也义不容辞、责无旁贷。邓小平曾经说过，不管白猫黑猫，只要抓住老鼠就是好猫，可见捉老鼠是猫的本职工作，也是判别是不是好猫的标准，不过现在似乎已经时过境迁了，现代人养猫好看不好看，可爱不可爱是核心指标，能不能捉老鼠已经无所谓了，这就是养宠物和养动物的区别吧。

咄，你这只猫

猫以捕鼠为天职，绝大部分猫都能积极捕鼠、忠诚履职，但也有些猫为猫不为，见鼠不捕，失职渎职的。

猫不捕鼠，历来为人所诟病和痛恨。

有人编段子讽刺它。《广笑府》载，万寿寺的和尚彬禅师有一次接待访客，猫蹲在旁边，禅师对客人说："人们都说鸡有五德，我看这只猫也有五德：见了老鼠不捕，这是仁；老鼠抢夺它的食物就让，这是义；客人来了一摆上酒席它就出去，这是礼；好吃的东西藏得再严密，它也能偷吃，这是智；每年冬天，它都躲在灶边取暖，这是信。"

也有人写诗给差评："向人只作狰狞势，不管黄昏鼠辈忙。""不曾捕鼠只看鼠，莫是麒麟误托生?""食有溪鱼眠有毯，忍教鼠啮案头书。""花荫满地闲追蝶，溪水当门食有鱼。赖是鼠嫌贫不至，不然谁护五车书。"

更有文人纷纷撰文吐槽：姚莹作《捕鼠说》，薛瑄、朱长儒作《猫说》，胡侍写《骂猫文》，黄之骏拟《讨猫檄》，等等不一而足，一时骂猫之声四起，颇为热闹，而这些骂猫文，也大多别出心裁，或激扬文字，或微言大义，或指桑骂槐，或循循善诱，堪称妙文。

清黄之骏家的猫，非但不会捕鼠，反而被老鼠咬破鼻子，故黄之骏愤而作《讨猫檄》，责猫曰："花阴昼懒，不管翻盆"，任由老鼠穿墙凿壁，成群结队，"而犹似老僧入定，不见不闻。傀儡登场，无声无臭。优柔寡断，姑息养奸"，还被老鼠欺负，以致有"灭鼻之凶"，真可谓"阎罗怕鬼，威风扫尽；

大将怯兵，丧其纪律。自甘唾面，实为纵恶之尤。”最后激励它振作精神，厉兵秣马，整装上阵，共奋虎威，消灭老鼠。

清姚莹的《捕鼠说》大意是，岭南有个富贵子弟养猫，“非鱼鲜不饲”，把猫养得十分肥大，色泽光鲜，任它游走，在吃饭时才回来，平时屋里见不到猫的身影，即使在家看到老鼠也好像什么都没看到一样，最后竟至于“猫卧于榻，鼠行于地”，因此鼠患大作，弄得“厨无留粮，室无完器”，主人怪猫无能。姚莹说，这怎么能怪猫呢？这只猫目的在求食，“志固不在鼠也”，它来了之后，没有一点捕鼠的功劳，主人却“徙以声形而甘食丰饵以宠之，卧榻抚弄以骄之，任其游走以惰之，三者备而猫之志得。”它捕鼠的本性也就丧失了。姚莹说，难道没有看到养鱼鹰的人是怎样让鱼鹰捕鱼的吗？像这样养猫想让它捕鼠不是太难了吗？

清朱长儒《猫说》一文讲：家里闹鼠灾，借来邻居的一只猫，身形魁梧，爪牙坚利，它刚来时，老鼠躲在洞穴里不敢出来，他私下高兴，以为这下鼠患可以消除了，但过了一个多月，鼠患又大作，他感到奇怪，就仔细观察，结果发现猫和老鼠居然住到了一起，样子还很亲近。进一步细察原因，原来是猫很贪吃，它爱吃鱼，看到厨房有鱼必定偷吃，老鼠发现了这件事，凡是猫所爱吃的，必定先预留着给猫吃，猫因此感激老鼠，就任由它们为所欲为，老鼠有猫护着，就更加肆无忌惮地作恶了。朱长儒感叹说，这都是贪婪的结果啊！“使猫无所窃，鼠其敢窃之耶？猫既先鼠为窃，能禁鼠群窃耶？蓄猫本以捕鼠，而今反以导鼠，且昵之如一，是鼠魁也”，原本捕鼠的猫，反而成了老鼠的首领，不如除去这个“鼠魁”，鼠患也许会更小些。于是叫人将猫捉出去沉到泥塘里了。

明胡侍家里有一只养了很久的白雄鸡，平时在树巅上栖息，一日被猫给吃了。胡侍将猫叫到跟前骂道：咄，你这只猫！你没有其他的事，你的任务就是专职捕鼠，你见鼠不捕，已经是失职，而且你还吃报晓的公鸡，你的罪过说来不仅是失职而已，看看你让老鼠猖狂到什么程度！接着训斥它：“鼠为人害，汝则保之；鸡具五德，汝则屠之；鼠也奚幸，鸡也奚辜！虽则汝有，不若汝无；无汝则鼠害不益于今，而鸡之祸吾知免夫。”

明薛瑄说，我家老鼠肆虐，向人借来一只身材高大的猫，刚来时老鼠听到它的声音吓得不敢出洞。一天，猫看到刚刚出壳的小鸡啾啾叫，突然一跃冲上去，抓起来吃了。后来，老鼠窥视久了，见这猫也没有什么作为，于是又纷纷出洞闹腾，像从前一样横行。我正奇怪呢，正好有一只小鸡从堂下经过，猫见了又扑上去捉了小鸡就跑，等仆人追上去，它已经咬了一半了，仆人把猫捉到跟前，我数落它说："老天造就人材不是全能，有本事的必有缺点，不管缺点如何，总还有可以利用的本事啊。如今的你，没有捕鼠的本事，却有吃鸡的毛病，真是天下的弃材啊！"鞭打之后，便将它赶走了。

刘伯温的《郁离子》说，赵国有个人家里老鼠成灾，他到中山国去找来了一只猫。可是这只猫虽然很会捕鼠，但也会吃鸡，一个月下来，老鼠灭绝，可鸡也被吃光了。儿子觉得猫是个祸患，就跟父亲说："为什么不赶走这只猫呢？"父亲说："这你就不懂了，我担心的是鼠害，而不在于无鸡。老鼠会偷吃我们的粮食，毁坏我们的衣服，洞穿我们的墙壁，破坏我们的器物，那样，我们就会挨饿受冻，鼠患成灾比我们没有鸡吃后果严重多了，所以为什么要赶走这只猫呢？"

据报道，近期澳大利亚鼠患成灾，数十亿只老鼠铺天盖地而来，猫可能被这阵势打懵了，连站在它头上的老鼠都懒得去抓，似乎它知道，这么多的老鼠不是它所能消灭了的，抓了也没用，干脆不抓了，逼得澳洲政府只得下令下毒除鼠。

说起来，猫不捕鼠的原因大致有以下几种：

一是没有本事不会捕。就像黄之骏家的猫。二是养尊处优不想捕。这就像姚莹笔下的猫。三是同流合污不愿捕。就是朱长儒的那种猫。四是明哲保身不敢捕。有些大老鼠实力强大，气势汹汹，猫见了害怕不敢去捕，像万历宫中的那头大鼠，见猫不仅不惧，反而愤怒地朝猫冲过去要吃它，而事实上之前它也已经吃掉好几只猫了，要是这次是只凡猫，肯定也难逃鼠嘴。或者有的老鼠后台硬，猫自知惹不起，当然也不敢捕了。《西游记》陷空山无底洞里的那只金鼻白毛老鼠精，就是托塔李天王的干女儿，三次掳去唐僧，孙悟空无奈，最后只好上天庭告御状，让李天王父子来收它。五是没有爪子不能捕。美国养猫的人有一阵子流行让兽医把猫爪拔掉，猫被拔去爪子，就失去了捕鼠能力，武功尽废，当然不能捕鼠了。六是只吃鸡不捕鼠，胡侍和薛瑄家的都是这种猫。七是既捕鼠但也吃鸡。就是赵国人的那只猫。八是鼠患成灾，非猫所能治理，捕了也没用。

捕鼠是猫的职责，“法定职责必须为”，见鼠不捕，为猫不为，人们讥之、责之、骂之，固然是猫咎有应得，但细思猫不捕鼠、不履职，应为、能为而不为，固然有猫之原因，亦跟人之用猫不当有关。

黄之骏家的猫不会捕鼠，还被老鼠欺负，是一只“笨猫”，主要原因是它缺乏捕鼠的专业技能，黄之骏给它励志、鼓劲当然很重要，但是对一只不会捕鼠的猫说“你好好捕鼠”，是没有多大作用的，关键还是要对它进行捕鼠的专业技能培训，增强它捕鼠的本领；姚莹笔下的猫，养尊处优，不劳而获，饱食终日，无所用心，是一只“懒猫”，姚莹提出要学习养鱼鹰的办法，建立“不捕不食”的长效机制，让猫去捕鼠。这确实是有的放矢之举。没有压力就没有动力，可以不劳而获，而且活得滋润，谁还去辛苦劳作？这道理对猫也同样适用；朱长儒家的猫，是一只贪腐的“坏猫”，不仅放弃职责，而且与老鼠厮混，贪赃纳贿，同流合污，不仅与老鼠内外勾结，共同作案，而且充当老鼠的保护伞，主人将它绳之以法，严惩不贷，依法治猫是明智有效之举；胡侍和薛瑄家的猫是一只“劣猫”，不仅不捕鼠，还光吃鸡，无利不作为，有利乱作为，应当严肃纪律，挺纪在前，从严治猫，清除出猫伍，驱赶出猫队，以免滥猫充数；赵国人家的猫既能捕鼠，但也会吃鸡，是有本事又有缺点，有功劳也有过错的“顽猫”，但是功大于过，相对于鼠患成灾的现实危害，失鸡是小事，两害相权取其轻，因此要加强职业道德和法纪教育，赏功罚过，强化监督管理，使其改掉爱吃鸡的毛病，做一只“好猫”；对于不够勇敢、缺乏担当、不敢依法履职的“胆小猫”，除了要加强理想信念、敬业精神教育外，还要有保障它们依法履职的措施，解除它们的后顾之忧，让它克服畏难情绪，敢于大胆放爪捕鼠。如果敢于依法履职的猫，猫身安全没有保障，捕抓有实力、有背景的老鼠，将面临被打击报复陷害的危险，却没有人为它撑腰，它也只好惹不起、躲得起，见鼠不捕了。而当鼠患遍地，猫对自己的捕鼠职业彻底丧失信心，捕不捕没什么意义作用时，与其责怪猫不捕鼠，不如想想为什么会造成鼠患成灾。至于猫爪子被拔掉，说明主人不让它捕鼠，那就在家里抓抓毛线团玩儿好了。或者，写点猫文消遣也行。

所以，猫捕不捕鼠，与人有关，只有在人们为猫履职捕鼠创造了良好的环境和条件时，人们才可以说："咄！你这只猫，还不抓老鼠去!"

疑似的猫腻

狄德罗说："即使猫吃了人们给它的东西，它的神情看上去似乎是偷吃了东西一样。"——猫在这点上确实有点倒霉，我们知道中国民间也一直有个"猫腻"的说法，原来只是老北京的一句土话，大意是指事情做得马虎，有糊弄的意思，后来就逐渐演变为偷偷摸摸、躲躲藏藏，做一些见不得人的事，大抵是暗指猫偷藏、偷拿东西一类，偷吃也好，偷藏偷拿也好，都离不开一个偷字，可谓中外所见略同。

为什么猫会给人留下这种印象？

我想原因大约有三，一是猫的神态动作引人怀疑，猫走路总是轻手轻脚，进出不声不响，这在人看来，猫好像总是偷偷摸摸、鬼鬼祟祟，在背着人干什么坏事；二是猫的生活习惯引人怀疑，原来，猫便便之后有个习惯，会把屙过的屎盖起来，土话叫"猫盖屎"，它盖得又不是很严密，潦潦草草地用后脚拨点土盖上，这在人看来，猫好像在偷藏东西，在干见不得人的事；三是有些猫确实有偷吃的毛病，这也引人怀疑自己的猫会不会也偷吃，猫爱吃老鼠和鱼是众所周知的事，猫也会吃鸡，吃小鸟，因此人们会对猫这个群体产生有猫腻的怀疑。

所以，想来猫也有些悲哀，辛辛苦苦、没日没夜地抓老鼠，还要被人怀疑，得不到人的信任。而且前面两点怀疑理由显然是完全不靠谱的。

猫要抓老鼠必须轻手轻脚、悄无声息地一击而中，而不能粗手粗脚，大声嚷嚷，惊动老鼠，要那样老鼠早躲起来不出来了，出来也早跑了，何况老鼠又是那么敏感的动物，哪能抓得着呢？就像警察侦查办案，有时就必须背着犯罪嫌疑人调查取证，以免对方毁灭证据、串通口供，逃脱侦办。猫因为尽心履职需要形成的行为习惯，人们却要怀疑它。

再说，“猫盖屎”原本是猫讲卫生的生活习惯，不像狗一样随地拉撒，但就是这么一个好习惯，人们照样要怀疑它。而且，“猫盖屎”的过程中也并非人们说的那样“形迹可疑”。今天中午我回家时，正好看见楼下有一只白猫在蹲着便便，于是停下来观察，发现那只猫拉完后先用鼻子闻了闻便便，然后用前脚拨了些土盖上又闻了一下，再从另一边拨些土盖，如是者四，它分别从四周拨土盖屎，最后闻了一下，走开了。整个过程认真细致，而且从容不迫，并非人们所描绘的那样慌张匆忙、草草了事，觉得它形迹可疑，大抵不过是人的臆想而已。

把猫的轻动作，看作可能是偷东西，把“猫盖屎”看作可能是藏赃物，人们的这种心态，正好似“疑邻盗斧”的故事，一个人丢了斧头，怀疑是邻居儿子偷的，于是看那邻居的儿子，他走路的样子、面部的表情、讲话的声音、动作的神态都像是盗斧的贼。第二天，他丢掉的斧头找到了，再看邻居的儿子走路的样子、面部的表情、说话的神态，一切都很正常，完全不像盗斧的人了。这个成语故事，我们小学就学过了，但是知道不等于做到，“疑心生暗鬼”是人的心理通病。不用说是普通人了，即便是身居要职的领导，由于心胸、眼界、性格特点、职业习惯的局限，有的也未必能超越这种心理影响。

似乎比较靠谱的怀疑理由是，有些猫确实会偷吃，但这种情况却被放大到整个猫的群体，在人的心理上产生习惯联想，个别代替普遍，有些猫偷吃变成了是猫都会偷吃，所以民间有“哪个猫儿不吃腥”、“偷食猫儿改不得”的说法。

说起来，前面三点都是疑似的理由，《吕氏春秋》的《察疑》讲“疑似之迹，不可不察”，如何察疑呢？细思前面三点疑似理由，之所以能够让人产生有猫腻的想法，关键在于猫因为工作的关系确实有偷吃的条件。但是正如有的猫偷吃不等于所有的猫都有偷吃，有条件偷吃当然也不等于实际上就有偷吃。因此，对疑似的猫腻，不可不察。一要实察，从实际上去观察，而不能停留在主观上的推测猜想；二要细察，从细微处去核查，而不能粗枝大叶、停留在大概、好像的一般印象上；三要深察，寻根究底去审查，而不能浅察辄止，停留在表面现象上；四要明察，在实察、细察、深察的基础上，深入辨析、综合判断，既明察本质、性质，又明察原因、成因，做到察疑精确，才能处置得当。但是现实中有些情况并非如此。

一是有疑不察，以疑代实。因为有的猫偷吃，就怀疑所有的猫都有猫腻，以个别代整体，不加辨别，不分青红皂白，全部一棍子打死。俄国寓言家克雷洛夫有一则寓言说，一个经营食品的商人，修建了一个仓库，储藏各种各样的食品。为了防止老鼠偷吃仓库里的食品，他特意买了很多猫，这些猫个个都是训练有素的捕鼠能手，日夜在仓库里巡逻，老鼠再也不敢出来骚扰了。危害重大的鼠患解除了，似乎一切都平安无事。不料，有一只品德极坏的猫混进了猫群。找出那只跟老鼠暗中勾结的猫，本应是首要的事情，然后，再狠狠加以惩治，对其他没有不良行为的猫则要加倍爱护。可这个商人却下命令，将所有的猫一一加以鞭打。一听到主人是非不分、莫名其妙的命令，不论是有罪或是无罪的猫，都赶紧从仓库里溜出去，再也没有一只猫来捕捉老鼠了。没有猫的仓库，就是老鼠们的天下，没过多久，仓库的食品都被老鼠吃光了。

二是察而不明，疑似从有。虽然查无实据，但总以为无风不起浪，空穴不来风，毕竟事出有因，宁可信其有，不可信其无。就像拉·封丹笔下的猴子法官，查不清事实，对原告狼和被告狐狸都判有罪。

三是察而不实，疑似从挂。现在干部提拔使用晋升晋级中出现举报情况，已是常态，这对加强对干部的监督，防止带病提拔是件好事，也是必须长期坚持的，但问题是，一旦经过查证所告不实，按道理就应当按正常对待处理，然而问题往往没有那么简单，有时经过核查，疑似的事实已经排除，但是领导的疑心未除，一个人告状信多了，往往在领导的心里产生一种暗示作用：这个人会不会有问题？现在领导对自己负责的意识很强，觉得如果用了，万一到时候有问题怎么办？人家告过，我没有查出来，不是有责任了吗？这样，事情明面上是了了，但实际上没了，就是领导心里的问号没有划掉。所以对这个人的使用就挂了起来，没有明说不用，但是实际就是不用。因此很多明白官场生态的人都知道：有没有不重要，重要的是，我告了他多少都会受影响，告他，不一定是他真有问题，也不一定是为了惩治腐败，就是因为我不让他上，还真别说，这种伎俩实际上往往能够得逞。社会复杂，人心叵测，似是而非的事情太多了，所以，疑似猫腻，不可不察，不然难免把“猫盖屎”都弄成了“猫腻”。

被审判的老鼠

16世纪朝鲜作家林济写过一本小说《被审判的老鼠》，但那只是虚构的故事；《史记》记载的张汤小时候审鼠的故事，也只是一次模拟法庭审判老鼠的司法游戏而已。但审判老鼠，在欧洲却是确有其事，而且整个欧洲对动物“犯罪”的审判，前后延续了五百多年。

1519年，意大利的斯泰维奥农民指控鼹鼠毁坏农作物：“它们在地下打洞，使得青草和绿色植物无法生长”，法庭要求鼹鼠们“申辩它们的迫切需要和困难，以解释这种行为的原因”，鼹鼠们没有到庭回答讯问，但鼹鼠的辩护律师说，“他们同样也在吃毛虫蛹，而这是有利于庄稼丰收的。”因此，法庭宽大为怀，缺席判决这些鼹鼠流放，并保证在放逐的途中不受猫狗的攻击，怀孕的、年幼的鼹鼠，可以在14天后离开。

1521年，法国欧坦的农民向法庭起诉说，一群老鼠啃光了他们的一片庄稼，法庭指派巴塞洛缪担任老鼠的辩护律师，律师指出法庭原先用吹号角传唤的方式有缺陷，不能通知到每只老鼠，有的老鼠没有听到号角声，因此，法庭命令各个讲道坛用讲道的方式来通知老鼠出庭接受审判，但法庭开庭那天，老鼠们还是没有到庭。法官告诉巴塞洛缪，他的委托人蔑视法庭的传唤命令，后果很严重，但巴塞洛缪辩称，法庭未给予老鼠们足够的时间，而且，法庭不应让被告人冒着生命或身体的危险到庭，“我的委托人是老鼠”，在每条公路或小路上都有猫，那些原告的猫“正居心险恶地”威胁着出庭老鼠的鼠身安全，根据自然法的规则，法庭不应当谴责任何一只害怕猫的老鼠，所以他的委托人缺席庭审有无懈可击的正当理由。他要求得到保证，猫不得在途中骚扰前来法庭的老鼠，但原告拒绝给予这样的保证。最后这个官司似乎不了了之。因为法庭的最终裁决没有记录下来，欧坦老鼠们的命运如何，我们不得而知。但是巴塞洛缪一辩成名，1531 年，他又在为蝗虫造成的灾祸辩护中赢得了官司，他写了一本欧洲历史上最具权威的昆虫禁令指导手册，他指出惩罚非理性动物的犯罪是错误的。1540 年他被任命为普罗旺斯上诉法院院长。

动物“犯罪”受审有案可查的不少，历史学家找到了 100 多件相关案件的文献记录。被审判的有各种各样的动物，有猪、马、牛、羊、狗、驴、熊这样比较大型的动物，也有啮齿类和昆虫这类小型的动物，如老鼠、蝗虫、象鼻虫、蜗牛、毛虫，还有蛇、公鸡、鸟等等，不一而足。

在欧洲，最有名的动物诉讼案是 1587 年的法国圣朱利安村民起诉象鼻虫案，因为象鼻虫大量毁坏农民种植的葡萄树，造成重大财产损失，绝望的农民向宗教法庭起诉，要求对其施予咒语，并流放这些害虫。但是象鼻虫的辩护律师称，他的“当事人”不应当受到诅咒，因为上帝在创造低等动物时就给了他们“享受每一片树叶”的权利，他的“当事人”在吃葡萄叶时只是在行使上帝赋予它们的权利。由于诉讼期间，象鼻虫仍在危害葡萄园，市长召开村民大会后，决定分配一块土地给象鼻虫，让它们搬离，不再危害葡萄园，辩护律师则声称，分配给他“当事人 ”的土地不够肥沃，他的“当事人”无法获得足够的食物，不同意接受。法庭审理了 8 个月后做出了判决，但结果不为人知，有历史学家认为这部分文字被蛀虫吃掉了。最早的审判动物的记录是在公元 864 年，因为蜜蜂把一个男子蜇死了，法庭判决把这一窝蜜蜂闷死。最近的一次是 1906 年瑞典的两兄弟和一条狗被控犯有抢劫杀人罪，那两兄弟被判监禁，狗被处死。被控犯罪最多的是猪，多达 34 件，因为中世纪的农民家里常常将婴儿摇篮跟猪放在一起，饿极了的猪往往将婴儿咬死。其他违反“自然法则”的动物，也要被严厉惩处。1471 年，一只小鸟因生了一枚彩蛋被捆在火刑柱上烧死。1474 年，瑞士巴塞尔的一只公鸡“令人发指地”下了一颗蛋，当地法庭当着一大群旁观者的面将公鸡杀死，并掏空它的内脏，然后烧成灰烬。还有那些“不顾自己的地位”与人类发生性关系的动物，都要被严厉制裁。

被控犯杀人罪的大型动物一般由世俗法庭审理，并被判处死刑，执行方式有杀死、吊死、烧死等，处死之前，有的还要施以酷刑。被控破坏财物犯罪的啮齿类和昆虫类的动物，一般由宗教法庭审理，使用施咒语、驱逐等处罚。在诉讼权利上，动物与人平等，动物有权获得辩护，法庭一般都会为动物指定辩护律师；在诉讼程序上，严格按照正常的法庭程序进行，对动物也要通知传唤其出庭受审，有的动物可以拘传到庭受审，如猪等，有的动物无法拘传，则在其活动区域的树上张贴传唤布告等，如对老鼠、白蚁一类，缺席判决的，有的还派人站在山丘上对着被告居住的区域宣读判决结果。

总之，是把动物像对待人一样进行审判的。尽管中世纪的学者都认为，法律“仅仅适用于理性的动物”，也就是“知道法律是什么，而且能够选择做或不做的生物”，也承认“惩罚对动物不起作用”，但是人们认为审判动物是有《圣经》依据的，《圣经》说，杀人的公牛应被用石头砸死，而且，上帝还说了：“流你们的血，害你们的命，无论是兽还是人，我必讨他们的罪。”因此，早在中世纪之前，已有教会审判动物的做法。所以尽管动物是“非理性”的，对其惩罚是“没有用”的，但仍然必须进行审判，这主要有三个方面的原因，一是社会上的，刑罚报应的正义理念，用惩罚报复犯罪的动物，被惩罚的动物是其罪有应得；二是宗教上的，认为动物犯罪是按照魔鬼撒旦的意图破坏上帝创造的“自然秩序”，教会要通过制裁违反自然法则的动物，维护上帝创造的“自然秩序”，表明现存秩序的合法性；三是政治上的，对动物行使审判处罚权是统治权的象征，因此，当时的教会、领主、国王，常常围绕谁有权审判动物争斗不休。但是，有些案件的受害人并不是那么乐意追究动物犯罪的责任，因为一旦诉讼他们就成了双重的被害人，比如，作为猪的所有权人的主人，小孩被自家的猪咬死，已是损失惨重，猪又被处死，猪肉必须销毁而不能食用，无疑又是一笔财产上的损失。这种诉讼无异于让他们“损了夫人又折兵”。

审判动物在欧洲从 13 世纪一直延续到 18 世纪，与此同时，中世纪的欧洲还存在女巫审判、尸体审判、物品审判等，《不公正的审判》一书，对此有较为深入的介绍和研究。动物审判或许是缘于刑罚报应主义观念根深蒂固、深入人心的原因，美国从20世纪80年代以来支持死刑的人数一直稳居多数，占四分之三，理由都是死刑是罪犯罪有应得的最终惩罚。罪有应得，这就是报应的理由。

不止欧洲，更不可思议的是，世界各地至今仍存在一些审判动物的事例，如1968年，也门的一只宠物猴子因为纵火被审判、定罪，最后警察行刑队对这只猴子执行了死刑——枪决。1974年利比亚有条狗咬了人，被控犯了伤害罪，法庭审理后判决这只狗监禁一个月，监禁期间只能吃面包喝水，服完刑后这只狗被释放了，因为正义看起来已经得到了实现。

鼠牙雀角

“与人构诉，曰鼠牙雀角之争”。

说起来惭愧，我是前几年才知道有这么一个关于诉讼的成语。当时因写《蒙书：蒙童眼里的法律》一文，才从《幼学琼林》里知道了鼠牙雀角这个词，想古人启蒙学习时就知道这个成语，而我作为一法学科班毕业生，在当了二十多年法官之后才知道有这么一个跟我职业有关的词汇，不免有点汗颜。

查找出处，原来这是一首来自遥远的叹咏：《诗经·召南·行露》

（原文）	（译文）
厌浥行露，	道上露水湿漉漉，
岂不夙夜？	岂有不愿早早走？
谓行多露。	就怕水多路难行。
谁谓雀无角，	谁说雀子没嘴角，
何以穿我屋？	怎会啄穿我家屋？
谁谓女无家，	谁人说你没有家，
何以速我狱？	凭啥使我进监狱？
虽速我狱，	虽然使我进监狱，
室家不足！	要想成亲礼不足！

谁谓鼠无牙，	谁说老鼠没有牙，
何以穿我墉？	怎会打通我家墙？
谁谓女无家，	谁人说你没有家？
何以速我讼？	凭啥逼我来诉讼？
虽速我讼，	虽然逼我来诉讼，
亦不女从！	我也坚决不顺从！

诗中以雀角、鼠牙破坏房屋来比喻强横的男子以讼狱手段逼迫诗中女子成婚，而女子坚定表示：尽管你用打官司来要挟胁迫，但我决不屈从！鼠牙雀角的原意是指因为强暴者的侵凌而引起的争讼。

雀角鼠牙后来便衍化为成语，比喻讼争双方言辞尖锐，足以伤人，亦泛指打官司之事，或指鸡毛蒜皮一类的琐事争执。类似的成语，还有鼠雀之牙、雀鼠之争。

用鼠牙和雀角的尖利来形容诉讼双方当事人的针锋相对、恶言相向，是十分形象、生动的。俗话说：老鼠啃床腿——磨牙。我小时候便常常在半夜里被老鼠啃木头磨牙的声音折磨得难以入睡，想那老鼠天天如此苦练牙功，鼠牙之尖利无比可想而知，而诉讼双方言辞尖锐，也往往是恶语伤人六月寒。西谚有云“诉讼乃民事上之战斗”，中国亦有句俗话说“文打官司武打架”，就是说打官司是文斗，打架是武斗，打官司和打架只是方式不同，实质上都是一场打斗。诉讼双方作为打斗的对立面，除了法律权利上的冲突外，更有情感、态度、特别是心理上的对立，争讼的目的，就是要击败对方，故在各自立场上互不相让，态度上彼此敌视，言语上互相攻击中伤。既然是“文打”，打官司使用的自然不是刀枪棍棒，而是笔墨言词，在打官司的过程中，当事人身上大都有“一股气”，有的甚至浑身上下都是“气”：怒气、怨气、恶气、恨气、戾气，怎一个“气”字了得！

酒色财气，是人生的四大陷阱，气是惹祸的根苗，多少人“一气之下”做出了追悔莫及的悲摧事、令人扼腕的叹息事。且不说古有灌夫使气骂坐，开罪权相，惹祸上身，吴三桂“冲冠一怒为红颜”，误入歧途，祸国殃民。即便是今天，在日常生活中，“一气之下”惹出的灾祸亦比比皆是。去年，一位妻子交代在外应酬的丈夫回家带个鸡腿给她吃，丈夫忘记带了，两人发生争吵扭打，妻子“一气之下”打开煤气阀门，引起爆炸，他俩自己逃离，造成无辜者3死4伤的悲剧；重庆刘某乘坐公交车，错过了下车站，要求司机停车未果，“一气之下”竟上前与司机扭打起来，结果方向盘失控，造成一车人坠江，14人葬身江底的惨剧。更有甚者，心怀怨气，报复社会，丧心病狂地把屠刀指向了幼儿园及学校。《金瓶梅》开篇词写酒色财气，曰《四贪词》，说《气》：莫使强梁逞技能，揎拳捋袖弄精神。一时怒发无明火，到后忧煎祸及身。莫太过，免灾迍。劝君凡事放宽情。合撒手时须撒手，得饶人处且饶人。实为警世良言。

人一旦生气，要能善自排解，不可任由滋长。所谓“越想越气”，“气”就像一个气球，越气越膨胀，最后失控，气球炸裂。“气坏了”是害己，“气炸了”是害人。而且，气会传染，引发连锁反应，人生世上，彼此关联，一个人的坏情绪宣泄给他人之后，往往会造成意想不到的连锁反应。心理学上有个“踢猫效应”说，有一位父亲在公司受到老板的批评，回到家里心情烦躁，把在沙发上跳来跳去的孩子臭骂了一顿，莫名其妙挨骂的孩子心里窝火，就对着在一旁打滚的猫狠狠踹了一脚，挨踢的猫“喵”的一声逃到了街上，这时正好一辆卡车开过来，司机为了避让猫，把路边的小孩给撞伤了。骂人、踢猫、车祸这三件看似风马牛不相及的事，因为“气”把他们串联到了一起，成为一种羊毛出在狗身上，猪来买单的现象。

气可消不可长，气可泄不可鼓。“气”不仅会在相应范围内传染，还会在互相对立中升级，当一方把“气”撒到另一方身上时，原本心平气静的一方，身上的“气”就会被激荡起来，心里也生出一股“气”，这样双方身上的两股“气场”形成对立，就产生了对峙和争执，而争执又加速了双方“气”的升级。克雷洛夫的一则寓言说：以孔武有力著称的赫拉克勒斯，一次，走在悬崖和汹涌河水之间的窄道上，突然看到一个如同刺猬一样的东西在那儿缩着。他不知道这是个什么东西，就用脚踩了踩它，不料这东西突然膨胀起来，足足大了一倍。赫拉克勒斯勃然大怒，用沉重的木棍猛烈地击打它。结果，这东西变得越发可怕，长得又高又胖，遮住了太阳，挡住了前进的道路。面对这个硕大无比的怪物，赫拉克勒斯手中的木棍不觉得掉了下来，他惊讶得一动不动，大张着嘴巴。这时雅典娜突然出现在他面前说道："兄弟，别再瞎折腾了！这个怪物的名字叫争执。你要是不招惹它，它就小得难以被发觉。可是，一旦有人想和它较量，它就会随着争吵而越变越大，最后变得比山峰还要高大。"被争执唤醒的"气"，随着双方争执的升级，会变得越来越庞大，最后变成阻挡在我们人生道路上难以逾越的障碍。

在各类形形色色的民事诉讼中，基本上可以归为三类：不是争气就是争财，或者既争气又争财，而发生在亲戚、朋友、邻里、合作伙伴之间的官司，大多是以争气为主。争气的官司，实质上是争是非，要求评判道理，属于义之争；争财的官司，实质上是争钱财，要求平衡利益，是利之争。

气可化不可滞，气可疏不可阻。对于争气的官司，诉讼程序就是一个消气的管道，泄气的阀门，理气的平台，化气的药引，因此，作为主导诉讼程序的法官要善于引导双方理性诉讼，懂得活血化瘀，方能止争息诉。首先要善于倾听，接受当事人倾诉，就是疏通当事人的"排气"管道。其次要善于疏导，辨法析理，有的放矢，因势利导地"泄气"，使当事人心平气静。最后要善于裁判或调解。法官要先做倾听者、再做疏导者、最后做裁判者，三者齐施、循序渐进。"当判决时，不使由一个诉讼引起另一个诉讼乃善良法官的任务"，但有些法官习惯于只专注案件如何裁判，忽视争执如何化解，习惯于只关注形成自己的裁判意见，忽视当事人对裁判的认同度和接受度，习惯于只重视诉讼程序的推进，忽视当事人的心理感受和体验，不愿认真倾听、耐心疏导，似乎案件裁判只关乎法官一己之事，殊不知，当事人是裁判结果的直接承受者，实际利益的关切者，更何况，所有的诉讼都是诉讼参加人共同互动的结果，法官固然起主导作用，但是法官的主动，不能忽视与当事人的互动，互动有良性的，也有恶性的，离开诉讼参加人的良性互动，是很难处理好案件的，许多案件判决结果并没有问题，但是案结事不了，甚至一些当事人成为上访老户，究其原因是：案件判了，但当事人的气未消解。而气未消的原因，不少是前期工作中化气理气的功夫做不到位，所以案件虽结，但终究是：气未消，意难平，上访去。

加缪的《鼠疫》

四月十六日上午，贝尔纳·里厄大夫走出诊所，看到楼梯平台中间绊着一只死老鼠，当即一脚踢开，并没在意就下楼了。可是走到了街上，他忽然想到那只死老鼠不该死在那个地方……当晚，里厄在回家的楼道上，一只老鼠跑过来，在他面前打了转，叫了一声，倒地死了。从半张的嘴里咯出血来。这样，一只、二只、楼房里、街道上，不断发现成千上万只死老鼠，直到里厄大夫诊所的门房老头病倒、发高烧、脖子淋巴肿块越肿越大、越来越坚硬、疼痛，里厄大夫眼看着门房最后断气了。接着，又陆续有人死去。时刻关注这些现象的里厄大夫，终于对一位医生说道："真是难以置信，但这很像闹了鼠疫。"

——这是阿尔贝·加缪《鼠疫》的开篇叙事。

我们完全理解里厄医生说出"鼠疫"这个词时，是何等的艰难，需要何等的决心。

鼠疫留给里厄医生的记忆犹新，一些数据在他的记忆中飘忽显现，他心中暗道："人类历史经历过三十来次鼠疫大流行，大约死了一亿人，一亿人死亡，是个什么概念呢?"他的脑海里涌现出各种各样的图像如电影般闪过："雅典闹鼠疫时飞鸟绝迹；中国的城市到处是奄奄一息的病人；马赛的苦役犯将浑身流脓血的尸体叠摞在坑里；普罗旺斯地区筑起高墙以阻遏鼠疫的狂飙；雅法及其令人憎恶的乞丐；君士坦丁堡医院里硬地面上放置着潮湿腐烂的床铺，用钩子将病人一个一个拖走；黑死病肆虐时期，医生都戴着口罩，仿佛戴着面具参加狂欢节；米兰活着的人在墓地里交欢；在惊恐万状的伦敦，车水马龙都载着死尸，无论白天还是夜晚，到处都回荡着持续不断的号叫。”是的，鼠疫就在那里，里厄从沉思中醒来，抖了抖精神：“做好本职工作才是关键。”

这样，记者塔鲁倡导组建的防疫志愿者队伍，积极协助里厄这样一些尽职的医生，一起抗击鼠疫，冒着随时都有被感染的危险，坚持了十个月。

人类是怎样面对这种自然灾难的呢？“因热情而冷静地阐明了当代向人类良知提出的种种问题”而获得1957年诺贝尔文学奖的法国人阿尔贝·加缪，在他1946年创作的长篇小说《鼠疫》里深刻地回答了这个问题。

反抗，是唯一的价值取向；斗争，是唯一的出路。加缪笔下的医生里厄和记者塔鲁，是抗击鼠疫的灵魂人物，他们因鼠疫走到了一起，而社会各色人等，原本不是一路人，也因鼠疫都走到了一起，聚集到了里厄和塔鲁的反抗旗帜下，虽然大家的动机各不相同，但是面对死亡的威胁构成了命运共同体，为此，一起走到了“通往真理的路上”：起而奋争。

反抗是英勇的，要奋斗就会有牺牲。但是加缪在《鼠疫》中却是采取了“还原英雄主义其应有的次要地位”和“赋予真理原本的面目”的写法——与鼠疫做斗争，本该如此，不关乎英雄主义，不关乎理想真理，只是常人做出的常识常情常理的反应，是一种最基本的责任感和正义感。面对共同的灾害，个人付出的一些牺牲和利益，是必不可少的代价。

《鼠疫》是以象征手法写出的哲理小说，是一部人与瘟神搏斗的史诗。鼠疫作为象征物，首先是指第二次世界大战时期在欧洲泛滥的法西斯主义，但是加缪有意模糊了象征物的确指和泛指的界限，以便读者能够读出多重含义。加缪为不同时代的读者预留了阅读的空间，从而使得《鼠疫》超越了“鼠疫”，成为鼠疫、灾难、腐败、死亡、邪恶势力的象征，这样随着时代的发展变化，鼠疫就被赋予了多种新的含义，由此也就不断有了新的生命力，使它的影响与日俱增，并且长盛不衰，七十年来，仅法国本土销售量就达到了500万册，成为长久的畅销书。

当欧洲的新纳粹主义重新抬头，艾滋病飞快传播时，人们再次想起了《鼠疫》，并从内心深处对《鼠疫》产生了强烈的共鸣。于是法国剧作家于斯特在 1989 年将《鼠疫》改编成了话剧，当年就公演了 200 场，次年获得莫里哀戏剧奖多项提名。据报道在纪念反法西斯战争胜利 50 周年时中国上海也上演了这部话剧，看过话剧的一位作家说，《鼠疫》向人们展示了这样一种社会现象：当灾难刚露出苗头时，人们漫不经心，没有能够及时采取措施；当灾难蔓延时政府还在竭力掩饰以“安定人心”；而当灾难终于过去，人们却竟能“当作什么事情也没有发生过”一样。鼠疫过后，那位老人说：“说到底，鼠疫究竟是什么呢？鼠疫就是生活，不过如此。”

鼠疫过后，生活依旧。如果我们从未试图去改变我们的生活方式，就是一种可悲的麻木了，安于现状的麻木，比灾祸更加可怕。

借问瘟君欲何往

说起来，咱们神州大地也曾被鼠疫肆虐过。在近代的第三次鼠疫大流行时期，云南、香港地区、东北全境也相继爆发鼠疫。

云南素称“瘴疠之区”，原本就是鼠疫多发之地。据云南地方志记载，清代的乾隆、嘉庆、咸丰、同治、光绪各朝均有鼠疫密集地发生。研究者认为仅 1856 年到 1873 年 16 年间云南就有 147 万人死于鼠疫。大理弥渡青年师道南写过一首《死鼠行》，生动地描绘了清嘉庆年间鼠疫造成的惨状：

东死鼠，西死鼠，人见死鼠如见虎！鼠死不几日，人死如拆堵。

昼死人，莫问数，日色惨淡愁云护。三人行未十步多，忽然两人横截路。

夜死人，不敢哭，疫鬼吐气灯摇绿。须臾风起灯忽无，人鬼尸棺暗同屋。

乌啼不断，犬泣时闻，人含鬼色，鬼夺人神。白日逢人都是鬼，黄昏遇鬼反疑人！

人死满地人烟倒，人骨渐被风吹老。田禾无人收，官租向谁讨？

我欲骑天龙，上天府，呼天公，乞地母，洒天浆，散天乳，酥透九原千丈土，地下人人都活归，黄泉化作回春雨。

写完《死鼠行》，师道南自己也死于这场鼠疫了。

关于香港的鼠疫，叶灵凤的《草木鱼虫》有一篇“核疫与鼠患”说，1894 年春末，香港居民之中忽然发生一种疫症，患者身上有一块肉核，故称核疫。往往第一天生病，第二天已经不治而死，而且蔓延极为迅速，医生知道这是“疫症”，但根本不知道是什么疫症，所以束手无策，于是死亡率极高，差不多达到 100%。这一年的核疫，据官方发表的数字，共死了 2552 人，而实际上还超过此数。核疫发生后，港英当局始终查不出病源所在，后来由一位日本医生来港协同研究，在死鼠身上发现病菌，这才知道这次灾祸竟是由老鼠酿成的。据当时检查发现，发生核疫的楼房，一定会发现死鼠，证实病源来自老鼠，所以认为死鼠比活鼠更可怕，因此非常重视处置死鼠，于是路边电灯杆上的老鼠箱便应运而生，以便将死老鼠集中起来处理。

这次鼠疫，让人类研制出了有效的抗腺鼠疫血清，鼠疫才基本上被人类克制。此后，鼠疫虽然没有灭绝，但也不再能像之前那样肆虐了。

不过叶灵凤这篇文章说这次鼠疫是日本一位医生发现病菌，与史实有出入。香港鼠疫时应港英政府要求，日本派出微生物专家，因发现破伤风菌及结核菌而闻名的北里柴三郎 6 月抵香港，同时，法国籍的亚历山大·叶赫森受巴斯德学院之托，亦来到香港，二人分别从病死者身上分辨出鼠疫的致病细菌，同时对外发布，但他们发现的细菌不一样，之后产生争议，后来日本专家的发现被证明有误。现在一般都以叶赫森为鼠疫病原体的发现人，1967 年这种细菌亦以叶赫森命名。

加缪在《鼠疫》中将英雄主义还原为常人，但在现实灾难面前并不等于没有英雄主义，或英雄人物不重要，在 1910 年东北的鼠疫流行期间，有一个名字应当被我们永远铭记：伍连德。

1910 年 11 月 9 日，鼠疫由中东铁路经满洲里传入哈尔滨，并迅速蔓延东北全境，波及河北、山东，持续 6 个多月，造成 6 万人死亡。

东北鼠疫发生后，12 月 7 日，清政府急电召伍连德为全权总医官，赴哈尔滨调查处理疫情。伍连德祖籍广东，出生于马来西亚槟榔岛，17 岁获得女王奖学金前往英国读书，成为第一个获得剑桥大学医学博士学位的华人。先后在法国巴斯德研究院、德国科赫实验室从事传染病病源学和疫苗研究，1907 年回国后，在天津北洋陆军医学院任副校长。伍连德受命到哈尔滨后，组织了大规模的抗疫工作，采取科学有效的防疫措施，及时遏制了疫情的蔓延和祸害。

一是解剖尸体、确定传染源，发明“伍氏口罩”。这次患者先是发烧、气喘、咳嗽，过不了几天便吐血而亡，死后皮肤呈紫血色，这种病在傅家甸已经流行了一个多月，死亡人数不断上升。伍连德抵达哈尔滨的第三天，即着手对一具病亡尸体进行解剖（这是中国历史上第一例有记载的病理解剖），通过血液化验确定是鼠疫杆菌，但日本南满铁路派来的北里柴三郎的学生，解剖了几百只老鼠，都没有在老鼠身上发现鼠疫杆菌，伍连德经实地调查了解后，大胆提出这次鼠疫无须通过动物媒介，可以通过呼吸和飞沫传染，引发肺部急性炎症，并将此命名为“肺鼠疫”。肺鼠疫是腺鼠疫的升级版。香港发现的腺鼠疫只能通过鼠蚤传染，而东北发现的肺鼠疫则可以通过飞沫和空气传染。科学判断为有效抗疫提供了坚实的基础。为了防止飞沫传染，伍连德设计了一种极其简单的双层纱布囊口罩，即用两层纱布，内置一块吸水药棉，戴上它就可以隔离病患，在后来的沈阳国际鼠疫研讨会上，各国一致赞成采用这种口罩，并称之为“伍氏口罩”，至今医务人员仍在使用。

二是隔离疫区，分区救治，分类治疗，首创疑似病房。应伍连德要求调来的一千多名士兵对疫区进行交通封锁管制。重疫区傅家甸居民佩戴不同颜色的4色臂章，以便识别，限制活动区域。将傅家甸分为4个区，配备相应的医务人员、护卫、警察，由急救队负责诊断、消毒、抬埋、站岗；巡查队挨家挨户检查疫情，一旦发现有人感染立即送治，并消毒房子。按照收治病人的病情，分为疫症院、轻病院、疑似病院和防疫施医处4类，既为不同的病人提供治疗，又避免他们之间交叉感染。伍连德借用了120节火车车厢，用作临时隔离营，对鼠疫患者的家属和接触者，以及出现咳嗽等症状的疑似者进行隔离诊察，如果连续7天体温正常即解除隔离，采取隔离阻断呼吸传染，控制了鼠疫蔓延的速度和规模。疑似病院提法为伍连德首创，直到现在我们仍在使用。

三是管制交通，控制人口流动，实行分餐制，消除传染源。当时哈尔滨是世界上最大的大豆集散地和贸易市场，山东、直隶两省不下十万人的劳工和小商贩在这里进出，而且鼠疫期间正值春节返乡潮开始，鼠疫病菌被传到关内的危险很大。为此决定停止东北境内的交通，并在东北入关必经之地山海关设立检验所，南下旅客在此停留五天观察。唾液是疾病传染的重要途径，中餐用筷子夹同一盘菜会引起交叉感染，为此，伍边德提出使用公筷、公勺，采取西式分餐制，或双筷制，一双筷子夹菜，一双筷子食用，以减少细菌传播。这一做法我们至今也仍在使用。鼠疫初期，政府为死者提供安葬棺材，街上尸体也由政府收集装棺后运到坟场，但到了后期，随着死亡人数越来越多，尸体被直接运到坟场，伍连德凭直觉感到严冬下的哈尔滨，鼠疫病菌在地面下也是可以存活的，担心这个坟场会变成一个巨大的鼠疫杆菌大冰柜，可能会引发再次传染，于是他采取集中火葬的方法处理掉了这些尸体。1911年3月1日，终于传来死亡人数为零报告的喜讯。取得哈尔滨抗疫胜利后，伍连德又转战长春、沈阳等地，经过艰苦努力，到4月底东三省鼠疫全部消灭。1911年9月3日，在沈阳举行的国际鼠疫大会上，伍连德被推举为主席，中国提交的长达500页的《报告书》备受关注和好评。这是中国历史上第一次真正意义上的国际学术会议。

因为贡献突出，1935年，伍连德被推举为诺贝尔医学奖候选人，成为第一位获此殊荣的华人，他还获得了日内瓦国际联盟卫生组织授予的“鼠疫专家”称号等。

在中华民族几千年的历史中，当国家和人民有难，不乏英雄人物挺身而出，力挽狂澜。在抗疫斗争中白衣为甲，逆行出征，舍生忘死，挽救生命，中华民族长期形成的特质禀赋和文化基因，一脉相传，前有伍连德，今有钟南山、陈薇。幸而有你，山河无恙。相信我们在不久的将来定能再一次吟诵道：“借问瘟君欲何往，纸船明烛照天烧。”

女巫身边的黑猫

在中世纪人们的眼里，猫就是女巫的标配，女巫的身边总是跟着一只黑猫。

欧洲中世纪的人们普遍相信：女巫们通过与魔王签订协议，把自己的灵魂出卖给魔王，从而换取预测未来能力和给人身体、生命、财产带来灾祸的能力。关于女巫的各种传说，离奇、诡异而恐怖，仿佛一到晚上，城市的上空都是女巫骑着扫帚飞来飞去，荒郊野地都是女巫与魔王放纵狂欢的聚会。一时间，女巫这个词一下冲上了欧洲人的热搜，家喻户晓，尽人皆知，人人自危，谈巫色变。人们对魔王和女巫的恐惧害怕迅速形成一股恐慌情绪，笼罩在欧洲大地的每一个角落，所有人都失去了对人身和财产的安全感，整个社会被撕裂成了两个部分：施巫术者和巫术受害者。"信则有"，迷信导致了集体恐慌，这种焦虑恐惧最终爆发成歇斯底里、丧失理性的集体疯狂，掀起了一场恐怖的"猎巫"运动。

既然女巫的危害如此巨大，既然巫术的危险迫在眉睫，因此有必要迅速反击、扑灭女巫之祸的蔓延。先是民间开始了猎巫行动，接着出现了职业猎巫者到各地搜寻女巫。进而，教会也找到了灭巫的依据，《圣经》说："你们要根除女巫"，教皇肯定了猎巫行动和黑猫是魔鬼化身的传说。这期间出现了一本猎巫指南，叫作《女巫之锤》，这本书借助在欧洲刚开始出现的印刷术，在 40 年内再版了 13 次，在欧洲得到了广泛的传播和应用。为了让法官从重从快惩处这种新的犯罪，作者警告说，女巫经常在被捕之后仍保有妖力，仅仅看法官一眼就可以让他们草率地认为她们是无罪的，法官要想避免错误，就不应当相信嫌犯在羁押期间所做的一切辩解，因为一个真正的女巫的明显特征，就是能够离奇地在刑讯之后仍然坚称自己无罪。他断言，反对这种看法的人就是异端。《女巫之锤》为猎巫运动提供了理论指引和技术指引，而博丹的《巫师的魔凭狂》则为审判女巫提供了法律指引，他认为在处理这种严重威胁道德的犯罪时，不适用习惯法中保护被告人的原则。法官应自由运用设圈套和欺骗的手段获得供述，刑讯越厉害越好，因为巫术“如此难以分辨、如此邪恶、如此隐蔽”，如果非法取得的证据不能采用，那么“一千个巫师里面只有一个会被惩罚”。这样，就此开启了“运动执法”模式。

从 12 世纪开始，到 16 世纪形成高峰，一直延续到 17 世纪，欧洲各国的宗教法庭和世俗法庭，至少烧死了几十万名女巫。对异端的裁判和女巫的审判，使火刑柱成了欧洲“黑暗的”中世纪法律的象征。

猫，就这样莫名其妙地躺着中枪。

15 世纪有的神学家在论著中专门讨论魔鬼化身为猫的问题，《女巫之锤》也有不少女巫化身为猫的故事。于是，在欧洲历史上最荒唐可笑的群众性狂潮中，酿成了猫和女巫的奇冤：

法庭的听众：绞死她！抽打她！杀掉她！

法官：正义何在？快制止这场暴力！

索耶大妈：你们这群恶棍，为什么折磨我？

法官：告密者，你为什么带头作弄老大妈？

告密者：她不是人！她是来自阴间的母猫，一个女巫！为了证明她的身份，我们给她的茅草屋放了把火。她不但不逃，反而往屋子里冲，就像魔王用火药把她轰了进去。(《非同寻常》)

在这至暗时刻里，猫被视为魔鬼的化身。在阿姆斯特丹，有位证人指控一位妇女说，有一天，他从窗户里看到被告人坐在火堆前和魔王说话，不一会儿，从地板里蹿出来 12 只黑猫，这些黑猫围在她身边，用后腿站立着跳舞，后来突然出现一种可怕而又奇怪的声音，黑猫消失了，留下一股难闻的气味。这个妇女被绞死后烧成灰烬。

猫被视为女巫的化身。1718年，苏格兰一个偏僻的小镇，有个木匠特别讨厌猫，但是猫却总喜欢到他的后院去玩，他觉得这肯定是女巫作怪。一次，猫又聚在他后院，他拿上大刀冲出去砍杀它们，猫四处逃散，有一只背上受伤，有一只屁股受伤，还有一只腿受伤。几天之后，这个教区有两位老妇人过世，据说她们的尸体被抬出来时，有人发现一位背部有伤，一位臀部有新疤痕。木匠肯定这就是他砍伤的那两只猫。消息传遍整个苏格兰，大家都积极寻找那个腿部受伤后逃走的女巫，很快人们发现了一个摔断腿躺在床上的70多岁老太婆，大家认定她就是那个逃跑的女巫，木匠也证实他砍伤了猫腿，老太婆被人从床上拉起来送进监狱。法官和陪审团不相信老太婆的任何辩解，对她刑讯逼供，最后老太婆承认自己的腿就是那天被木匠砍伤的，刚死去的那两个老太婆也是巫婆，行刑者再逼问她，她又供出了20个女巫。第二天，老太婆就被折磨死了。

猫被视为施巫术的工具。1323年，在法国的南部，有一天，一群牧羊人经过一个路口，看到有两根麦草插在地上，他们隐约听到了猫叫声，当地的宗教裁判官得知后，来到现场挖掘，发现地下有个柜子，打开柜子，里面有一只黑猫和几瓶圣油圣水。在询问当地人之后，他们逮捕了一个叫普雷沃的人，普雷沃说，这是因为附近修道院的修士雇请他和巫师佩尔桑帮助寻找修道院失窃的珠宝，他们原本打算在三天后，把猫挖出来，剥皮做一条皮带，再吃掉猫肉，这样一个叫贝里奇的恶魔就会为他们指出盗贼的方向。结果，修士被集体降职，并处以终身监禁，普雷沃和佩尔桑被处以火刑，烧成灰烬。

甚至连国王也相信女巫会借猫施法术。1589年苏格兰国王詹姆士与丹麦的安妮公主结婚期间，公主和国王的船只在爱丁堡附近的海域都遇到风暴，国王听到传闻是女巫在施法术。随后，在爱丁堡郊区有个叫邓肯的女人被怀疑会施魔法，纠问法官对她用刑折磨逼问后，她供认这是恶魔所为，还供出几个同伴。1590年底国王詹姆士亲自指控邓肯，在对十个被告人进行审前讯问时，邓肯被迫供认，为了破坏国王的婚礼，她将一只猫和人的尸体扔到福斯湾，因此引起了大风暴。最后这十个被告全部被绑上火刑柱烧死。随后又有一百多人被调查，有的被处死。

屠猫运动基本上和中世纪的猎巫运动相伴始终。在中世纪的屠猫狂潮中，猫不仅成为女巫的陪葬品，而且还成为宗教仪式的祭祀品，法国、西班牙等地都有一个烧猫节，在 6 月 24 日施洗约翰生日这一天，各地都要举行仪式，将猫投入火堆烧死，以示驱除恶魔。烧猫的仪式一般都由法官点火，这是因为，一方面按照魔鬼学家的说法，只有法官和刽子手由于他们职务上的原因，能够避免被魔鬼伤害，或被它上身，另一方面，由法官来点火烧猫也象征着法律的宣示：猫有罪，并且罪很重，必须处以死刑。当公共广场上点燃“约翰之火”，一麻袋一麻袋被推到火堆里的猫儿在熊熊的烈火中发出凄惨的叫声时，人们都认为那是巫婆受难时发出的声音，从而都兴高采烈地欢庆不已。

行走云端的猫

一只猫在云端上行走。

猫走路很轻，好像脚底下踩着棉花，它总是悄无声息地来到你的身边，咦？因为丝毫没有觉察到它是什么时候走过来的，人们总是很诧异地看了一眼跟前的猫。

或许正因此，儒勒·凡尔纳说，“我相信猫是谪仙的神灵，一只猫，我坚信可以行走云端。”

很遗憾，我太迟知道这句话了。小时候趴在窗台上，遥看天边飘浮的白云，想象过它们的形状是不是像牛马猪羊兔，却从未看到过有一只猫行走在天空上。

不愧是科幻小说大师，想象力与众不同。科幻到了现代，猫不仅可以行走云端，而且可以穿越宇宙了。不过，这个想象力也不是凭空产生的，最早应当是我们在《星球大战》看到的丑陋的外星人猫——ET猫吧。这个ET猫的原型产自加拿大，叫斯芬克斯猫，1966年发现的猫类新品种，它是猫类中唯一的无毛猫，无毛的原因是基因突变造成的，虽然样子很丑陋，但是把它的形象搬上银幕，作为谁也没有见过的外太空的猫咪，却再适合不过了。之后，我们就不断看到好莱坞的太空大片里常常都有一只作为智者化身带着东方禅意的太空猫，奇妙的是，这种标配似乎是顺理成章的，一点也没有违和感，猫大师坐在宇宙飞船里和人类一起穿越时空，仿佛原本如此。而且在它智慧的双眼里似乎蕴藏着许多宇宙的秘密。

行走在云端的猫，应当是穿着靴子的吧。很难想象猫是赤脚走在云端上的。

1697年法国作家夏尔·佩罗发表了童话故事《穿靴子的猫》。故事说，从前，有个磨坊主，死的时候给三个儿子留下一个石磨、一头驴、一只猫，老大分得石磨，老二分得驴，只分得那只猫的小儿子叹息说："他们两人把分到的财产合在一起刚好可以谋生，而我，等我吃掉这只猫，用它的皮做个暖手筒，就只能等着饿死了。"猫听到了这席话却说："您完全不必悲伤，我的主人，您只需给我一个袋子，然后再给我做一双靴子，好让我穿着去森林，您就等着瞧吧，您的运气可没您想的那么糟。"猫拿到靴子后，马上就穿在了脚上，将口袋挂在脖子上跑到了森林，它在口袋里装上麸子和生菜叶，诱捕住了一只野兔，带着战利品去面见国王，说是奉卡拉巴司侯爵之命来进献猎物，国王很高兴，让猫回去向主人道谢。过几天，猫又抓来一只鹧鸪，同样以卡拉巴司侯爵的名义，献给了国王。这样，卡拉巴司侯爵这个名字就给国王留下了很深的印象。一天，国王带着公主到河边游玩。猫得知后，即安排主人光着身子在河里等着，在国王经过河边时，猫叫人大喊主人的衣服被强盗抢劫了，自己又上前请求国王派人将"落水的"主人救了起来，国王还将自己华丽的衣服给它主人穿，穿上漂亮衣服的主人顿时显得十分英俊，公主对他一见倾心。国王和公主继续一路游玩，猫抢先赶到国王将经过的地方，威胁那些农民说，到时要跟国王讲他们耕作的那些田地，都是"卡拉巴司侯爵的领地"，这样，国王发现一路上经过的都是卡拉巴司侯爵的领地，既惊讶又佩服。实际上，那些土地都是城堡里食人魔的。猫又来到食人魔的城堡，对它说："听说您能随心所欲地变成各种动物，您能变成狮子或者大象吗?"食人魔真的变成了一只狮子，猫假装大惊失色，接着说："恐怕您不会变老鼠那样的小动物吧?"食人魔立即变成一只小老鼠在地上跑起来，猫一下子扑了过去，将老鼠吞进了肚里。国王到了食人魔城堡，猫出来迎接，说这城堡也是卡拉巴司侯爵的。国王看到侯爵有如此雄厚的资产，就表示愿将女儿嫁给他。于是贫穷的磨坊主小儿子喜迎公主为妻。从此，这只猫也成了猫大人，再也不用追着老鼠满屋子跑了，除非是为了找乐子才刷下存在感。

穿靴子的猫，彻底颠覆了欧洲人的思想观念。早期猫在欧洲文学作品中的形象并不佳。在伊索和拉·封丹的寓言中，猫的形象基本上都是负面的，不招人喜欢的：懒惰、阴险、残忍、不忠。这可能跟宗教思想观念有关。在基督教的圣像学上，猫代表着对赎罪形成威胁的狡猾的品行。猫被贴上宗教的标签：女巫化身为猫，猫化身为女巫，女巫总有一群猫围着她，在猎巫运动中猫被焚烧献祭。随着启蒙运动的发展，佩罗给猫穿上神奇的“靴子”之后，猫的形象为之一变，实现了华丽的转身。《猫的私人词典》说：“终于，这不再是一只恶魔般引起恐怖、充当恶势力使者的猫！终于，这不再是一只预示着灾难和痛苦的猫。”相反，它是一只能给人带来幸福的猫，虽然，这过程充满了欺骗、狡计，但最终它实现了让主人富贵发达的许诺，这对于以追求财富为根本目的的新兴资产阶级来说，是正合我意：过程并不重要，关键是结果。原先，我一直不明白，猫是怎么从中世纪人人厌恶的不祥动物变成了文艺复兴之后广受欧洲人喜欢宠爱的动物，现在才知道剧情反转的关节点就在于这只猫穿上了那双神奇的“靴子”，当它赤脚走在黑暗的中世纪大地上时，它是恶魔的幽灵，当它穿上“文明”的靴子，行走在资本主义的天空时，它成了人们景仰的英雄！

“只有懂猫，一个人才算得上是文明人。”猫俨然成为文艺复兴精神的化身，欧洲人不仅将生存权给了猫，也把足够的友爱给了猫，与猫共生共存，不仅和睦而且温馨：

猫从跟前走过时，苏佩维埃尔说，“当我看见一只猫经过，我心想，它对人的底细一清二楚”。

猫蹲在沙发上时，列那尔说，“理想的安宁就在一只坐着的猫身上”。

纪尧姆理想的书房是有“一只在书籍间穿梭的猫”。

连莎士比亚也说，“我更希望自己变成猫并且喵喵叫，而不是一个叙事诗人”。

不知道为什么，近代以来的欧洲文化似乎觉得猫是很有学问的智者。戈蒂耶说，“猫是一种哲学的、整洁的、安静的动物”，泰纳则言之凿凿地说，“我对哲学家和猫做了大量研究。猫的智慧永远更胜一筹”。

甚至，当猫竖起尾巴时，拉赛尔纳居然说，“猫用尾巴给它的每一个思想签名”。——真是神人啊，之前我还以为，猫卷起尾巴是向主人发出问号，真想不到猫居然是一位喜欢签名的思想家，还是一个注重保护自己著作权的作家。

当猫走下云端，向天空摇了摇尾巴，告别白云：轻轻地我走了，正如我轻轻地来！结束了诗意的牺息，走下云端的天猫，落地成了家猫，它的日常功课也从在天空中漫步，变成了满屋子追老鼠。

谁也不能杀猫

“猫是神秘的生灵，能够接近人类看不见的怪异事物”，洛夫克拉夫特的小说《乌撒之猫》给我们讲述了一个关于猫的怪异故事：

乌撒镇曾经有一个老佃农，他和他的老婆喜欢诱捕和杀死邻居的猫，许多镇民认为他们杀猫的手段相当残忍，人们既痛恨那两个老家伙，但更害怕他们，没有人敢痛斥他们是暴虐的凶手，只好小心照看好自家的猫。有一天，一支古怪的流浪大篷车来到乌撒镇，车身上画着猫头人身、鹰头人身、羊头人身和狮头人身图案，首领身上戴着奇异的头饰。大篷车里有个失去双亲的小男孩，叫美尼斯，只有一只小黑猫和他做伴，他每天坐在绘着奇异图画的马车踏脚台阶上和优雅的小黑猫玩耍。第三个早晨美尼斯找不到小猫了，他在市集上大哭，几个镇民告诉了他那对老佃农夫妻和夜间里那些凄惨声音的事情。于是，美尼斯就开始祷告，他向太阳伸展双臂，就在他念念有词祷告的同时，云朵似乎变成了各种朦胧模糊奇异的物体。当天夜里大篷车拔营离开，镇民们困惑地发现整个小镇都找不到一只猫了，每一户人家的猫都消失得无影无踪。镇长认为是大篷车队为了报复美尼斯的小猫被杀带走了镇上所有的猫。但也有人声称老佃农夫妇更值得怀疑，还有人赌咒说黄昏时亲眼见到镇里所有的猫都聚集在老佃农那可憎的院子里，绕着窝棚缓慢而庄重地踱着步，像在举行某种仪式。于是乌撒镇在徒然的愤怒中沉沉入睡，等人们在清晨醒来发现——天哪！所有的猫都回到了它们最喜欢的壁炉前，一只猫都没少。不过有件怪事引起了人们的注意，那就是没有一只猫愿吃分给他们的肉、喝摆在它们面前的牛奶，整整两天这些猫都不碰任何食物。过了一个星期，有人发现，自从猫全体消失的那晚开始，就没有人再见过那对老夫妻。又过了一个星期，镇长带人进入了那个院子，他们发现地上躺着两具剔得干干净净的人类骨架。乌撒镇的居民对此讨论了很久，最后，镇上的居民全体通过了那条著名的法令：在乌撒镇，谁也不能杀猫。

故事的主题是：猫有灵性，杀猫不祥，会遭报应。

虽说猫有九条命，人类要杀死一只猫也是很容易的。但是，人类真要去杀死一只猫时，好像又没有多少理由。猫活得好好的，人类要杀它，总要给自己找个理由，也给猫一个交代吧。人类饲养动物，大约有两种目的，一是为了当作食物，人们饲养它，纯粹是为了吃它的肉，像鸡、鸭、猪、羊。另一类是为了帮助人类干活，即借用畜力，如养马驮物、养牛犁田、养驴拉磨、养狗看家，这些技能都是人类驯化出来的，但是养猫干吗呢？抓老鼠？可是抓老鼠是猫的天性和本能，它一生下来就会，并不是人类驯化出来的技能，而且，猫进屋住下就成了家猫，离开屋子流浪就成了野猫。猫至今还是带有半野性的动物，或者说“猫是兼具野兽和家禽的双重性的动物”，虽说人养猫，但它不太认主人，虽说住在家里，但它爱来就来，说走就走，潇洒得很，所以在人类饲养的六畜里，牛、马、鸡、羊、豕、犬不包括猫。有人说猫是唯一没有被人类驯服的动物，所以从来没有人看见猫作为马戏团的动物给人类表演节目，也有人说猫只是跟人类签订了契约，这是有一定道理的。正如下面那位法官判词说的：虽然1700年的法律允许人们杀家禽，但将猫归于此类动物并不准确。因为家禽早晚要被杀的，它们在某种程度上被人掌控，被关在完全封闭的地方，但同样的情况却不适合猫。因为家猫在某种程度上具有复杂的本性，它是一种多少有些野性的动物。的确，猫并不完全由人所饲养，因此，人类杀猫的权利依据总感觉不是太充分。何况，杀猫也没用，因为猫肉不好吃。小时候我问过很多人，都说没吃过猫肉，有一次特地问一个顽皮的小伙伴，因为我觉得他最有可能做一些出格的事，他说吃过，不好吃，酸的。不知道他是不是真的吃过，但《本草纲目》确实说猫肉是酸的。就说了，在中国，不能吃的动物你去杀它干什么呢？所以，杀猫的理由是很不充足的。新冠肺炎疫情爆发后，全国人大常委会作出禁食野生动物的决定，社会公众对野生动物哪些能吃、哪些不能吃的讨论正方兴未艾，见仁见智，热闹非凡。在深圳市地方立法开出的禁食“野味”黑名单中，猫、狗等宠物是禁止食用的。台湾、澳门地区在早些年就已经禁止吃猫、狗肉了。

杀猫在有些国家是犯法的。法国国民议会于1850年7月2日投票通过了《格拉蒙法案》，对“公开虐待家养动物者”处以1—15法郎的罚金刑，判处1—5天的自由刑。1865年，法国枫丹白露的一位治安法官作出了一项开创性的判决：杀猫有罪。这项判决源于一位花圃的主人，因为气愤自己精心种植的花圃被街上的流浪猫践踏损坏，就在花园周围设下很多陷阱，放置香美的诱饵，引得街区里的家猫都跑过来吃：结果15只猫被毒死。法官对这个案件判决认为，家猫是主人的财产，是一种受法律保护的动产，因此受害的主人有权要求使用刑罚惩罚故意毁坏他人财产的人。最早，法律是把猫作为主人的财产权来保护的，近些年，日本、加拿大等国家以及我国的台湾地区都规定，虐杀、滥杀猫等动物要判刑。记得那年五月我在漳州出差，翻阅梁治平同学《法律背后的故事》一书，里面有篇《两则虐猫案判决》写到台湾的一个案例：台大某博士借助“猫咪论坛网站”，以收养猫儿为名，领养数只，将其中的三只故意凌虐致死，因此被控违反台湾地区的动物保护法，被判刑。但杀猫行为是不是犯法，各国各地的法律规定也不尽一致。2005年美国的威斯康星州因为野猫成患，举行过一次全民立法公投，有超过一半的居民支持猎捕野猫合法化。时至今日，关于动物保护、禁止虐待动物的立法就很多了。英国、法国、美国、瑞士、韩国、日本，都制定了许多保护动物的法律，这其中当然也包括对猫的保护。但是，即便是上述立法禁止虐杀、滥杀猫、狗的国家，与其说是保护动物的权利，不如说是规范人的行为。有些动物保护主义者主张立法保护动物的权利，但是，人类社会法律的权利主体是人，只有人才是合格的权利主体，如果将非人类的动物确立为权利主体，势必颠覆现代法律体系的基础。所以，所有有关动物的立法都只是规范人的行为，而不是赋予动物权利。

猫在它最早的居住地古埃及的日子是过得很幸福的，它被尊为女神贝斯特的化身，受人崇拜，还受到法律的严格保护，法律禁止任何人惹恼猫、侮辱猫、伤害猫，杀猫如杀人，要判处死刑的。甚至他们宁愿输掉战争，也不愿伤害猫。传说在一场波斯对埃及的战争中，“不讲武德”的波斯军队发给每个士兵一只猫挂在身前作盾牌，埃及军队不敢对抗他们的神灵，纷纷丢弃武器溃散了。在中东伊斯兰世界一带的猫，日子过得也很滋润，因为先知穆罕默德很爱猫，传说有一次他要起身祷告时，为了不打扰在他长袍上打鼾的猫，割断了自己衣袍的一角。所以伊斯兰世界相信猫是圣洁的动物，都很善待它，无怪乎伊斯坦布尔至今仍是世界著名的猫城，这刚好跟欧洲基督教信仰相反。猫通过古希腊进入古罗马，最后在欧洲定居下来。但随着中世纪的到来，猫进入了绝望的时代，过着灾难深重的日子。因为中世纪的人们相信猫是魔鬼的化身，女巫常常会变成猫，而猫也常常会因为魔鬼附身而变成女巫，因此，宗教和法律双管齐下，上至国王下至平民百姓一起动手，掀起一场旷日持久的疯狂的“猎巫”运动和持续大规模的烧猫运动，法国的梅斯就曾创下一次烧死 36362 只猫的历史记录。经此浩劫，欧洲猫的数量急剧减少，导致了生物链断裂，老鼠没有了天敌，迅速增多，据说当时的欧洲每个屋子里至少都有六七只大老鼠。中世纪欧洲人很不讲究个人卫生，城市也很脏，造成了鼠疫爆发，给欧洲人带来了生存危机。可见，这场大规模的灭猫运动有着深刻的宗教文化背景。

在咱们中国，几千年来人们一直秉持着天人合一的观念，大自然是一首万物共存、和谐相处的圆舞曲，不是弱肉强食、适者生存的杀伐乐。中国的宗教不同教派之间也很宽容，儒释道共存互鉴，从不搞异端诛杀，从来没有宗教战争、宗教迫害、宗教法庭、异端裁判所。儒教主张中庸，反对极端，从不主张杀戮；道教主张道法自然，无为而治，一般也不主张杀伐。佛教来到中国后，经过本土化改造，也很人性化、世俗化，而且佛教讲仁慈、戒杀生，自然不会去发动屠猫运动。中国历史上一直是政教分治，宗教也一直依附皇权，不去侵占世俗的政权，谨守边界，不与皇权分庭抗礼，所以历代统治者对三教一般也都很宽容，所谓被称“三武一宗”的四次灭佛法难，毁寺庙、逐僧侣、夺寺产，并没有大规模的异端杀戮，从肉体上消灭僧人，而且持续时间都很短。及至北宋，佛教与儒家进一步融合，契嵩禅师作《辅教篇》，把佛教的“五戒”与儒家的“五常”相融通，认为不杀生就是仁、不偷盗就是义、不邪淫就是礼、不饮酒就是智、不妄语就是信，并提出“孝在戒先”，主动向儒家靠拢，解决了儒、释两家长期争论的焦点孝道问题，从此儒、释和谐相处，北宋之后各个朝代没有再发生过大规模的排佛事件。所以中国的宗教、文化都没有给杀猫运动提供精神指引、法律手段、社会情绪。生活在中国的猫还是很幸运的。

南泉斩猫

说到佛教戒杀生，想起唐代一个禅师杀猫的故事。开始看到的是南泉禅师杀猫的故事：有一天，南泉座下的东西两堂弟子在争夺一只猫，南泉抓起这只猫，对大家说：“你们说句见机的话，即拿走猫儿，说不出就斩了它。”大家都不知道说什么好，南泉就挥刀把猫给斩了。——这什么禅师！这么残忍，佛教不是戒杀生的吗？你弟子说不上来，关猫什么事？那时我眼前浮现的是南泉挥刀斩猫的场景。

后来看到了南泉斩猫的禅门公案。同一件事情，但公案和故事大相异趣。

禅宗认为凡可言传的皆是二法，学佛之人困于二法，往往百思不得其解，二法反成了修佛的阻隔，只有打破文字言传这堵“二法墙”，才能百尺竿头更进一层，从“山重水复疑无路”，到达“柳暗花明又一村”的新境界，使原先像风像雨又像雾的朦胧心境，顿时“澄江一道月分明”。

既然是“只可意会不可言传”，要“不二法门”，怎么办呢？相传，佛祖灭度前，在灵山会上拈花示众，当时大众都不解其意，面面相觑，唯有迦叶尊者发出了会心的微笑。拈花，微笑，心领神会，于是佛祖将这“不立文字，教外别传，直指人心，见性成佛”的道传给了迦叶尊者。这种另辟蹊径的传道方法，就是禅宗，后来达摩受命东来传播这“直指人心”的大法，成为中国禅宗的初祖。这种靠灵性突然顿悟禅理，明了自心是佛，达到佛的境界，有别于经过长期不懈的修习，逐渐克服种种世俗的执着，领悟佛教真理的渐修。所以禅宗传法，不用言说，而每每用无言的方法。据说有一次药山惟俨勉强答应众僧的说法请求，大众刚集中起来，药山惟俨便一言不发地回房了。追问他怎么回事，药山惟俨禅师说：“讲经有讲经的法师，说戒有说戒的律师，我是禅师，而禅是不能讲的，讲了也白搭。”既然不能言传，为了“直指人心”，促成顿悟，禅师就往往用话头、“机锋”，或巧妙设喻，旁敲侧击，或当头棒喝，醍醐灌顶，或就地取材，顾左右而言他，或以拈花微笑一类动作，表达意蕴，以期直指人心，触发心机，则“如击石火，似闪电光”，顿时成悟，实际上是要启发顿悟的灵感，接得“话头”，识得“机锋”，便心领神会，豁然开朗。当然悟得悟不得，则全在个人修行和悟性了。

南泉普愿禅师，受过具足戒，精通玄义，后入马祖室，顿有所悟。他有不少禅门公案传下来。这次南泉普愿禅师见两堂弟子争猫，于是就地取材，拿猫开示说法，借此由头作“话头”，要他们说一句“见机”的话，见两堂弟子不识“机锋”，接不上“话头”，他进而挥刀斩猫，以期有弟子能够顿悟破执：两堂争猫无非出于执迷——外见有猫可得是“法执”，内见我欲得猫是“我执”，挥刀斩猫，执的对象便没有了，此乃斩猫破执。晚上，南泉普愿禅师的高足赵州从谂禅师回来，就是那个创作三称“吃茶去”“庭前柏树子”等许多禅门公案的赵州从谂，南泉普愿禅师把白天的事情再说一遍，并问他：“如果你当时在场会怎么做?”赵州从谂禅师听了，并不回答，只把草鞋脱下来放在头顶上，走了出去。南泉普愿禅师说：“如果当时你在场的话，便会救了猫儿的性命。”什么意思？后世对赵州从谂禅师头顶草鞋的举动，又是众说纷纭，争论不休，一千多年了，还是莫衷一是。我以为，这种理解应当更接近赵州从谂禅师的意思吧：众生执幻为真，无异本末倒置。南泉普愿禅师也好，赵州从谂禅师也好，一路下来只是两个字：破执。南泉普愿禅师挥刀斩猫是外破法执、内破我执，赵州从谂禅师更进一步：他破的是幻执。按佛法万象皆空，而众生执幻为真，是为本末倒置，无异让头穿鞋，给脚戴帽。此即弘一法师所云：执象而求，无异于咫尺天涯。

《五灯会元》有一则枯木禅的公案：有位老太婆建茅庵供养一位和尚修行三十年，平时都由一位二八少女送饭服侍修行的和尚。一次，老太婆对女子说：“等一下你送饭时，抱住他试试他的修行功夫。”女子送饭时依言抱住僧人，问他感觉如何，僧人说："枯木倚寒岩，三冬无暖意!"不料，老太婆听说后，非常生气："我三十年来供养的只是一个俗汉!"于是她一把火烧了茅庵，赶走了和尚。按说和尚修行到了无情无欲"枯木"般的地步，已然非俗了，老太婆为何还要斥之为"俗汉"呢？因为枯木禅的本意是枯木逢春，要能"死"更要能"活"，杀人刀与活人剑是枯木禅的一刀两面，消除妄想分别之心，"打念头""破执迷"是让人"死"的杀人刀，然而打去念头，破去执迷后，不思不动，"如枯木石头、如寒灰死火"，"死"后不能"活"却是禅宗最担心的弊病，佛教之"空"，仍"空"去妄想、执念而已，空去妄想、执念后却要能"活"起来，显露出真性情的妙用，才能"见性成佛"，所谓"打得念头死，救得法身活"是一体两面，破的同时要立，"枯木"是杀人刀，"逢春"是活人剑。破而不立，便只是杀人刀，所以那和尚能"死"不能"活"，修行境界未脱一俗字，故仍是俗汉一枚而已。枯木逢春，与死灰复燃、浴火重生是一个道理。

既然万物皆为空幻，南泉普愿禅师斩猫之时，眼里无猫，心中亦无猫，手中非猫，只是一物也，破除此物，则为虚无，如此看来，南泉普愿禅师斩猫并非杀猫，南泉普愿禅师所斩非猫，乃斩执念。所以就不好说南泉普愿禅师斩猫是犯杀戒了。

南泉普愿禅师斩猫，用意在打念头、破执幻，门下不解其意，枉负南泉普愿禅师一番苦心。赵州从谂禅师安履在头，走出门去：你自斩猫，与我何干！实乃真性情，为大自在。他不仅会得南泉普愿禅师杀人刀，亦以行动证得活人剑。"是真佛只说家常"，饥来吃饭，困来即眠，如南泉普愿禅师所说"平常心是道"。

提尾来见

印尼的爪哇岛鼠患成灾，当地政府通过了一条法令：新郎在举行婚礼之前，要向村长交上 50 只老鼠尾巴，结婚时再交 20 只鼠尾，才能办理结婚手续。如果有人离婚，也要交 40 只鼠尾。这条法律，在老鼠看来确实是够损的，明明是要它的命，却美其名曰要它的尾巴，这还不算，关键是搞得那些想早日洞房的情侣和反目成仇的夫妻都同样迫不及待地要割它的尾巴，等不及了就上街买，有人要买，自然有人会卖，于是就在当地催生了一个特殊行业，专门捕鼠割尾，卖给结婚、离婚者，以供他们提尾上交。这对老鼠来说，显然是一条恶法，但对人类来说，这条独一无二的法律却无疑是一条良法，它不仅有利于消除当地的鼠患，还顺便让捕鼠成为当地人的一种生财之道。它的创意在于把灭鼠与婚姻捆绑在一起，“爱，或不爱，都要提尾来见”，乍听让人有点啼笑皆非，细思却令人脑洞大开，关键在于实际效果好。

这条立法表面上看是把老鼠与婚事强行捆绑，显得突兀，但实际上鼠事与婚事的关联不少，并非完全是风马牛不相及，特别是一些民俗更是在两者之间暗牵红线。比如，我们耳熟能详的老鼠嫁女故事和老鼠娶亲的传说，另外，古代民间嫁娶还有十二生肖相生相克之说，比如老鼠与牛相合、与羊犯冲等，不过这显然是封建迷信了。

结婚生子，传宗接代，繁衍子孙，多子多福等，都是古人的传统观念，虽然古人很不喜欢老鼠，但是对老鼠超强的生育能力，却是大为赞叹、惊羡不已，因此就有许多瓜果瑞鼠图、葡萄松鼠图等画作，那些瓜果、葡萄和老鼠一样，都有多籽（子）的寓意，人们都很乐意借此图个好彩头。

老鼠与婚事的关联还有不少。如拉祜族有个习俗，小伙子如果看中哪家姑娘，必须将亲手射杀的标鼠交给姑娘的父母，作为求偶的礼物，否则免开尊口。这其中的原因是标鼠生活在原始森林，习惯在早晨和黄昏出来活动，这种老鼠身体敏捷灵活，它一跳能跳 2 米多高，20 多米远，人们很难捕捉到它。拉祜族的射标鼠求偶的习俗可谓一箭双雕之举，因为标鼠难捕，有没有耐心、能不能下苦功夫去捕杀，这正是考验小伙对姑娘的感情真不真、深不深的方式：你问我爱你有多深，我爱你有几分？你来看一看，你去想一想，标鼠代表我的心。同时，标鼠捕杀不易，所以能够亲手捕杀标鼠的小伙子必定身手矫健。因此，看似一个奇异的婚俗，实际上却隐含着深意，既考验了求婚者的诚意，也检验了求婚者的体格，当小伙提着标鼠的尾巴来见未来的岳父母时，等于递交了一份对求偶两大试题的答卷。

结婚是喜事，所以会举办婚庆，但不小心也会有老鼠来搅局。

最近，五粮液酒瓶里的梨是怎么放进去的火了一把。这个噱头在网络上引起了很多围观，但是，如果说酒瓶里的死老鼠是怎么“放”进去的，就让人大倒胃口了。不过现实中确有此事。

十多年前的一天，新疆的徐女士在某酒店举办婚礼时，向某个体商店购买了 8 瓶当地工贸公司产的红葡萄酒，婚宴在喜庆中举行，新郎、新娘依礼给宾朋亲友敬酒，敬到一位亲友时，发现酒瓶子里居然有一只死老鼠，参加婚宴的亲朋好友们大惊失色，纷纷提前离席。为此，徐女士向乌鲁木齐某区人民法院起诉个体商店和生产厂家，要求赔礼道歉，赔偿经济损失 6000 元，精神损害 1.5 万元，两被告负连带责任。但是厂家拒绝赔偿，认为葡萄酒出厂都是经过严格的检验，死老鼠不可能在生产过程中被装入酒瓶，并声称对这只死老鼠的出现表示怀疑，酒店的服务员说，他们只负责将葡萄酒打开盖子后交给新人。这件事有点“乌龙”，法院觉得不好判，只好进行调解。最终，厂家声称出于人道主义的考虑同意赔偿 2000 元。原告撤诉。

无独有偶。在 20 世纪初期，美国的密西西比州高等法院也审理过一起可乐瓶里的死老鼠案。老鼠是怎么钻进或装进可乐瓶里的？不得而知。虽然证据表明，清洁和装填瓶子的系统显然没有疏漏，对于异物落入瓶中也有专门的防范措施，但事实是，这个瓶子里确实躺着一只死老鼠，而且已经被泡得鼓鼓的，开始腐烂了。当事人诉称，他从杂货店里买来这瓶饮料，因为口渴，打开后畅饮了几口，想凉爽一下，却突然闻到了一股异味，一看才发现瓶子里有个令人恶心的东西。原告说他喝了老鼠浸泡的可乐生病了。杂货店老板可以证明这饮料是从可口可乐公司买来的。法院审理认为“生产厂商制造的瓶子卖给零售商后，再卖给大众，饮料应该是对人体无害的，厂家应负有法律义务，注意不让异物进入瓶中，从而对人体构成威胁”。所以州高等法院支持了原审陪审团的裁决：可口可乐公司应予赔偿。

这两个案例，酒瓶死鼠案与可乐瓶死鼠案，分别以调解和判决结案。它们的共同点是厂家都坚称死老鼠不可能是生产环节被装进瓶子里的，但瓶子里确实都有一只死老鼠，不同点是，可乐瓶里的死老鼠已经被浸泡得鼓鼓的，开始腐烂了，显然是在瓶子里躺了很久了，但葡萄酒瓶里的死老鼠是怎么来的呢？服务员说她在开盖后将酒瓶交给新人，因此如果不是生产环节造成的，除非是开瓶后，新人自己将事先准备好的死老鼠放入酒瓶中，否则酒瓶里不可能有死老鼠，而新婚之人在自己的婚宴上这样做，在情理上有多大的可能性？但是，人性靠不住，情理难把握，所以不如借用一下孙亮辨鼠屎的做法，把死老鼠切开，看看死鼠身体里的干湿程度，便能明白死老鼠是不是新放到酒瓶里的了。当然，这是古代判官的做法，现代诉讼只要拿去做司法鉴定就能解决了。鉴定结果，如果死老鼠是新放到酒瓶里的，厂家自然可以不赔，但如果死老鼠是长期浸泡在酒瓶里的，厂家就不能不赔了。因为，如果不是原告自己把死老鼠放进酒瓶，原告无须证明死老鼠是怎样被装进酒瓶里。但是，本案在没有查明基本事实的情况下作了调解处理，事实不清、责任不明，虽然案结事了，但是效果不好，以调解化解矛盾纠纷，或以判决解决矛盾纠纷，都是法定的结案方式，重点不在于是调是判，而在于要查清事实，分清责任，依法调判，如此，死鼠闹婚宴的处理才能取得良好的法治效果。

家猫是动产

法国作家拉伯雷曾用“穿皮衣的猫”来嘲讽司法人员，这形象感觉挺滑稽可笑的，不过这位以讽刺小说《巨人传》被称为“伟大笑匠”的作家，为什么会用猫来比喻司法人员呢？原来，法语中“gretfier”这个词，除了有“法院书记官、诉讼档案保管员”这层意思外，在口语中使用还有“猫”的意思，所以，从词源学上来讲，猫就是法院的书记官。更让人想不到的是，猫还曾经被当作正义和宪法的象征。1762 年出版的卢梭《社会契约论》第一版书名页上的装饰图案是：一只猫坐在正义的脚边，而另一只猫则坐在自由的脚边。奉卢梭为精神导师的法国大革命接受了这一象征寓意。1795 年，在科皮亚的版画中，猫代表着宪法。猫象征自由确实适合它来去不羁的性格特征，但对猫象征正义、甚而代表宪法，开始我有点不解，继而想起猫的法语词源既然与法院有直接关联，那么，进一步引申，以此象征正义，基本上也是顺理成章的，不过以猫象征宪法似乎有点扯远了。

在司法史上，猫主要是作为一种财产权存在的，猫是动物，家猫是动产，动产和不动产是法律对财产形态的一种区分，区分的标准为是否能够移动和移动后是否改变其性质、损害其价值，因此，土地、树林、房屋为不动产，家具、汽车、家禽为动产，家养的猫作为一种动产，属于主人的财产权益。

在中世纪，所有的猫都被法律认定为有罪，都要与女巫一起接受火刑，自然谈不上什么经济价值。但在中世纪的早期，猫还是被承认为拥有者的财产，作为主人的财产权受到法律保护。猫能捕鼠，因此就有了市场价格，侵犯猫主人的财产，依法必须赔偿，法律专门对猫的司法价值作了规定。10 世纪，以习俗和古老习惯为基础制定的威尔士法典，对猫的价值制定了严格的标准：猫出生睁开眼时值 1 便士，到它抓到第一只老鼠时值 2 便士，成年后值 4 便士。当然，这只是普通老百姓家里的猫，如果是国王的猫则值 1 英镑。对杀死看管皇家仓库的猫，还有另外一种赔偿计算方法，但平时杀猫、偷猫的司法赔偿主要就依照这个标准。

猫是一种财产，珍贵的猫就是一笔可观的财富，有的猫甚至贵到“千金不换”的程度。但是财富可以给人带来幸福，也可能给人带来灾祸。由此引发的谋猫害命，以猫骗财的刑事案件屡见不鲜。《义猫记》讲述了一起谋猫害命的案件：山西有个富人，养着一只外形奇特、聪明伶俐的猫，猫眼睛金黄色，脚爪淡青色，头顶有红斑，尾巴灰黑色，身上的毛却像雪一样洁白。同乡有一个贵人的儿子，见了这只猫非常喜欢，就拿一匹骏马和他交换，他不肯，拿爱妾和他交换，他也不肯，直至拿一千金来买他这只猫，他仍是不肯，这下惹恼了贵人的儿子，就设法诬告他和强盗有往来，富人无奈带着猫逃到了广陵一个巨商朋友的家里。哪知道这个巨商也一眼看上了他的猫，就想用毒酒害死他。但猫和主人寸步不离，毒酒刚一倒满，猫就把酒杯打翻，再倒满，猫就再打翻，倒了三次，打翻了三次，这引起了富人的警觉，便带着猫连夜逃跑了。

冯梦龙的《智囊补》有一则故事说：南宋时，杭州城北有个卖熟肉的老头叫孙三。孙三每天出门前，必定再三叮嘱他老婆说：“好好照管我那只猫儿，全京城找不出这种品种，千万不要让外人看见，否则被人偷走，那我也不想活了。我年纪大了，又没有儿子，这猫儿就跟我的儿子一样。”孙三每天都对老婆说这番话，邻居们也都知道，时间长了，人们都觉得好奇，想看一看猫的长相，可是总也见不到。一日，猫忽然挣脱锁链跑到门外，孙三老婆急忙将猫抱回屋里，那猫儿一身火红，大家都被这罕见的毛色惊羡得说不出话来。孙三回来后，责备老婆没有看好猫，又打又骂。很快这件事就传到宫内太监的耳中。太监派人带着贵重的礼物来拜访孙三，希望孙三割爱，但孙三一口回绝。太监求猫更加心切，前后四次来拜访孙三，孙三只答应让太监看看猫，太监见了猫之后更是喜爱得不得了。最后终于用三十万钱买下。孙三卖了猫之后，整天流着泪唉声叹气。太监得到猫儿后很高兴，想将猫儿调教温顺后再呈献给皇帝。但是不久，猫儿的毛色越来越淡，才半个月，竟变成了白猫。太监再去孙三家时，孙三早已搬走了。原来，孙三是用染马带的方法，把白猫染成红猫，而先前那些叮嘱、责打，全是骗人的把戏啊。

中国古代也有争猫的判例，争猫实质上就是争动产的所有权。裴谞为人诙谐幽默，任河南府尹时，两个妇人投状争一只猫，状纸上写着："若是儿猫，即是儿猫；若不是儿猫，即不是儿猫"，如果是你的猫儿，就是你的猫儿，如果不是你的猫儿，便不是你的猫儿。裴谞看后大笑，写下判词道："儿猫不识主，傍我捉老鼠。两家不须争，将来与裴谞。"猫儿找不到主，帮我捉老鼠，你们不要争，拿给我裴谞吧。两妇人都笑了。一只猫儿两家争，相持不下，最后判归自己，裴谞的判词虽诙谐，但于法却有不足，不过倒也不失为案结事了的息讼之判。中国古代公权强、私权弱，故这种判法并不少见，究其深层原因是更容易息讼。这主要有三个因素，一是诉讼心理，我得不到你也别想得到，充公即是满足了这种心态，双方都得不到，也就没有你得我失的强烈对比所形成的心理落差；二是不失面子。没输就不失面子，熟人社会里，输了的一方，不仅是输了官司，而且是丢了面子，并且会在熟人圈里引起这个人没道理的负面评价；三是古代百姓畏惧官府，判为衙门所有，不敢再去争。因此这种判法双方都觉得可以接受，都不反对。

假鼠行恶

人类一方面想方设法要捕杀老鼠，另一方面却无所不用其极地利用老鼠干坏事。所以说，老鼠遇上法律基本上都是些倒霉的事。

三国时吴主孙亮有一天正在西苑吃生梅，就叫宦官通知管仓库的官吏取蜜来浸渍生梅，但蜜取来后却发现里面有颗老鼠屎。孙亮就问管仓吏："宦官有向你讨蜜吗?"管仓吏回答说："他刚才跟我讨要过，我实在不敢给他。"但宦官不认账，身边的人请求交给司法官调查，孙亮说，这很容易弄清楚，叫人当场剖开老鼠屎，发现里面是干燥的，孙亮说，老鼠屎如果在蜜中浸很久了，里外应该都是湿的。现在里面是干的，这一定是宦官干的。宦官当即叩头认罪。原来，宦官私下索蜜不成，竟挟怨栽赃陷害仓吏，一颗老鼠屎，差点引出一个冤案。所幸的是孙亮明察秋毫，作为宦官栽赃工具的这颗老鼠屎，成了孙亮破案的依据。

不仅有人利用老鼠屎作案，还有人利用老鼠须作案。据说中国古代有人用鼠须制作鼠毫笔，专门用来科考作弊，可能是鼠毫作笔可以书写非常小的字，便于夹带吧。在古代科考作弊是重罪，但仍不乏有人挖空心思，以图侥幸。

更有甚者，居然有人利用死老鼠作案。《人民法院报》载，2018 年 11 月 13 日，郭某携妻子到北京的一家海底捞火锅店吃饭，"正吃着火锅，喝着啤酒"呢，不意竟吃出了一只小老鼠，于是向餐厅服务员索要 500 万元的赔偿款，沟通协商未果，服务员打了报警电话，郭某又以向媒体曝光和向有关部门举报为由索赔，遭到拒绝后，即向质检部门举报。火锅店报警后，警察调取了现场监控视频，视频显示，郭某在找服务员交涉之前有明显的从兜里掏东西的动作，警方进一步调查，查清了郭某就餐后将事先准备好的死老鼠放到火锅里，以此敲诈勒索巨额赔偿款。最后是搬起石头砸了自己的脚，弄巧成拙，赔了钱财又受刑，法院以敲诈勒索罪判处郭某有期徒刑 3 年，罚金 3 万元。

不仅犯罪者利用老鼠作案，司法者、执法者也利用老鼠刑讯、行刑。历史上，中外都有过用老鼠作为刑讯工具的。据说，在抗战时期，戴笠手下的军统抓住了日本王牌女间谍南造云子，怎么审问都不说，竹签、老虎凳、辣椒水都用过一遍了，还是没有用。于是，戴笠叫人弄来几百只老鼠扔进监房，跟南造云子关在一起，这些又饿又脏的老鼠吱吱叫着往她身上爬，这下女间谍受不了，只好招供了。

小说《1984》有一个利用老鼠审讯的恐怖场景：

> "老鼠"，奥布兰仍然像对着无形的观众一样说道，"虽然它们不过是啮齿动物，但也是食肉性的，你也明白，你也听说过个城市的贫民窟里有过的事。在有些街区，妇女不敢将她们的婴儿一个人留在家里，五分钟也不行，老鼠肯定会袭击婴儿，只要很短一段时间，就会把婴儿啃得只剩骨头。老鼠也会袭击生病或者快死的人，表现出惊人的智力，知道一个人什么时候是无助的。"
>
> 笼子里突然传出一阵吱吱的尖叫声，在温斯顿听来，像是从很远的地方传来的，两只老鼠正在打架，想冲破隔离网互咬。
>
> 奥布兰拎起笼子时，他按下了笼子上的某个东西，传来一声脆响。
>
> "我已经按下了第一个控制杆，"奥布兰说，"你也明白这个笼子的构造。这个面罩会紧紧扣到你的头上，不留一丁点空隙。我按下另一个控制杆，笼门就会滑开，这两个正在挨饿的东西会像子弹一样蹿出来。你有没有见过一只老鼠跳到空中的样子？它会跳到你的脸上并一直掏进去。有时候先咬眼睛，有时候会从颧骨那儿直接掏进去，咬掉你的舌头。"笼子又移近一些，越逼越近……

就这样温斯顿崩溃了。

用老鼠刑讯逼供主要是通过心理威慑，从精神上、意志上摧毁被刑讯者的心理防线，从而获取口供。但也有老鼠用作为实际行刑工具的，甚至用来执行死刑。《人类死刑大观》记载了这种毫无人性的酷刑：“在法国、荷兰和英国都非常流行一种刑罚，就是扒了犯人的衣服，在他的肚上反扣一口锅或一只笼子，里面放上老鼠、鼬或睡鼠，接着再把锅点燃加热，或者在笼子的底部用小火烤得那些动物惊恐乱窜，为了逃命，他们就会咬开犯人的肚子深入他们的内脏。在荷兰的乌恩城，数十名天主教徒就是这样被处死的。”

《人类死刑大观》是一本让人不忍卒读的著作，被人称为“探讨邪恶和酷刑的才子”的法国人马丁·莫内斯蒂埃，在这本著作中“细说这些死刑的行刑方式，是触目惊心的，甚至是令人恶心的。然而，这毕竟是一种残酷的客观，抹杀不去的人类丑陋的历史史实”，曾经，在我读到英国特种法庭对大法官莫尔的判决书时，简直不敢相信自己的眼睛：在号称法治发达的英国竟然有如此残忍的刑罚？当时以为可能只是亨利八世这个人特别残暴吧。但是，《人类死刑大观》告诉我们，古代欧洲的刑罚一点也不比中国文明，其残酷程度丝毫不亚于古代中国。东野圭吾说，世上有两件东西不可直视，一是太阳，二是人心。未读此书之前，我根本无法想象，人心的恶毒要到何等程度才会穷极想象发明出那些令人发指的酷刑，人性的泯灭要到何等程度才会若无其事地下手实施那些惨无人道的酷刑，人性的残忍要到何等程度才会麻木不仁地去围观那些令人恶心的酷刑取乐！人类从野蛮走向文明的历程，在刑罚史上表现得淋漓尽致。

鼠也何辜，多少罪恶假汝而行。

行走法律边缘

有三只猫行走在法律的边缘。

第一只是夜里的灰猫。家猫是主人的财产，如果被他人侵害，猫主有权获得赔偿，同理，猫作为动物，也可能给他人造成损害，这时猫主也要承担损害赔偿的责任。但是古爱尔兰有一条法律规定，猫在夜晚干坏事猫主不用赔偿，原因是夜里的猫看起来好像都是灰色的，不好辨认。这条法律规定的事实依据可以从一条谚语中得以印证："夜里，所有的猫都是灰色的"，既然夜里看不出猫的区别，为了防止可能造成的错判，所以对它夜间的行为不予追究，而只惩罚它白天作案。不罚灰猫，显然蕴含着一个先进的司法理念，这就是宁纵不枉。不枉不纵是司法工作的原则，也就是不冤枉一个好人，也不放过一个坏人，这当然是实现正义的一种理想司法状态，也是司法工作应当努力追求的目标，但是现实与理想是有距离的，现实中确实存在极少数案件的事实查不清楚，或证据无法做到确实、充分的问题，因而做不到既不枉也不纵，而必须在可能冤枉一个好人和可能放纵一个坏人之间做选择，这个时候，我们应当如何选择？不罪灰猫的理念意味着：与其冤枉好人，不如放纵坏人。这当然只是一种无奈的选择，但并不算是最坏的选择，这其中的道理，我认为可以这样理解：在事实不清、证据不足的情况下，如果放纵了坏人，固然使得法律的正义不能伸张，但是冤枉了好人，则不仅使得法律的正义不能伸张，而且使法律成为不义，可以说，放纵了坏人只是使法律受到了一次伤害，而冤枉了好人则使法律受到两次伤害，因为在一个案件中，如果冤枉了好人，它同时必然也放纵了坏人，既冤枉好人，又放纵坏人，这才是最坏的选择。所以“疑罪从无”原则正是建立在“不罪灰猫”这种理念之上的，从无，是为了防冤。

第二只是伦敦的假猫。1729 年，英国通过了第一部杜松子酒法案，对杜松子酒加以管制和征税，1736 年，另一部法案又规定，所有杜松子酒的销售商必须取得销售许可证。许多酒商不申请销售许可证，但却想方设法卖酒。这时有个商人发明了一个假猫障眼法，他先是认真研读了禁酒法案，发现按照法案规定，政府是不能私闯民宅的，而告密者必须提供租房卖酒者的名字。于是卖酒的商人先叫人在某教区租下一所房子，然后私下秘密转到自己名下，挂上一个猫状的招牌，将它固定在临街的窗户上，然后取来一根铅管，窄的一端伸出窗外大约一英寸，装在猫爪正面，窗户里面的一端则连着一个漏斗，这样，买酒的人可以把钱币放进猫嘴里的洞，传给窗内的商家，说要买多少酒，商家把酒倒入漏斗，客人通过猫爪的铅管接酒，这样，客人也不知道是谁在卖酒。这种假猫装置一时遍布伦敦的大街小巷，三五成群的穷人都从假猫那儿买酒喝，政府不能入户检查，告密者也无法知道卖酒的商人到底是谁。这样，假猫障眼法竟然使得杜松子酒法案形同虚设。用假猫这种障眼法来逃避禁酒令，显然是通过钻法律的漏洞，使得实质上违法的行为得以逃脱法律的制裁。对于这种规避法律的行为，多数国家的立法和司法实践是持否定态度，加以禁止或限制的，但也有些国家持宽容的态度，并不禁止限制。规避法律行为对法律的有效实施确实会带来不小的危害，但这个假猫案例，也可以带给我们几点有益的启示：一是法律能够被规避说明法律本身就有漏洞、有缺陷，这往往从反面促进了立法的改进和完善；二是对特定事项的立法要有民意作为基础，才能保证法律的有效实施。中国有句俗话叫“法不责众”，这曾被法学界广为诟病，认为法必责众，这从法律的普遍约束力来讲当然是对的，法律不应允许有人凭恃其“众”而不受约束。但是，如果换个角度来想，从立法角度分析，我觉得还要看一看，这个“众”是个什么“众”，如果只是特定群体的“小众”，当然要“必责”，但是如果是社会“大众”、公众，我们的立法难道就不要考虑民意基础、不要考虑执法对象涉及的“面”，从而把握好立法的“度”吗？“文化大革命”后在我们重建法制的过程中，曾经一度出现的“部门利益法律化”、利益集团绑架立法以及拍脑门立法的现象，不正是因为漠视民意、罔顾人民利益所导致的吗？三是法治社会必然要求法律必须得到普遍的遵从，但是前提是已经制定的法律必须是良好的法律，也就是我们现在所强调的“良法善治”。虽然说“恶法亦法”，但我们应当明白，恶法本不应该成为法，而一旦恶法成为法之后，我们要强制的应是反思、检讨，从而对它进行变更、修订、废除，而不是去强调它的“必责”效力。

第三只是海外的肥猫。随着经济贸易全球化的发展，美国的富豪、跨国公司变相利用海外金融账户逃税，在私人银行的帮助下，海外成了避税的天堂，这是一种利用各国司法管辖权的局限性规避法律的行为。海外避税，养肥了一批“肥猫”，所以美国人把2014年7月1日正式实施的《海外账户税收遵从法案》称之为“反肥猫法”，该法案旨在全球范围内打击美国公民的逃税行为。“反肥猫法”规定，在美国境内的外国金融机构、银行、保险、经纪人、经销商、对冲基金、证券化工具、私募股权基金，必须向其提供美国客户的账户信息，违者扣缴30%的预提所得税。此举越过外国政府直接约束在美国境内的外国金融机构，而几乎所有的外资金融机构都在美国设有分支机构，因此美国公民的税收无路可逃，美国富人海外避税的“天堂”，被美国极限伸展的法律域外管辖“长臂”一举捣毁。如今，美国霸道的“长臂”正伸向全球各个角落抓“肥猫”。

老鼠启示录

大自然丰富多彩，奥秘无穷，有些生物现象超乎我们的想象，让人大开眼界，增识益智，颇可玩味。

所爱者适为所害者

朝鲜半岛上有一种会变色的小鼬鼠，是世界上最小的食肉动物，它靠身上释放出一种臭气来诱捕猎物，由于又小又臭，大动物们根本瞧不上眼，不吃它，所以几乎过着没有天敌的生活，但它喜欢把树枝、滕条、石块等杂物拖回洞里，尽管这些垃圾物品给它的生活带来极大的不便，但它绝对舍不得丢弃，而且无法收手，乐此不疲，直到洞口被这些东西堵死，自己也因此被困在洞里闷死。这是一种贪得无厌的老鼠，它把生活看作是永无休止的占有，为占有而占有，不管有用没用，占有为王，不知止、不收手，永不满足，成为贪欲的奴隶，“自作孽，不可活”。表面上看是它占有了物品，实际上是它被物品所控制，是“物控鼠”。然而，所爱者适为所害者，它占有的那些东西，反而成了他自筑坟墓的材料，这就是占有异化作用的道理吧。当人沉溺于爱欲中不可自拔时，往往为爱欲所反噬。

心智迷失皆为痴

小兴安岭有一种深灰色的山鼠，一到秋天就成群结队下山到农田里偷粮食，然后运回山上藏在洞里，如果有人将它的藏粮洞捣毁，取走粮食，它会气得暴跳如雷，先是围着破洞乱跑，吱吱狂叫，痛不欲生，然后爬上树，找一个三角形的树杈，把脖子伸进去，身体悬空挂起来，上吊自杀了。这是一种重物轻命的老鼠。佛教说，贪、嗔、痴是人生三毒，这样看来，鼬鼠是“贪欲”的典型，山鼠则是“痴迷”的代表。鼬鼠的败亡在于“贪得”，山鼠的败亡则在于“患失”。面对“失去”，山鼠“一哭、二闹、三上吊”，心智迷失，不明事理，不辨是非，不知轻重，在它看来，“东西都没有了，要命干什么”？殊不知，如果“命都没有了，还要东西干什么”！有人说，越是喜欢的东西折磨你也就越深。山鼠收藏粮食到了痴迷的境地，一旦丢失粮食，也就迷失了心智，连命都不要了。因痴而迷，因迷而愚，多少蠢事都是人们在痴迷之中干下的啊！

反常理的逆袭必有秘技

在非洲的莫桑比克，有一种专门吃猫的老鼠，它的样子跟家猫差不多，只是嘴边有一层硬壳，它的内分泌器官会释放一种麻醉毒气，猫一闻到这种气味就会被麻醉不醒，瘫痪无力，这时群鼠就围住昏猫，咬断喉管，吸尽鲜血，然后分食猫肉。记得国产动画片《黑猫警长》有一集就是用这种吃猫鼠为题材编的故事。在非洲的摩洛哥还有一种专门吃蛇的老鼠，它身上也能分泌一种麻醉剂使蛇的神经麻痹，因此死去，然后将蛇肉吃掉。

猫、蛇吃鼠是一种常态、常理，是食物链构成的秩序，反映了动物相生相克的规律，也就是所谓的天理。但是大自然的奇妙和奥秘就在于有常态必有例外，常理，即便是人们眼中的天理，也不等于真理，规律也只是大概率，只能主导方向和趋势，并不能统御一切，概揽所有。但常态、常理毕竟是大概率，俗话说，“事出反常必有妖”，小概率的反常逆袭成功必有特殊的秘技，老鼠吃猫和老鼠吃蛇这种逆天的反杀都有一个秘技，就是释放麻醉剂，将猫、蛇麻痹，使其失去抵抗能力后再吃掉它，所以对反常态、反常理的成功现象，我们在关注它“反常”的现象时，更应当探究它之所以能够成功“反常”的原因，不仅要知其然，更要知其所以然。

欺骗你的其实是你自己

有一种负鼠，是生活在拉丁美洲一带的小老鼠，身材弱小，如果遇到危险，它从不进行抵抗，躲避不及就装死，四脚朝天，双眼直瞪，嘴唇后裂，活像一只死老鼠，它装死的时间可以长达 6 个小时之久。一般食肉动物对尸体都不感兴趣，负鼠就能死里逃生。这看起来是负鼠装死骗过捕猎者，但实际上是捕猎者的眼睛欺骗了自己。

有一种睡鼠，分布在欧、亚大陆及非洲撒哈拉沙漠地区，全身长满浓密的软毛，尾巴很长，随时都会打盹，而且在嘈杂纷乱的场所照睡不误。它嗜睡成性，一年可以睡上七八个月，而且是深度睡眠，在它仰天大睡时，闭目塞听，任何声音都吵不醒它，连打雷也唤不醒它。它有一种独特的逃生本领，在你抓住它的尾巴时，它用力一挣，瞬间消失，你根本搞不明白怎么自己手上握的只是软毛壳。这看起来是睡鼠脱尾逃过捕猎者，但实际上是捕猎者的感觉欺骗了自己，抓住尾巴，就以为猎物在握，没有把握要害，往往功败垂成，自己还不知所以然，手里握着软毛壳，一脸懵逼地独自在风中凌乱。

有一种跳鼠，主要分布在亚、非、欧三大洲的干旱沙漠地带，它有一双长长的、强壮有力的后脚，是前肢的 4—5 倍长，以及一根有助于在半空中保持平衡的长尾巴，长尾在 10—30 厘米之间，相当于身长的 2/3，跳鼠极擅长跳跃，它一跳可以跳出 2—3 米远，一跃能跃起 1.5—3.5 米高，长尾巴让它不仅能在跳跃时保持身体平衡，而且能在半空中起“转弯”作用，跳鼠尾端的毛穗还在跳跃时故意左右晃动，让捕猎者无法准确判断它的落脚点。这样，跳鼠一方面用长尾左右晃动迷惑捕猎者，另一方面又用空中“急转弯”的绝技使捕猎者扑空。这有点像打篮球投篮时做的假动作，意在使人产生判断失误，所以扑空了的捕猎者，实际上是被自己的错误判断欺骗了。

由于老鼠做了很多坏事，所以不仅人要打它、猫要抓它，动物界也有很多动物像蛇呀、猫头鹰呀都要吃它，鼠身安全时刻受到威胁，所以它生就了许多逃生的独门绝技。它可以骗过很多捕猎者，但有时候自己也会被骗。

我国南海有一种捉鼠鱼，叫鲇鱼，每到夜晚就游到岸边的浅滩，把尾巴露出水面，或躺在沙滩上，装成一条死鱼，觅食的老鼠发现后，就上去紧咬鲇鱼的尾巴，这时鲇鱼便会使出全身的力气，把老鼠拖入水中，将老鼠淹死后饱餐一顿。印尼加里曼丹岛有一种会捕鼠的猪笼草，长 30 多米，它有一个捕虫囊长达 30 厘米，口径 10 厘米，囊内可分泌出无色、透明、气味芬芳而不易挥发的酸性液体，囊的边沿生有倒刺。小鼠、小鸟一般都想不到植物也能“吃掉”它们，所以有时就被装进囊里出不来了。捉鼠鱼和捕鼠草，这算是以其鼠之道反治其身了。

制度决定兴衰

非洲的沙漠里生活着一种黄豆鼠，喜欢群居，五至七只一群，群中有一个头领。黄豆鼠每年都要举行一次更换头领的挑战赛，现任头领要接受另一只黄豆鼠的挑战，胜者为王。观察者注意到了一个特殊的现象：凡是挑战头领两次以上的黄豆鼠，虽然打败了，但是现任头领并不赶尽杀绝，相反，它会分出几只黄豆鼠，让它带离这几只黄豆鼠到别的地方安家，成为另一群黄豆鼠的头领。因此，能够在另一个鼠群里当上首领的，都是挑战过现任头领两次以上的、坚强不屈的老鼠，因为大部分黄豆鼠在第一次挑战失败后都会伤心落寞地死去，只有那些意志强定者才会等待来年再次挑战首领，这些勇毅者虽然挑战不能成功，但它可以成为另一群黄豆鼠的首领，这使得鼠群的首领始终都是些坚强勇毅的老鼠，保证了黄豆鼠整个家族的兴盛。

与此相反，在非洲东部生活着一种无毛鼹鼠，全身光秃粗皱，两个尖长的门牙暴突，长得很丑，它不仅长相丑陋，行为也很丑陋。这种老鼠等级森严，鼠王是雌性老鼠，她下面有一群不做工只伺候鼠王和它子女的老鼠，还有一群专门监督懒惰怠工的老鼠，最下层的是一群找食挖洞做工的老鼠。为了保住自己的王位，鼠王只许自己生儿育女，不准其他雌鼠生育，它采取的办法是通过分泌一种毒汁，使其他的雌鼠丧失生育能力，以此保证鼠王地位的世袭，这种做法当然使得无毛鼹鼠的家族不可能像其他鼠族那样快速繁殖，鼠丁兴旺了。黄豆鼠和无毛鼹鼠的做法，有点像是资本主义民主与封建主义专制两种政治制度的写照。

洗白自己不如弄脏别人

有一种臭鼠，生活在美洲沙漠一带，尾巴粗大，尾毛很长，它的肛门两侧有极其发达的臭腺，一旦遇到危险，它就将屁股对着对方，高竖尾巴，“嘭”的一声，臭气喷门而出，奇臭无比，射程可达 4.5 米，臭气在 850 米以外的地方都还能闻得到，这种臭气不仅奇臭难闻，而且还有麻醉作用。凭着这招独门绝技，臭鼠经常大摇大摆、肆无忌惮地在百兽面前招摇闲逛，动物界里很少有人去招惹它，以免被它喷一身臭气，那真叫一个“臭死人了!”

臭鼠的伎俩确实可恶。这种老鼠怕被抓，采取“恶人先告状”的手段，以攻为守，捏造一些事实，在网上散布，造谣中伤，或者向有关部门诬告诽谤，将捕猎者弄得满身污秽，一身臭气，自己借机逃脱。它的这种做法在现实中常常还是很管用的。但是臭鼠不知道时代在发展变化，有时在公路上遇见汽车经过，臭鼠故伎重施，撅起屁股，对着汽车，想把汽车吓走，不料这招不灵了，汽车开过去，臭鼠也就挂了。

做好定位是关键

猫的胡须基本上是为了让猫显得更好看、更绅士，但老鼠的胡须就大不一样了。行为学家克拉特曾经做过一个实验：在小白鼠游泳能力所及的池面上，放进一只小白鼠，这只小白鼠入水后没有急于游动，而是一边转圈，一边发出吱吱的叫声，原来，它这是利用鼠须来测定方位。它发出吱吱的叫声传到水池的边沿后，声波会反射回来，鼠须就能探测到水池的大小、自己所在的位置与池边的距离有多远，之后，小白鼠不慌不忙地朝着一个方向游去，迅速安全抵达水池边沿。但把另一只被剪掉鼠须的小白鼠也放进水池后，情况却完全不同，尽管这只小白鼠也是一边转圈，一边发出吱吱的叫声，但是没有了鼠须这个“方位探测仪”，它无法知道水池边沿离自己有多远，不大的水池在它的心里就成了游不到边的大海，既然无论如何努力都只是徒劳无功的挣扎，于是干脆放弃游动，几分钟后它就沉入水底毙命。可见，动物在生命彻底无望的前提下，往往会强行结束自己的生命，这就是“意念自杀”。

“意念自杀”既是动物的一项本能，也是一种意志选择，如果动物有“意志”的话。我们可以看到产生“意念自杀”的原因是因为“方位探测器”失灵。所以正确定位，事关生死。但生死事大，人生只有一次，我们也不常用到。然而这个“方位探测器”原理同时也告诉我们：正确定位，事关做事成败，做事成败在我们的日常工作和生活中无所不在。因此我们在重要事情上，都要善用“方位探测器”，即对自己所处的方位（包括客观条件、主观因素）、要争取的目标，以及两者之间有多少距离、能否实现，做出准确的分析判断，从而形成强烈的心理暗示和明确的操作方案，这样就能使我们的人生方向正确、目标明确、距离准确，从而不断前进，实现自我价值。用不好“方位探测器”则可能导致我们“成事不足，败事有余”。

稀奇猫事知多少

别说奇怪，天下之大，无奇不有，见怪不怪，其怪自败。说奇道怪，不过茶余之逸趣、饭后之余兴，姑妄说之。

人面猫眼两相宜

秘鲁有一种人面猫。1944 年，在秘鲁的一个偏僻林区里发现一只人面猫身的动物。这只猫身长 63 厘米。坐起来时身高有 30 厘米，身体跟一般的家猫差不多，但是它的面部像人类的婴儿，有着柔软的脸和人类一样的嘴，眼睛里流露出人类的神情，叫起来的声音也很像人的声音。当地部落的人都把它作为“神猫”来崇拜和保护。看来这只猫也很了解人类社会的价值观，会挑值钱的部位模仿，它似乎知道人的脸面是最贵的。这么金贵的部分，都被猫给模仿去了，咋办？当然也要选一处猫最珍贵的部位模仿一下了，猫最珍贵的部位是什么呢？当然是猫眼，不然，那最贵的宝石怎会叫猫眼呢？而且还有那么多的文学作品都给猫眼点赞。都是局部模仿，人类和猫类谁也不能吃亏。这样，就有了“猫眼人”。湖北有一人右眼闪着蓝光，并有隐形线条，黑夜里不用照明就可以在蚊帐里抓蚊子；湖南有个人双眼呈灰色，怕阳光，白天近视，但晚上两眼发光，黑夜里翻山越岭如履平地；四川有一人一双大眼炯炯有神，夜里会发光，视物如白昼，喜爱夜间里捕捉老鼠。瞧，这技术！

天生异禀堪称奇

西班牙有一种会飞的猫。在瓦伦丁的山谷里，有一种长着两个翅膀的猫，但全身没有羽毛，只有绒毛，发现老鼠时从树上飞下来，然后收拢双翅，像猫一样捉老鼠，抓到老鼠后又飞到树上，享用美餐。据《坤舆外记》载，印度也有这种飞猫。看来，勒·奎恩“长翅膀”的《飞天猫》也不是凭空想象的。日本有一种会游泳的猫。猫一般很怕水，所以说它“想吃鱼又怕弄湿了爪子”，而且一般猫也不会游泳，但在冲绳岛上有一种会游泳的山猫，它常常从别处游水过来，叼走树上的食物又游走，藏在山洞里享用。日本政府把这种猫定为“国家的特别纪念物”。南美洲有一种会吐丝的猫。这种猫比家猫小点，口腔里有四个丝孔，里面有一个藏丝洞，当藏丝洞存满了丝液时，它就开始吐丝，它吐出来的丝质量很好，比蚕丝还要粗、还要坚韧，是织绸布的好材料。只可惜数量太少，一年才吐两次，一次才半斤。

野猫这么有本事，家猫自然也不甘落后，毕竟它与人类长期共处，要来就来个高端的。于是，俄罗斯有一只会说人话的猫，它从主人那里学会了 100 个俄文单词，还能说一些简单的短句，它爱看电视，当它觉得节目不好看时，就对着主人喊一声：“转台！”主人就乖乖地调台了。

狗认主人猫认屋

法国巴黎有一只小猫被送人后 4 个月回到了原主人家，为了回到旧居，它走了 7800 多公里。山西一个教师从晋中调到金华的一个学校工作，将猫带到了新家，但不久这只花猫就失踪了。原来这只猫从 2000 多公里外回到了晋中市老家。法布尔的《昆虫记》有一则“猫的故事”，他对传言“把猫放在袋子里旋转可以阻止它回家”的说法充满兴趣，但根据他的两次亲身经历得出结论：成年的猫咪不管路途多么遥远、陌生，都会想尽办法千方百计回家，不管你怎么旋转都不能阻止它返回老家的步伐。莫言的《猫事荟萃》讲他老家的那只大黑猫，被装到麻袋运到潍坊后，17 天走了 300 多华里回到了老家。猫为什么再远也能回到家呢？俗话说，“狗记千，猫记万，老鸡只记两里半”，狗的记性好，是因为位于鼻腔深部有 2 亿多个特别灵敏的嗅细胞，比人类强 40 倍，凭借着特别发达的嗅觉感官，它们总能找到回家的路。因此我们看到狗每走一段路都会撒泡尿作为它嗅觉识别道路的标记，但是猫是靠什么认路的呢？似乎不太清楚，有人说它的大脑里有一部导航仪。中国还有一句老话，“狗认主人猫认屋”，还有人说狗像农民、猫像绅士，这话也都有一定的道理。除了长相的质朴与潇洒不同之外，狗像农民依恋土地一样依恋主人，猫则像特立独行的绅士。有人说猫在屋子之外不认识主人，所以它不是因为主人而是因为屋才回家。

也有忠猫能救主

有个农民看见他家的猫正在跟一条一米长的赤练蛇搏斗，主人冲上前将蛇尾巴打断，毒蛇负痛逃跑。半个月后的一天夜里，主人正在床上酣睡，他家的那只老猫惊叫不已，还用爪子拼命拍打床杆，主人翻身下床一看，吓得大叫，原来那只断尾毒蛇正沿着床脚往上爬呢，后来这家人合力把这只回来寻仇的毒蛇给打死了。类似这个蛇报仇、猫护主的故事，在《猫苑》里也有记载。四川有个人一天夜里在睡梦中被他家宠物猫的惨叫声吵醒，睁眼一看，只见他家那只猫正在窗台用爪子推开窗户，跳进屋里，又用爪子将孩子推醒，接着咬住女主人的裙子往门口拉，全家人正在纳闷，忽然发现墙上的泥土正往下掉，他们意识到了危险，急忙跟着猫逃到院外，这时“轰”的一声，这一座两层的楼房垮塌了下来。一家七口人死里逃生。一般人都说狗忠诚，猫不忠，所以我们不清楚猫到底是出于见义勇为的绅士风度，还是出于忠诚的情感而救主，或许二者兼而有之吧。

直把猫竹当毛竹

《本草纲目》有“死猫引竹”的记载，这可能跟一个传说有关。相传很久以前，湖南有一座猫山，有一只猫成了精，生了很多的猫子猫孙猫曾孙，猫族兴旺，聚山而居，这些猫死后都安葬在这座山上，山上的猫坟连成片，多到数不清，生产出的竹子既茂盛又鲜美，而山上没有葬猫的地方就长不出竹子，因此人们就把竹子叫作“猫竹”，但后来却写成了谐音的“毛竹”或“茅竹”了。

香菇山猫儿瞎叫

温州人讥笑不明事理又喜欢大声嚷嚷的人是“香菇山猫儿瞎叫”，这是源于闽浙一带的一个习俗：当地种植香菇的农民，往往会养一只猫狸，然后挖去它的双眼放在山上，让它满山遍野号叫，用以警示老鼠，不敢来偷食香菇。猫儿虽然瞎了眼，但有东西吃，整天没事可做，就没日没夜地瞎叫唤。用这种方法来防鼠，实在过于残忍，后来这一陋习就废除了。

学艺不精三脚猫

三脚猫一词最早见于元代陶宗仪的《南村辍耕录》，说张善鸣作散曲水仙子讥世，写道“三脚猫，渭水飞熊”。后明代的郎瑛在《七修类稿》中载有一则“三脚猫”云，嘉靖年间，南京神乐观道士袁素居有一只三脚猫，“极善捕鼠，而走不成步”。捕鼠乃猫之本职，三脚猫本职技能很好，但走路却不成步，所以“俗以事不尽善者，谓之三脚猫”。可见，三脚猫一词原本并无贬义，只是对事不尽善的一种惋惜。但后来却把“三脚猫”或“三脚猫功夫”演变成了对学艺、技能不精，只知皮毛的讥笑。三脚猫虽走不成步，却极善捕鼠，于本职出类拔萃，只因走路蹩脚不好看，却被人嘲为不善捕鼠，世俗论人大抵如此：看表象、凭想象。

徒有其表临清猫

旧时山东临清出产的猫，毛长体丰，色泽漂亮，非常好看，十分珍贵，但是慵懒散漫，耽于逸乐，不能捕鼠，所以临清人把徒有其表而无才能的男子称之为临清猫。自古人们对中看不中用的绣花枕头一直都不以为然，但是时移事易，现在人们养猫不再是为了捕鼠，而是为了赏心悦目、陪伴慰藉，临清猫这个词因此也可能将被废弃，或转化为赞赏的词汇了。

因为相信所以看见

美国有一位工程师和一位逻辑学家，两人是好朋友，这天他们相约来到埃及参观金字塔。住店后，工程师上街溜达，看到一位老妇人身旁摆着一只黑色的玩具猫叫卖，标价 500 美元。老妇人说，这只玩具猫是祖传的宝物，因为孙子病重，不得已才出售。工程师拿起这只猫，发现猫身很重，似乎是黑铁铸的，但是那一对猫眼可是珍珠做的。于是，工程师就对妇人说："给你 300 美元，买两只猫眼吧"，妇人一算，也行。工程师兴高采烈地回到宾馆，对逻辑学家说 300 美元竟买了两颗大珍珠，逻辑学家一看，嗬，这两颗珍珠至少值上千美元，赶忙问卖猫的妇人还在吗？工程师说："她还坐在那儿，想卖掉那只没有眼珠的黑铁猫呢。"逻辑学家听后跑到街上，给了妇人 200 美元，把猫买了回来。工程师嘲笑他说："你花了 200 美元去买个没眼珠的铁猫。"逻辑学家不吭声，坐在那摆弄这只黑猫，突然，他灵机一动，用小刀刮铁猫的脚，黑漆脱落，露出一道黄灿灿的金色印迹，他高兴地大叫起来："正如我所料，这猫是纯金做的！"原来，当年铸造这只金猫时，主人怕金身暴露就用黑漆把猫身漆了一遍，这样看起来就像一只铁猫了。工程师十分后悔，现在，逻辑学家反过来嘲笑他了："你怎么不好好想一想，猫的眼珠既然是珍珠做的，那猫身怎么会是用不值钱的黑铁铸的呢？"

工程师的发现靠眼力，逻辑学家的发现靠脑力，工程师是因为看见而相信，逻辑学家是因为相信而看见。靠眼力看到的毕竟有限，他看到了珍珠猫眼，却看不到纯金猫身，而靠脑力想到的却可能无限，他知道了珍珠猫眼，就想到了猫身必定金贵，而不可能是黑铁铸成，思想的力量总是远超感官的功能。思想有多远，你就能走多远。有时局限我们的并不是环境和能力，而是思维定势，思维模式固化就是我们自筑的思想之墙。墙，推倒了就是门。

老鼠带来的灵感

创作，无疑是需要灵感的，甚至可以说，没有灵感就谈不上创作，至多只能算是写作。小老鼠带来大灵感，是文艺领域的一大奇观。这个小小的生灵居然催生了一批举世闻名的文学艺术作品，极大地丰富了人类的精神生活。

这个长着大脑袋、一双大圆耳朵、尖嘴巴、梨形的身体柔若无骨，四肢可以随意拉伸，嘴里吹着口哨、口里哼着小曲、蹦蹦跳跳充满活力的米老鼠，是世界上最受欢迎的卡通明星。通过米老鼠、唐老鸭、大狗布鲁托的活动遭遇的片段，给人们带来了一个个幽默、滑稽、令人捧腹的艺术小品。《米老鼠和唐老鸭》从1928年诞生到如今，近百年来一直伴随着世界各地儿童的欢乐时光。相传华特·迪士尼年轻时落魄潦倒，住在废弃的地下车库里，每当他作画疲倦昏昏欲睡时，抬眼便望见在幽暗的灯光下有一双亮晶晶的小眼睛在闪动，这只小老鼠与他日夜相伴，朝夕相对，给他苦闷的心灵带来慰藉。陪伴不仅是最长情的告白，也是最初的灵感。后来，他到好莱坞设计卡通形象，方案被一再否决，正当他万分沮丧之时，那双亮晶晶的小眼睛忽然在他脑海里闪过，他被灵感击中，米老鼠由此诞生。还有米高梅公司的《猫与老鼠》也是一部拿奖拿到手软的动画片。那只杰瑞鼠永远被汤姆猫追赶着跑，但是聪明的杰瑞面对狡诈的汤姆设下的种种诡计总能找到破解的办法，不仅转危为安，而且化危为机，报复汤姆，杰瑞的俏皮可爱和汤姆的滑稽尴尬足以让人“一见你就笑”。

不仅儿童文学，民间文学也很青睐这个小生灵，老鼠嫁女这类的民间故事，人们早已耳熟能详。有关老鼠的谚语、俚语、歇后语则成为我们日常的生活用语，不仅俗文学，雅文学也一样钟情这个小生灵，有关老鼠的成语、典故、寓言、文章，极大地丰富了汉语言文学宝库。古今中外的诗人也常因鼠生情，有感而发，遂成名作。我国最早的诗歌总集《诗经》就有三首咏鼠诗，最有名的是《硕鼠》，还有《相鼠》《行露》。《硕鼠》讲老鼠与人争粮食，《行露》说与人构讼的鼠牙雀角，《相鼠》则以比兴的手法讽刺说鼠有皮而人却无仪，鼠有齿而人却无行，鼠有体而人却无礼，感叹有些人连老鼠都不如。唐代的柳宗元、李商隐也都有写鼠的诗句，唐诗最有名的咏鼠诗当属曹邺的《官仓鼠》："官仓老鼠大如斗，见人开仓亦不走。健儿无粮百姓饥，谁遣朝朝入君口。"苏格兰诗人彭斯，犁田时犁耙翻出一个鼠窝，小鼠惊恐而逃，遂作《致小鼠》，1996 年在彭斯逝世 200 周年之际，英国政府发行了一套 4 张的邮票，其中就有《致小鼠》这首诗。

画家也常得益于老鼠带来的灵感。齐白石属鼠，他早年在湖南老家，后来到北京，都曾与老鼠密切相处，他也特别喜爱这个小动物，一生画鼠无数，被称为鼠画家。他画的鼠多种多样，形态各异，但都活灵活现，妙趣横生，一改老鼠在人们心中卑微、猥琐的印象，而显得活泼可爱，他画的那些《灯鼠图》《烛鼠图》，让人不禁想起那首耳熟能详的快乐的儿歌：小老鼠，上灯台，偷油吃，下不来。喵喵喵，猫来了，叽里咕噜滚下来。他画的老鼠大多都可爱有趣，但有时也有讽刺意味。他画一只正在急忙奔跑的老鼠，题款：汝足不长，偏能快跑，目光不远，前头路须看分明。他画《自称》，一只肥鼠攀吊在秤钩上，正洋洋得意地自称。画外之意是一只老鼠能有多少分量，讽刺有的人不知道自己有几斤几两。新中国成立前北平大汉奸王克敏逼迫他送画，他画了一幅《群鼠图》，题曰："群鼠群鼠，何多如许？何闹如许？既口食我果，又剥我黍。烛灯残，天欲曙，严冬已换五更鼓。"由此留下了一段送画骂汉奸的逸闻。他的鼠画在艺术上的成就也很高。2011 年他的一幅《丰年多鼠图》拍出了 1092 万元，画上五只老鼠，一只老鼠卖了 200 多万。中国古代也有一个画鼠高手，他就是明宣宗皇帝，他在位期间不仅给后世留下了"宣德之治"的政绩，还留下了《苦瓜鼠图》《菖蒲鼠荔图》这样的艺术佳作。

老鼠也曾给伦勃朗绘画艺术带来启发。《伦勃朗传》记载了伦勃朗年轻时在自家的磨坊里，看到风车缓缓转动，挂在墙上的老鼠笼子摆动时，在他心里唤醒的创造性灵感：

“风车的翼缓缓地转着，咯，咯，咯，当它转到窗前时，光线会突然转变，虽然只有百分之一秒的时间，但整个磨坊内部会一片漆黑，于是，一明一暗，形成了非常鲜明的对比。

那时老鼠非常多，前一天我们的捕鼠专家，刚捉了一大堆放在笼子里，笼子被挂在墙上，这些大老鼠在笼里钻来钻去，咬着笼上的铁丝，使得笼子慢慢摆动起来，在墙上形成怪异的影子，加上风车转动时所产生的瞬间黑暗，磨坊里的景色，简直无从描写。

在以前，我看过这种景象几百次，但从未像这次这么令我惊异过，突然间，我觉得这笼子不只是像我平时所认定地被挂在光线或空气中，而是由一大堆不同种类的空气所包围，而且还有许多颜色，黄的、蓝的、红的，还有一些我们画家所用的混合色。

但那天的磨坊里，实际上是没有颜色的，至少没有我自小就熟悉的颜色。老鼠笼前面的光线和后面的不同，左边与右边的光线也不同，每种光线每一刻都在变。当然，我所说的光线就是空气，我真正的意思是，它充满了我们房间及整个世界的空间。这时我突然有了一个意念，即这个空间或空气是否真有我们所谓的颜色？而这颜色是否可用颜料表达出来？”

——由此带来的创新光的表现技法的想法，成了他一生孜孜不倦探索的课题。

近年来，北京那些租住在地下室的北漂一族，常自嘲为“鼠族”。20世纪八九十年代美国作家阿特·斯皮格尔曼出版了名为《鼠族》的上、下册漫画作品，讲述了阿特父母作为波兰犹太人，在纳粹德国统治波兰期间所遭受的非人待遇和想尽办法逃生的悲惨经历，揭露了纳粹大屠杀的罪行。作者意图告诉人们，在极权主义下，要么选择死亡，要么毁灭生活。希特勒就曾说道：“毫无疑问，犹太人是一个种族，但不是人族。”作品把犹太人描画成鼠、德国人描画为猫、波兰人描画成猪，以拟人化动物为主角表现沉重历史题材的做法，在当时引起极大轰动，卖了 1800 万册。1992 年，《鼠族》成为史上唯一获得普利策奖的漫画作品。其实，在纳粹统治下，不仅犹太人是老鼠，德国民众原本也是老鼠，只不过这些老鼠在纳粹文化的驯化下由鼠蜕变成猫了。1999 年获得诺贝尔文学奖的德国作家君特·格拉斯，在他的中篇小说《猫与鼠》中通过对二战时期但泽少年马尔克的故事叙述，生动反映了纳粹德国在学校和社会通过英雄崇拜和尚武精神的宣传，推行法西斯教育，毒害青少年，使之同化为纳粹效命，由此实现了由鼠到猫的“猫化”过程，深刻揭示了在特殊的时代背景下，人类本性适应、屈从环境压力的精神现象和集体无意识的罪恶和疯狂。格拉斯在理性疲倦的时代依然高张启蒙精神的旗帜，使之成为德国乃至欧洲知识分子社会良心和正义的化身。20 世纪 80 年代君特·格拉斯还出版了长篇小说《雌老鼠》，悲观地预言了生态环境灾难问题。

更有点不可思议的是，小小的老鼠竟钻进了诺贝尔文学奖的神圣殿堂：诺贝尔文学奖的获奖作品，竟有两部是与老鼠有关的小说。一部是法国作家阿尔贝·加缪的《鼠疫》，另一部是美国作家约翰·斯坦贝克的《人鼠之间》。加缪的《鼠疫》出版于 1947 年，1957 年获得诺贝尔文学奖。面对一场突如其来的灾难，《鼠疫》中的里厄医生和记者塔鲁义无反顾地投入抗击鼠疫的战斗中，与那些道德高尚、富于牺牲精神的人共同阻击肆无忌惮的瘟疫。支撑里厄信念的，只是平凡的敬业精神，他说：“我不知道等着我的是什么，也不知道这一切结束之后会发生什么事，就目前而言，有病人，必须治疗这些病人。”里厄和塔鲁都为反抗鼠疫付出了沉重的代价，里厄在妻子临死之前都无法与她见面，塔鲁则染上鼠疫死亡。斯坦贝克发表于 1937 年的《人鼠之间》，1962 年获得诺贝尔文学奖，《人鼠之间》是描写 20 世纪 30 年代美国流浪季节工人生活理想破灭的故事，主人公莱尼和乔治从怀揣梦想、追求梦想、接近梦想到最后梦想破灭的悲剧，反映了在工业化社会里，人的生存环境逐步失去了农业社会中的个性和人性，渴望有一块属于自己的土地，想回归田园牧歌式的生活已不复可能，尽管他们努力，但是“人与鼠的最佳设计往往落空”。有趣的是同样是借用老鼠创作的小说，加缪笔下的鼠疫是荒诞的象征，代表着瘟疫、灾难、腐败、死亡、邪恶势力，而斯坦贝克笔下的老鼠，则是弱小的象征，彭斯那只失去居所、无所安顿的小鼠就象征着流浪季节工。对前者的厌弃抗争与对后者的同情怜悯恰好形成正反两方面，其实，客观来讲，老鼠也确实是有两面性的。

梦工厂有一部很有趣的电影叫《猫鼠游戏》，是根据小弗兰克·阿巴格诺的自传《有本事来抓我吧——一个诈骗犯令人惊异的真实故事》改编的，电影讲述了FBI探员卡尔与擅长伪造文件的罪犯弗兰克之间进行的猫抓老鼠的较量故事。把猫与老鼠比喻为警察与小偷，是古今中外一致通用的比喻。但中世纪的一位僧侣却把诗人追逐诗句比喻成猫追逐老鼠，新颖而贴切。灵感是作家创作的源泉，但灵感如风，稍纵即逝，作家捕捉灵感确实像是一场猫捉老鼠的角逐，那只调皮的小老鼠仿佛正盯着作家说，来呀，有本事来抓我啊！

猫也很文艺

自从穿上“猫靴”，猫就在文艺界混得风生水起了。它踩着轻佻的猫步，挑逗着文学艺术家的创作灵感，把他们撩拨得按捺不住的冲动，仿佛一夜之间发现一个新大陆、一座富矿，都赶来猫域探险、寻宝、淘金。偌大个文艺界，尽管门派各异，却都不约而同地齐集猫域，一展身手。

一

先是作家们，开始了虚构或非虚构的猫故事、猫传说、甚至猫传奇，再不济也要弄篇猫文，蹭点热度。猫开始成为文学家的叙说主角，而且名作迭出。在爱伦·坡的《黑猫》、洛夫克拉夫特的《乌撒之猫》中，猫成为神秘的恶行的惩罚者。巴尔扎克《一只英国猫的苦难》嘲讽了“英国式的体面”，马克·吐温的《迪克·贝克的猫》以幽默的笔法称赞了猫儿从不在一个坑里跌倒两次的天性，《蓝色妖姬》讲述了一只波斯猫激战南美剧毒蛇“蓝色妖姬”的惊心动魄的过程，《蒙迪的朋友》叙述了一个淘金工人舍弃性命从火场中救出那只曾给他心灵慰藉的猫儿。《朱力格太太》叙说了一个饶有兴味的故事：律师为争娶寡妇朱力格太太，雇人绑架了她的宠物猫，而绑架者在半途中巧遇律师的竞争对手少校，最后少校救下宠物猫，赢得了朱力格太太的芳心。《一只友好的老鼠》写一只猫儿成天与一只小母鼠腻在屋里，好到共用一个碟子喝牛奶，连睡觉也挤在一起。当这只老鼠怀孕（当然不是猫的种）想给它的宝宝窝里铺上软垫时，居然把主意打到了猫的身上。它忍不住去拔猫身上的软毛、胡须，被猫打了一巴掌，才怏怏离开，闹了好几天情绪，不久，它们又和好如初了，但是当小母鼠第二次怀孕寻找做窝材料时，再次看中它朋友脸上漂亮的软毛，忍不住又开始拔猫毛，忍无可忍的猫咪一跃而起，利爪落到了老鼠的身上，老鼠又痛又吓，尖叫着跑走了，友谊的小船说翻就翻，从此它俩就互相拉黑了。这个故事，我觉得很有点意味深长的味道。人生社会，彼此相处，无论是朋友伙伴，还是夫妻亲人，都有一个边界、一条底线摆在那里，情商高的人，不用明言都会知道他人的边界、底线在哪里，不越界、不踩线，从而保持一段关系的持久与和谐，而有些缺乏边界感的人，常常越过边界踩到底线而不自知，结果导致一段关系被终结，这也是势所必然。小老鼠不识趣，以为这只友好的猫与她亲昵就随心所欲，瞪鼻子上脸，予取予求，索求无度，如果猫不出爪制止，胡须岂不要被它拔光！拔猫胡须，不仅伤害猫的身体，而且伤害猫的脸面和尊严，无疑是越界踩线之举。行有所止，是为人处世的要求，也是法律的要求，法律的功能就是为权利划边界、设底线：到此止步。写《艺术哲学》的丹纳说："我研究哲学家和猫，猫的智慧无与伦比。"他的《一只猫的生活与哲学观》，以猫的视角看世界，猫的思考奇妙而幽默。还有美国作家海伦·亨特·杰克逊的《猫咪来信》，也是以猫的视角来讲述的，猫儿给外出的小主人写了七封信，告诉他这期间自己经历过的事情，写得妙趣横生。猫眼看世界，不仅有与人类视角完全不同的独特的动物视角感受，而且能够看见人类看不见的东西。或者因此吧，不少作家喜欢在他的小说中以猫眼看人间，猫眼这一看不打紧，不小心居然被它看出了好几部世界名著。比如日本作家夏目漱石的《我是猫》，就是借用一只猫的眼睛来观察世界、展开故事的："我是一只猫，尚未有姓名，不知生何处。"这只猫既是叙述者，也是评论者。小说虽然没有什么故事情节，但是通过这只猫在穷教师苦沙弥家里两年生活的所见所闻，在以猫眼观察人生、以猫语批评人间的幽默和讽刺中，对日本明治时期社会的黑暗和罪恶进行了辛辣的批判。这是一只善于思考、有见识、喜议论、好调侃且富于正义感具有文人气质的猫。

德国作家霍夫曼在生活中特别喜欢猫，饲养了一只名叫“穆尔”的猫。他是一位具有深远国际影响的浪漫派作家，他的独特的写作风格对巴尔扎克、狄更斯、爱伦·坡、陀思妥耶夫斯基等都有影响。他的经历独特，他是受过法学教育并且从事过法官工作的作家，而且，他在拿破仑入侵失去工作期间，依靠自己的音乐天才在各地担任乐队指挥和音乐教师，拿破仑战败后，他又回到柏林当法官。霍夫曼过着法官和艺术家的双重生活，独特的人生经历造就了他独特的写作风格，他将抽象思维与形象思维融于一身，兼具理性精神与感性气质，这使得他既能够在梦幻世界中天马行空，又能够在现实世界中精准描写，幻想与现实结合，热情、诗意的精神与理性、逻辑的思维奇妙结合，在《雄猫穆尔的生活观》上得到了充分的体现。

小说的结构独特，霍夫曼把雄猫穆尔的自传与乐队指挥约翰内斯·克莱斯勒的传记交错排列，这种对位排列使得一个市侩（雄猫穆尔）的逐渐成熟与一个艺术家（克莱斯勒）的备受摧残形成两条不同的线索。最终只有把雄猫穆尔的自传与艺术家的传记结合起来读才能构成一个完整的故事。书中假设的编辑，声称得到了穆尔的自传手稿，手稿里混杂着他的主人——乐队指挥克莱斯勒的传记。之所以这样是因为，当这只勇敢而贪婪、对自己的知识学问和优雅文笔意满志得、沾沾自喜的雄猫在写作自传时，从机械师亚伯拉罕办公室里拿了一些印刷过的纸张垫在下面吸墨水，有时它也在这些文件的空白的背面吐露心声，心不在焉的出版商就这样把穆尔的内心告白和亚伯拉罕师傅已经印好的片段混杂在一起出版了，这些片段就是教堂乐队指挥克莱斯勒的传记，这位乐队指挥似乎就是霍夫曼的替身。这本对叙述线索做出不可思议的探索的小说，一方面正如阿尔贝·贝甘所说，“具有双重叙述线索的《雄猫穆尔的生活观》有一种莎士比亚式的诙谐”，但另一方面也确实给阅读带来了很大的困难，前些年我就曾因为读得太费劲半途而废。不过下面这几段幽默的话可能对我们阅读这篇小说是有帮助的：穆尔在第一篇《自序》中谦卑地说，我满怀忐忑，心跳得厉害，把几页纸交给了世界。署名是：穆尔，文科学生。这恰如它曾大声喊道："说到谦虚，我不怕任何人!"但在它本不该发表的前言中却自大地写道："怀着真正的天才所固有的平静和自信，我把我的传记交给世界。这样，人们就会知道我是如何成长，并跻身于伟大的雄猫之列；这样，人们就会看到我多么完美，就会爱我，欣赏我，尊敬我，仰慕我，并稍稍奉承于我。如果有谁胆敢质疑这本非同凡响的书无可争议的价值，他最好能想到，跟他打交道的是一只充满智慧、善于评判、又有一副利爪的雄猫。"署名是：穆尔，大名鼎鼎的作家。接下来是出版商说，"作者的前言本该删掉的，却还是印刷出来了！现在我只能请求好心的读者不要太注意这篇前言里或许有些高傲的语气"云云。

猫成功进入作家的书房仿佛是顺理成章的事情。它营造了"一只猫在书籍间穿行"的意境，也营造了"一只猫蹲在书桌上与作家面面相觑"的情景，还营造了"坐在椅子的作家低头抚摸怀里的猫儿"的场景。猫在书房，我们可以解读出好几层含义：一是工作，猫与作家干的是相同的活。早在中世纪就有一位僧侣写诗说："我和我的猫做着相同的工作，它捕捉老鼠，非常快乐，我捕捉文字，整夜困乏。那些老鼠哟，被追了一晚；我的文字哟，不也是如此么?"他们都是在夜里干着追逐的活。二是自由，猫与作家都崇尚自由。在猫，是天性如此，在作家，是创作必须。三是孤独，特立独行的猫是孤独的，而写作中的作家也是孤寂的，孤独静寂的作家有一只安静温顺的猫儿陪伴一旁，可能更胜过红袖添香的意境。

因此，许多作家、诗人很爱猫，法国的夏多布里昂、雨果、梅里美、戈蒂耶、波德莱尔等，英国的司各特、狄更斯、卡莱尔等都是爱猫人士。许多作家、诗人也很喜欢写猫。英国小说家吉卜林《独来独往的猫》、作家左拉《猫的天堂》、戈蒂耶《亲密的动物园》、大仲马《我的动物园的故事》、洛蒂《两只猫的生活》、森格里亚《野猫笔记本》等。村上春树的《海边的卡夫卡》中的那只象征自由灵魂的猫，是个重要的角色，《弃猫》则从回忆小时候与父亲一起到海边扔猫开始叙述，完成了他与逝世的父亲在心灵上的和解。三岛由纪夫的《午后曳航》写了一个残忍的虐猫故事，捷克作家拉达的《黑猫历险记》讲述了一只正直、善良、可爱的小黑猫的故事。此外，龚古尔、法朗士、都德也写有猫文。诗人聂鲁达的《猫颂》、艾略特的《为猫命名》、柯珀的《退休老猫》、纪尧姆的《猫》、克罗的《致猫》、魏尔伦的《女人与猫》都是有名的猫诗。波德莱尔的《恶之华》写了三首猫诗，开辟了写猫的新维度。浪漫派的猫是神秘的黑猫，学院派的猫是安静的猫，《恶之华》的猫则是色情的猫。一旦猫死了，这些主人真是“悲伤的泪水流成了河”，杜贝莱的宠物猫贝洛死了，他写了一首《关于一只猫之死的法国诗》作为“猫的墓志铭”，不料竟由此开启了一个创作新主题，“猫的墓志铭”热热闹闹地被作家们写了一个世纪。有《为去世爱猫流下的眼泪》《爱猫之死的颂歌》《一只猫的死亡——纪念它与我相伴的十年》等等。这些名家的猫文、猫诗，在猫小说的加持下，使猫俨然成了文学领域一颗耀眼的新星。

当然，猫也不是不知感恩、不懂回报的动物。夏目漱石的《我是猫》、霍夫曼的《雄猫穆尔的生活观》给作家带来的名声比他们其他的小说都要大得多。而 18 世纪的蒙克里夫和 19 世纪的尚弗勒里两位作家，完全是得益于猫，才能留名后世。蒙克里夫在 1727 年出版了《猫的历史》，尚弗勒里在 1869 年出版了《猫》，他们是在各自的时代里唯一用一整本书写猫的作家，他们的其他著作都随着岁月流逝而销声匿迹了，但是因为猫，他们各自留下了一部仍被后人阅读的专著。

二

画家对猫的热情比文学家有过之而无不及。17 世纪末出现了一批专门画猫等动物的画家，其中瑞士画家曼德被称为“画猫的拉斐尔”。日本作家井出洋一郎的《名画里的猫》一书，从文艺复兴到 20 世纪选了 84 幅有猫的世界名画，这里，从文艺复兴到 18 世纪的猫，基本是躲在角落里的配角，一般只作为衬托氛围和点题的道具。但是 19 世纪以来，猫逐渐从角落走到了 C 位，或一猫独秀，或人与猫平分秋色。有戈雅的《猫的争斗》、杰利柯的《抱猫的少女》，雷诺阿的《猫与少年》《抱猫的少女》，库尔贝的《画室》中间的那只白猫、谢雷《杜本内牌餐前酒》海报里的那只戴着红围脖神采奕奕的白猫、库斯托迪耶夫《喝茶的商人之妻》身边的那只躁动不安的猫、卢梭《X先生的肖像》胸前那只长得跟X先生差不多的黑白纹猫、马尔克色彩强烈的丛林中的《三只野猫》和《抱猫的女子》怀中火狐一样的猫、勃纳尔弓身变形的长腿《白猫》，让人印象特别深刻。毕加索一生养猫，并画有许多猫画，他的《朵拉与小猫》以6700万美元拍出了2006年全球艺术品最高的价格，他还画有《吃鸟的猫》《鸟前的猫》。

斯坦伦著名的《黑猫酒吧》，就是巴黎网红打卡地蒙马特山下的红磨坊演出海报画上那只蹲踞的黑猫和马奈《奥林匹亚》脚边那只据说是波德莱尔建议马奈加上去的、隐身在黑暗中只露出两只眼睛的恐怖黑猫，加上诗人波德莱尔《恶之华》中对猫的礼赞，以及爱伦·坡的小说《黑猫》，它们一道构成了“黑猫文化”的象征符号，还一度引发了“黑猫热”。

斯泰因勒也是画猫大师，他画有《夏·栏杆上的猫》《冬·垫子上的猫》《地板上的猫》《睡觉的猫》《女孩背影与猫》以及《施泰因勒在画架前》的群猫。除生活中形形色色的猫外，他还画了大量的广告海报猫，《雀巢炼乳的海报》上的三只猫闻着小女孩正吃着的炼乳香味，围在她身边迫不及待、争先恐后地往她身上爬，还有《法兰西巧克力茶叶公司》里正探头闻嗅咖啡香的黑猫，都十分生动有趣。日本的葛饰北斋、歌川国芳、藤田嗣治也是画猫高手，马奈的《猫的约会》和《猫与花朵》，宋紫石那一身蓬毛的《猫》和赵无极极度变形的《猫》，也令人印象深刻。

三

银屏也很好地诠释了“猫与人生”这个主题。

在童年世界里，猫是少年儿童的最佳玩伴。《加菲猫》里的加菲猫是一只肥胖、懒惰的橙色虎斑猫，一天，主人乔恩带回一只叫欧弟的小狗，从此打破了加菲猫单调而完美的生活，欧弟不仅分享它的食物，也分享主人的爱，而且主人似乎更喜欢欧弟，这让加菲猫不由得嫉妒羡慕恨。一天晚上，加菲猫故意将欧弟关在了门外，不料欧弟被残忍的驯狗师拐走了。为此，深感内疚的加菲猫放下从不离手的电视遥控器，从舒适的沙发起身，决定独自前去营救欧弟。日本影片《猫的报恩》讲述了猫和高中女生小春之间发生的一系列令人啼笑皆非的故事。动漫里的菲利克斯猫曾经是风头十足的超级明星，但后来被米奇老鼠取代了。日本的《叮当猫》《哆啦A梦》（好像在国内叫它机器猫），《猫与老鼠》里的汤姆猫都曾是世界各国儿童非常喜爱的玩伴。

在老年社会里，猫是老年人最好的陪伴。日本影片《猫与爷爷》讲述退休校长大吉爷爷在老年丧偶后与妻子收养的流浪猫小玉相依为命的老年生活故事。美国电影《老人与猫》讲述退休老师哈里与他的宠物猫汤托的故事。讲述猫与老人的故事的影片，还有日本的《小猫跳出来3D》《老师与流浪猫》等。

在青春岁月里，猫是年轻人最好的伙伴。日本影片《咕咕是一只猫》《我和少女，还有猫》《租赁猫》《小猫的感觉》《假如猫从世界上消失》等，可称为猫的青春片。《给我一只猫》讲述来自中国台湾和韩国、日本的三位男女青年学习、就业、爱情、理想的故事，从中折射出东方国家和地区在文化、历史、生活习性上的共通和差异。

在中年人的社会里，猫是无法定位的“杂拌”。日本影片《猫和凶相大叔》里的长着凶神恶煞般面孔的中年大叔居然是个“吸猫”狂。《小猫奇缘》里性格刻板、不苟言笑的男人居然在与猫咪邂逅之后改了性，变得温柔起来。法国早期影片《面包师的妻子》讲述了面包师蓬蓬的妻子跟一个过路的牧羊人跑了一段时间才回来，于是面包师对着妻子数落那只叫蓬蓬奈特的母猫：“而她呢，在这段时间内，却和她的檐沟……一只素不相识的猫，一只一无是处的猫……一个月光下的过客在一起……说！他哪点比蓬蓬好?”那一大段指猫骂妻的话，让观众忍俊不禁，蓬蓬奈特也俨然成了名猫。

还有纪录片《岩合光昭的猫步走世界》《猫咪物语》，科普片《喵星人百科》，则是老少皆宜的读伴了。日本作为“吸猫”大国，也是盛产猫片的大国，相对来讲，中国只有一部《妖猫传》算是猫片，剧情还是改编自日本作家的小说。

猫很上镜。这些年有许多摄影家乐此不疲地捕捉猫的瞬间，因此那些猫图片大都非常漂亮、生动、有趣，但是摄影虽然也是艺术，主要还是写实性的，而不是创造性的，所以就不多说了。

四

享誉全球的音乐剧《猫》，是迄今为止最为成功的音乐剧。韦伯根据艾略特《老负鼠讲讲世上的猫》等诗篇创作了这部名作，从 1981 年首演一炮而红，直到 2000 年停演，累计在世界各地以 10 多种语言、在 20 多个国家演出，仅在伦敦就演出了 9000 场，也打破了在美国百老汇连续公演和全美巡回演出次数最多的纪录，曾获 7 项托尼奖。该剧为两幕剧，第一幕：子夜的舞会使猫疯狂；第二幕：夏天为何迟到，时光怎样流逝。结合剧情既有轻松活泼的踢踏舞，也有凝重华丽的芭蕾舞，还有充满动感的爵士舞、现代舞。近 3 个小时的演出有 23 首音乐曲。该剧最为流行的歌曲之一《回忆》是一只叫格里泽贝拉的雌猫，离开杰里科猫族到外面去闯荡，历经艰难，回忆起在家族的幸福生活，渴望回家时唱出的动人的歌曲。全剧音乐令人陶醉，故事情节扣人心弦，将舞台艺术、音乐元素、舞蹈动作完美地融合在一起，是这部音乐剧的魅力所在。韦伯可谓是音乐天才，他 22 岁便与莱斯创作出《耶稣基督万世巨星》，28 岁创作出以贝隆夫人为原型的《艾微塔》，其中那首《阿根廷，别为我哭泣》，成为广为流行的名曲。继 1981 年创作《猫》剧，1986 年他又创作了《歌剧魅影》，20 年后，《猫》剧的演出记录由他自己创作的《歌剧魅影》打破。因 2008 年北京奥运会演唱《我和你》而为中国人所熟知的格莱美奖女艺人莎拉·布莱曼出演了这两部世界上最成功的音乐剧。

猫与音乐，似乎有很深的渊源。据说早在 1547 年布鲁塞尔为查理五世举行的游行时就曾用“猫琴”演奏过。1921 年美国人泽格·翁弗雷创作的《键盘上的小猫》钢琴曲，就源于他早年在奶奶家看到一只小猫在客厅的钢琴上踱来踱去，踩出一连串让人惊奇不已的音符，节奏也非同寻常，由此激发了他的创作灵感。法国著名的作曲家罗西尼和莫里斯·拉威尔的《猫之二重唱》也都是名曲。巴西有一只会唱歌的猫，能够配合它主人“二重唱”，主人每次练琴时，它都会伴着琴声咪咪地叫。它会唱 38 支曲子，曾与主人同台表演过。如此看来，蒙克里夫“猫在音乐方面有先天优势”的说法，也并非空穴来风。

说到《猫》剧，顺便提一下猫王，普雷斯利被认为是摇滚乐历史上影响力最大的歌手，有“摇滚之王”的称号。他的标志性舞蹈动作是扭动胯部，像条发情的公猫，因此有人叫他“山猫”，后来他的摇滚艺术如日中天，人们便称他为猫王，列侬曾说：“猫王虽死，但摇滚不灭，猫王万岁。”猫王曾演出 1100 场，出演 31 部电影，使摇滚乐成为美国社会影响深远的文化现象。

相对而言，在文艺领域，老鼠只是配角，而猫常常担任主角，不仅跨界演出，而且还是个一线明星。

用老鼠教训人类

西方有个寓言家说过：我用动物教训人类。这话说得口气有点大，虽然寓言家大都是智者，但思想上的智者未必就是生活中的强者，但这并不妨碍我们从寓言中得到一些启发和教益。寓言里有许多老鼠的故事，读来也很耐人寻味。

永贞革新失败，柳宗元被贬为永州司马，在那里他写下了著名的寓言故事《永某氏之鼠》。大意是说，永州（今湖南零陵区）有个人，很讲究忌讳，他生在子年，属鼠，就把老鼠视为神灵，因而喜爱老鼠。家里不养猫狗，也不准仆人捕杀老鼠。粮仓和厨房全部任凭老鼠糟蹋，从不过问。因此老鼠就互相转告，都到他家里来，享受这种饱食终日而毫无危险的生活。因此，他家里没有一件完好的器具，衣架上没有一件完好的衣服，吃的也大都是老鼠吃剩下的东西。白天老鼠成群结队与人同行，夜里就偷咬东西，相互争斗打闹，发出各种各样的声音，吵得他不能睡觉。然而他并不感到厌烦。过了几年，这人搬走了，另一个人住到了这所房子，老鼠仍旧和从前一样闹腾。新主人说："这是在阴暗处活动的坏东西啊，偷窃捣乱特别厉害。是什么原因使它们猖狂到这种地步呢?"于是借来了五六只猫，关上大门，拆除屋上的瓦片，用水灌老鼠洞，使老鼠无处躲藏，又雇人来围捕老鼠。杀死的老鼠堆积成山，把它们扔到偏僻无人的地方，臭味好几个月才消散。

柳宗元最后说道，唉！这些老鼠，它还以为这种饱食无祸的日子可以长久下去呢！

柳宗元在《三戒》中开宗明义说：我一向厌恶世上这么一些人，他们忘记了自己的本来面目，只知凭借外界条件而恣意逞能，最后都没有好下场。他说的老鼠就是这“乘物以逞”的一种，属于“窃时以肆暴”，即利用时机有恃无恐、恣意妄为的人。这些老鼠之所以能够如此肆无忌惮地为非作歹，究其原因就在于它有一个爱鼠、护鼠、纵鼠的主人做靠山，一旦这个靠山不在了，老鼠们非但不能饱食终日，而且大祸临头，由于在得意时为所欲为、作恶多端，在失势时必然遭受清算，随时走向覆灭。所以，势不可使尽、福不可享尽，居安思危方为上。苏东坡的黠鼠、韩非子的社鼠同样也会给我们带来启迪。

国外也有很多关于老鼠的寓言故事。

伊索的《田鼠和家鼠》说，有一天，田鼠邀请家鼠到他的乡下家里作客，家鼠看见摆上餐桌的食物仅仅是大麦和玉米，就对田鼠说：“你知道吗？朋友，你生活得简直像蚂蚁一样清苦，可我就大不一样了，好吃的东西应有尽有，还是到我家去做客吧，我愿意跟你一起分享。”于是他俩一起到了家鼠的住处。家鼠摆出豆、面粉还有枣子、奶酪、蜂蜜和水果来款待田鼠。田鼠见了惊羡不已，由衷地赞叹家鼠有福气，抱怨自己命苦。他俩正准备开宴，突然有人把门打开了。两只老鼠听见响动，大吃一惊，连忙蹿进洞里去了。过了一会儿，他们爬出来打算品尝果脯，不料又有人进来寻找东西，他们只得再次慌忙蹿进洞内藏身。这么来回折腾，田鼠顿时忘了饥饿，长叹一声，对家鼠说：“再见了朋友，你虽然尽情享用美味佳肴，但却总是提心吊胆地过日子，唯恐遇到什么不测。至于我呢，一个微不足道的可怜虫，宁可继续啃我的大麦和玉米，这样既不须担惊受怕，也不会引起别人的怀疑。”

田鼠住在自己的家里，享用自己的粗粮，虽然贫寒，但却舒心自在，家鼠窃居在别人的家里，偷取别人的食物，虽然住华屋、吃佳肴，但却不免提心吊胆，担惊受怕，住不安心，吃不舒心，纵有佳肴却吃不出美味，表面上过的是富丽豪华的好日子，实际上过的却是担惊受怕的苦日子，物质上享受，精神上受折磨，家鼠的这种生活哪比得上田鼠的自由自在呢。通过不正当手段获取的物质享受，并不能带来真正的享受。决定人类健康的因素，第一是心情好，第二是睡眠好，第三才是营养好。在纵享奢华与安贫乐道的生活方式之间，聪明的田鼠选择了心情好，它因此还额外得到了睡眠好，而虚荣的家鼠只得到营养好，却因此失去了心情好和睡眠好，而心灵上的安宁比物质上的享受重要得多。

拉·封丹在《老鼠的议会》中说，有一只猫叫罗拉蒂，他是老鼠的煞星。老鼠只能躲在洞里忍饥挨饿。一天，罗拉蒂出门去找母猫玩，鼠王就召集大家开会，讨论怎样摆脱眼前的困境。鼠长老提出一个想法，他建议在罗拉蒂脖子上挂个铃铛："罗拉蒂一跑出来，铃铛就会报警，我们就可以安全撤离了。"大家都同意这个想法，但谁去挂这个铃铛呢？结果没有老鼠愿意去，于是会议就这样不了了之了。拉·封丹说，我们的议会也是如此，讨论的时候，大家都很积极，实施的时候所有人都找不到了。拉·封丹说的当然对，议论容易执行难，没有落实，再好的主意也白搭。但真正的好主意应当是切实可行的，像这种给猫挂铃铛的主意，看起来很美，但实际上是没法做的事：让老鼠在猫的脖子挂铃铛，不是往猫的嘴里送肉吗？这种不能实行的主意根本不是什么好主意，当然也不应该去执行。

拉·封丹的《猫和老鼠》说，猫、老鼠、猫头鹰、黄鼠狼的名声都不好，人们想除之而后快。夜里，猎人在他们住所的树边悄悄设下了陷阱。第二天一早，猫出门觅食，只听得一声叫唤，它被陷阱套住了。猫大声呼救："快来救救我吧，老鼠兄弟。"老鼠问："救你的话，我能得到什么好处？"猫说："我将永远保护你，让你免遭猫头鹰和黄鼠狼的欺负。"老鼠虽然不相信猫的话，但是此刻猫头鹰和黄鼠狼正在他家门口虎视眈眈，老鼠看到处境不妙，只好来到猫的身边，把猫从猎人的网里救了出来。看似猫和老鼠结成了同盟，但是老鼠还是信不过猫。猫常常建议用拥抱来证明彼此的友谊，但是老鼠说："你以为我会忘记你的天性？就算有盟誓，我也不会放松警惕的。"老鼠深知，盟友不是朋友，结盟基于利益，交友基于感情，盟友会随着利益而变化，朋友会因为交情而深化。如果错把盟友当朋友，难免会吃亏。

寓言大都是借动物的故事来说事。但寓言说故事是为了讲道理，因此每个寓言故事里都蕴含有一个寓意。寓言的生命力就在于寓意中，所以有人说：

“寓言是一个魔袋，袋子很小，却能从里面取出很多东西，甚至能取出比袋子大得多的东西来。”至于每个人到底能够从寓言这个袋子里取出多少东西来，就要看各人的修行和悟性了。因此，一则寓言除了作者赋予的寓意外，读者往往会有自己的体验和感悟，同样一则寓言，不同经历、不同时代的人，常常会有不同的解读，这也正是寓言的魅力所在，真正经典的寓言，都能历久弥新，常读常新，这便是经典永恒的道理了。

终日招财为谁忙

现在许多店家摆放着的招财猫，最早起源于日本的江户时代。

在日本有关招财猫的众多传说中，有一则故事是这样的：江户时代的越后屋是个以染布为业的望族，但是到了少主人这代却日渐衰落，原因是少主人不务正业，成天沉迷在赌博或与他的宠猫小玉玩耍之中，管家常常劝阻他，但是他却说，有什么好担心的！你没听说过仙鹤报恩的故事吗？等家里没钱了，叫小玉出去找钱就是了。不久，越后屋果真变得一无所有了。但少主似乎并不在乎，他抱起小猫说，小玉啊，去找些金币回来吧。第二天，小猫真的衔着一枚金币回来了。管家劝他拿金币去做点事，但他不听，拿着金币赌博去了。赌输回来又对小猫说，小玉啊，再去拿一枚金币回来吧，这次我一定不再赌了。小猫犹豫了一下，慢慢走了出去，第二天，又衔着一枚金币回来了。少主高兴得拿起金币直奔赌场，结果又输掉了。回家时，管家慌里慌张地跟他说，小玉好像生病了，你看它越来越瘦，一整天都没有精神。少主冲进屋，心疼地看着小猫，见小玉缓缓地张开眼睛，还舔了他一下，他高兴地抱起小猫说，小玉，再一枚，再一枚就好了，这次我一定好好做事。小猫抬头看了他一下，又慢慢地走开了。这时他心想，不知道小玉是从哪里拿到这些金币的，不如我跟它去，说不定以后就有用不完的金币了。第二天小猫出门时，少主偷偷地跟在后面，穿过河流、树林，来到了一座庙里，只见小猫举起双手祈祷，又念念有词地说，拿走一些手，拿走一些脚，给我一些金币，拿走一些肚子，拿走一些皮毛，给我一些金币。随着咒语，小猫越变越小，最后居然消失了，地上只剩下三个金币，少主这时才明白，原来小猫是拿自己的身体去换取金币的，不禁号啕大哭，他拿起金币回家后像变了一个人，整天拼命工作，再也不赌钱了。经过他的努力，越后屋家业又兴盛起来。钱挣得不要不要的。为了纪念小玉，少主叫人做了一尊拿着金币的小猫雕像，摆放在越后屋的门前，那一带的人看到了也都跟着这么做，于是相沿成习，化习成俗，这个猫型摆设就成了日本传统的招财纳福的吉祥物，也就是招财猫。现在的招财猫一般是陶瓷制品，白色，笑眯眯的猫儿做出招人的手势，据说举右手为招财，举左手为招福。日本的店家，一般摆的是举左手的招财猫，因为，他们认为有人缘才有财源。

招财猫也是日本旅游商品店热卖的纪念品。因为上帝说了，“拥有财富的人并不富裕，希望得到财富的人才富裕”，人们认为招财猫能够把好运和财富带给拥有它的主人。这些没日没夜举着手的猫儿其实也很累的，不像有的猫生财有道，毫不费力。据媒体报道，现在最有钱的猫是不爽猫，它凭借着各种“不爽”表情的骚操作，参加各种大型节目，成为顶级流量明星，白手起家致富，为自己挣得了9950万美元，在猫界富豪榜上排名第一，在宠物界排名第二。猫界第二富豪是美国著名女歌星泰勒·斯威夫特的爱猫“本森”，身价9700万美元。这些年的猫价真是飞涨了，早先英国的“高菲”猫因为继承了2.7万英镑的遗产成为最富有的猫，1988年本·里亚的黑猫因为继承700万美元创造了吉尼斯世界纪录。现在猫界富豪榜的首富可能又要被刷新了，因为大家熟知的老佛爷、香奈儿艺术总监卡尔·拉格斐于2019年在巴黎逝世，他生前没有子女，只有一只视同生命的猫咪舒佩特，老佛爷的十多亿资产会由他的宠猫继承吗？人们都在热心地关注，因为2018年老佛爷曾说过，在所有继承人中，他会把自己的财富给舒佩特，但根据法国法律，动物没有直接的继承权，这更增添了悬念，也引来了媒体和律师界纷纷为舒佩特支着，一时成了热点话题。不过不管怎么说，我们虽然看不到招财猫为主人招来了多少财富，但却实实在在地看到了猫儿为自己招来了巨额的财富。有人说这世界最难的事情有两件：一件是把自己的思想装进别人的脑袋，另一件是把别人的钱装进自己的口袋。招财猫的神奇之处就在于它轻易地做到了后面这件多少人想做而做不到的难事，至于前面那件难事原本就没有多少人想做，这也更显得猫儿的不凡之处。不过按照中国人祸福相依的观念，这也可能是件麻烦事。据说美国房地产业和酒业的亿万富婆利昂娜·海姆斯利去世后将1200万美元的遗产留给了自己一只名叫“麻烦”的马耳他宠物犬，这下“麻烦”遇到了真正的“麻烦”了，它一继承这笔遗产，马上成为绑架勒索者的头号目标，于是，为了减少“麻烦”，它只好埋名隐姓，躲到乡下隐居越来，不料一年多之后，它又遇到更大的“麻烦”，法官认为它继承的1200万美元遗产太多了，超出了照顾这只“麻烦”的必要开支，裁定将遗产减少到200万美元，如此折腾了一场，真够“麻烦”的了。

“麻烦”好像给自己的同类也带来了“麻烦”。据英国《泰晤士报》报道，前些年英国的犯罪团伙开辟了一项犯罪新职业：绑架宠物犬，而且形成了新的犯罪“业态”。据有关资料统计，英国每年被偷走的宠物犬多达2.5万只，这里面大约有5000只是斯塔福德犬，而失犬主人一般都会张贴寻找启示，表示愿意出一笔“赏金”答谢帮助找回爱犬的人，绑架者因此与失犬主人联系，绑走宠物犬后再取得“赏金”。这样，实际上是绑架的“赎金”却变成了犒劳的“赏金”，案子报到警察那儿，警察说，这好像是交易吧，不像敲诈犯罪呀。那些猫、狗界的富豪成了绑架者的头号目标，这也是有钱给猫、狗带来的“麻烦”——真是“不爽”，喵！

人鼠之间

1962年的诺贝尔文学奖授予了美国作家约翰·斯坦贝克，以表彰他“通过现实主义的富于想象的创作，表现出富于同情的幽默和对社会的敏锐观察。”约翰·斯坦贝克获奖的是中篇小说《人鼠之间》。原先我不知道有这部小说，也没听说过约翰·斯坦贝克这个作家，去年国庆节逛大梦书屋，偶然看到了这本《人鼠之间》。

《人鼠之间》出版于1937年，诺贝尔文学奖获奖词说，这是一部中篇杰作，讲述莱尼的故事：“这位力大无比的低能儿，完全是出于柔情，却掐死一切落入他手中的生物。”

这个故事发生在20世纪30年代的美国，农业季节流动工人莱尼和乔治是两个相依为命的伙伴。身材高大、力量巨大的莱尼，在智力上是个低能儿，像个纯粹的小孩子，“我喜欢用手指摸好摸的东西、柔软的东西”，也许是获得内心深层慰藉的需要，这一喜好似乎成了他的心理依赖和行为习惯，不由自主，难以控制。就在这柔情抚摸和力大失控之间，诞生了一系列悲剧，粉碎了他们一直以来憧憬的梦想。小说主人翁出场，是在水潭边休息时，乔治发现莱尼摸死了一只放在兜里的老鼠，而来这之前，他们在一家农场干活，莱尼因为去摸一个姑娘的裙子，把姑娘吓得尖叫强奸，乔治拉起吓呆了的莱尼逃到这里。次日上午他们来到了新农场干活，这天是周五，住下当晚，莱尼又缠着乔治给他讲述那重复过无数次的梦想："咱们打工攒钱，买一块地，靠地过日子，有座小屋子、几亩地、一头牛、几头猪、一笼子兔子，种些苜蓿草，让莱尼喂兔子……他们对话描绘的景象，深深吸引住了一旁的清洁工老坎迪，他表示要加入。老坎迪说他已经有了三百五十元，乔治算了一下，他和莱尼干一个月可以挣一百元，那块预想的地大约需要六百元。这一下子他们觉得难以置信：从来没有真正相信过的梦想可能就要变成现实了。这时，老板的儿子号称拳击手的小矮个柯利又进来了，他特别讨厌大个子，白天一见到莱尼就看不顺眼，这时又去挑衅莱尼，一拳打中莱尼的鼻梁，鼻血汹涌而出，莱尼吓得后退，柯利又上前一拳，打中莱尼的脸，莱尼既不懂得避让也不懂得还击，而是害怕得用手捂住脸对乔治喊道："让他停下，乔治。"柯利又冲他肚子打了一拳，乔治见势赶紧冲莱尼喊道："抓住他，莱尼!"柯利又一拳打中莱尼的眼睛，血流满面，当柯利再次挥拳时，拳头被莱尼抓住了，柯利的拳头完全没入莱尼巨大的手掌里，莱尼惊骇地盯着被自己抓住手身子不停地扭动的柯利，不懂得放手，乔治上前一下又一下地抽着他的耳光，不停地叫他放开手，但当莱尼放手时，柯利手上的骨头都被捏碎了。领队斯林姆赶紧安排送柯利去医院。第三天，在谷仓里，莱尼正对着被他摸死的小狗崽喃喃自语，柯利的老婆来了，两人坐在谷仓草堆上交谈，莱尼告诉她自己喜欢用手指摸好摸的、柔软的东西，柯利的老婆说，差不多明白你的意思，有时候，我梳头时也会一直坐着在那儿摸头发，因为实在太柔软了。她得意地拉起莱尼的手，放到自己头上，"摸摸这儿，感觉一下有多软"，莱尼开始用他粗大的手指摸她的头发，"哦！真好摸"，越摸越兴奋。她叫莱尼住手，因为把她头发弄乱了，但莱尼的手却抓住头发不放，她喊："放开我!"尖叫了起来，莱尼慌忙用另一只手捂住她的口鼻："拜托你别叫。"她在莱尼手下剧烈挣扎，扭动身体想要挣脱，莱尼怕得哭了："你别这样，乔治会说我做了坏事，不让我照顾兔子了。"她的挣扎哭喊惹得莱尼非常生气，摇晃她的身体："你不许再叫了。"一直摇晃着她，最后她一动不动了，因为莱尼扭断了她的脖子。莱尼知道自己闯了大祸，就赶紧跑了。

老坎迪在谷仓里发现了姑娘的尸体，找来了乔治，他们知道这是莱尼干的。乔治说要把他抓回来，不然那个可怜的混蛋会饿死的。但又担心他们会残忍对待他。老坎迪说，应该让他逃走，不然柯利一定会对他用刑的，会杀死他。坎迪接着说出他最担心的事："你跟我还可以去买那块地，是不是，乔治?"乔治没有回答，坎迪知道答案：一切都结束了。后来坎迪通知农场的人来谷仓，柯利见状狂怒起来："我要亲手毙了那个杂种，我要打穿他的肚子。"乔治跟斯林姆说，把他抓回来能不能只把他关起来，他脑子不好，不是故意要伤人。斯林姆说柯利想毙了他，就算是把他关起来，也会把他绑住，关在一个笼子里。乔治对柯利说："那个可怜的混蛋是个疯子，你别开枪，他不知道自己做了什么。"柯利说："我们当然会开枪，我会亲手把那混蛋的肠子打出来。"他们带着猎枪去找莱尼。

乔治在来时的水潭边找到了莱尼，他们坐在一起有一搭没一搭地对谈起来，搜寻队伍的脚步声越来越近了。莱尼说："讲讲咱们的未来。""我们会拥有一小片地。"乔治把手伸进侧兜里，拿出鲁格手枪，看着莱尼的后脑勺，莱尼说："你接讲啊。"乔治举起枪，手抖得厉害，又垂了下去。"我们会拥有一小片土地……"两人又重复着无数次的关于梦想的对话。"莱尼，你往河对岸看，就好像你能够瞧见那片地。"乔治再次举起手枪，对着莱尼的后脑勺，控制着剧烈颤抖的手，脸色坚定地扣动了扳机，随着一声枪响，梦想碎了一地。

这部小说的故事情节，实际上是由三个案件构成的，第一件是莱尼正当防卫案。面对柯利一再出拳攻击的不法侵害行为，莱尼出手抓住柯利的拳头，并捏碎了柯利的手骨头，制止其继续进行加害，这是正当的，防卫的强度没有超过制止不法侵害的必要程度。第二件是莱尼致柯利老婆死亡案。莱尼的行为导致了柯利老婆的死亡，这是客观的事实，但是刑事责任是以行为人主客观相统一为原则的，不仅要有行为和后果这一客观事实，还要有故意或过失这一主观心态，才能构成犯罪，追究刑事责任。现代刑法反对客观归罪，因此，通常情况下，我们必须进一步分析莱尼是不是存在故意或过失，或者是不是构成意外事件，以确定莱尼的刑事责任。但是莱尼显然是个低能儿，一个智障人士，从他的整个行为表现来看，他对自身行为及后果的识别能力很差，控制能力也很差，虽然已经是成年人，心智仍然处于儿童状态，不属于正常人。正常人心智的发育与年龄的增长基本上是成正比的，但莱尼只是个弱智的成年人，这类智障人士属于精神障碍者，对他的精神障碍情况必须进行司法鉴定，才能判定他的刑事责任能力，司法鉴定的结论是他承担刑事责任的基础，如果他属于无刑事责任能力人则不负刑事责任，如果属于限制责任能力人，则要减轻刑事责任。莱尼这种情况，显然不属于完全责任能力人。第三个案件是乔治故意杀人案。乔治事先准备好手枪，瞄准莱尼后脑开枪，主观上有明确的杀人故意，客观上有开枪杀死莱尼的行为和后果，构成故意杀人罪，虽然他的动机是出于不忍看见莱尼被抓，惨遭柯利的私刑折磨，但动机不影响犯罪的构成，只能作为量刑情节考虑。善意的杀人也是杀人。

《人鼠之间》，书名取之于英国诗人彭斯的一首诗《写给小鼠》：

哦，光滑、胆怯、怕事的小东西，
多少恐惧藏在你的心里！
你大可不必这样匆忙，
一味向前乱闯！
我哪里会忍心拖着凶恶的铁犁，
在后面紧紧追你！
……
但是鼠啊，失望不只是你的命运，
人的远见也一样成为泡影，
人也罢，鼠也罢，最如意的安排也不免常出意外！
剩下的痛苦和悲伤，
代替了快乐和希望。

罗伯特·彭斯（1759—1796年），伟大的苏格兰农民诗人，大地的深情歌者，他的《一朵红红的玫瑰》《往昔的时光》《写给小鼠》充满了乡村的气息。《往昔的时光》被电影《魂断蓝桥》谱为主题歌曲后，成为世界上最流行、最受欢迎的歌曲之一。罗伯特·彭斯在这首《写给小鼠》的题目下自注道："1785 年 11 月，犁田时，将一只田鼠从窝里翻出"，小鼠惊逃，彭斯触景生情写下该诗，哀婉惆怅致田鼠：有时人和鼠的处境也是一样的，面对命运的残酷打击，都是那么无力、无奈、无望！热爱大地、尊重生命，读彭斯的诗，你能闻到苏格兰原野散发出来的气息，就像读叶赛宁的诗可以听到俄罗斯的白桦林在风中发出沙沙的声响。

黑猫凶猛

我从小就以性情温顺并富于爱心而闻名。我特别喜欢动物，黑猫普路托是我宠爱的动物和朋友，我们友好相处了好几年。这期间，由于我嗜酒成癖，脾气和秉性变得很坏，越来越喜怒无常，烦躁不安，居然辱骂妻子，甚至对她拳打脚踢，对那些宠物我也开始忽略它们，甚至虐待它们。有一天晚上，当我喝得醉醺醺回家时，我觉得那只猫在躲避我，我一把将它抓住，它被我惊吓了，轻轻地在我手上咬了一口，我顿时勃然大怒而且怒不可遏，仿佛灵魂出窍，酒精把残忍的恶意渗透到我身上每一个细胞，我掏出身上的小刀一手抓紧那可怜畜生的咽喉，不慌不忙地剜掉了它的一只眼睛。第二天醒来，我对自己的恶行又怕又悔，但我的灵魂依然无动于衷，我又开始纵酒狂欢。那只猫渐渐痊愈，它被剜掉了眼珠的那个眼窝的确显得可怕，它照常在屋里走动，但一见我走近就吓得仓皇而逃。眼见一个曾经那么爱我的生灵而如今厌恶我，我先是伤感，继而愤怒。接着，一种“反常心态”出现了，这是一种原始冲动，做一件恶事或蠢事的唯一动机就是他明知道自己不该这样做，一种违背本性的欲望，一种想只为作恶而作恶的欲望，驱使我继续伤害那个无辜的生灵。一天早晨，我并非冲动地把一根套索套上它的脖子并把它吊在了一根树枝上。吊死它时我两眼噙着泪花，心里充满了痛苦的内疚。我吊死它是因为我知道它曾爱过我，知道它没有给我吊死它的理由，知道我那样做是在犯罪。

就在我实施那桩暴行的当天晚上，我在睡梦中被一阵救火的喊叫声惊醒。床头的幔帐已经着火，整幢房子正在燃烧。我和妻子好不容易才死里逃生。第二天，我去看那堆废墟，墙壁全部倒塌，除了一处例外，就是那堵不太厚的隔墙，它处在房子中央，原来我的床头就靠着它。那堵墙的跟前聚集着一大堆人在观看、在议论，我走上前一看，但见白色的墙面上好像有一幅浅浅的浮雕，形状是一只硕大的猫。那猫被雕得惟妙惟肖，脖子上还绕着一根绞索。

“嗯……好像太迟了？”我拿起手机看了一下时间：晚上十一点，“这么迟了……等下睡觉会不会做噩梦？”——这是疫情期间的一个春节夜晚，我一边泡脚，一边读着埃德加·爱伦·坡以第一人称讲述的这个黑猫故事。看到这里，感觉心里有点发怵，正犹豫着要不要继续读下去，不过最终想知道结局的愿望还是战胜了担心影响睡眠的心理。

一连好几个月我都没法抹去那只猫的幻影。一天晚上，当我昏昏沉沉地坐在一家下等酒馆里时，我的注意力被酒桶上的一团黑乎乎的东西所吸引，我走到跟前，伸手摸了摸那东西，它原来是一只黑猫，个头足有普路托那么大，而且除了它胸前那块白斑之外，其他各个方面都长得和普路托一模一样。我当即向酒馆老板提出要把它买下来，可老板却说那只猫不是他的，之前他也从未见过它。而当我准备回家时，那只猫表示出要跟随我去的意思。于是我把它带回去，它一到家马上就适应了新的环境，而且赢得了我妻子的宠爱。但我很快就对它产生了一种厌恶之情，原因在于我把它领回家的第二天早晨竟发现它与普路托一样也被剜掉了一只眼睛。我厌恶它，可它对我却越来越亲热。我恨不得一拳把它揍死，每次我都忍住没有动手，这多少是因为我对上次罪行的记忆，但主要是因为我打心眼里害怕那个畜生。我妻子曾经不止一次地要我注意看那块白毛斑记的特征，那块白斑后来竟慢慢地呈现出一个清清楚楚的轮廓，那是一样我一说到其名称就会浑身发抖的东西——一个绞刑架的图案！一只被我若无其事地吊死了的动物，居然给我带来了不堪忍受的痛苦，无论白天还是黑夜，我再也得不到安宁。在这痛苦的压迫下，我心中仅存的一点善性也彻底泯灭，邪念成了我唯一的密友。我原来喜怒无常的脾性发展成了对所有事所有人的怨恨憎恶。而我毫无怨言的妻子则成了最经常、最宽容的受害者。一天，我去我那旧房子的地窖，那只猫跟着我走下陡直的阶梯，并因差点儿绊我一跤而令我气得发疯，狂怒中我举起一把斧子，对准那只猫就砍，但这一斧被我妻子伸手拦住了，这一拦犹如火上浇油，使我的狂怒变成了真正的疯狂，我从她手中抽回我的胳膊，一斧子砍进了她的脑袋。

完成了这件可怕的凶案，我立即开始考虑藏匿尸体的事。最后，我终于想出了一个我认为比其他设想都好的万全之策。我决定把尸体砌进地窖的墙里，砌完之后，那面墙丝毫看不出被动过的痕迹。接下来，我开始寻找那个造成了这么多不幸的罪魁祸首，但它不见了。这样，从它被我领进家门以来，我终于酣畅而平静地睡了一夜！第二天和第三天相继而过。那个折磨我的家伙仍然没有回来，我心中的快乐无以复加！我犯下的那桩罪孽很少使我感到不安。警方来进行过几次询问，但都被我轻而易举地搪塞过去。在我杀害妻子的第四天，一帮警察非常突然地到来，对那幢房子又进行了一番严密的搜查。不过我确信藏尸的地方他们做梦也想不到。所以我一点不感到慌张。警察再次来到地窖，我把双臂交叉在胸前，优哉游哉地踱来踱去，那些警察消除了怀疑正准备要走，这时我忍不住要开口，哪怕只说一句话，以表示我的得意之情，让他们更加相信我的清白无罪。“先生们，”就在他们踏上台阶之际，我终于开口了：“我很高兴消除了你们的怀疑……请允许我说这是一座建筑得很好的房子，这些墙……要走吗，先生们？这些墙砌得十分牢固。”说到这儿，出于一种纯粹的虚张声势的疯狂，我竟然用握在手中的一根手杖使劲地敲击其后面就站着我爱妻尸体的那面拆砌过砖头的墙。哦，上帝！就在我敲击墙壁的回响余音刚落，壁墓里就传出一个回应我的声音！一个哭声，开始低沉压抑且断断续续，就像是一个小孩子在抽噎，随之很快变成了一声长长的、响亮的，而且持续不断的尖叫，其声之怪异，就像只有从地狱里才可能发出的那种声音。台阶上的那帮警察愣过之后，十几条结实的胳膊开始忙着拆那面墙。墙被拆倒，那具已经腐烂并凝着血块的尸体赫然直立在那帮警察眼前。在尸体的头上正坐着那个有一张血盆大口和一只炯炯独眼的可怕畜生，原来我把那可怕的家伙砌进了壁墓！

《黑猫》是美国作家埃德加·爱伦·坡（1809—1849年）恐怖小说的经典之作。他以第一人称口吻讲述了一个人与黑猫的恐怖故事。这是一个双重恐怖的故事，它不仅有黑猫的恐怖，还有人的恐怖：在“我”虐杀黑猫的当晚，一场离奇的火灾烧掉了“我”的房子，在“我”床头的墙上，居然呈现着那只黑猫的浮雕图案，脖子上还绕着一根绞索。从小酒馆里带回家的那只不知从何而来的黑猫，第二天发现竟像第一只黑猫一样也被剜掉了一只眼睛，更恐怖的是，不久它胸前的那块白斑竟变成了一个绞索图案；地下室杀妻后那只猫不知所踪，在“我”用手杖敲击藏尸墙壁时，竟传来了它恐怖的叫声，因此罪行暴露。这是这只怪异、神秘的黑猫带来的恐怖；因为“嗜酒成癖”，一次喝醉回家，残忍地用小刀剜掉了黑猫的一只眼睛，后来又纯粹出于作恶，“并非冲动”地将这只猫吊死；在地窖里因为妻子阻拦砍猫，竟挥斧砍进了妻子的脑袋，之后没有丝毫的悔恨、恐惧，“立即开始考虑藏匿尸体的事”，这是人性之恶带给我们的恐怖。

显然，埃德加·爱伦·坡是借用一起抑郁症患者兼酒精中毒者实施的刑事凶杀案给我们讲述一个恐怖的故事。酒在带给人类愉悦、欢乐的同时，也给人类带来危害和灾祸。从国家层面上来说，醉酒行为对社会秩序和政权稳定的冲击是显而易见的。商朝覆灭始于纣王的“酒池”，因此周朝初立便作《酒诰》，禁止国民在祭祀之外的场合饮酒。此后古代中国亦有许多禁酒法令。外国也一样，希腊人认为酒会唤起人心中的兽性，崇尚理性饮酒。柏拉图认为，酒可以测试一个人的性格，也可以培养一个人的性格，原因在于饮酒体现着一个人的自制力。历史上许多国家都曾试图限制国民的醉酒行为。英国禁过杜松子酒，澳大利亚禁过朗姆酒，美国的女权运动最早发端于反对酒吧，最终不仅推动各州立法禁酒，而且形成等同于禁酒令的宪法第十八条修正案，这是美国宪法限制自由的唯一法案，当然也是后来被废止的唯一法案。正如

《醉酒简史》所言："醉酒是矛盾的集合体，有时候它能挑起暴力冲突，有时候能带来和平；它能让我们纵情高歌，也能让我们安静入睡。……它能给君主带来欢乐，也能导致他们垮台；它是穷人的慰藉，也是他们贫穷的根源；对政府来说，它既是骚乱的起因，也是财政收入的手段；它既能证明男性雄风，也能消除男子气概；它既是淫媒伎俩，也是主妇的乐事。醉酒是瘟疫和杀手，也是上帝的礼物。"嗜酒者对酒精失去控制，成为酒瘾患者，往往害人害己。一些慢性酒精中毒者，会导致酒毒幻觉症和酒毒妄想症等。台湾蔡墩铭教授的《犯罪心理学》把酒精类和毒品类一起列为麻醉品，麻醉品滥用会导致形成反社会犯罪人格，这是因为酒精的过度饮用会引起一些生理上和心理上的不良反应，如控制力减弱、思想迟钝、注意力涣散等，导致道德人格降低，刺激实施犯罪行为。首先，醉酒会刺激不良欲望。俗话说，"酒是色媒人"，其实不仅是色，从现实情况看，酒醉后行为失控，更易实施强奸、偷盗、伤人、杀人案件；其次，醉酒会增加犯罪勇气，所谓"酒壮怂人胆"，醉酒后行事不计后果，有些平时老实、胆怯懦弱之人，酒醉之后出人意料地做出了平时不敢做的事，甚至是令人震惊的残忍之事；第三，酒醉会成为自我开脱罪责的理由，说"都是酒精惹的祸"，将自己行为的责任推给"喝醉了"，弱化负罪感，减轻良知谴责，甚至排除自身责任，合理化自己的犯罪行为。醉酒带来的冲动性、兴奋性、暴力性极易刺激实施犯罪行为。由于酒醉是人为造成的，是意志可控的，是自由选择的后果，所以我国法律特别规定"醉酒的人犯罪应当负刑事责任"，酒醉犯罪不能免责，这与精神病人犯罪的规定是不同的，精神病人在不能辨认或者不能控制自己行为的时候造成的危害结果，经过鉴定确认的，不负刑事责任。而法律对酒醉犯罪的人，是按正常人犯罪对待的，就不存在对他的辨认能力和控制能力进行司法鉴定的问题，简单地说就是"酒醉不是理由"。从小说的开头主人翁在狱中开始叙述这个故事来看，美国当时的法律对这类犯罪也是不能免责的。

黑猫，当然是一个象征，一种隐喻，但是在这篇小说里，黑猫（当然是指第二只黑猫）象征着什么呢？

在我写下《黑猫凶猛》这个题目时，我是把黑猫看作人的动物性的象征的，在酒精的麻醉作用下，人性沉睡，同时在酒精的催发下，人的动物性——兽性苏醒，每个人的内心都有双重性，人性兼具善恶，既有残暴的兽性，又有善良的人性，人既是天使，也是恶魔，当我们说一个人“人性泯灭、天良丧尽”的时候，就是说他只剩下兽性了，因为兽性没有不忍之心，什么事都干得出来，既然我们每个人的心中都蹲着一只黑猫——都有动物性——我们就要用人性的枷锁时刻拴牢它，不让它脱缰而出，跳出来主宰我们的行为，危害我们的人生和社会。黑猫凶猛，人要谨记。

这种解读当然很不错，应该也是切题的，但仔细参详之后，我觉得，这只黑猫作为人类恶行的惩罚者，似乎还可以被看作是对人类良知的一种隐喻。

小说的男主原本是个性情温顺、富于爱心的人，但是嗜酒成癖的恶习改变了他的天性，使他变得暴虐，当他纯粹为作恶而吊死第一只黑猫时，心里充满着痛苦的“内疚”，这是他良知犹存的表现，知道这样做不对，还要去做，意味着他内心的兽性战胜了人性；次日，当那堵墙上出现了黑猫形象的浮雕时，意味着他的良知苏醒了，提醒着他虐杀无辜动物犯下的罪行；此后几个月，他一直无法摆脱那只黑猫的幻影，这意味着他一直在受着良心的谴责。也正因为如此，当他在小酒馆里发现那只跟第一只长得一模一样的黑猫时，他把它带回了家，这个举动不乏怀念、补偿那只死去黑猫的心理动机，但是带回家的这只黑猫俨然成了第一只黑猫的化身：一样也被剜掉了一只眼睛，而且脖子上逐渐显现出绞索的图案，这意味着眼前的这只黑猫像是如影随形的良知，无时无刻不在提醒他自己曾经犯下的恶行，因此他对这只黑猫产生了一种强烈的既憎恶又害怕的心理，这种憎恶和害怕，表面上是对黑猫，深层里则是对自己，是对隐藏在自己内心深处的兽性的憎恶和害怕。这只黑猫就是一个观照物，人类良知的观照物，让他时时刻刻清清楚楚地看见自己内心邪恶的兽性，这也意味着没有人能够逃脱良心的责罚，从他犯下罪恶的那一刻起，良知的惩罚就已经在法律惩罚之前降临，无论白天黑夜，让他内心永不安宁，饱受煎熬，痛苦不堪。正是在这种痛苦的折磨下，他产生了抗拒良知的逆反心理，憎恨所有的人和事，更加邪恶地实施犯罪，以此来抗衡良知的责罚，甚至借此消除自己的良知，因此在地窖里他从残忍砍猫变成疯狂杀妻。杀妻是他兽性大发、人性丧尽的表现，而黑猫的消失则意味着良知消隐，这让他暂时忘却了自己的恶行，安稳睡了三个夜晚。然而第四天，在警察正要离开地窖，他的杀妻犯罪即将逃脱时，他竟抑制不住要欲盖弥彰地说那藏尸的“墙砌得十分牢固”，并用手杖使劲敲击那堵墙，最终引来了墙里的恐怖叫声，凶杀案由此告破。他的这一“此地无银三百两”的举动，表面上看像是神差鬼使，但实际上是良知的潜意识驱使他做出了这个举动。王阳明说，知善知恶是良知，良知是人性的灵魂，也是人类心灵的最高法庭，正是良知的驱使，让他以怪异的行为，自曝自己的罪行，用行动对自己的罪行作了主动招供，自投法网，以求得良心上的安宁，他的这一举动意味着，最终，人性战胜了兽性。

因此，在我说黑猫凶猛时，是因为当你作恶时，你将面临双重的惩罚：社会法律的惩罚和内心良知的责罚。你或许可以逃脱法律的惩罚，但你难以逃脱内心良知的责罚，这种责罚伴随终生，无时不在，无所不在，无处可逃。没有霹雳手段，不显菩萨心肠，良知是守护人类道德底线的怒目金刚，它让作恶带来的痛苦远超作恶带来的快感。当然，我从未指望过每个人都有强烈的良知，不然这世界也不会有这么多邪恶，《当良知在沉睡：辨认你身边反社会人格者》一书中说，在人群中，天生没有良知的人出现的概率为4%，正是这些人往往制造出令人发指的反社会极端事件。但尽管如此，我仍愿相信，既生而为人，多少还是存有良知的，更相信人类作为一个整体，良知总能战胜兽性，人类文明的存续证明了良知永存于人心。良知也是引领我们进入道德天堂的使者。但丁的《神曲》告诉我们，到达天堂的道路必须经由炼狱穿过，因此，无论我们见证过多少邪恶，永远都要与善良同行。

仓鼠人生

《史记·李斯列传》的开篇就给我们讲了一则李斯与老鼠的故事：李斯年轻时在郡里当小吏，见到两种境遇完全不同的老鼠，他宿舍厕所里的老鼠，吃的是污秽的东西，每逢有人和狗走近便惊恐四蹿；而粮仓里的老鼠，吃的是干净的存粮，住的是大檐下的屋子，见到人和狗也不害怕，都是老鼠命运却截然不同，李斯不禁感叹说：人的贤能或不肖，就像老鼠一样，关键就在于他选择处在什么位置上的啊！

这看似小故事，实为大人生。

李斯观鼠，是一种人生思考、人生感悟，更是一种人生道路的选择。李斯从对厕中鼠与官仓鼠的两种命运的观察中，深入思考，领悟到人的生存环境和生活质量取决于他所处的位置，即社会地位。在他看来一个人的社会地位高低是决定一个人的幸或不幸、幸福指数高或低的决定性因素。从他所发出的感慨中，我们可以感受到他厌恶厕中鼠那种惶恐不安的生活方式，而向往官仓鼠那种养尊处优的生活方式，我们几乎可以肯定，就在他发出这声感慨的同时，他心底里就暗自下定了决心，立下了自己的人生志向：此生要做官仓鼠，决不做厕中鼠！正是这种人生选择，奠定了他一生的生活轨迹：只是因为在鼠群中多看了你一眼，再也没能忘掉命运的容颜。李斯，从观鼠开始了他一生的“传奇”故事。

纵观李斯的一生，他的前半生是为跻身官仓当硕鼠的奋斗历程，其志在

“必得”，他的后半生则是为保位固宠而助纣为虐的挣扎过程，志在“勿失”。《史记》记载李斯的两篇文章《谏逐客令》《行督责书》，恰好成为他前半生与后半生的代表，前者因坚持真理，助成统一大业而流芳，后者因为逢君之恶，助推暴政而遗臭。

故此，李斯的一生，我们可以称之为仓鼠人生。

观鼠之后，李斯决心由家鼠变身为官仓鼠。他毅然扔掉了楚国衙门的差事，投身到齐国大儒荀况的门下，研习儒家的治术。学业完成，一番比较分析，他认为七国中秦国的平台最大，可以实现自己的梦想，决计西入秦国猎取功名富贵。

到秦国后，他发现占据着秦国这座官仓最大的硕鼠是吕不韦，于是投身吕府门下，被推举为郎官。这是“一个华丽的转身”，标志着他已经钻进官仓，成了一只官仓鼠，可以吃官仓的“积粟”了。李斯不失时机地向秦王嬴政进献了一通消灭诸侯、统一天下、建立帝业的大计，秦王听从他的计策，派人带着金帛宝物游说各国，对各国精英人士，能收买的收买，不能收买的暗杀掉，先离间各国君臣，再派兵攻打他们。李斯因功被秦王任命为客卿。作为一只新来的外地鼠，李斯这么快就获得仓主的信任和欣赏，难免引起一些麻烦，本地鼠有意见，老仓鼠有想法，贵族鼠有妒意，于是借郑国渠间谍案的问题，贵族鼠、本地鼠们鼓动秦王下了逐客令，要把这些外地鼠从秦国的粮仓中赶回老家去，李斯奋起抗争，提笔给秦王写了一篇义正词严的《谏逐客令》，不仅让秦王收回了成命，使他官复原职，还顺便让他的文章成了千古名篇。

斗败本地鼠，取得永久居仓权。李斯又和新来的外地鼠打斗了。一日秦王读到韩非的文章，喜欢得不得了，感叹说：“哎呀，要是我能见到这个人，并且跟他交往，死也无憾了。”李斯说这是我同学韩非写的书。于是秦王派军队攻打韩国，韩王只好派韩非出使秦国，秦王趁机扣留韩非，并任命他当了客卿。秦国设客卿一职，意在招揽贤才，任客卿的人极可能提升为丞相。李斯自知才华不如韩非，担心韩非会后来居上，超越自己。于是勾结与韩非有怨隙的姚贾一起向秦王进谗，秦王听信他们的话，将韩非下狱，李斯趁机叫人给韩非送去毒药，让他自杀了。此后，秦王继续使用李斯的计谋，兼并统一了六国，将秦国的粮仓扩大了好几倍，变成了秦朝，李斯因赞策有功，被任为廷尉，这是最高司法官职位。此后李斯力排众议，反对分封制，建立郡县制，筹划中央集权机构，又统一法制、统一币制、统一度量衡、书同文、车同轨，功勋卓著，升任丞相，无可争议地成为秦朝这座官仓最大的硕鼠了。

至此，李斯的一生可说是功成名就，荣华富贵达到了顶峰，二十多年的奋斗历程，实现了他年轻时观鼠立下的志向。他“得到了”，但是造化弄人，盛极而衰，他很快又“失去了”。因为就在他人生的高光时刻，他遇到了阴险宫廷鼠赵高。公元前 240 年，秦始皇巡行天下途中，病死河北沙丘，死前立下遗诏传位长子扶苏，赵高想立跟他关系好的小儿子胡亥当皇帝，他一眼看穿李斯的人格弱点，紧紧抓住李斯害怕失去目前地位和荣华富贵的心态，找到李斯做思想工作，威逼利诱，软硬兼施说，扶苏即位肯定让蒙恬当丞相，到时你也不会有好下场，不如听从我的计策，立胡亥你就可以长久享有富贵，一番利害关系陈说，打动了李斯，李斯从开始的反对到最后与赵高同流合污，假传遗诏立胡亥为太子，又一起逼迫扶苏、蒙恬自杀，立胡亥为秦二世皇帝。由于害怕天下人不服，赵高、胡亥又修改法令，推行严刑峻法，株连诛杀大臣、皇族。于是天下动荡，陈胜、吴广揭竿而起，李斯想进谏秦二世，反被责难。李斯怕失去富贵又助纣为虐，向秦二世进献《行督责书》，鼓动二世滥施酷刑，残害天下百姓。于是，行走在路上的人，竟有半数是受过刑的，死人的尸体每天成堆地陈列在市面上，杀人多的才能算是尽忠的臣子。为了排挤李斯，赵高唆使秦二世不上朝接见大臣，只在宫禁中办事，由赵高伺候，因此一切大事都由赵高决定，李斯对此不满，想见秦二世，赵高说没问题，只要皇上有空我就派人通知你，赵高挑秦二世在与美女休闲娱乐时通知李斯来见，接连三次都是这样，秦二世火了：我平时有空的时候，丞相都不来，我要放松一下却来奏事，丞相这是瞧不起我吧！赵高又趁机进谗。李斯于是上书揭发赵高野心，但反被赵高诬陷说李斯的大儿子李由作为三川郡的郡守暗中勾结盗贼，互撕的结果是，李斯被打入牢狱，经过严刑拷打，李斯被迫承认了莫须有的谋反罪名。之后，李斯给秦二世上书辩诬，赵高让狱吏把上书丢在一边不上报，又派自己的门客假冒朝廷命官轮流反复审讯李斯，李斯不知有诈，据实对答，结果翻供一次就打一次，后来秦二世派人来验证李斯口供，李斯被打怕了，不敢再翻供，秦二世看到供词后很高兴："没有赵君，我几乎被丞相出卖了！"公元前208年，李斯被判处五刑，在咸阳市上腰斩。李斯的父母、兄弟、妻子三族的家人，也都被诛杀。被赵高这番吊打，李斯终于开始怀疑自己的人生了，临刑前他对二儿子说："我还想像以前那样，和你一同牵着黄狗，到家乡上蔡东门去捕猎狡兔，可是现在哪里还有这种日子呢?"父子抱头痛哭人生不能重来。

从"得到"的辉煌，到"失去"的凄惨，原因何在呢？司马迁给李斯一生的败亡做出了诊断，病根是：贪恋爵禄，亦即一生痴迷于高官厚禄、荣华富贵。

李斯观鼠而立志，这是对他人生格局的描写，格局是一个人对自己人生坐标的定位，格局决定人生发展的方向。格局决定结局，就在李斯立志做官仓鼠的那一刻起，就注定了他一生的败局。因为他的人生志向就是当甘食无忧的官仓鼠，尽管他已经实现了这个志向所能达到的极限，成为最大的官仓鼠，但是，由于他给自己设定的人生格局只是为一己私利奋斗，格局小、境界低，德不配位。他的前半生，把自己追逐的荣华富贵紧紧依附在秦始皇统一天下的大业中，将个人的名利追求融入国家事业发展之中，个人也能建功立业，亦功成名就，如愿以偿地当上了"一人之下，万人之上"的丞相。但他的后半生，当国家利益可能与他个人利益发生冲突时，他选择了为个人利益背弃国家利益，这不仅使他的个人名利地位很快土崩瓦解，而且让他人格上的卑微不堪显露无遗，因此，不仅身败，而且名裂。李斯的前半生与后半生的经历表明，通常情况下，追求荣华富贵也是个人奋斗的一种动力，趋利避害也是一种人性，但身居高位在大是大非面前，心中要有正义，才能做出正确的抉择。李斯在沙丘附逆时不是不懂是非、不辨善恶，但为了个人的荣华富贵，他仍然选择了与赵高同流合污，哪怕这是大逆不道之举。这是他一贯奉行的老鼠哲学的必然结果：为了个人私利，他放弃了做官的道义、做人的原则、做事的底线。“德不配位，必有余殃”，我们在读李斯的传记时，会感到特别诧异的是：李斯是个很聪明的人，也是一个官场老手、高手了，为什么遇见赵高之后，好像突然智商不在线了，居然被赵高玩弄于股掌之上，究其深层原因，就在于利令智昏，当他心心念念只在于保位固宠时，他的心智就迷失在黑暗森林里了，当他选择与小人同行时，他的人生之路就越来越窄，直到走进了死胡同，因为小人格局小，目光短浅、心胸狭窄、见利忘义、不择手段，不能互尊互持、彼此成就，只会互掐、互踩、互相拆台，与小人为伍，最后难以善终。所以尽管李斯才能卓越、功高盖世，尽管他死得冤枉，结局悲惨，但历史上并没有多少人同情他，他也确实不值得人们同情。李斯之志，正是朱熹所说的“贪利禄不贪道义，要作贵人而不要做好人”，可悲的是，朱熹在《朱子沧洲精舍谕学者》所抨击的这种人生哲学，这种社会教育病，至今仍然盛行于世。放眼古今，立志不正，无论取得多少名利地位，无论取得多少成就功绩，最终大多是身败名裂，这种事例，我们在党的十八大以后见过很多了。

纪晓岚的《阅微草堂笔记》有一篇《鼠穴》，姚安主管南新粮仓的时候，有一座粮仓的后壁无故倒塌。掘开后壁时，有一堆死老鼠，有的几乎跟猫一样大。原来老鼠窝就做在墙壁下面，老鼠繁殖越来越多，老鼠窝也越做越大，把墙壁下面全掏空了，墙壁无处受力，就倒塌下来。有个叫福海的同事说：“他们破坏别人的房屋，用来扩充自己洞穴的时候，大概忘记了它们的洞穴正依赖别人的房屋才会存在的吧?”纪晓岚说，李林甫、杨国忠之流都不明白这个道理，老鼠不明白又有什么可奇怪的呢！这群官仓鼠刚好是李斯这种人的写照。

李斯这种人，作为官仓鼠，他不是常见的经济上腐败的官仓鼠，而是另一类政治上腐败的官仓鼠。这种人，私利大于公义，他的私利不是经济利益，而是政治利益，为了个人名利地位，不惜牺牲国家和社会利益；这种人，身居要职却没有政治信念、没有政治操守、没有政治底线。李斯是具有典型意义的“这种人”，而不是非典型意义的“这个人”，他代表着李林甫、杨国忠这一类人。可叹的是，人们大都只恨经济上的贪官，却不恨政治上的逆臣，然而正是“这种人”为了个人眼前私利可以不顾一切，不断地挖掘、掏空自己赖以托身生存、凭借荣华富贵的大厦的根基，终致大厦基础动摇，最后轰然倒塌，而他自己也被埋葬在倒塌的大厦之下，这是鼠目寸光的仓鼠必然的作为和下场。

仓鼠人生，这是历史给李斯们的定格，位极人臣而格局仓鼠，李斯观鼠这个开局就决定了他的结局：几千年之后，他仍然也只是一只善于钻营的老鼠而已，即使曾经光鲜亮丽。

捕鼠人生

《史记·酷吏列传·张汤传》也是用张汤与老鼠的故事来开场的：一天，张汤当长安丞的父亲外出，让小张汤看家。父亲回来时发现，家里的肉被老鼠偷吃掉了，气愤之下，鞭打了张汤。张汤于是掘地挖洞，捉到偷肉的老鼠和没吃完的肉，摆设公堂，控告老鼠的罪行，并拷打审问，记录下审问的过程，审讯后写出结案报告，然后对着老鼠和剩肉，当堂判处把老鼠分尸处死。他父亲看到这情景，又看到他写的判决书，文辞语气，就像一个老练的法官所写的，感到非常惊讶，于是就让他学习断案的文书。

人物传记的叙事，其实是为了写人。与李斯观鼠重在人生的思考不同，张汤审鼠，重在凸显张汤的性格特点，这是对张汤性格的细节描写，通过这个细节描写，体现了张汤从小身上就有一种法官的天赋、酷吏的基因。因为老鼠侵害了张汤家的财产，而张汤为此被父亲责打，代鼠受过，张汤愤愤不平，所以捉鼠、审鼠、控鼠、判鼠，这一系列行为实际上是一个侦缉捉拿罪犯、审讯拷问罪犯、判决执行罪犯的司法过程。这个过程体现了张汤缉捕罪犯的果敢决心（掘窟），拘捕罪犯的证据意识（得盗鼠及余肉），审讯罪犯的程序观念（拷打审问：劾鼠掠治；记录审问过程：传爰书；写出审理报告：讯鞫论报），以及判决罪犯的周密理由（文辞如老狱吏），惩治罪犯的严酷手段（当堂分尸处死）。这个故事让我们看到了张汤从小具有破案、审案、判案的天分，为他今后当法官、做酷吏的一生做了铺垫，给张汤的行事风格和人生之路设定了基调。

张汤审鼠明性，性格决定命运。

张汤的一生，我们可以称之为捕鼠人生。

张汤审鼠之举，让他的父亲看到了儿子的司法天才，就让他学习办案。后来又做法官助理，再后来得益于田胜、田蚡两兄弟的帮助，被汉武帝任命为侍御史（中纪委干部），从此成了汉武帝得力的御猫，办了很多大案要案。在奉命办理陈皇后巫蛊案和淮南王、衡山王、江都王谋反案时，他拿出小时候掘地三尺捉老鼠的劲头，穷追不舍，不畏权贵，深究彻查，一查到底，毫不手软。所有牵涉到淮南王谋反案的诸侯、二千石大官、豪杰数千人，他都依据犯罪情节处以相应的刑罚。严助、伍被，汉武帝本来不想杀他们，严助还是武帝很赏识，一手提拔的人，但张汤不给武帝面子，坚持说："伍被本来是反叛的主谋人，而严助是皇帝亲近出入禁宫的护卫臣子，而敢私交诸侯，图谋造反，现在不诛杀，以后就不能管理臣下了。"皇帝认为张汤说得对，就依法论罪处罚。可见，张汤是一只能抓老鼠的好猫，也是一只敢抓硕鼠的酷猫。

张汤办案注重揣摩汉武帝的心意，如果武帝想要治罪的，他就交给执法严苛的司法官办理，武帝想要宽释的，他就交给执法轻平的司法官办理；如果遇到豪门权贵，必定从严查办，如果遇见弱势百姓，必定从宽处理，口头奏明皇帝说，虽然论律法应该有罪，但是，请皇上圣裁，这样皇上往往都按张汤的意思宽释了。当时汉武帝倾心儒学，张汤担任最高司法官廷尉，判处大案要案时想附会古经义，就延请那些研究《尚书》《春秋》的博士弟子补为廷尉的属吏，叫他们平断疑案，在奏明疑案的时候，先替皇上分别事情的原委，皇上认为对的，就记录下来，以廷尉的名义公布定为法律，颂扬皇上的英明睿智，如果被皇上批评，就虚心谢罪，按照皇上所说的办，功归皇上，过归自己。张汤还首创了"腹诽罪"，大农令（相当于现在的农业部长和财政部长）颜异一日与人聚谈，有人议论说，皇帝下的某项法令甚有不便之处，颜异嘴唇动了一下，没有吭声。后来张汤上奏说，颜异身为高官，见诏令有问题，不向上反映，却在肚子里非议，该死，颜异因此被诛杀。可见，张汤也是一只善伺人主意图的狡猾猫，敢于玩弄法律的顽劣猫。

当然，无论张汤是一只怎样的猫，但首先他是汉武帝的御猫，陈皇后巫蛊案涉及汉武帝的人身安全，淮南王们谋反案涉及汉武帝削藩的基本国策，大农令颜异腹诽的问题是有前因的，因为汉武帝为了对外用兵筹措军费，决定采纳张汤意见，实行“白鹿币”制度，即诸侯宗室朝见武帝时必须花40万钱购买一张上林苑出品的白鹿皮币贡奉武帝，这实际上是变相向王侯摊派军费，对这件事颜异当时就表示不同意，但反击匈奴这也是汉武帝的一项国策，所以不能简单地认为张汤办事只是按照汉武帝的个人心意行事，因为汉武帝的这些意思，并不是他个人利益的心意，而是涉及国家的大政方针。

张汤办案，他那毫不留情掘地三尺捉老鼠的深刻劲，大小老鼠一锅端的狠心劲，得罪了很多皇亲国戚、权贵大臣，因此任你是御猫，也有打盹的时候，也有罩不住的命门。群鼠开始围攻撕咬御猫，咬得最狠的是贵族鼠赵王和官仓鼠朱买臣，这两个人都以阴险狡诈著称。先是贵族鼠赵王告发张汤与属下鲁谒居有不法之事。赵王因为铁矿开采和冶炼的事情，几次涉讼，经常被张汤训斥，赵王就探求张汤的隐私以图报复。张汤那时已经当到了御史大夫（中纪委书记），他的副手御史中丞李文与张汤有怨隙，常常在案件文书档案中寻找张汤的缺失，张汤的属下鲁谒居心中不平，叫人告发李文的奸诈之事，案件刚好是张汤审理，张汤论罪判处李文死刑。但当皇上问起：“这件事是从何而起的？”张汤心里知道是鲁谒居叫人告发的，却回答说：“大概是由于李文的门下怨恨而起的吧。”这时又刚好有人偷了汉文帝陵园埋葬的冥钱，丞相翟青上朝，和张汤相约一起向皇帝谢罪，但到了皇上那儿，张汤心想只有丞相应当四时巡视墓园，丞相应当谢罪，此事与己无关，就不谢罪。皇上命御史查办此事，翟青担心张汤会把丞相应四时巡视陵园的规定说出来。而丞相府的三个长史也都忌恨张汤，想要陷害他。长史朱买臣是因为严助推荐而被皇帝重用，张汤在审理淮南王谋反案中不肯放过严助，朱买臣心里怨恨他，一心想整死他。另外二位长史也都因为张汤对他们态度傲慢而怀恨。于是朱买臣他们挑唆丞相翟青说：“张汤这样做是想取代您的职位。我们知道张汤私下不法的事。”于是散布说张汤每次要奏请政事，商人田信就先知道，囤积货物取得不法利益和张汤平分，并有意把这些消息传播给皇上，皇上于是问张汤，好像有人把我的计划告诉商人似的。张汤不谢罪。就在这时，办理赵王检举一事的酷吏减宣也上奏有关张汤与鲁谒居不法的事情。皇上认为张汤果然心怀巧诈当面欺君，派遣使者审问张汤。张汤说自己没有这种事，不服罪，于是皇上派赵禹审问张汤，赵禹责备张汤说："你所办的案件牵连诛杀不知道有多少人。现在别人告发你都有证据，天子不好将你办罪，是要让你自杀，你多答辩有什么用呢?"于是张汤上书谢罪说："臣汤对国家没有尺寸之功，开始只是做文书小吏，承蒙皇上爱幸，居三公之位，没有什么功劳可以报答皇上。但是图谋诬陷臣下罪名的，是三个长史。"就自杀了。

张汤自杀并不是因为畏罪，他是用自杀向皇帝表明自己的忠心和清白，因为皇帝疑心他欺君不忠，朱买臣告发他勾结商人牟利，他遂以这种决绝方式来自证。张汤死后，查处他的家产所值不过五百金，都是俸禄所得及皇上所赐，没有其他产业。他的子侄想要厚葬张汤，但张汤的母亲却说："张汤身为天子大臣，蒙受恶言而死，为什么要厚葬呢?"于是只用牛车载运棺木，棺木也没有外椁。汉武帝听到这件事说道："不是这样的母亲不能生出这样的儿子。"于是穷究此事，诛杀三长史。丞相翟青被下狱后自杀。皇帝哀惜张汤，就重用他的儿子张安世。

张汤原本是清廉能干的大臣，但被朱买臣等人泼污水，而武帝未予明察，致使张汤蒙受"恶言"而死，诽谤诬陷在历史和现实中，总是有这么大的威力。张汤长期从事司法工作，还曾受武帝之命与赵禹共同编定律法，张汤制定《越宫律》27篇，赵禹制定《朝律》6篇，与之前萧何制定的《九章律》、孙叔通制定的《傍章律》18篇，共形成汉律60篇，两汉沿用近400年。但他主要工作还是负责执法。从他的捕鼠人生看，他是一只好猫，但也是一只有缺点的猫。他执法严酷，但仍不失公正，摧折权贵、宽待平民、扫黑除恶诛豪强也符合锄强扶弱的法律精神，朝野口碑很好，他办案虽然善伺皇帝心思，但都在法律框架内从宽或者从严，没有超越法律幅度。陈皇后案、淮南王案的办理也都没有明显失误。李文论死，虽然张汤办理此案在程序上有不当之处，如没有回避、如实报告等，但实体上并没有发现李文是冤枉的。引春秋经义决疑狱，更多的是注重分析犯罪的主观故意和动机，并没有废弃法律，而是解释法律。他创“腹诽罪”，确属以思想而非以行为论罪，有违法治精神。而且颜异不换脑袋可以换人，不应当砍他脑袋。但总的来讲，若以功过论，张汤是功大于过的。

张汤就像那只赵人从中山国找来的猫，属于有缺点的猫，他特能抓老鼠，但偶尔也会偷吃鸡。汉武帝一朝是奋发有为、丰功伟烈的朝代，奋进的时代需要各种人才，而汉武帝雄才大略，对人才“求之如弗及”，各种人才汇集而来，班固说，“汉之得人，于兹为盛”“兴造功业，后世莫及”，而这些建功立业的文臣武将大多是有缺点的人，并非完人，关键在于汉武帝就像那个懂得用猫的赵人的父亲，善于用人所长，但是武帝作为雄猜之主，在善于用人的同时也是轻于诛杀的，所以他那个时代的人才也大多不得善终。

张汤这个人，性格特征十分鲜明，他有宁折不弯的气节，有人咏《竹》云：“人性直节生来瘦，自许高材老更刚”，这有点像张汤，但怎奈有人却是“新松恨不高千尺，恶竹应须斩万竿!”害你没商量。古希腊哲人赫拉克利特说：“一个人的性格就是他的命运。”在历史的舞台上，张汤以审鼠登场，最后以被群鼠围攻撕咬、不明不白地死去为结局，像他小时候一样，又被老鼠冤枉了一回。但纵观张汤的捕鼠人生，在历史的天空下，他仍可伫立在司马迁的那些悲剧英雄的群雕之中。

鼠事拾零

鼠之名

物名老鼠。对鼠这个小动物，为什么要在名字前加上个“老”字呢？李时珍在《本草纲目》中写道：“其寿最长，故俗称老鼠”，北宋陆佃在《埤雅》一书中亦称：“鼠类最寿，俗谓之老鼠是也。”对老鼠长寿的说法，有的更是离奇了，东晋葛洪在《抱朴子》中说“鼠寿三百岁，满百岁则色白”，北宋《太平御览》引东晋郭璞《玄中记》云：“百岁鼠化为神。”民间甚至有传说老鼠为保千年寿命，化为白蝙蝠，故白居易有诗云：“千年鼠化白蝙蝠，黑洞深藏避罗网。远害全身诚得计，一生幽暗又如何？”可见，古人称鼠为老是认为它很长寿，但这些说法是很不靠谱的，因为实际上老鼠的平均寿命只有两年左右。可能是老鼠繁衍得太快，古人误认为老鼠很长寿吧。但是，如果从生物进化的角度来讲，老鼠是现存最早的原始哺乳动物之一，鼠类要比人类更早上万年来到地球，在神话传说中老鼠也是比人类更古老的动物，因此，称其为老亦不为过。

老鼠还有个别名叫耗子。因为传说鼠咬天开，老鼠通过咬把黑暗的混沌之气耗掉，天才能亮，所以称为耗，而天开于子夜，故称耗子。明刘长卿的《松霞馆赘言》亦载：“天开于子，不耗则其气不开。鼠，耗虫也。于是，夜尚未央，正鼠得令之候，故子属鼠。”

雀鼠耗

称鼠为老似有尊意，但叫老鼠“耗子”则多有贬义了。鼠咬天开，老鼠有功，但耗子害民却是有过。据《梁书·张率传》，南朝的新安太守张率性情宽厚，有一次派遣家僮给吴郡家里运去三千石米，到家一称，竟然少了一千多石，张率问家僮为什么少了这么多米，家僮回答说：“雀鼠耗也。”张率听了大笑道：“壮哉雀鼠！”这些麻雀老鼠也太厉害了，居然吃掉了一千多石的大米。他当然知道，所谓的鼠雀损耗不过是人为造成的而已，但是看透不说破，一笑了之。史书赞他豁达，不过这豁达一笑的背后应该是另有苦衷吧，三千石的大米得多少银子啊，他的俸禄够买吗？可能正因为来路不正，家僮才敢来一招“黑吃黑”吧。所以张率这是明面调侃“壮哉雀鼠！”，暗里咬牙切齿：“够狠小子！”不过从张率流传下来的“雀鼠耗”后来却演变成了一项制度，让老百姓深受其害。后唐明宗李嗣源有一次到粮仓观看收粮情况，现场办公，当场下诏：从今以后每石粮食多收两升作为“雀鼠耗”（十斗为一石，十升为一斗），这两升就是“加耗”，抵给被鼠雀吃掉的损耗，从此，这正税之外加收的“雀鼠耗”就成为老百姓额外上缴的钱粮税赋，而且贪官污吏借机中饱私囊，有时所加之“耗”竟多出“雀鼠耗”的五倍。其实老鼠麻雀充其量也就消耗那么一点，但却被人嫁祸，蒙受恶名，“官仓鼠”终究是猛于“小耗子”的，不仅胃口大于“小耗子”，而且智商也高过“小耗子”好几倍，“小耗子”只会暗偷，“官仓鼠”却擅长巧立名目智劫。

鼠弹筝

中国古代有一种酷刑，叫作“鼠弹筝”，顾名思义，当与老鼠有关吧！宋、明两代都曾使用过，但是年久失传，不知长啥样，也不知为何叫鼠弹筝，只知道极惨毒。宋代有个有名的王元吉被继母诬告案，王元吉被关押在左军巡狱，狱卒就是用“鼠弹筝”对其用刑的，“极其惨毒”，致使王元吉诬服，但他的妻子张氏不服，到京城开封挝“登闻鼓”，得到宋太宗亲自召问，下令复查，方才平冤。

鼠称圣

在印度尼西亚西部的德什诺克村，有座历时500多年的印度教寺庙，庙里供奉的是老鼠。老鼠在这里被称为圣鼠，是女神之子的再生。庙里的神位上供奉着教徒进贡的各种食物，让圣鼠自由享用。每天早上教士们要煮一大桶蜜糖来喂养圣鼠，圣鼠吃剩下的会被人们一抢而光。如果老鼠爬到谁的身上，就意味着谁将有好运。若有人不小心踩死圣鼠，就会被罚款2500美元。真是一朝封圣称神，立马生铁变黄金，盖因“老鼠登上金交椅——东西不济位置好”。

老鼠仓

老鼠仓是指庄家在用公有资金拉升股价之前，先用自有资金在低位建仓，待用公有资金拉升到高位后，个人仓位率先卖出获利。人们用“老鼠仓”这个比喻很形象地刻画出这种营私舞弊、损公肥私的金融犯罪的特征。

鼠性好聚敛，鼠洞不仅栖身，而且藏粮。故中国古代有些地方视鼠为藏神，后来老鼠又演变成了仓神。据清《燕京旧俗志》载，相传西汉的开国功臣韩信为仓神，俗称韩王爷，配享四神，三个是掌管升斗之神，另一个叫大耗星君的，专门掌管粮仓里的耗子。因为粮仓最怕耗子，所以供奉大耗星君镇鼠。道教中的大耗星主破财，因此古代民间在正月二十五日都要祭祀大耗星君，祈求它不要让耗子把粮仓里的存粮损耗得太多。但不知道是大耗星君不够给力，还是小耗子太过狡猾，仓鼠总是屡禁不绝，不仅如此，还与时俱进地演变为一种特殊的金融犯罪活动：老鼠仓。

巧用鼠

一个建筑公司修房子时要安装新电线，新电线要穿过一个10多米长，但直径只有2.5厘米的管道，而且这管道是砌在石头里的，还弯了4个弯，怎么把电线穿过去呢？一个工人想到了一个办法，他到店里买来一公一母两只小白鼠，然后把电线绑在公鼠身上，把它放在管子的一端，另一名工人则把那只母鼠放在管子的另一端，逗它吱吱叫。公鼠听到母鼠的叫唤，便沿着管子跑去救她，这样借着公鼠"英雄救美"的壮举，就顺利把电线穿过管道了。真是高手在民间哈。

喝醉鼠

见过醉猫，却从未见过醉鼠。老鼠喝醉了，会是一副什么模样呢？科学家为了观察酒精对老鼠的大脑和行为产生什么影响，给老鼠做了个喝酒的试验，结果显示：第一，几天之后，老鼠会逐渐养成每天喝两次酒的习惯，一次在喂食之前，一次在上床睡觉之前；第二，每过三到四天酒精的消耗量会突然增加，原来，老鼠们会定期聚集在一起举行一次餐会派对；第三，鼠群中的雄性首领即鼠王是禁酒主义者，而越低层的雄性老鼠喝得越多。这项实验颇具社会学的意义，它让我们看到了鼠类与人类在喝酒行为上的一些共通之处。

纽约鼠

据说纽约多鼠，故有句俗话说"纽约的老鼠和人一样多"。那么，纽约到底有多少老鼠呢？能弄得清吗？哥伦比亚大学的一位统计学博士还真的给出了答案，因为老鼠的领地意识很强，而且是群居的，他根据新闻媒体对各地老鼠踪迹的报道推算出纽约有 40500 个老鼠窝，每个老鼠窝住一家子老鼠 45—50 只，据此推算出纽约的老鼠总数大约是 200 万只，最多不超过 215 万只，最少不少于 185 万只。纽约市的人口约有 800 万，这样，纽约还是人比鼠多。

捕鼠器还是捕鼠权

费正清在他的《美国与中国》一书中讲到，中国的商人与西方的商人有很大不同，中国的商人不是想办法去制造一个捕老鼠的机器，而是想办法从官方那里拿到捕鼠的特权，就是特许的捕鼠权。这个观察深刻描绘了中外企业的不同行事习惯。我觉得这两种行为模式的区别大致可以这样说，制造捕鼠器重在埋头技术发明，申请捕鼠特许权重在四处寻找关系；制造捕鼠器依靠专业能力、工匠精神，申请捕鼠权依靠政府关系、公关能力；制造捕鼠器着眼于竞争、创新、共享，申请捕鼠权着眼垄断、独占、排他。由于文化理念的不同，思维方式就不同，行为模式也不同，孰优孰劣，尽在其中。

这里，有没有猫禁

让不让养猫，原本不是问题，但也有特殊时期或特殊地方成了问题，比如欧洲中世纪的猎巫时期，猫是女巫的化身，自然养不得，又比如崇鼠为神、称鼠为圣的地方，自然也不能养猫去冒犯老鼠，所以有些地方能不能养猫还是有讲究、有禁忌的。

猫虽然不会游泳，但是早期欧洲的货船都会带上猫去远航，倒不光是因为远洋的时间长、船程远，海上寂寞无聊，带个猫儿做伴好打发时间，更重要的是，如果船上没有带猫，被老鼠咬坏的那些货物，保险公司是不予赔偿的。因此猫不仅是水手、商人的陪伴者，更是货物的守护者。19 世纪有一部著名的哑剧《迪克·惠丁顿和他的猫》，讲述主角迪克·惠丁顿因为猫在他的商船上帮他捉老鼠，保全了他的财产，因此致富，最后被选为伦敦市长、国会议员，成为国王的债权人、大慈善家。他给这条商船起的名字就叫作“猫”。海上巨无霸航母也素有养猫的传统，早期的航母为木质结构，养猫主要是为了抓老鼠，但现如今在航母上养猫，除了防鼠之外，主要则是为了给冰冷的钢铁世界增添几分生活的温度和情趣，减轻士兵的紧张、焦虑情绪，缓解他们的心理压力。

中国古代的监狱阴暗、潮湿、肮脏，是老鼠最常出没的地方，而那些坐牢的犯人大多要披枷戴锁，四肢难以动弹，这些犯人很容易被饥饿的老鼠咬伤，所以监狱是允许养猫的。监狱养猫防鼠，保护犯人，有人说这是中国古代监狱难得的一线人性光芒。但是身陷囹圄的犯人们看着在监狱里自由进出的猫，想必也会生出不少感慨吧。

老鼠喜欢啃噬书本，而图书馆晚上不住人，老鼠就反客为主，把这里当作自己的家，所以长期以来，猫一直是图书馆里那些书籍的守护神。而且猫和图书似乎也很搭，像是书的好朋友。西方的许多藏书票用的都是猫的图案。1997年我出访美国，参观国会图书馆时买了一枚藏书印，图案就是一只猫蜷伏在一本大书上面打盹，睡梦中仿佛还露出一丝笑意，真是妙趣横生。

圣彼得堡的艾尔米塔什博物馆曾是沙皇居住的冬宫，作为俄罗斯最大的博物馆，它有300万件藏品，6万件为非常设展品，展品中包括31幅毕加索、37幅马蒂斯、20幅伦勃朗的画作，还有卡拉瓦乔、达·芬奇、鲁本斯以及凡·代克、普桑、委罗内塞等大咖的作品。看守这些珍贵藏品的是一批喀山猫，喀山猫的来头很大，因为懒散的圣彼得堡猫无力消除鼠患，而喀山猫勇敢、好斗、勤劳，于是1745年伊丽莎白一世女皇亲自签署政令，让喀山猫千里迢迢来到这里和不断激增的老鼠作英勇的斗争。喀山猫似乎也不辱使命，几十只喀山猫住进地下室后，老鼠基本上绝迹了。此后，经过拿破仑战争，喀山猫死的死，逃的逃，不见踪影了。十月革命后换成了列宁格勒的“同志猫”来这里守卫。

猫守护商船、犯人、图书、艺术品，哪里需要它，它总能出现在哪里，表现出良好的职业精神和扶危救困的绅士风度。但猫也并非总是如此，在有些地方，它却表现得特立独行、桀骜不驯。

皇宫能不能养猫呢？据《新唐书》和《旧唐书》记载，武则天的时代是禁止在皇宫养猫的，因为武则天很厌恶猫。武则天谋害萧淑妃时，萧淑妃临死前诅咒她说，愿下辈子阿武变成老鼠，我变成猫，生生世世扼住她的咽喉。可能武则天当时对萧淑妃的诅咒也不太当回事，照样养了一只猫，还让人调教猫与鹦鹉在同一个器皿里和平进食，然后很高兴地叫人取来给百官传看，可这只猫居然一点面子也不给，还没等传看完，饥肠辘辘的猫儿，管你姓武不姓武，居然扑上去一口把鹦鹉给咬死吃了，当场让武则天十分尴尬难堪。那一刻，武则天可能想起了萧淑妃那恐怖的诅咒，所以就下令宫中禁猫。但明朝万历皇帝就不一样了，万历皇帝最喜欢猫，所以后宫妃子都盛行养猫，还给猫加官晋爵封名号，同宫内官员一样领取赏赐，这些赏赐猫又拿不走，最后自然是太监们拿走了，实际上这都是太监们为了满足贪欲想出来的把戏。更糟糕的是，猫生性喜欢上蹿下跳，在禁宫里照样不安分，皇帝的子嗣刚出生还没来得及长大，这期间如果遇到猫求偶叫春，叫声凄厉，皇子往往会受到惊吓抽搐得病。奶妈又不敢明说，所以多数皇子都夭折了。爱猫的万历皇帝可能怎么也想不到，宫中养猫，无异于养了一批皇子杀手，真是可悲可叹。

英国首相官邸的“首席捕鼠官”是人尽皆知的网红。唐宁街 10 号是一座有 500 多年历史的老房子，面积 2000 多平方米，这座房子又老又大，自然是鼠患成灾了。从 1924 年麦克唐纳首相将第一只猫带进官邸捉老鼠，至今已有 12 只猫成为历任的“首席捕鼠官”。撒切尔夫人的“汉弗莱”勤勉敬业，一心捕鼠，在它任内官邸的老鼠绝迹。相比“汉弗莱”的勤政，2011 年上任的虎斑猫“拉里”就是一个“懒政”的典型了。他饱食终日，无所用心，整天呼呼睡大觉，见鼠不捕，玩忽职守，上任 5 个月才捉了 3 只老鼠。2011 年 11 月的一天，卡梅伦首相与同事正共进晚餐呢，忽见一只老鼠穿厅走过，这个“拉里”却不见踪影，卡梅伦情急之下，只好亲自操起叉子朝老鼠扔过去，当然没有打中。2012 年 9 月的一天，又见一只老鼠大摇大摆地在首相的书房里散步，卡梅伦赶紧拍了拍正在椅子上呼呼大睡的“拉里”，想叫它起来干活，哪知道“拉里”睁开一只眼瞅了卡梅伦一眼，又闭上眼睛继续鼾睡了，连身子都懒得动一下。“首席捕鼠官”为猫不为，问题自然很严重。于是大臣对首相说，“当你们需要拉里的时候，它在哪里呢?”说的也是，卡梅伦终于下决心解除了这位成天睡大觉的“首席捕鼠官”的职务，但是为了不伤害“拉里”的自尊心，仍然允许它住在官邸。这样“拉里”的日子反而过得更滋润了，既不用煞有介事地打卡上班，也不用装模作样地追赶老鼠摆拍，除了宅在府邸埋头睡大觉就是撩妹，整天和邻家姑娘“梅西”腻在一起。但它似乎并不满足这种光拿好处不干活的日子，对接替它当上“首捕”的“弗雷亚”很是不满，它自己不干，可也不愿人家干，总觉得是“弗雷亚”抢了它的职位，而实际上是因为它自己不肯尽职，被解雇后首相才聘任了“弗雷亚”，但是“拉里”似乎不这么想，它对“弗雷亚”心怀怨恨，动不动就找碴跟“弗雷亚”掐架，“拉里”原本是混迹街头的流浪猫，“弗雷亚”则是财政大臣家里的宠物猫，穿皮鞋的自然打不过穿草鞋的，“拉里”经常把“弗雷亚”揍得遍体鳞伤。其实，“拉里”除了捕鼠这件正经事干不好外，有些事他却干得很出色，不仅打架这种内斗活绝对是一把好手，而且“卖萌”的水平也超高，别看它不捕鼠，但首相府的工作人员都很喜欢它，因为它情商高，“卖萌”卖得很好，作秀也超炫，官邸的工作人员专门给它申请了推特。卡梅伦首相也很喜欢它，常常让它一起接见各国国家元首、政府首脑，奥巴马总统也曾亲切轻抚猫身，它还不断迎来自己的高光时刻，威廉王子在大婚时给它专门定做了英国国旗配色的特制领结，它戴着这条领结摆拍，真是帅呆了、酷毙了，绝对是猫史上光辉灿烂、空前绝后的一页，还真难说，按照劣币战胜良币的原则，保不定哪一天“拉里”会夺回“首席捕鼠官”的宝座呢，到了这份上，会不会捕鼠其实也并不是那么重要的。

老鼠和智人

1996年，一张令人惊悚的照片出现在世界各地的报纸、电视上，这是一张背上长着牛耳朵的照片，这不是修图、改图，而是一张真实的鼠照。这只老鼠被科学家植入牛软骨细胞后，背上就长成这样子了。科学家的这项基因工程试验，让人不禁担忧基因工程将来可能被用来创造某种超人类，结果使其他人都成了他的奴隶，透过这张鼠照，人们似乎窥见了将来地球上生物独裁统治的末日场景。而且，实际上科学家也已经创造出了某种天才老鼠。老鼠的基因和智人的基因相差无几，老鼠的基因组有大约25亿个核碱基，智人的基因组约有29亿个核碱基，也就是说智人只比老鼠复杂14%，如果基因工程可以创造出天才老鼠，为什么不可以创造出天才的人呢?《人类简史——从动物到上帝》的作者尤瓦尔·赫拉利最后说“或许真正该问的问题不是‘我们究竟想要变成什么’，而是‘我们究竟希望自己想要什么’……拥有神的能力，而且连想要什么都不知道。天下危险，恐怕莫此为甚”。由此，生命伦理学给法学提出了“什么必须是禁止的”课题。

2018年11月26日，“基因编辑婴儿”的消息一发布，就在国内国外引发了轩然大波。这一天，南方科技大学副教授贺建奎宣布一对基因编辑婴儿11日诞生于中国。由于这对双胞胎的一个基因（CCRS）经过修改，她们出生后，即能天然抵抗艾滋病病毒HIV。

国内和国外的科学家纷纷发声，坚决反对，强烈谴责人体胚胎基因编辑。他们认为，这次基因修改使两个孩子面临艾滋病遗传的巨大不确定性，而被修改的基因将通过两个孩子最终融入人类的基因池，该实验突破了科学应有的社会伦理底线。国家卫健委、科技部、科协也立即做出回应：依法依规做出处理。广东省“基因编辑婴儿事件”调查组查明，2016 年 6 月开始，贺建奎私自组织包括境外人员参加的项目团队，蓄意逃避监管，使用安全性、有效性不确定的技术，实施国家明令禁止的以生殖为目的的人类胚胎基因编辑活动。2017 年 3 月、2018 年 11 月，贺建奎通过他人伪造伦理审查书，招募 8 对夫妇志愿者（艾滋病病毒抗体男方阳性、女方阴性）参与实验。为规避艾滋病病毒携带者不得实施辅助生殖的相关规定，策划他人顶替志愿者验血，指使个别从业人员违规在人类胚胎上进行基因编辑并植入母体，最终有 2 名志愿者怀孕，其中一名生下双胞胎女婴“露露”和“娜娜”，另一名在怀孕中。2019 年 12 月 30 日，深圳市南山区人民法院对此案进行公开宣判，法院认为贺建奎、张仁礼、覃金洲 3 位被告人未取得医院执业资格，追名逐利、故意违反国家有关科研和医疗管理规定，逾越科研和医学伦理道德底线，贸然将基因编辑技术应用于人类辅助生殖医疗，扰乱医疗管理秩序，情节严重，其行为已经构成非法行医罪，判处贺建奎有期徒刑 3 年，并处罚金 300 万元；判处张仁礼有期徒刑两年，并处罚金 100 万元；判处覃金洲有期徒刑一年六个月，缓刑两年，并处罚金 50 万元。当时依法只能对 3 位被告人以非法行医定罪，此次“基因编辑婴儿事件”，推动了刑事法律的完善，全国人大常委会正在二次审议的刑法修正案（十一）草案规定，违反国家有关规定，将基因编辑、克隆的人类胚胎植入人体或动物体内，或者将基因编辑、克隆的动物胚胎植入人体内，情节严重的，处 3 年以下有期徒刑或者拘役，并处罚金；情节特别严重的，处 3 年以上 7 年以下有期徒刑，并处罚金。审议通过后，这将是新增的一条刑法条文。

自称为“基因的奴隶”的意大利犯罪学家龙勃罗梭（1835－1909 年）很早就试图从基因方面来解释犯罪的原因，提出了“天生犯罪人论”。他通过实证研究，归纳犯罪的原因，将犯罪人分为 4 类：①天生犯罪人；②激情犯罪人；③精神病犯罪人；④偶然犯罪人（之后的实证派犯罪学代表人物菲利增加了一类“习惯性犯罪人”）。所谓天生犯罪人是指出生时就具有犯罪性的人。他们的犯罪性是与生俱来的，是由他们的“异常生物特征”决定的。所谓的“异常生物特征”就是指遗传基因。他的研究开辟了一条研究犯罪行为的新途径，那就是在研究和理解犯罪之前，必须先了解犯罪人。龙勃罗梭在研究犯罪原因方面得到突破性成就之后，提出了新的犯罪对策论，他认为既然犯罪的原因各不相同，针对犯罪的对策也应因人施策：对于天生犯罪人，由于他们犯罪是体质上遗传的结果，具有先天的犯罪倾向，几乎是不可救药的；对于精神病犯罪人，他们是基于病理上的原因，几乎是难以防范的；因此犯罪预防的重点对象应当是激情犯罪人和偶然犯罪人。他认为，对于这两种犯罪，刑罚的目的不应是镇压，而是防范，应当坚持预防为先，而不是惩罚为重，在这基础上，他提出了一些具体的防范措施，主张对犯罪人进行矫治，把防范与矫治结合起来，做到防患于未然，救治于已然。我从 1982 年到 1986 年从事刑事审判工作中，对于龙勃罗梭的理论，虽然只有粗浅的了解，但是心里对基因决定论还是存有疑虑的，应该说，即便是所谓的天生犯罪人，也只是有犯罪的倾向性，并不是必然性，不然岂不是像 20 世纪 80 年代我们在学校看的印度电影《流浪者》里的大法官说的“好人的儿子一定是好人，贼的儿子一定是贼”。这种遗传基因血统论显然是荒谬的，而且这不免对“天生犯罪人”有“基因歧视”之嫌。但是作为“犯罪学之父”，龙勃罗梭开创的实证派犯罪学对现代社会的犯罪治理与矫正实践，确实功不可没。对于所谓的“天生犯罪人”，我也曾想过是否可以通过基因改造来消除这类犯罪人，但是赫拉利在《人类简史》中的悲观预言让我放弃了这种念头：“不管科学家为什么要研究基因组，还是为什么要把大脑连接到计算机，或是为什么要在计算机里创造一个心灵，十有八九都会得到相同的标准答案：这么做是为了治疗疾病、挽救人的性命。想一想，为了治疗精神病，就说要在计算机里创造一个心灵，难道不会觉得太小题大做？但就是因为这种标准答案太具正当性，所以没有人能够反驳。正因为如此，吉尔伽美什计划正是现在科学的旗舰，能够让科学所做的一切都有了正当的理由。”吉尔伽美什是《吉尔伽美什史诗》中的主角，传说中的苏美尔时期乌鲁克城的统治者，他拥有三分之二为神、三分之一为人的极高神格。所谓吉尔伽美什计划，就是指人类对长生不老的追求，正是这种追求使人类力图使自己从动物变成神，赫拉利认为现代科学的发展使智人终结的一天已经为时不远了，生物工程、仿生工程、无机生命工程可能使智慧设计取代自然选择，生命即将由智能设计来操控，那只背上长牛耳朵的老鼠，似乎正预示着智人的末日即将来临。当人类真的变成神类，人类也就不存在了。

当我们在欢呼拥抱科学发展无所不能时，《人类简史》的作者尤瓦尔·赫拉利再次告诫我们：科学技术是一把双刃利剑，可以为人类进步披荆斩棘，也可以为人类消亡自掘坟墓。科学用在正确方向上是造福，用在错误方向上是造孽。当我们面对“基因编辑婴儿”一类的科学技术，我们应当追问：为什么要发明这项科技？没有人文的科学是一种恶，孟德斯鸠说。

这只怪鼠的到来，对人类而言，到底是福还是祸？不得而知，但老祖宗说了，“是福不是祸，是祸躲不过”，鼠年将逝，我们人类还是自求多福吧。

跳舞的水俣猫

1953 年日本水俣湾一带的猫忽然一改往常悠闲、轻盈的步态，走起路来步履蹒跚，还时不时地抽搐，像是在跳舞，我想舞姿应该是有点像迈克尔·杰克逊的机械舞步和太空舞步混合的那种吧，更令人感到不可思议的是，这些得了“舞蹈病”的猫居然纷纷朝着海里跳去，出现了奇怪的“狂猫跳海”现象，一年内有 5 万只猫跳海。

早在日本发现猫“舞蹈病”之前，欧洲也曾发生过人得“舞蹈病”。1344 年，一种舞蹈病传遍了法国的各个城市，得这种病的人会不由自主地跳来跳去，跳个不停，动作有点像抽搐或痉挛一样。这种病一般发生在夏初，人们祈求圣约翰这位圣徒能够把他治好，因此被称为圣约翰舞蹈。传说这一年，一个外国骑士来到了法国梅斯，看见市民都在跳着奇怪的舞蹈，晚上他躺在旅馆的床上，发现壁炉上有只猫正一动不动地盯着他，他受了惊吓，在胸前划个十字，拔剑朝猫冲去，但猫忽然间消失无影了，于是他跪下来祈祷，神奇的是，这座城市得舞蹈病的人一夜之间都好了，不跳了。因此人们认定圣约翰舞蹈是妖猫作祟造成的，为了避免这种病卷土重来，人们决定在每年 6 月 23 日这一天烧死 13 只猫，烧猫的时候必须由该市的最高法官亲自用火炬点燃柴堆。由此就诞生了烧猫节。

但是烧猫并没有消除“舞蹈病”。1518 年，法国的一个村庄，有个妇女，有一天突然在街上跳起舞来，舞姿是一系列怪异的舞动和扭动，引来了许多好奇的人围观，起初人们都为她鼓掌喝彩，但很快大家就发现不对劲了，因为她的面容呈现出变形扭曲，表情异常痛苦，似乎是被什么东西控制着，身不由己不停地跳着，一直跳到脸色苍白，倒在了地上，但当她从昏迷中醒来时，仍然站起来重新舞动，直至口吐白沫，精疲力竭倒地死去。接下来这个村庄又有人跳起了停不下来的舞蹈，而且不断有人加入这支舞蹈队伍，人数越来越多，最后竟扩展到400多人，他们无法控制自己的身体，没日没夜不停地跳，直至力竭而死。这种跳舞瘟疫不仅在法国，在莱茵河流域，以及荷兰、瑞士都曾经发生过，原因不得而知，有人说是来自上帝的惩罚，有人说是毒蜘蛛造成的，比较倾向的一种意见认为是这些村民误食了长在潮湿的黑麦上的“麦角菌”所致，这种霉菌感染会使人产生幻觉和兴奋，不停地抽搐，手舞足蹈，看起来像是跳舞。

水俣湾发生猫舞蹈病现象之后，继而又发现当地的许多人得了一种“怪病”，开始是口齿不清，面部痴呆，后来耳朵聋了，眼睛瞎了，全身麻木，最后身体像猫一样弯弓高叫，直至死亡。1956年又有96人得了这种病，其中18人死亡。后来把猫死与人病的现象联系起来调查，经过调查，发现这种后来轰动世界的“水俣病”，是由于工业废水排放污染造成的公害病。原来，造成这一公害病的罪魁祸首是当时处于世界化工业尖端技术的氮生产企业，它在生产过程中排放到水俣湾的废水中含有大量的汞，也就是水银，当汞被水生物食用后会转化为甲基汞，甲基汞是剧毒物，少量摄入人体即可致人死亡。水俣湾的鱼虾类被汞污染，而人和猫食用了这些鱼虾，会造成脑萎缩，侵害神经细胞，破坏掌握身体平衡的脑知觉系统。水俣湾的猫和人表现出那种奇怪的症状正因此而起。原来，旅鼠投海是自然现象，狂猫跳海却是人为灾祸。

当时日本有数十万人食用了水俣湾污染的鱼虾，一万多人患病，因此引发了一场旷日持久的诉讼。第一阶段（1956－1968年）的原因调查就长达12年，而这12年里工厂的生产非但没有停产，还扩大生产规模；第二阶段（1969－1973年）的企业责任确定，花了4年；第三阶段（1973－2003年）认定赔偿、处理水俣湾淤泥，花了30年。为此，受害者不仅要求公司赔偿，要求国家赔偿的声音也从未停止过。后来46名受害者联合向最高法院起诉日本政府不作为，在2004年获胜，法院判决认为日本政府在1956年知道水俣病因后，即应当责令污染企业停产，但直到 1968 年才作出决定，应当为因此造成的水俣病伤害范围扩大承担行政责任。

20 世纪 30 年代至 60 年代，随着现代化学、冶炼、汽车等工业的兴起和发展，工业“三废”排放量不断增加，发生了 8 起震惊世界的公害事件：①1930 年，比利时马斯河谷烟雾事件，致 60 余人死亡，数千人患病；②1948 年，美国多诺拉镇烟雾事件，致 17 人死亡，5910 人患病；③1952 年，伦敦烟雾事件，短短 5 天，致 4000 多人死亡，两个月后又因事故死亡 8000 多人；④二战后的每年 5 月至 10 月，美国洛杉矶光化学烟雾事件，致人五官发病、头疼胸闷；⑤1952－1972 年，日本水俣病，900 多人发病，致 50 多人死亡，283 人伤残；⑥1931－1972 年，日本富山镉废水污染造成的痛痛病事件，致 34 人死亡，280 多人患病；⑦1961－1970 年，日本四日市气喘病事件，受害者 2000 多人，死亡和不堪病痛自杀者数十人；⑧1968 年 3 月至 8 月，日本米糠油事件，致数十万只火鸡死亡，5000 多人患病、16 人死亡。日本工业在二战后飞速发展，但是缺乏环境保护措施，工业污染和各种公害病泛滥成灾。世界八大公害事件，仅日本就占一半，而且其他国家的公害病都是烟雾引起的，日本的公害病却多种多样。

如果说，欧美的烟雾是杀人的空气，日本的废水就是夺命的水，最近日本的水，又让世界人民不淡定了。日本福岛核污水排放计划又引起了世界各国的关注和担忧。2011 年“3·11”日本大地震导致福岛第一核电站因海水涌入发生断电，4 个核反应堆中有 3 个先后发生爆炸和堆芯熔毁，造成放射性物质泄漏，对海洋环境、食品安全和人类健康产生了深远影响，如今福岛核事故过去 9 年多了，但核污水处理问题仍未解决。据报道，日本政府已决定将核污水排入大海，这些核污水虽然经过处理，但并未能有效去除核污水中含有放射性的氚。对日本政府的排污入海的决定，中国、韩国及亚洲一些国家的政府和民众、民间团体都强烈反对，国际上也十分关注，德国一家海洋科学研究机构认为，一旦排污入海，57 天内含有放射性的污水就将扩散至太平洋的大半区域，3 年后美国、加拿大海就会受到污染。韩国济州岛知事扬言，如果日本向大海排放核电站污水，将向国内外法庭起诉日本政府。

看来，日本政府真应当重温一下当年水俣猫的教训了。

当然，不仅是日本，客观地讲，环境污染已成为世界性的问题，20 世纪 80 年代发生在印度的毒气泄漏造成的“博帕尔惨案”和苏联切尔诺贝利核污染事故，都是危及人类生存的严重灾害。究其原因还是人类认知的问题。二战之后，随着科技发展的日新月异，人类的自信心极度膨胀，甚至狂妄地以为可以“主宰自然”，根本无视自身对自然环境和自然资源的依赖，随着环境灾害的频发，环境污染危害到生存，人类才开始警觉，美国生物学家康莫纳说：“在热切探寻现代科学技术利益的过程中，我们几乎产生一种致命的错觉：人们已最终逃脱了对自然平衡的依赖，而事实是可悲的、截然不同的。我们依赖于自然界的平衡不是少了，而是更多了。现代技术异常猛烈地牵动着生存环境进程中的薄弱环节，以至于这个网再也经不起牵扯了。如果我们不将技术能力同对自然界平衡的更深了解一致起来，我们就会冒毁灭这一适宜于人类居住的星球的危险。”

正说老鼠

鼠年了，还是说说老鼠的好话吧。

微信上有一段子：

猪闹腾了一年，拍拍屁股走了，
把自己标到天价，
我们忍了，不就是要钱吗？
耗子来了，刚来就发威，
让我们都像它一样在洞里趴着，
不忍也不行！
关键猪是要钱，耗子是要命啊！

耗子要命，是不是被人骂惨了，憋了一肚子火，这下爆发出来了？老人老办法吧，人与老鼠这么多年都过来了，给老鼠说说好话吧，搞点精神贿赂，这也是一个家传秘方，让老鼠心里好过点，说不定有用。

一千多年前，说是五方瘟神下凡到人间散布瘟疫，人力抗拒不了，隋文帝下诏封五方瘟疫使者为五将军，并建祠祭祀，为化敌为友、转危为安，把原先祸害人类的恶神变成了保护人类的善神。我在福州淮安那里见过一个五帝庙，开头不知是祭祀谁的，看了祭祀的名字，回来查了资料，才知道原来是祭祀这“五将军”的，只是不知道什么时候被人提拔为“五帝”了？

正说老鼠，它还是做了许多好事的，虽然人们把它定性为有害动物，名列“四害”之首，但是它的功绩还是不能随意抹杀的。

咬破天的老鼠。民间传说宇宙在混沌未开之际，到处是一片黑暗，一只老鼠将混沌咬破，使气得以畅通，这个传说跟盘古开天地有点关联，老鼠咬破天，引入气机，使空气得以流通，宇宙能够运动，万物生机勃发。这样，老鼠于天地初成有相助之功。

助始祖的老鼠。有一些少数民族的创世神话中，如白族、彝族、景颇族、拉祜族都有类似的老鼠救始祖的说法。拉祜族的创世史诗《牡帕密帕》说，天神厄莎培植了一个育人的葫芦，人在葫芦中长成了，却无法出来，先是让长嘴雀来啄，啄不破，老鼠不畏艰难，夜以继日，连续三天三夜，终于把葫芦咬破了一个洞，迎出了扎笛、娜笛两兄妹。二人成了拉祜族的祖先。如此，老鼠于人类有再造之功。

帮打战的老鼠。唐三藏的《大唐西城记》记载了鼠坟的故事：当初匈奴曾经率领十万大军，前来劫掠于阗国边境，抵达鼠坟附近驻扎军队。这时于阗王只有几万军队，担心抵抗不了敌军，他听说沙渍中的老鼠不同寻常，就焚香祭拜鼠神，祈求它显灵帮助。当天夜里，于阗王梦见鼠王对他说道："我很愿意帮助陛下，望你尽早整顿兵马，明日一早两军交战，你们一定能够取胜。"于阗王于是集合军队，发令将士，天还没亮即开拔，长途奔袭，猛攻敌营。匈奴发现敌军突然降临，无不惊恐万分，刚刚想要驾驶兵车、披挂铠甲，那些马鞍、军服、弓箭、甲链，凡是有带系缚的物件，全部被老鼠咬断，敌军既已来临，只得束手就擒，或任其屠宰杀戮。于是于阗王军队杀死匈奴将领，俘虏匈奴士兵，匈奴震惊惧怕，认为这是神灵在保佑对方。于阗王感谢老鼠的仗义助战，便为它们建造神庙，设置祭祀，世世代代，敬奉鼠神。如是，老鼠有助战之功。

会报恩的老鼠。《奇闻录》记载：有一个叫李昭瑕的书生，参加秋天举行的乡试，主考官在午睡时忽然醒来，见枕前有一份试卷，阅后觉得很一般，也没怎么在意，就让办事人员放在架上。刚准备继续午睡，从侧面悄悄看去，见一只硕大的老鼠衔着那份试卷，又送到枕前。这样拿走放回好几次，只好勉强把他录取了。李昭瑕中榜后，前来拜访主考官，主考官问起其中的缘故，李昭瑕说，我家里三代都没有养猫，大概是老鼠前来报恩吧。《宣室志》记载：唐朝宝应年间，有一个姓李的人，家住在洛阳，他的祖辈几代戒杀，家里没有养过猫。到了他孙子这一辈，仍能继承先人的善德。一天，他们家召集亲友，在厅堂里聚餐，落座后，忽然门外有几百只老鼠像人一样站立，两只前脚互相拍击，好像非常高兴的样子。家僮感到惊异，就前来禀告，大家都跑出去围观。就在这时厅堂忽然坍塌，这家人十分幸运，竟没有一个人受伤，很快老鼠也散去。看来，老鼠有知恩图报之德。

能悔过的老鼠。张岱的《夜航船》有秽鼠易肠一条：唐房公拔宅上升，鸡犬皆仙，惟鼠不净，不得去。鼠自悔，一日三吐，易其肠，欲其自洁也。这只老鼠因为不洁不能随房主升天，深自悔恨，一日三吐要把肠子清干净。这是勇于改过自新的老鼠。

爱听经的老鼠。《湖濡杂记》载：某寺住持静然法师每天早晚焚香诵经，从不懈怠。顺治戊子年的正月初一，刚开始唱念梵呗，就有一只老鼠在房梁上窥视。其后每次敲响木鱼，老鼠就会到来，渐渐由房梁到窗户，再由窗户到案桌。静然法师对它说道："老鼠，你也知道听经吗?"老鼠点点头，蹲伏在佛经的旁边，诵经结束后才缓缓离开，天天都是如此，这样过了一年多。一天老鼠又来听经，听完经就向僧人顶礼，然后便寂然不动了。僧人一看，已经涅槃了。过了几天，身体像石头一样坚硬，散发着旃檀香味。僧人为它做了一个小龛，按照佛教的方法把它安葬在塔中。这是礼佛修行的老鼠。

这些老鼠，都是传说中的故事，当然是姑妄说之，权当消遣而已。但大千世界，无奇不有，有时虽匪夷所思，亦未必全是无稽之谈，看《山海经》《淮南子》《大唐西域记》，以及历代笔记小品，如《五杂俎》《阅微草堂笔记》等，可知即便是《镜花缘》一类小说，亦未必全是凭空杜撰出来的。信或不信，要在明辨，明辨是博学、审问、慎思的落脚点，亦是笃行的起脚点。比如，许多传说并非全对，但亦有其合理之处。上文所言，老鼠预警一事，我们当看到老鼠是嗅觉特别灵敏，对地震等灾害的警觉性特别高的动物；鼠坟一事，也可能匈奴人作为游牧民族，长期吃用油腻肉食，军队驻扎在鼠坟边上，说不定是衣物铠甲、兵器沾满油脂肉香引来老鼠啃咬呢。

还是说说现实中老鼠做的实际好事吧。

众所周知为人类提供实验体的小白鼠。由于小白鼠跟人类的基因序列高度相似，而且与人类的骨骼结构相同度高达99%，在病理上与人类的骨细胞也有许多共同之处，所以全世界的科学家都普遍借助小白鼠研究治疗人类疾病的办法以及有关生命科学的问题，小白鼠还被广泛用于食品、药品、化妆品、生物制品、工业产品的安全性、毒性和效力方面的实验和检验，每年有多达几千万只的小白鼠被用作医学和科学方面的实验。仅此一点，就可以说老鼠造福人类，功莫大焉。

现实中，还有很多种老鼠对人类是有助益的。美国和西班牙等国都在训练一种警鼠，由于老鼠的嗅觉特别灵敏，人们就利用它来预报地震、排除地雷、查禁毒品和爆炸物品，既安全又准确，能够做到万无一失，是保障人类安全的有力助手。还有一种找矿鼠，叫金苍鼠，它生活在乌兹别克的克齐尔库沙漠里，在沙丘下打洞居住，它在挖洞时会把蓝色和绿色的绿松石推到洞外，于是地质人员就常常因此毫不费劲地找到了绿松石的矿藏，这种老鼠可以称作“淘宝鼠”了。在坦桑尼亚的基戈马山区，有一种蜡烛鼠，这种老鼠身上八成是脂肪，只要用火柴一点，就会像蜡烛一样燃烧，当地人将它晒干，作为蜡烛和燃料使用。有一种麝鼠，它的分泌物是名贵的香料；有一种奶鼠，它产出的奶可供人食用。另外，《猫和老鼠》《米老鼠和唐老鸭》《黑猫警长》等动画片，给多少小孩带来欢笑的童年呢，何况它还带来小说、故事、绘画、诗歌等文学艺术，极大丰富了我们的精神食粮。当然，人类也有非法使用老鼠的。比如抗战时期日军作为生化武器研究使用的鼠疫病菌，还有把老鼠用于刑讯逼供的，不过这些并不是老鼠的错。

老鼠，有时还能给人类带来生命的启示。

在挪威、瑞典一带，生活着一种旅鼠，它以树根、草茎、苔藓为食，但繁殖能力特别强，不仅是鼠类中也是动物界里最能生崽的，繁殖力爆表：一对旅鼠一年可生7胎，每胎12只，总共84只，第一胎的12只一年内又可生6胎，总计下来，一对旅鼠一年可生967118只，100对旅鼠一年内可以繁殖几百万只，如此庞大的队伍，自然面临食物供给不足的问题，于是每过几年，当食物极度缺乏时，它们就会成群结队，面朝大海，千里迢迢，一往无前，奔赴死亡之约。微信上有一篇以一位肝癌病人为第一人称写的文章，非常生动感人：他在2002年被确认为肝癌，面对死亡的恐惧，多次自杀未成。有一次，他的研究老鼠的朋友约他一起去追寻旅鼠的生命之旅。他们花了一个多月的时间沿途跟踪旅鼠的旅程，从10月，草原上的草开始枯萎，到11月中旬，来到了旅鼠迁徙的最终目的地：

> 下午2点左右，我们身边渐渐传来杂乱的轰鸣声，紧接着看到大片橘红色的云块贴着地面从远处飘来。旅鼠们终于到了！仍然是千军万马，仍然是奔跑如风，仍然是义无反顾。到了，快到海边了，趴在不远处岩石上的我拿起望远镜，心狂跳起来，我小声地问罗拉格："旅鼠千里迢迢来到海边，究竟是为了什么?"他似乎完全没有听到我的话。只见，最先到达的旅鼠们冲到汪洋大海前面，几乎没有一秒钟的犹豫，就毫无惧色地纷纷往大海里跳。先跳海的旅鼠们一瞬间就被汹涌的波涛吞噬了，后面的旅鼠也丝毫没有驻足，仍然紧跟着往下跳。就这样一群群、一批批的几百万只生命不久就被浩瀚的大海全部吞没了。我几乎不敢相信眼前的一切，难道旅鼠们千辛万苦来到这里，就是为了这绝命的一跳。我心底油然升起对生命的敬畏，旅鼠们对待死亡的态度，真正是争先恐后，仿佛扑进母亲的怀抱。它们竟然用了如此决绝的方式，促使了留在斯墨拉尔那一小部分旅鼠的继续繁衍和生存。就在这几百万只旅鼠慷慨赴死的那一刻，我的眼前再次浮现了它们一路狂奔的身影，我突然明白：生和死，都是生命的一部分。尽管生命的终点不外乎是死亡，但是在生命的旅途中，我们不能因惧怕这个终点而消极。一个人不论是健康还是生病，都应该充满激情地度过每一天。

旅鼠为何选择大海作为自己的葬身之所，至今仍是个未解之谜。但人生无常，当岁月静好时，我们悠然度日，而当生命跌宕时，我们应从容面对，视死如归，哪怕眼前是海水滔天。

法治画廊

跟随迟轲观赏法治画廊

1984年新年的前夕，一路向东街口逛去。依稀记得，那是一个傍晚时分，一场大雨之后，寒风夹着细雨，吹在脸上有点冰凉，路灯在细雨的斜线中有点朦胧，灯光像柠檬，久违的城市有种陌生感。

1983年，正是“严打”最紧张的时候，那时我长期在三明办案组，跑三明、南平、龙岩三个地区，日夜加班，一年三分之二的时间都在下面跑，回一趟福州，也是赶着汇报案件、赶着办手续、赶着印文书、又赶着带下去，难得上街溜达。不知不觉，1984年元旦快到了，总算盼来了一个假期。因为忙碌的“严打”，几乎有一年时间没有看闲书了，东街口的新华书店今天当然是非去不可的了，发现一本迟轲的新著《西方美术史话》，那时的社科界正百废待兴，这类新作不多，但亦时有佳作，买回来便躺在床上翻阅，不料故态复萌，一册好书拿起来便放不下，闭门不出，整整一天两夜，1月2日读书笔记写道：“一口气读完《西方美术史话》，太吸引人了，没有‘忘食’，却是‘废寝’，该书的材料组织、叙写笔调都堪称好，在现在各种干巴老套的教科书的腐朽气味中，独透一缕清香。”1984年的新年元旦就这么度过了，没有一丝节日的寂寞之感、思乡之情，反倒有一种满足感，夜里摸摸饥肠辘辘的肚皮，却仿佛刚装了满腹的美术史知识，心满意足，犹如品尝了一席人生的盛宴。

作者为了创新，一改枯燥无味的教科书体，以《史话》的方式，力图仿效丹纳讲艺术史、勃兰兑斯讲文学史、罗素讲哲学史、阿西莫讲科学史那样，

“都能时时把人带入一个生动的历史氛围中去”，使人在阅读的过程中，不仅获得知识的满足，而且获得精神的愉悦。读完这本书，我相信，他是做到了。

对书籍的鉴赏眼光，我素来是自负的。因此在书市上看到此书再版销售时，想起二十多年前的那个美好的元旦，回家从书架上取下这本书，又浏览了一遍，心绪则在书中的法律名画前徜徉、流连。

法律与美术，从远古时代开始就相生相伴了，一路走到了今天。用天平衡量死者心脏，以判定他有多少罪过的古埃及豺头人身神，让我想起中国古代的独角兽，人类关于公平正义的理念，似乎有一种与生俱来的追求，不然何以解释远古世界相隔如此遥远的国家，却都不约而同地采用了“神兽司法”？古巴比伦《法典柱》的浮雕，汉谟拉比王正虔诚地从日神沙马什手中接过法典，谁能想象在如今战火纷飞的巴格达城，其先民们不仅具有构筑“空中花园”的非凡想象力、创造《一千零一夜》故事的浪漫情怀，而且还具有编制严整法律规范的周密思维，为我们留下了人类最早的法律文件。

法从远古走来，也向四方走去。

用马赛克镶嵌的查士丁尼画像，身体修长，手足细小、大眼弯眉、头部瘦小，一点也没有伟大帝王的雄伟气势，但却用他的《国法大全》实现了罗马帝国对世界的第三次征服；我们同样想象不到那位创作出《维纳斯的诞生》《春》这些秀逸俊美作品的波提切利，居然会有《诽谤》这样一幅思想深刻、感情沉痛的画作；米开朗琪罗刻画的《摩西》这位古代立法者，《最后的审判》那位终极裁判者，具有一种震撼人心的永恒力量，米开朗琪罗以其“痛苦而神圣的生涯”创造了诸多英雄主义崇高美的形象，他自己也因此被罗曼·罗兰嘉许为，“通过精神力量而变得伟大的”英雄，汉斯·荷尔拜因的《托马斯·莫尔》肖像画为我们刻画出一个富于理想、坚定、刚毅的大法官形象；乌顿的《伏尔泰》雕像那尖削的鼻子和冷嘲的笑容显现着这位批评家智慧的力量，这位穿着睡衣式长袍的老者，仿佛随时要从椅子中站立起来去为一切遭受迫害的不幸者进行辩护抗争；马奈的《左拉》在绅士风度中透露出沉着、坚定的气质，伏尔泰为克拉冤案、左拉为德雷福斯错案奔走呼号、不懈抗争，从他们倾力为蒙冤者辩诬还原正义的壮举，让我深信伟大的作家是人类社会正义的良知，以维护社会公平正义为己任的法官并非孤军作战；戈雅在宗教裁判所仍然猖獗的时代，居然敢于以笔作匕首挑战宗教裁判所，这种不惧火刑柱的无畏和胆气怎不让人敬意油生。然而，艺术也不是一块净土，有时也逃避不了法律的追踪。委罗内塞因《最后的晚餐》、戈雅因《裸体的马哈》都曾被宗教裁判所传唤过，杜米埃更曾因为《高康大》漫画而被判处监禁，但他干脆画一组《司法人员》极尽讽刺、嘲笑法官和律师之能事，而这组漫画又恰恰成为他的传世佳作。大卫的《苏格拉底之死》和凡·代克的《查理一世行猎图》让人看到这些影响世界历史的审判中所隐藏的错综复杂的案外因素；伦勃朗的《夜巡》、惠斯勒的《夜景》官司，则不免让人对艺术与法律的恩怨情仇感慨系之。俄国的巡回展览画派富于现实主义批判精神，苏里科夫的《女贵族莫罗佐娃》、列宾的《意外归来》、列维坦的《流放者之路》等，都令人难以忘怀。通过这些法律制度、法律人物、法律事件、法律审判，我们分明可以看见司法女神一手持剑、一手持天平，正从法律画廊中迎面走来。

也许真的是时代变了，前些时候我到街上买了几本介绍美术家和名画的书，这些书里你再也找不到巡回展览画派和列宾们的名字和作品；也许真的是我老了，对 20 世纪许多只有技巧，没有内容的五花八门的画派和让人眼花缭乱的画作看不懂了，也没有兴趣看了。老实说，自从立体派毕加索打破事物表象的结构和空间关系，而代之以画家自身感受和思考来建立画面的秩序开始，我便读不懂了。1917 年，达达（即无所谓）艺术家的重要代表人物杜尚把他从五金店里随意买来的陶瓷小便池，标上一个“泉”字，搬到纽约独立艺术家协会的展览会上，而 500 名艺术家投票的结果居然是“杜尚的小便池打败了毕加索”，并宣称这是迎来了一个当代艺术的新时代，而这个所谓的新时代，说任何东西都可以是艺术品，而且“人人都是艺术家”，甚至说“实际上没有艺术这种东西，只有艺术家而已”，而他们这些艺术家也不再是“创造”艺术品，而是“指认”艺术品，就像杜尚“指认”小便池是艺术品一样。艺术到了这个份上，还有什么可说的呢？又有什么意思呢？它跟我们社会大众又有什么关系呢？实际上，当艺术为“指认”小便池是艺术品打开方便之门时，艺术就死了，当人人都是艺术家时，也就没有艺术家了。这样想来，我也就不再纠结自己看不懂所谓的当代艺术，也不再懊恼自己跟不上时代发展了，那些让人不知所云的作品，其实根本就不想让我们看懂，何必费那份心思呢！幸好，蒙克的《呐喊》是创作于 1895 年，真正的 19 世纪末，随着那一声惊心动魄的尖叫，这法律画廊，漫步到 20 世纪的大门前便戛然而止。这篇观后感式的随笔刚好在 19 世纪大门关闭时打住了。

这是一本二十多年前读过的书，写这篇随笔时，已能隐隐约约听到 2006 年元旦的钟声了，而修改完这篇稿子时却是 2007 年的春节了，不禁感慨逝者如斯！

岁月流淌，那是生命的小河在无声流逝，也是人生的小溪在一路欢歌。对于读过的每一本好书，都想由衷地说一声：幸好，一路上有你！虽则，有人说读书是一种忧郁的享受，但毕竟是一种享受，当然，前提必须是读一本好书，正因此，阅读成了我们生活和记忆中的一个部分，而我们的生命也因此变得更加丰满、更加延绵。

（原载最高人民法院 2007 年《民事审判指导与参考》总第 31 集）

用天平称量心脏
——古埃及的豺头神

当亡灵到阴间受审查的时候，那个专管用天平衡量死者的心脏，以判定他有多少罪过的是个豺头人身的“阿努比斯”神，在保存下来的《亡灵书》或是“木乃伊”棺椁的彩画上，都少不了这个“豺头神”的形象。

阿努比斯神，是墓地之神，还负责管理把尸体制成木乃伊，在阴间的审判法庭上，它担任着重要的角色，负责称量死者的心脏，它手中握有进入冥世的钥匙和长长的权杖，差不多是个司法神。在古埃及留下来的纸草画卷或墓室壁画中，我们经常可以看到描绘来世审判的图画：

冥王奥西里斯头戴王冠，一手执钩一手持连枷坐在王座上，身后并立着他的妻子伊西丝姐妹，42 位组成的陪审团坐在大厅的一边。大厅中间放着一架巨大的天平，天平的一端放着死者的心脏，另一端放着代表公正、真理的“玛阿特”的羽毛（亦称法羽），豺头人身的阿努比斯神正在称量着心脏，月神骚特在旁边记录，天平边上正蹲着一只猛兽，死者则战战兢兢地站在一旁等待着审判的结果：如果天平的两边平衡，即证明死者清白，可以进入来世得到永生，否则，蹲守一旁的猛兽就会把死者连同他的心脏一起吃掉，成为“第二次死亡”。

古埃及人关于正义的概念叫“玛阿特”，这是一个真理、正义、平等的理想形式，又是一个接受崇拜的女神，它不仅具有普遍意义，还有具体技术的作用，即正义是可以根据一些机械的可计算的原则来决定的：所有好的行为都应得到奖励，而所有坏的行为则带来惩罚。在人间，有些人以为逃脱了正义的惩罚，但在另一个世界，在阴间，在奥西里斯神圣的法庭上他将被抓住，因为这时他必须就托特准确无误地记录在板上的他的行为作出答复。

在世界许多民族的来世传说中，都有类似来世审判的描述，但是用天平称量心脏的形式进行审判，则是古埃及人的一个发明，其重要的特点是：审判的准绳不是神，更不是人，而是物——天平，物与人、神不同，物是没有感情的，因而也更公平，面对天平，除了法老，不管你是高贵的还是贫贱的，人人都是平等的，死时，你的心脏都要拿到天平上称一称，接受天平的无情检验。

古代埃及人对死亡的认知给他们的美术带来深刻的影响。他们认为绘画、雕塑具有某种神秘的力量，人死之后，还有另一个延续生命的世界。而绘画、雕塑则具有替死者保存物体以供来世之用和给死者指引路径的功能。所以，古埃及绘画并不讲究物体的远近透视关系，最重要的是保存其“应有”的形体。因此我们初看埃及绘画时都不免诧异于它的不合理：为了保存形体，其绘画永远都有两只侧面的脚，甚至两只脚的大拇指都在外侧，像是两只左脚或两只右脚；永远都是正面的躯干以完整地显示出两只手，而侧面的脸型也是为了保存脸的轮廓。在供死者使用的物品中，注重的是东西的有无，而完全不顾上下左右的视觉方位关系。无怪乎人们都认为古埃及人的绘画是为了“来世”的艺术。所以，古埃及人花在宫殿上的钱远没有花在坟墓上的多。

在古埃及的宗教观念中，死者复生的重要前提是保存死者灵魂所依附的尸体，因此他们将尸体脱水制成“木乃伊”。

古埃及人对来世审判深信不疑，因而在制作“木乃伊”的最后一个阶段要在尸体和亚麻布带之间夹上一些护身符咒，其中最重要的是放在胸口上的护身符，刻的文字是告诫心脏不要在死者接受审判时说出一些于己不利的话：“不要诋毁我，不要在特别法庭里跟我唱反调，不要在天平掌管者面前污蔑我，因为你是生于我体的我的灵魂，你是让我精神抖擞的保护。”

然而要通过死亡审判，顺利进入来世的各项标准又是很严格的，现实生活中的人们往往很难做到，祭司们为了迎合大家想顺利通过死亡审判进入来世的愿望，就编写了大量的符咒，提供回答审问时的标准答案，和通过审讯的各种方法，将这些符咒写在纸草纸上，然后卷起来，随同死者一起下葬。这些写在纸草文书上给亡灵看的标准答案，就被称作《亡灵书》。英国福克纳博士根据大英博物馆的馆藏编著的葬礼文集《亡灵书》，让我们看到亡灵在各种场景下该说的话。有在太阳初升时献给太阳神的赞歌，有在死者的心被天平称重时对心脏的告诫。而在到达“正义大堂”时看着众神的脸时应该澄清：“我没有对人做什么错事，我没有使我的同伴贫穷，我没有在真理之殿做错什么，我学了错误的知识但没有做坏事，没有成天过分地驱使工人为我劳动，我不奴役别人，我不剥夺孤儿的财物，我没有做神所憎恨的事情，我没有在仆人的主人面前中伤他，我没有给别人带来痛苦，没有让人挨饿，没有让人哭泣，我没有减少神庙里的贡品，没有毁坏神的食物，没有拿走神灵的食物，没有滥交，没有行为不端……没有侵占田地，我从没有在天平上为自己增加额外的任何重量，我没有从小孩的嘴里抢走牛奶，没有从牛羊嘴里夺走粮草，我没有抓神保护的鸟，我没有捕他们沼泽地里的鱼，没有改变水的季节，没给流水筑坝，没扑灭燃烧的火焰，我没有阻止牲畜吃神的恩赐（如草），我没有对抗行进的神，我是清白的，清白的，清白的！”在特别法庭众神面前的清白宣言则是：我没有做错什么，我没有抢劫，我没有盗窃，我没有杀人，我没有破坏任何食物供应，我没有做任何不正当的事情，我没有偷神的恩赐，我没有撒谎，我没有偷吃等等一系列“我没有”的表白。还有对正义大堂众神的演讲词，询问亡者时的答问等等，这些《亡灵书》就像是来世审判剧本的台词。

要通过天平的衡量顺利进入来世，《亡灵书》里教死者说的一连串的“我从未如何如何”的标准答案，正是当时社会道德准则的反映，是人生必善的训诫，正如佛教所言：欲知来世果，今生作者是。这实际上正是告诉人们，来世的命运是由现世的行为决定的，为善才有来生，从而达到维护现世社会道德的目的。这样，法律审判和道德审判便融为一体了，颇有点中国古代“礼法合一”的味道。

发扬正义于世

——古巴比伦《汉谟拉比法典柱》的浮雕

古巴比伦艺术遗物中，驰名于世的首推汉谟拉比王的《法典柱》（约公元前 1800 年），这个由黑色玄武岩刻成的体高两米多的石柱，不仅保存了人类最古老的音节文字——苏美尔的“楔形字”，而且记载了人类最早的一部法律文件。

这尊“石柱法”现藏于法国的卢浮宫，它是在 1901 年法国考古队在伊朗高原的沙漠里发现并掠走的，它是迄今为止世界上所发现并完整保存下来的最早的一部成文法典。它不仅是研究古巴比伦经济、社会、法制制度的珍贵史料，同时，由于古巴比伦王国流传下来的艺术品十分罕见，这石碑自然也是弥足珍贵的艺术品。石碑的雕刻精细，表面高度磨光，浮雕上的汉谟拉比王有的人说是正举手祈祷，有的人说是正从日神手中接过权杖，也有的人说是正在接受法典，由于岁月模糊了浮雕的细部，只好让人们自己去猜想了。

现如今战火纷飞的伊拉克，曾是著名的古巴比伦王国的地域，法典的制定者正是这个王国的第六位国王，也是后来古巴比伦帝国的第一位君王：汉谟拉比（约公元前 1792 年－1750 年），这是一位极具军事天才和卓越治国才能的君王，他用 30 年时间统一了两河流域，建立了君权神授的中央集权制帝国，并开凿运河、兴建宫殿、神庙、大桥，发展海运，创造了巴比伦的辉煌与兴盛。在他统治的早期，就试图制定出一部“公平的法律”，推广至全国，并将这部法律刻写在石碑上，竖立在巴比伦马都克大神殿里，以使众人皆知，一体遵行。因此才有了我们今天看到的《汉谟拉比法典》柱。这种把国家典律与艺术结合起来的形式，开创了古代纪功碑的一种范例。

法典由序言、正文、结语三部分组成。序言和结语占全部篇幅的五分之一，语言丰富，辞藻华丽，气势磅礴。法典序言开宗明义说是“为人类福祉计”，受众神之命，“要发扬正义于世，灭除不法邪恶之人，使强不凌弱”，“使我公道与正义流传国境，并为人民造福”。法典的结语说立法典柱是：“为使国中法庭便于审讯，为使国中宣判便于决定，为使受害之人得伸正义，我以我的金玉良言铭刻于我的石柱之上，并置于我的肖像亦即公正之王的肖像之前。”“使我的石柱为彼阐释案件，使彼获得公正的审判。”他要求后代国王“必遵从我在我的石柱上所铭刻的正义言词，不得变更我所决定的司法判决，我所确立的司法裁定，不得破坏我的创制”，说明公平正义既是天道神意，也是人心所向，国王创制法典是为了弘扬公平正义于世。为了确保公正审判，实现正义，法典的写法直接从审判的角度表述为：“如果情形如何，则应判决如何。”

法典的正文 282 条，基本结构是：第 1—5 条，法院与诉讼；第 6—126 条，财产关系；第 127—193 条，婚姻、家庭、继承；第 194—227 条，损害赔偿；第 228—282 条，劳动和劳动工具，涉及诉讼、刑事、民事各个领域的基本问题，包括犯罪法、商业法、家庭法、婚姻法、财产法、劳工法等，涵盖了当时社会生活的方方面面，其内容之丰富、体系之庞大，在人类早期立法中遥遥领先。试想，欧洲法律的源头，罗马的第一部成文法《十二铜表法》是制定于公元前 450 年，至今也才两千多年，而《汉谟拉比法典》距今已经四千年了。伫立在卢浮宫的这根法典柱，用无声的语言，刺穿了“西方文明中心论”的神话。

古代东方法主要的种类有楔形文字法、希伯来法、印度法、伊斯兰法、中国法。据《古代东方法研究》一书认为，楔形文字法的主要特点有三个方面：第一，法典的内容多与神教关联；第二，无一般原则规定和篇章归类；第三，在诸法合体中，民法的占比特别高，如“石柱法”中民法占 70%。有研究者对石柱法能否称为法典提出异议，认为按照边沁在《政府片论》中对法典四个条件的定义，石柱法尚不能称之为“法典”，但亦有学者认为“石柱法”已具备“法典”的基本要素。我觉得应当是先有法典编纂的实践后有法典的定义，概念是从实践中提炼而来，而且“法典”这种形式的形成也有一个过程，是渐进成型的，对早期原创性的法典，不应用后来的概念定义来衡量判别。

翻阅法典，给我印象最深的是有关证据的规定。一是“控罪要举证”，而且是采取不能举证即为诬告、诬告必须反坐这样的严厉规定来落实举证责任的。法典第 1 条规定：“倘自由民宣誓揭发自由民之罪，控其杀人，而不能证实，揭人之罪者应处死”；第 3 条规定：“自由民在诉讼案件中提供罪证，而所述无从证实，倘案关生命问题，则应处死。”二是神判法只适用于极少数确实难证的特别案件。法典第 2 条规定：“倘自由民控自由民犯巫蛊之罪而不能证实，则被控巫蛊之罪者应行至于河而投入之，倘彼为河所占有，则控告者可以占领其房屋；倘河为之洗白而彼仍无恙，则控彼巫蛊者应处死，投河者取得控告者之房屋”，法典第 132 条规定：“倘自由民之妻因其他男人而被指摘，而她并未被破获有与其他男人同寝之事，则她因其夫故，应投入于河。”仅对控无实据的巫蛊和通奸交付河神裁判，这彻底颠覆了我原来关于神明裁判的印象，因为习惯上我们都认为，早期的裁判，似乎都以神明裁判为主，不意石柱法竟然在那么早就采取了证据裁判法，而非神明裁判法。三是对证据采信的规定，法典第 9 条到第 13 条规定了证据采信规则：如果一个自由民声称遗失的物品在另一自由民手中，持有者说：“我是买来的，我有证人”，失物者说：“这是我的物品，我有证人”，那么证人都应当到庭，在法官面前，对神宣誓，如果卖的人是窃贼应处死，物主收回失物，买者收回价款；如果持有者不能提供卖给他的人和见证他购买的证人，则持有者为窃贼，应处死，失主收回失物；如果失主不能提供知道他丢失物品的证人，则失主为说谎者，犯诬告罪，应处死；如果卖的人已死，则买的人可以从卖者的家里取得本案起诉的五倍赔偿费；如果买的人提供的证人不在近处，法官可予六个月的期限，在六个月之内不能提供证人，则买者为说谎者，应受本案应得之刑罚。

这个证据采信规则，可能还有不够严谨之处，但作为裁判指引，基本上考虑到了各种情形，更重要的是他贯穿了“证据裁判”的理念。

刑事上的“控罪要举证”，民事上的“主张要举证”，在我国虽然已经写入诉讼法多年，但在实践中仍未能得到普遍的认同和遵行。我们总在头脑中固执地认定，在证据之外还存在事实，殊不知，这种未经证实的所谓事实，在司法裁判上是没有意义的，所以，即使可能“有证据的事实”与“实际的事实”有差距，在司法裁判上至多只能采信更接近事实真相的优势证据，这一点至今仍有许多人不能接受，这或许是我们长期以来的思维定式形成的顽症吧！看看今天，不讲论据的观点，不讲理由的结论，不提供依据的说法充斥网络，大行其道，我们也就能明白，法治建设为何在中国如此艰难：不讲逻辑的非理性思维，与法治思维是格格不入的。以德治国与依法治国如何各就其位、并行不悖、协调发展，相得益彰，仍是一个长久的课题，以道德的旗帜取代法律的评判标准，最终会使法治流于空泛。因此，我们在佩服古巴比伦人构筑“通天塔”“空中花园”的非凡想象力、创造《一千零一夜》故事的浪漫情怀的同时，亦不能不佩服他们务实、严整的法律规范和先进的司法理念。

第三次的征服

——东罗马的查士丁尼壁画

查士丁尼是6世纪拜占庭的皇帝，有恢复罗马大帝国的雄心，他制定的《法典》是欧洲第一部比较系统的法律条规。

公元313年，君士坦丁大帝颁布“米兰敕令”，基督教成为国教，此后，从5世纪到15世纪持续大约1000年的欧洲中世纪，其美术作品，总的来说都是为表现基督教教义服务的，因此，中世纪的美术并不注重客观世界的描绘，而强调表现所谓的精神世界。马赛克镶嵌画是拜占庭艺术的一种代表形式，它在中世纪初便已十分普及，这是由大小如指甲般的各色玻璃、大理石、金箔铺成的，不适合表现复杂的细节，但工匠们将光线反射在镶嵌画的表面上借以营造超凡脱俗的宗教氛围，却正适合基督教宣传的需要。而且人物通过纤长的形体、庄严的神态、华丽的衣着，被赋予了神圣的气质。

其实，查士丁尼（482—565年）的不朽并不靠这幅索菲亚教堂的壁画画得如何，假如没有《查士丁尼法典》，这画就是画得再好，人们也只会记住画家的名字，而没有人会记住这画里的人是谁。公元528年，这个东罗马帝国的皇帝即位的第二年就主持制定法典汇编——《国法大全》，这是个庞大的系统工程，由《查士丁尼法典》《法学阶梯》《学说汇编》《新律》四部分组成，他用6年时间即完成了前三部的法典编纂，《新律》是他在位31年间发布的168条敕令，在他去世后由法学家汇编而成。因此，尽管一场来势凶猛的鼠疫让他恢复罗马帝国昔日辉煌的种种努力都归于失败，但是《国法大全》的编纂，却基本实现了他建立“一个皇帝、一部法律、一个帝国”的理想，足以使他名垂青史了。

差不多在同一时期，仅仅在几十年后，东方的大唐帝国也诞生了中华法系的集大成之作《唐律疏议》，从此，《唐律疏议》作为古代东方公法文化的典范，而《国法大全》作为西方私法文化的典范，双星辉映，闪烁在法治世界的天空。

《国法大全》是古代社会法律的集大成者，它博大精深的法律理论和法律制度，是人类历史不可逾越的巅峰。它分析的条理性、系统的严谨性、法理的精深性，让人叹为观止。马克思称赞《国法大全》是“以私有制为基础的法律最完备的形式”，法律史学家认为：“在查士丁尼的作品中保存着对罗马最伟大的智力成果的丰富记载。”就拿《法学阶梯》（亦称《法学总论》）来说，它是《国法大全》的组成部分，不仅与其他三个部分同样具有法律效力，而且是学习罗马法的主要教科书。《法学阶梯》属于私法，一共 4 卷 98 篇，第一卷主要是人法，第二卷主要是物法，第三卷主要是继承和债法，第四卷是关于侵权和诉讼的规定。物法所占比重最大。《法学阶梯》融会了罗马法的基本原理，是罗马法的精髓；它内容翔实丰富，构成了直至今日所有民法系统的基础；它结构严谨，概念清晰，条理清楚，文字通俗易懂，表现出高超的立法技术。《法学阶梯》的第一卷第一篇即为正义和法律：正义是给予每个人他应得的部分的这种坚定而恒久的愿望。法学是关于正义和非正义的科学。法律的基本原则是：为人诚实，不损害别人，给予每个人他应得的部分。法律分为公法和私法两个部分，公法涉及罗马帝国的政体，私法则涉及个人利益。《学说汇编》则包括了 39 位著名法学家的 50 多种著述精华，法学家的著述由此成为罗马法的一大渊源，成为裁判案件的依据，所以有句法谚说“法学家创造了罗马法”。

《国法大全》继承了古希腊、古罗马自然法中的平等、公正等内核，超越了民族与国家、宗教与世俗的界限，它不仅缔造了一个民法法系，而且“为所有现代欧洲法典大厦提供了一张底层平面图”。《国法大全》对西方人的精神理念和生活方式也产生了深远的影响，使得西方人普遍相信：在社会上，人的所有活动都受法律影响、都被法律规范，所有的问题都可以依着法律的方式去思考，也都可以提交法律去解决。它的理性思维无疑是法治精神的一股不竭的源头，因此《国法大全》成为近代欧洲大陆国家立法的思想渊源和遵循范本。代表欧洲大陆法系的两大法典，1804 年制定的《法国民法典》是以《法学阶梯》为基础的，而 1900 年制定的《德国民法典》则是以《学说汇编》为蓝本的。西方的注释法学派和历史法学派也都以《国法大全》的学理和精神为要义，罗马法的复兴运动即由 1135 年在意大利北部发现了查士丁尼的《学说汇编》，而由注释法学派掀起。而且，现代民法的各项制度也大都起源于《国法大全》，如法人制度、物权制度、“不告不理”原则、契约自由、占有、代理、不当得利、过错责任等等，可以说，没有《国法大全》，就没有现代民法，所以《国法大全》是一部具有世界意义的法典汇编，即便是时至今日，人们也仍不得不从罗马法中汲取立法的智慧。

《国法大全》使得查士丁尼的东罗马帝国从未逝去，因为“它以欧洲仍在执行的罗马法的形式延续着”。德国法学家耶林在《罗马法精神》一书中说“罗马曾三次征服了世界，第一次以武力，第二次以宗教，第三次以法律。而这第三次征服也许是最为平和、最为持久的征服。”美国学者莫里斯也说，罗马“用武力征服全世界，并没有像用他们那种伟大法学的不朽的力量来得大”。通过战争实现武力征服，通过宗教实现精神征服，通过法律实现制度征服，制度的深层根源是文化，也就是文化征服。相对而言，文化征服比武力征服更久远、更深入、更强大，以武力征服建立起来的强大罗马帝国，其兴盛也就几百年，早已分崩离析了，然而查士丁尼却通过罗马法的征服，使罗马的文化精神得以流传，不仅流传下来，而且至今仍成为欧洲各国文化精神生活的重要内容。因此，可以说罗马法的精神征服，超越了罗马军队的武力征服。

对此，欧洲另一位伟大的君主拿破仑有着深刻的认识，他在位时颁布实施了《民法》《商法》《刑法》《刑事诉讼法》《民事诉讼法》五部法典。他在 1804 年主持制定了《法国民法典》，即《拿破仑法典》，在他晚年被流放圣赫勒拿岛时，曾深情地说道："我的光荣并不在于赢得了40次战役，因为滑铁卢一役便使得这些胜利黯然失色。但我的民法典却不会被遗忘，它将永世长存。"他的这份自信并没有落空。有西方学者认为："拿破仑在法律上获得了双重成功。第一，在他所征服的欧洲大陆的很多司法管辖区，他的民法典传播开来，并在该法典的基础上继续形成很多现代法律的基础。第二，他在原先分裂的公国中引进部分行政统一，致使它们从此成为德国和意大利。"可以说，武力的征服只是一时一世，而公平正义精神的征服则是永恒的。

“无辜”的悲哀

——波提切利的《诽谤》

也许，在我们这个造谣、诽谤、诬告习以为常的时代，我选这幅画显得不合时宜，一般人只会青睐波提切利的《维纳斯的诞生》《春》这些秀逸俊美的画作，而对他的《诽谤》可能会白眼相加，不屑一顾的。

恶毒的诽谤令人深恶痛绝。克雷洛夫有一则寓言说，一天，地狱要举行游行，谁该走在游行队伍的第一个，毒蛇和诽谤者发生了争执，因为按照地狱的惯例，谁伤害人的能力第一，谁就走在游行队伍的最前面。对此，毒蛇和诽谤者各不相让，争执不下，这时魔王站出来裁决了，他对毒蛇说，虽然你长了毒牙，令接近你的人感到恐惧，你也伤害了许多无辜者，但你怎能像诽谤造谣者的舌头那样，在无形中杀人于千里之外呢？即使离得再远，人们也无法逃脱谣言诽谤的追杀。而且，谣言走得越远力量越大。这样看来，他的舌头比你的毒牙杀伤力更大，他应该排在你前面。

波提切利（1445—1510年），意大利佛罗伦萨画派的杰出代表，意大利文艺复兴前期的大师。1470年创办个人绘画工作室，画作构图新颖，风格秀逸，技法写实，在人体结构和透视画法上都达到了很高的水平，深受当时佛罗伦萨的统治者美第奇家族的赏识，典雅、抒情、秀美的《春》和《维纳斯的诞生》都是为美第奇家族订制创作的，它不仅是波提切利的代表作品，也是文艺复兴进入全盛时期的标志性符号，他也因此在佛罗伦萨大师辈出的时代，能在达·芬奇、米开朗琪罗、拉斐尔称雄的时代占有一席之位。

《诽谤》显然是一幅寓意深刻的作品，但他的创作目的、寓意指向，却有两种截然不同的说法：《西方美术史话》认为，这个来自民间，出现于盛期文艺复兴之始的艺术家，一方面保留了一定的民间传统和旧的宗教观念，另一方面在新的贵族圈子里周旋，又使他产生了某种忧伤和不安——权力和金钱在败坏着人的道德。所以，当 1494 年美弟奇家族因投靠法国侵略军而遭佛罗伦萨人民驱逐，维护穷人利益的僧侣萨伏那罗拉成为领导者时，波提切利便站在萨伏那罗拉一边。尽管这位痛斥教皇腐化的僧侣，为了端正道德连古典文化和人文主义的文学艺术都加以焚烧毁灭，但波提切利仍然对他深表同情，据说画家也烧掉了一些自己的异教题材的作品。四年以后，萨伏那罗拉被复辟的美弟奇家族和罗马教皇判罪烧死在佛罗伦萨。人们认为，波提切利后来所做的一幅寓言式的作品《诽谤》就是为这位保卫“纯洁的宗教和道德”并且维护穷苦人利益的僧侣“申冤”的。

而另一种说法则是美第奇家族对文艺和艺术家的倾力支持，使得佛罗伦萨成为 15 世纪文艺复兴的重地。但是文艺的繁荣兴盛，却引起了狂热的神权主义者萨伏那罗拉的强烈不满，他极力反对文艺复兴的人文主义精神，认为正是因此使佛罗伦萨沦为腐败荒淫之地。于是他先是利用人们对宗教的虔诚，自称是“先知”，在周围聚集了许多信众，口若悬河地向人们宣扬世界毁灭在即，末日审判即将来临，佛罗伦萨将为它的道德沦丧而沉入地狱。很快，这类危言便充斥佛罗伦萨的街头巷尾，人们信以为真，惶惶不可终日。1494 年法国国王查理八世入侵佛罗伦萨，萨伏那罗拉见时机已经成熟，便带领不明真相的群众掀起了一场声势浩大的反抗运动，驱逐了美第奇家族，在法国人的帮助下，萨伏那罗拉在佛罗伦萨建立起一个民主共和国，他自任领导人，同时掌管政治宗教大权。实际上他建立的是神权共和国，不仅严苛地管控人们的信仰，以圣洁之名极力限制人民的生活，甚至人身自由。而且在广场上点燃“浮华之火”，把私人和博物馆收藏的许多艺术作品和书籍付之一炬，包括米开朗琪罗、波提切利的一些作品。但当佛罗伦萨人民看到这些珍贵的艺术品在熊熊烈火中燃烧时，他们对“世界末日到来”的恐惧似乎也随之烟消云散，与此同时，一种被欺骗的感觉也油然而生，他们这才反应过来，原来苦行僧是要摧毁他们对真、善、美的热爱和追求，禁锢他们的精神生活，因此群众将愤怒的情绪转向了萨伏那罗拉。1497年，当法国军队撤离时，他陷入了孤立无援的境地。次年，人们冲进修道院把他拉出来交给反对他的人组成的审判委员会，5月23日，在当年“浮华之火”燃烧的地点，萨伏那罗拉被钉上十字架接受火刑。亲身经历过这场社会动乱的画家，惊叹于诽谤、谣言给佛罗伦萨带来的混乱，忧虑于民众的盲从心理，于1495年创作了这幅《诽谤》。

到底谁是诽谤者？按前一种说法，萨氏是无辜者，按后一种说法他却是诽谤者，两种说法截然相反，我很想弄清楚这个问题。从这幅画的创作时间来看，我赞同后一种解读，因为这幅画创作于1495年，当时萨伏那罗拉正是驱逐美弟奇家族并取而代之的胜利者，不存在波提切利创作这幅画为他“申冤”的问题。

这幅画的背景是一座古罗马拱柱式大厅，代表“虚伪”“嫉妒”“叛变”“欺骗”的四个人正把一个象征“无辜”的赤裸青年拖到法官面前；站在大厅的另一边是代表“真理”的全身赤裸的少女和一个披着黑袍的“诽谤者”，“真理”的纯洁无比与诽谤者的阴暗心理形成鲜明对比。黑袍蒙头的诽谤者，自己并不直接下场，而让那三女一男下手，三个女性，“虚伪”和“嫉妒”正在给“叛变”梳理头发，这应该是一种怂恿的动作吧，“叛变”一手持着木棒，一手扯着“无辜”的头发，把他拖将进来，而作为男性的“欺骗”，用手直指法官，正在义愤填膺地指控“无辜”的罪行，站在法官两旁的“无知”和“轻信”，正在法官耳边喋喋不休，被拖进来的“无辜”双手合掌向“真理”祈求主持正义，但是站立不稳的“真理”却用手指着天空，似乎是在说：“对这里所发生的一切，我也无能为力，去找上帝吧。”大厅，是如此庄严，“真理”，是如此纯洁，但在“诽谤”面前，“无辜”是找不到“公正”的。

仔细看完这幅画，我又忽然觉得没有必要再去弄清楚这画里所指的诽谤者到底是谁了。因为这幅画所表达的“诽谤”的寓意，是如此的深刻，以至于它早已超越了某一具体事件，而获得了普遍性的意义，与其再去探究画中的诽谤者到底是指谁，不如作“留白”处理，好让人们，特别是法官们自己用心去感受这幅画作的现实魅力吧。

他表现了什么

——米开朗琪罗的《摩西》雕像

第一个率领以色列人从埃及出走，寻求建立自己国家的这位传说中的“先知”，也是一位古代的立法者。他曾与人民相约订下了十条戒律，刻在石制的“法版”上，称作《摩西十戒》，出走途中，有人因恶人引诱而成了叛徒，摩西痛斥叛卖者，一怒之下摔碎了法版。

据《圣经》中出埃及记的记载，有一天摩西正在照看他的羊群，发现荆棘在燃烧，却奇迹般地没有烧毁，他受到神谕，决心带领他那些正在受奴役的同胞离开埃及去争取自由。一次摩西登上西奈山领受圣意，上帝将十诫律法传给了摩西，摩西将刻在石板上的十诫带给以色列人。十诫因此成为犹太教和基督教以及伊斯兰教律法的核心，它也是世俗道德规范的核心。从法律的角度来看，十诫的意义在于，首先，它意味着法律是自上而下传递的，立法者（摩西）只是传递的中间媒介，这一点直接与自然法的观念相关联；其次，它意味着法律应当公开地被记录和使用，这一点正与法治精神相吻合。

1501年，年仅25岁的米开朗琪罗（1475—1564年）因创作《哀悼基督》而一举成名，1504年又完成了惊世杰作《大卫》，声名远播的他便被教皇朱利二世召去罗马为其造陵。他接受任务后，亲自采办石材，在深山里一住就是八个月，当所需的石材运到罗马，在广场上堆积如山，米开朗琪罗正跃跃欲试一展身手时，教皇身边嫉妒他的人便向教皇吹冷风说：生前造陵大不吉利。

于是教皇便停止了这项计划，而且不愿意支付石材款，米开朗琪罗白忙乎了一年，还欠了一大笔债务，他心情沮丧地回到佛罗伦萨，既愤怒又无奈。此后他创作的《摩西》或许多少会有这种心情的流露，但实际上这一点已无关宏旨。

“深知艺术含蓄美的米开朗琪罗并没有表现摩西摔掷法版或振臂高呼，而是表现他坐在椅中，突闻事变时的一刹那的神态。他的头部左转，怒视远方；右手握起美丽的长须，加强了头和肩的动势；左脚右移做出即将起立的准备。整个形象在并不强烈的动势中，使人感到疾恶如仇和大义凛然的内心的力量。”（《西方美术史话》）《摩西》雕像作为一件艺术品，正如一位评论家写道：“世上没有哪一件艺术品像这位头上长角的摩西一样，会得到意见如此分歧的评判。”在我阅读《弗洛伊德论创造力与无意识》一书中的《米开朗琪罗的摩西》时，才知道竟有如此众多的诠释家为了揭开笼罩在《摩西》身上的朦胧面纱而煞费苦心，而在此之前我以为美术史上的神秘只存在于蒙娜丽莎的微笑之中。

在写作《论摩西》这篇洋洋洒洒的文章时，弗洛伊德是下足功夫的，在他第一次与摩西雕像相遇时，便被这一件“像谜一样的艺术珍品”所深深吸引了，“因为没有一件雕像能像摩西像一样给我留下这么强烈的印象，有多少次我沿着被人冷淡的科尔索加富尔陡峭的石梯，拾级而上，来到那孤零零被遗弃的教堂，试图领会出这位英雄愤懑、嘲讽的目光所含的意味。”在那段时间里，他一心扑在了对这尊雕像的研究上，“独自一人，整整三周”，站在雕像前，一次又一次地画着素描，阅读大量的文献，苦思冥想，耗尽心力，最终写出了《论摩西》一文。

“紧皱的眉头表现出愤怒，目光中含着痛苦，突出的大唇、后缩的嘴角显示出轻蔑”——雕塑表现的是摩西愤怒的瞬间，而这种表现又十分符合人物的性格特征：虽然愤怒无比，但作为以色列人的精神领袖，他又必须尽力克制自己的情绪冲动，内心情感上的愤怒冲动与理智上的冷静要求，交织形成一种异常复杂的心理状态，雕塑极为传神地表达了这个悲剧性英雄人物的性格特点。有评论家精辟地指出：“摩西像所产生的效果之巨大秘密，在于内在的烈火与外在的冷静之艺术对照”，这种对照说明了什么？这正是困扰弗洛伊德的地方，因此他在文章开头就写道：“某些最雄伟壮观、精彩惊人的艺术品，确切地说来，仍然是我们难以理解的不解之谜，我们仰慕、敬畏这些艺术珍品，却总是说不清他们表现了什么？”——但是最终，经过他的努力探求，他说清了：“于是，有着极大物质力量的巨像，只是具体表现了人所能达到的最高精神境界——为了他所献身的事业，同内心感情成功地斗争。我们至此完成了对摩西塑像的解释。”这就是弗洛伊德的解读。

相对画家而言，米开朗琪罗是更喜欢被人看作雕塑家的，虽然他的画作也已达登峰造极的水平，但他认为雕塑可以再现人在空间的形象，能释放出被锁在石头里的美，他的雕塑作品《囚犯》和《大卫》就是他对这种理念的最好诠释。《囚犯》，中国大陆以前都译作《奴隶》或《被缚的奴隶》，我认为不如台湾作家蒋勋将其称为《囚犯》更为贴切，柏拉图曾说灵魂是囚禁在身体内的囚徒。囚就是被困，不自由的人。米开朗琪罗以《囚犯》为主题，创作了六件巨大石雕，他认为每一个人都是不同形态的囚犯。他在巨大的石块中创作了挣扎扭动的男体，仿佛正在竭力摆脱石头束缚的枷锁，而《大卫》恰如挣脱石头“囚禁”、解放出来的人，高傲完美地伫立在世人面前，这不仅是身体，而且是精神从“囚禁”中解放出来的人，因此这尊雕像成为文艺复兴时代人文主义英雄的象征。

正因为米开朗琪罗的艺术富有英雄主义的崇高美，而他的一生经历又是“神圣而痛苦的生涯”：他扛着悲伤的十字架，像第二个耶稣背着命运的重负，去各地承受每日的劳作，“永远疲惫地生活，却永不疲惫地工作”。所以罗曼·罗兰将他和贝多芬、托尔斯泰写作《巨人三传》，分别代表雕塑家、音乐家、小说家，意图为他那个时代注入英雄主义精神，故亦称英雄传记，“我不会把英雄的称号嘉许给胜利者，无论是思想上的胜利者还是体力上的胜利者。我说的英雄是那些通过精神力量而变得伟大的人物”。当然，那都是些苦难英雄，但正是在承受命运煎熬的时候，永不放弃人生信仰，以自己的苦难帮助别人生活得更好的人，才使我们能够呼吸到扑面而来的英雄气息。

法治必须被信仰

——米开朗琪罗的《最后的审判》

《圣经》上说，世界末日来临时，基督要做一次最后的审判，以惩恶扬善。其目的当然是警戒信徒们要服从宗教的统治。而米开朗琪罗运用这一题材，则可以说是表现了他自己对于当时社会的裁判。

米开朗琪罗花了整整 6 年时间，创作完成了这幅巨作，他为此倾注了巨大的心血，也获得了巨大的成功。“这幅画在西斯廷教堂祭坛后面的大壁画，约有 200 平方米的面积，画满了力士一般的裸体巨人，其中有他敬仰爱慕的人，如诗人但丁、碧特丽丝和其他为意大利增光的人物，他们正在升向天堂；有他痛恨的代表罪恶的人物，正堕入地狱。其中有一个头朝下落，身挂钥匙的人，影射的是开始推行“赎罪券”的教皇尼古拉斯三世。……中间的基督被画成既非君王，又非慈悲者的巨人，他举起右手即将发出最后的判决。他的母亲玛利亚已被这个风暴似的巨变所骇倒，蜷曲着靠在基督肋下。这里显示的不是慈悲和饶恕，而是铁面无情的善恶报应。”(《西方美术史话》)画作构图气势磅礴，体现了画家宏伟的艺术气魄，画中人物精力充沛、体魄雄浑，体现了刚毅的力量和人类的精神。1541 年的圣诞节前夕，当画作呈现在公众面前时，整个罗马城为之沸腾，他的艺术杰作，再次深深地震撼了人们的心灵。然而，5 年之后，司礼官在新教皇面前搬弄是非说，这些裸体画像只能画在浴室或旅馆里，而不能画在庄重的教堂，于是新教皇下令一位画家给画中所有的裸体下身画上一些布条，因此人们戏谑地称这位画家为“穿裤子的画家”。其实，人们嘲讽的应该不仅是这位画家，还有傲慢的权力吧。

关于末日审判，显然是世界许多民族共同的宗教神话传说，它再清楚不过地表明了宗教与西方法律自始就是如此的密不可分。但是国内研究法律的学者似乎对此并不重视，在诸多的法理学教材中鲜见论及，只有沈宗灵主编的《法理学》谈到了：“有些著名的法典，例如伊斯兰教的《古兰经》、印度教的《摩奴法典》，是兼具有法律、道德、宗教三种性质的规范。巴比伦的《汉谟拉比法典》具有强烈的宗教神学色彩。”其实，基督教也是如此，《摩西十诫》既是上帝的谕命，又是人间的律法。《十诫》前 4 条讲宗教信仰，第 5 条：当孝敬父母，第 6 条：不可杀人，第 7 条：不可奸淫，第 8 条：不可偷盗，第 9 条：不可作假证陷害人，第 10 条：不可贪恋他人的房屋，也不可贪恋他人的妻子、仆婢、牛驴并他所有的一切。这些不仅是宗教戒律，而且都兼具有伦理道德和法律规范的功能。西方国家许多重要的法律制度都是建立在基督教所创造的各种价值观念和心理基础之上的。伯尔曼在《法律与宗教》一书中开宗明义地指出，导致西方社会宗教和法律信仰幻灭的主要原因之一，“便是法律与宗教的截然对立”这种割裂宗教与法律关系的二元思维。因此他强调了法律与宗教的联系更甚他们之间的矛盾：“在所有的文化里，法律都具有与宗教共享的四种要素：仪式、传统、权威和普遍性。……它们因此将任何既定的社会法律秩序与这个社会对于终极的超验实体的信仰联系在一起。同时，这四种要素赋予法律价值以神圣性，并且因此而强化了民众的法律情感：权利与义务的观念，公正审判的要求，对适用法律前后矛盾的反感，受平等对待的愿望，忠实于法律及相关事实的强烈情感，对于非法行为的痛恨等等，这种对于任何法律秩序都是必不可少的情感，不可能由纯粹的功利主义伦理学中得到充分的滋养。这类感情的存在，有赖于人们对它们自身所固有终极正义性的信仰。”因此，他反对流俗的见解：认为法律主要是推行统治者政策的手段，而主张：“法律必须被信仰，否则便形同虚设”，因为，没有信仰的法律，会退化成为机械僵死的教条，而且逐渐丧失其社会有效性。前几年我参加“法院与传媒国际研讨会”时，感觉外国学者讲授的法律、法院、法官总是笼罩着一层淡淡的宗教气息，当时不禁满腹狐疑：宗教对西方的法律文化竟有如此深远的影响吗？为什么会这样？

虽然，中国的国情不一样，但这并不意味着宗教观念在中国对法治建设没有影响，只是中国传统宗教观念对法治建设的影响呈现出的是另一种截然不同的形态。郝铁川在《宗教意识与现代法治》这篇短文中，从中西方民众宗教意识的不同特点，得出结论说："反观中国，我们却发现有史以来形成的民众宗教意识在总体上是不利于现代法治，而有利于人治的。"他讲了三条理由：一是中国"民众的宗教意识缺乏超人间性，而喜欢把彼岸的神变成此岸的活人。……把神设在彼岸，容易产生众生在彼岸之神面前人人平等的观念，有利于法治意识的形成；而把神设在此岸，把活人神化，却容易导致人治，导致政权、神权的合一"；二是中国"民众的宗教意识缺乏超功利性，而具有极强的追求实惠、实用风格。……宗教轻功利、重思辨，容易产生为理想而献身的精神，有利于秉公执法，为法律公平正义而奋斗的法治意识的形成。而重实惠、实用，却容易产生'各人自扫门前雪，莫管他人瓦上霜''有奶便是娘'一类反社会、极端自私自利的意识，而不利于积极出庭作证、追求普遍平等正义等法治观念的形成"；三是中国"民众的宗教意识缺乏一元性，而是多元性，不是服从一神支配，而是服从多神驱使……一神教经过转化，有利于对法律规则的认同与忠诚，有利于法律至上观念的形成。而多神信仰却容易导致蔑视法律尊严、破坏法制统一性现象的产生"。据 2005 年的"当代中国人宗教信仰"调查称，中国具有宗教信仰的人口已达 3 亿，而且信奉佛教、道教、民间俗神的有两亿多人，因此郝铁川讲的虽然是中国传统宗教意识对现代法治的影响，但其指出的特征似乎并没有多大变化，何况作为宗教"意识"的影响，并不仅限于信众。因此，在中国，宗教意识并不能给法治建设增添多少助力。

但无论宗教信仰对法治建设影响如何，法治建设都势在必行，为此法治必须被信仰。确切地说，对伯尔曼的"法律必须被信仰"这句话，正确的理解应当是"法治必须被信仰"。因为，法治可以被信仰，但法律不能被信仰，法律通常是指法律文本、法律条文，这是法律的载体，不可能成为信仰的对象，就像信仰上帝并不等于信仰《圣经》。而且，立法者的理性是有限的，具体法律的制定，包括法律制度的设计和安排、法律条文的表述和逻辑等不可能完美无缺，甚至立法的理念也可能存在偏颇，何况法律本身就有滞后性，尤其是，通常我们讲的“法律”，并不包括它的实施和执行，而“法律的生命在于实施”，再好的法律，如果不能得到良好的执行，不可能取信于民，更遑论被民众信仰了。所以，法律可以被信任，但不可以被信仰。然而，法治却可以被信仰。有人说，人类最伟大的发明是“法律”，博登海默说，“别的发明使人类学会了驾驭自然，而法律让人类学会了如何驾驭自己”，前者针对人与自然关系，后者针对人与人关系，人类社会治理的实践已经证明，迄今为止尚未发现比法治更好的国家社会治理方式，虽然法治并不完美，但可接受度最大，因为它设置了公平规则，构建了平等秩序，平衡了各方权益，明示了结果预期，由此而产生的法律情感认同获得了社会最广泛的心理基础。所以，法治无论是作为一种国家治理方式，还是作为一种社会生活方式，都是值得信仰的。

法治信仰不同于宗教信仰，宗教信仰是神性的，法治信仰则是世俗的，我们讲法治信仰不仅是精神上的，也是物质上的，包括法治对追求公平正义的价值意义和工具意义的信仰。法治信仰并不建立在宗教信仰基础之上，或依附于宗教信仰，在中国宗教信仰不是社会的主体，但我们依然可以而且必须建设法治国家。法治信仰的核心是尊崇法律。在现实中主要是相对人治信仰而言的。我国的人治信仰源远流长，根深蒂固，解决这个困扰法治建设的思想文化心理障碍，绝非一朝一夕之功。信仰法治，首先意味着，坚信法治是现代社会的必由之路，而不是其他的什么治；其次意味着尊崇法律，无论是国家治理，还是社会生活，抑或还是个人行为，都要遵守法律规范，不突破法律底线。立法、执法、司法、守法，只是支撑法治大厦的四根支柱，而法治建设的地基则是全社会的尊崇法律、信仰法治。

“粗大的金链子”

——贺尔拜因的莫尔肖像画

莫尔爵士是位有理想、有骨气的学者，虽然被提升到近于首相的大法官地位，但因为反对亨利八世在婚姻上的喜新厌旧、见异思迁，愤而辞职。后来又为了抗议亨利八世独揽教权的行为而终遭砍头处死。贺尔拜因给他画的肖像，充分表现出他富有理想而又坚定果决的性格。

16世纪的肖像画大师贺尔拜因（1497—1543年）是个德国人，因埃拉斯莫的举荐到英国认识了莫尔，进而受到英王亨利八世的赏识，成为宫廷画师。他的画风精致细密、高尚雅致。他以写实精神画的这幅莫尔肖像画，通常我们可以从《乌托邦》一书的扉页上看到，这幅画与我们想象中的安详、深沉、智慧的学者形象不同，有一种坚定、刚毅的神情，这让人不得不叹服贺尔拜因对人物特征的刻画是如此生动而深刻。在绘画的艺术语言上，色彩更长于表现情感，而线条更适宜表现理智。他的肖像画并不使用色彩，而是以类似中国白描人物，用洗练的线条勾画出来的，这种表现手法正适合莫尔这个人物的特点。

贺尔拜因还为莫尔的《乌托邦》一书画了插图。《乌托邦》的全称是《关于最完美国家制度和乌托邦新岛的既有益又有趣的金书》，从“乌托邦”我首先想到了“桃花源”。陶渊明的“桃花源”描绘了一个人与自然和谐相处的农耕社会，作为一个“不知有汉，无论魏晋”的世外桃源，她一经问世便成了中国历代文人士大夫追寻的精神家园："桃花尽日随流水，洞在清溪何处边?"桃花源是一幅水墨写意画，抒写了文人的情怀。莫尔的"乌托邦"描述的则是一个人与人平等相处的都市社会，满纸辛辣的社会批判之后，详尽地描写了什么是"最完美的国家制度"，它是一幅工笔写实画，寄托了政治家的抱负。相比之下，我们可以这样说：桃花源是"不足为外人道"的个人精神家园，乌托邦则是人人享有的集体乐园；桃花源是自我的，避世的，所谓"寻得桃源好避秦"，反映了中国历代文人"达则兼济天下，穷则独善其身"的处世哲学。乌托邦则是利他的，也是济世的，她要的是"安得广厦千万间，大庇天下寒士俱欢颜"的理想社会，张扬了文艺复兴时期的人文精神；桃花源的意义在于它的文学价值，乌托邦的价值在于它的政治影响。在莫尔之后，乌托邦这个平等社会的观念逐渐从文学虚构演变为社会运动的一个主导思想。所以，尽管两者都是子虚乌有之邦，但却不可同日而语。

中国古代就有大同社会的描述，《礼记》记载"大道之行也，天下为公，选贤与能，讲信修睦，故人不独亲其亲，不独子其子，使老有所终，壮有所用，幼有所长，鳏寡孤独废疾者皆有所养；男有分，女有为，货恶其弃于地也不必藏于己，力恶其不出于身也不必为己，是故谋闭而不兴，盗窃乱贼而不作，故外户而不闭，是谓大同"，但这只是一种理想的描述，还不是一种制度设计。中国版的《乌托邦》则要迟至 20 世纪初才伴随着康有为的《大同书》问世而出现。邓小平根据《礼记》中百姓对宽裕、殷实的小康社会的向往，带领全国人民建设小康社会。毛泽东是个诗人，但更是个政治家，他一生斗争不已，不稀罕避世的桃花源，他以嘲讽的口吻写道："陶令不知何处去，桃花源里可耕田?"桃花源不在他的话下，我们现在孜孜以求的小康社会也不在他的眼里，但他却向往乌托邦，向往大同社会，并且身体力行打造这个宏伟的政治理想国，因此就有了后来人民公社的实验。其实莫尔的乌托邦也好，康有为的大同社会也好，毛泽东的人民公社也好，虽然都经不起实践的检验，不代表真理，历史上将这个理想付诸实践都没有取得成功，正如《人类简史》的作者所说，原本声称要让人人"各尽所能，各取所需"，但结果都是"各尽所能的最小值，各抢所需的最大值"。但我们不能简单地以成败论英雄，从乌托邦到大同社会到人民公社，至少有一个精神是永难磨灭的，这就是他们都是基于对社会大众苦难的深切关怀和对人类福祉的真诚期盼，它代表着一种超越时代的精神追求：公平和正义。

莫尔的《乌托邦》思想源自柏拉图的《理想国》，正义是构建理想国的基础，公平是构建乌托邦的支柱，早期的空想社会主义对法律在乌托邦的作用基本上是持否定态度的，号称乌托邦三部曲的《乌托邦》《太阳城》《基督城》，在他们的“最完美的国家制度”中，法律并非十分重要。莫尔虽然贵为大法官，但他并非一个狭隘的法律万能主义者，他在《乌托邦》说：“他们的法令很少，因为对于受过这样教育的人民，很少的法令已经够用了。”“因为他们发现其他民族的主要缺点是：几乎无数卷的法令和释文还是不够，用浩繁到无人能卒读以及晦涩到无人能理解的法令去约束人民，乌托邦人觉得这是极不公平的”。乌托邦人敏锐地认识到“法之极，害之极”，所以他们不仅法律很少，而且简洁明了，“他们认为对法律最一目了然的解释既是最公正的解释”，所以“在乌托邦人人精通法律”。《太阳城》说：“他们只有很少的几类法律，然而是简单而明确的。”《基督城》说：“法律和律师都没有什么用处，因为大家都是循规蹈矩地生活，除了一些要尽纳贡的义务之外，更不受任何法律约束。解决争端与纠纷易如反掌，无须求助于法典。”但这并不意味着他们设想的“最好的国家制度”不需要公平正义，而是意味着他们认为可以不需要通过法律来现实公平正义，这在未来或许也是可能的，只是直到现在也还仍是一种“空想”。

记得因为写《永远的大法官》的缘故，我曾留心收集过有关莫尔的资料，最初，在一本书中发现有一幅莫尔及其家人的插图，画注写道：“托马斯·摩尔与其一家，摩尔位于左边第二位，戴着一条粗大的金链子”。粗大的金链子？我心里立时产生一种反感和失望的感觉：难道莫尔也是那种骄奢的权贵人物？但随即又感到疑惑，以我所接触的关于莫尔的资料看，他是一个富有人文主义思想、强烈的宗教观念、渊博的学识、高尚的道德情操的优秀人物，何至于似一个充满铜臭的暴发户？而且《乌托邦》一书的附录中收有莫尔好友埃拉斯莫写给友人的信件，他说莫尔“衣着朴素，从来不穿绸披紫，也不戴金链，除非万不得已，为了应付礼节”，该信对莫尔的法官职业生涯也是称赞有加，“往往发生的难办的案件，需要一个威望夙著并洞察事理的公断人，此类案件一经他处理，无不迎刃而解，因而两方都表示感谢。然而谁也无从劝他去接受任何一方的礼物。如果一切君主都能任用莫尔这样的法官，每个国家该是多么幸福啊!”于是我仔细琢磨贺尔拜因的画，忽然恍然大悟：其实这条所谓的“粗大的金链子”，只是法官服坎肩上的镶金边服饰而已。古人云：“笔可杀人，信矣!”轻轻的一行字，居然将一个高尚的灵魂贬成了粗俗的小人，虽是无知之笔，同样可畏也。

每当念及悲剧式的法律英雄莫尔被人戴上一条“粗大的金链子”，我便会由衷地对贺尔拜因产生一种感激之情，因为他给我们留下了一个真实的莫尔。然而，法官被人随意套上一条“粗大的金链子”，这似乎是一种定数，现实中，有多少败诉的当事人不是信口就给法官套上一条莫须有的“粗大的金链子”呢?

小案大影响

——委罗内塞的《西门家的宴会》

为了一张《西门家的宴会》，他受到了宗教裁判所的审判。

委罗内塞（1528—1588年）是威尼斯画派的最后一位大师，他的画作在写实的基础上，以色彩作为构图的装饰，使得画面光彩照人，充满灵气，让视觉艺术真正成为视觉美的享受，因此深受市民的欢迎。

委罗内塞擅长表现俗世豪华之美，他一生中画了许多奢华宴会的场景。这次受教会委托创作的《最后的晚餐》，表现基督耶稣及其门徒在西门家用最后的晚餐的情景，委罗内塞将这个严肃的宗教题材描绘成了威尼斯富商豪华的俗世欢宴，而画中的基督和圣徒们反而成了点缀，他以巨大豪华的拱门作背景，衣着华丽的贵族，饮酒作乐的雇佣兵、德国人（“反叛”的路德教已在德国流行）、一个流鼻血的人，画面上还有几只狗、几个侏儒、一个傻瓜、一只鹦鹉。画什么关乎怎么画。通常，这种严肃的宗教题材，当然是应当用崇高的风格来表现的。他这样画，就引起了教会的关注：这里面是否包含着异端的动机。为此，他被教会指控，在宗教法上受审。当时的审判记录如下：

问：有人以佣金雇你在画里画上德国人、小丑及诸如此类吗？

答：没有，长官。不过我修饰这幅画收了佣金，我按我觉得合适的方式装饰我的画。这幅画很大，对我来说它似乎可以包含几幅画在里边。

问：你们画家习惯加进画的装饰不是应该适合于题材及主要人物吗，

或者还是仅仅为了好玩——仅仅是不加仔细考虑，不加认真判断随意画的吗？

答：我按我觉得适合的方式，也按我的才能所及来画的。

问：在主的最后晚餐里画上小丑、醉鬼、德国人、侏儒及类似的粗俗内容，这合适吗？

答：不合适，长官。

问：在德国和其他受异教传染的地方，为了向愚蠢无知的人们教授坏教义，各种绘画通常充满庸俗粗鄙的杜撰来嘲弄、谩骂和侮辱神圣天主教会的东西，这你知道吗？

答：知道，那是错的。不过我得回到我刚才说的，我必须按我的先师做过的去做。

问：你的先师怎么做的？难道他们也做过类似的事吗？

答：罗马的米开朗琪罗在教皇的教堂里画了我们的主，基督耶稣，他的母亲，圣约翰，圣彼得以及天主。这些都是裸体的——就连童贞女玛丽亚也是——不恭不敬地摆着各种姿势。

问：难道你不知道在画本来就预计没有衣服之类东西的最后的审判的这类画中，没有必要画衣服吗？难道你不知道在这些人物身上没有精神的内容吗？那里也没有小丑、狗或类似丑陋的内容。难道是因为这幅画或其他的画，你就认为你这样画是对的吗？你还要坚持这是好的、是体面的吗？

最后，他受到警告，并被责令在三个月之内删改掉那些大逆不道的细节，费用自负。最后，画家将这幅画改名为《利未家的宴会》——一个凡人的家宴，而不再是宗教画西门家《最后的晚餐》。画家或许是以这种四两拨千斤的巧劲，来抗议宗教法庭的判决吧。因为，在委罗内塞看来，创作应当是自由的，“画家有如同诗人甚至疯子一样的自由诠释能力”。

委罗内塞是幸运的，因为宗教法庭最后没能按自己所认定的问题的根源，即画家有异端的动机来处理这件事，这主要是因为他所处的威尼斯是一座宽容之城，她以商业贸易来维系城市的繁荣，所以一直向世界各地敞开大门，它并不排斥外来信仰，也不排斥与异端国家如英格兰、荷兰通商，也不在乎德国路德教派的商贾在其城区旅居，因此成了欧洲宗教改革者的避风港。而且，当时宗教裁判所的势力已经式微，多方的势力控制着威尼斯宗教裁判所，使得画家没有受到宗教法庭的进一步迫害。最终，委罗内塞虽然挑战了教会的权威，但却只以改了个画名而不了了之。

然而，“该案对绘画产生了重要的影响，就像后来伽利略案对科学思想产生的影响一样重要”。(《宗教裁判所》)这种影响就是文艺创作和科学探索是否应当受限于宗教教规。因此，这个小案件成了欧洲艺术史上最著名的诉讼。

带着你的剑来

——卡拉瓦乔的《圣母之死》

他的艺术最大的特点，如果和文艺复兴的古典风格相比，可以用“无情的真实”几个字来形容。他只画他眼睛所见到的东西。这样使本来就是以视觉为条件的绘画，大大增强了“可触的”真实性。达·芬奇和米开朗琪罗笔下的圣徒，还是理想化的，且有相当修养的“普通人”。卡拉瓦乔却更直接把街上的苦力和小贩拉来充当他画面上的基督、圣母和圣徒们。

卡拉瓦乔（约1573－1610年）出身贫寒，社会地位低微，终日与市井百姓混在一起，当时他不被以教会和贵族为核心的上流社会所接受，批评他的画作是“粗鲁的自然主义”，但他新颖独特的画风很快被鲁本斯、伦勃朗以及委拉斯开滋等艺术家所认可借用，从而影响了其身后整整一个世纪，后人将其称为“卡拉瓦乔的写实主义”。他的画作不仅具有物理上的精确观察，而且充满戏剧性的明暗对照画法，达到了真实性和灵性的统一。他创造了一种对比强烈的酒窖光线画法，即把物体置于黑暗当中，用一束非常强烈的光线把人物或物体的主要部分突出出来，使之呈现出一种厚实感，同时由于其他形体部分都隐于阴影里，使得构图十分简洁、画面效果强烈，他还一反文艺复兴时期绘画常用的平列物体的透视法，而用纵深的透视法来表现物体，使得人物和景物向纵深展开。他的这种画法后来成为巴洛克风格的特点之一。

1601年，一个很富有的法官委托当时颇有名气的卡拉瓦乔为他的私人礼拜堂制作一幅画，卡拉瓦乔接受后很快创作完成了取材于《圣经》的《圣母之死》。但当他把画作送交给那位法官和教堂的神父时，他们看后大吃一惊，坚决不肯接受这幅画，他们说，“您的这幅画是在玷污圣母的仁慈和圣洁啊!”原来卡拉瓦乔没有把圣母表现为一直以来的美丽端庄、锦袍披身的形象，画中的圣母头发凌乱、面色惨白，腹部肿胀，衣衫不整、腿脚裸露甚至沾满尘土，原来卡拉瓦乔是选择了一位投河自尽的妇女作为模特，描绘了死亡的残酷的真实。从宗教的角度来讲，这幅画对圣母确有不敬之处，令宗教人士在情感上难以接受，但从艺术的角度来看，这却是一幅代表卡拉瓦乔独特画风的佳作。画面中的光线从左上角照在死去的圣母身上，到哭泣的马德蒙娜周边转暗，代表了无尽的悲伤。大画家鲁本斯看了这幅画立即被吸引了。不久，鲁本斯建议一位公爵将画买走，后来这幅画被英王查理一世收藏，1671 年该画被法国皇家收藏，现在画作藏于巴黎卢浮宫。

1606 年 5 月，卡拉瓦乔和人发生口角，引起决斗。在决斗中把对方打死了，因此惹下了官司。他被捕后病死，年仅 37 岁。卡拉瓦乔脾气暴躁，恃勇斗狠似乎可以从他的画作窥见端倪。他画有一幅《手提哥利亚头的大卫》，同样取材于《圣经》故事：以色列少年英雄大卫与敌方大力士哥利亚决斗取胜，米开朗琪罗的《大卫》雕塑歌颂了崇高、庄严、优美的大卫，但是卡拉瓦乔的这幅画，则是大卫一手持利剑，一手提着哥利亚滴血的人头。

由于在读大学时我深深崇拜和热爱的俄国诗人普希金和莱蒙托夫最后都死于决斗，所以我对决斗这一西方特有的现象一直怀有好奇之心，为什么欧洲一直盛行决斗？以前限于资料匮乏，这个疑问一直不得其解。

“带着你的剑来。”——如果诉讼双方当事人接到法庭这样的一纸通知，那就是法庭决定让双方当事人进行一场决斗以决定官司的胜负了。采取司法决斗的原因是因为诉讼双方当事人在法庭上的诉辩证词互相矛盾，法官难以辨明真伪，既然如此，那就交给上帝吧。让上帝当裁判者，对当事人而言，既有精神信仰上的认同，也有心理上的认同：万能的上帝能够明察真伪是非，公正的上帝总会站在正义的一方。对于法庭而言，将无法决断的难题推给上帝也不失为一种好办法。司法决斗作为一种新的神判法，与早期的火灼、水浸的神判法不同，这些神判法是法庭通过肉体折磨和考验来决定官司的胜负，而司法决斗则是法庭让诉讼双方自己来证明案件的事实真伪、控告能否成立，证明的方法是让双方去比武力。“神圣的正义用剑说话”，这实质上就是让双方当事人以武力的拼搏来决定官司的胜负，这既是一种证明方法，同时也是一种裁判方法，将当事人的证明与法官的裁判奇妙地结合到一起了，一切以决斗的结果论：谁赢谁有理。打赢了说明你的证据是真实的，法官就判你胜诉。决斗定案是一种强力代表正义的规则。

决斗实际上就是打架，是人类的一种原始本能，也是早期解决纠纷的一种习惯做法。但是，与社会上的私人决斗不同，作为一种解决纠纷的司法决斗制度，它必须有立法规定、由法庭组织、有相关的规则，包括一定的形式和仪式。公认的司法决斗制度的确立是源于公元 201 年的日耳曼法，之后为欧洲大陆各国，继而为英格兰的立法所效仿。最初是对刑事案件，之后又扩大到民事案件，最终几乎允许对所有的案件都可以采取决斗的方式加以裁决。决斗最初只在双方当事人之间进行，后来发展到可以找证人决斗，甚至教会的神职人员也必须接受决斗。一度，还允许当事人找法官决斗，决斗盛行之时的法官处于要在决斗场上捍卫自己裁决的险境，那才真是“高危职业”啊，如果蔓延发展下去，法官早已成为一个消失的职业了。最初决斗双方必须亲身进行，后来又允许他人代替，由此催生了一批职业决斗士。从公元 6 世纪，司法决斗经历了从起源到扩大盛行，再到限制、禁止的衰落过程，长达 1000 年，16 世纪之后的决斗基本上都不再是司法决斗，而只是民间私人决斗了。司法决斗盛行的原因，主要是各国君主崇尚武勇精神，加上骑士文化的刺激，以及社会的推波助澜，随着德、法、英各国法律都把司法决斗作为司法程序的一个常规组成部分，司法决斗获得了全新的地位和前所未有的发展，随之又带来了民间为荣誉和琐事进行决斗的习惯，因此决斗成为欧洲的一种社会风尚。高光时期，被史学家称之为“决斗狂时代”。比如，德意志国王奥托大帝（912—973 年）特别喜欢并竭力推广司法决斗，他甚至将一些法学争议的学术问题也拿来决斗，当时讨论的议题是：祖父的孙辈们是否应当与其叔父们平等分享祖父的遗产，争论好几年得不出结论，最终使用决斗方式来决定，双方各选一名决斗士开始厮杀，最后，支持孙辈有继承权的决斗士将对方挑下马来，一矛刺死。从此孙子享有父亲在世时应得到的那份祖父遗产的权利得到确立。至今，这个通过决斗确立的继承原则在德国依然有效。

最早起来反对决斗的是教会，教会认为司法决斗在本质上是违反基督教非暴力与和平原则的，《圣经》也从未确认过，而且凭借武力决定胜负，是非正义的恶习："难道至高正义真的就是需要矛和剑来审判案件？我们常常看到合法的土地保有人或权利请求人在决斗中被非正义一方以更强的力量或某些阴谋诡计所击败。"这确实是司空见惯的事。1100年，有一个叫安瑟姆的窃贼从某教堂偷窃了一批圣器，他将这些圣器卖给一个商人时，逼迫商人发誓保密。失窃的教堂愤怒追查，商人被吓到了，说出了窃贼的名字，但安瑟姆否认了指控，提出用决斗解决，他击败了买赃的商人被宣告无罪，后来他再次行窃被捕判罪时承认了上次的罪行。这样一个原本是质疑司法决斗的案件，却被当时人解释为那位商人因为违背了对窃贼的誓言，所以在决斗中落败。决斗输了要败诉，不参加决斗也要败诉，对方的挑战你是不能拒绝的。一个叫埃格诺名不见经传的冒险家，指控骄傲强悍的巴伐利亚公爵奥托参与了谋害亨利四世性命的行动，在美因茨举行的会议上，公爵被命令在6个星期内与控诉人决斗以证明自己的清白。傲慢自负的公爵不愿跟地位远低于他的小人物做对手，在时限内没有出席决斗，结果法庭判决没收他的公国。一个公国啊！虽然不是王国，可也是一方领主啊。埃格诺的剑尖还没有碰到公爵的身体，就挑掉了他的公国。

决斗的泛滥带来的暴力横行、社会混乱、管控失秩，以及诸如通过挑战证人逃避法律制裁等违背正义的行为，危害是显而易见的，为此吃够苦头的各国君主开始限制和禁止决斗。但是这引起了贵族阶层的抗拒，因为他们都希望保有在自己领地的法庭内进行决斗的权利，限制和禁止决斗就意味着侵夺贵族阶层的司法权。这样就逼迫各国君主采取空前严酷的立法措施和做法来严厉禁止决斗。然而改变一项长期形成的社会习惯传统，实在太难。欧洲人还是喜欢决斗，不搞司法决斗是吧，那咱们民间私斗，成百上千的挑战都是在夜间酒醉时发出的，为的只是一句话、一只鸡、一张账单，第二天一早清醒后，仍要拼个你死我活。最臭名昭著的一场决斗是因为狗引起的，两只狗咬狗，结果引起两家主人争吵，于是，没话说的：决斗，结果一个身亡，一个重伤，而那两只挑起事端的狗却毫发无损。民间决斗风行的程度，看看大仲马反映 17 世纪中叶的小说《三剑客》就可以知道了，直至 19 世纪，普希金、莱蒙托夫也仍然在决斗中丧生。

在司法领域，由于当初采取司法决斗的一个重要原因是，之前对控辩的真伪是凭宣誓来证明的，而无耻的伪誓却随处可见，所以代之以司法决斗，禁止了司法决斗，但是司法案件证明的难题依然摆在那里，怎么解决呢？这时刑讯制度就应运而生了，刑讯成为法定的证明制度，这样，比体力和意志就代替了比武力和搏技：你说的是不是真的，就看你是不是经得起拷打了。由此开启了一个刑讯法定化的时代，为了打出真相，各种匪夷所思的刑讯方法和刑具也就应时而生了。从立法确立司法决斗，到禁止决斗，从以决斗代替宣誓，又从以刑讯代替司法决斗，实乃此一时也、彼一时也。可怜的卡拉瓦乔，他恰逢欧洲严禁决斗的时代却打了那场架，如果他早生一百年是不至于获罪的。

2020 年 8 月写于旗山

“法律”高于国王

——凡·代克的《查理一世行猎图》

在这幅画中，查理一世站在树下显得精神不振，为他扶着马的那位大臣神态也有些愚钝。

凡·代克（1599－1641 年）的这幅《查理一世行猎图》，大约创作于 1635 年到 1638 年之间，查理一世右手拄着手杖，摆出一副英雄的姿态，但是他内心的虚弱却从画家的现实主义手法下表现得一览无余。美国画家肯特在评价这幅画时颇有见地，他说画中这两个人物显出一派懦弱无能的样子，使人觉得他们终至于激起人民的革命，并且败死在克伦威尔手下，是并不奇怪的。

作为被公开审判处决的国王，查理一世是英国历史上唯一的一个，也是欧洲历史上的第一个。

查理一世是詹姆斯一世和丹麦公主安妮所生的次子，于 1625 年继承王位。他在位期间，在国际上面临英国与法国和西班牙的重重矛盾和战争，在国内面临两个方面突出的矛盾，而且错综复杂、日益激烈，查理一世的错误处置和应对，导致了他的悲剧性下场。这一方面是混乱的宗教冲突，许多臣民对国王的宗教信仰和宗教政策持怀疑和反对态度，他对苏格兰宗教改革的举措引发了两次宗教战争，在 1633 年和 1640 年两次派兵讨伐苏格兰中，国王都吃了败战。另一方面，国王与议会的矛盾也不断加剧，核心问题是资产阶级的发展与封建制度的矛盾、王权专制与代议民主的矛盾。1628 年英国国会向查理一世提出《权利请愿书》，主要内容是要求国王非经国会同意不得向人民募债征税；非经国家法律或法庭判决，不得逮捕监禁任何人或剥夺财产等。查理一世迫于财政需要而批准，但无意真正执行。从 1629 年开始，由于对议会的不满，国王在长达 11 年的时间里，不召开国会，而实行个人专制独断，直到 1640 年为了讨伐苏格兰战争的经费需要才再次召开国会，由于国会充满敌意，国王宣布解散国会重新选举，但重新选举的结果是原来的议员全部重新当选。而且，宣布新一届议会的任期为 1640 年至 1660 年，成为长达 20 年的“长期议会”，接下来国会还逮捕处死了国王的两位重臣。在与国会谈判中，国王始终坚持苏格兰宗教改革政策，坚持统领国民军。双方无法达成协议都开始备战，国王离开伦敦，于 1642 年 8 月 22 日打响了第一次内战。战争初期，国王的军事指挥才能使他赢得了几次战役的胜利。但是，战术的胜利改变不了国王战略上的失策，1647 年国王落入了克伦威尔统帅的议会派军队手中。议会试图与国王和解，提出谈判条件，但国王在软禁中逃跑到怀特岛，在与国会议和的同时，接受勤王军的勤王，与议会军队作战。最后勤王军和保王党武装被议会军队打败，查理一世沦为议会的阶下囚。成为英国权力中心的克伦威尔主张处死国王，以断绝各种“邪恶的”希望，议会犹豫不决，克伦威尔动用军队清洗了议会，使原先 500 人的议会减少到 150 人左右，又从中赶走了 100 名议员，使议会成为只剩五六十名议员的“残缺议会”。

1649 年 1 月 1 日英国下议院决议宣布查理一世为反对国会和发动内战的罪魁。上议院认为根据英国法律，国王不能自己判处自己叛国罪，因而驳回了指控，下议院立即修改了法律：人民是一切公正权力的来源，为人民选出并代表人民的英国下议院是这个国家的最高权力机构，所制定或宣布的任何法律都是有效的。这个国家的所有人都受这些法律的约束，尽管没有得到国王或上议院的同意或批准。下议院就这样直接宣布自己是最高权力机构，而且迳直剥夺了上议院的“否决权”，使 1 月 1 日的决定获得了法律效力。1 月 6 日，议会成立了由 135 人组成的专门法庭，克伦威尔亲自担任庭长，审理国王查理一世叛国案。

1649 年 1 月 20 日在威斯敏斯特大厅公开审判查理一世，135 名审判官，只有 68 人出席，下议院的议长、一些著名律师、三个主要的法官以及下议院的发言人等都拒绝参加审判。他们认为专门法庭没有历史的合法性和道德的合理性，正如他们中的一员所说，我们相信把国王送上审判席是正确的，但我们不知道如何公正、合法地去审判。但审判依然进行，主审法官布拉德肖宣布审判开始，查理一世被押上被告席，检察官库克宣读起诉书：查理一世发动战争，公然反对国会和国会所代表的人民，破坏国家安宁，要求法庭将查理一世作为暴君、卖国贼判处。查理一世报以轻蔑的冷笑，他认为他是合法的君王，法庭没有权利审判具有神权的国王，拒绝承认法庭的合法性。主审法官说，法庭的权威来自英格兰人民，而他是英格兰人民选举的国王。查理一世反驳说英格兰历史上从未有过一位君主是选举出来的，而他，也不是人民而是上帝挑选出来进行统治的。主审法官只好宣布休庭。

1 月 22 日重新开庭，库克警告查理一世如果他拒绝自己辩护，那么根据英国的法律，他将被判罪名成立，但是查理一世说他不会在一个权威不为其所承认的法庭上回答对他的指控。库克再次宣读起诉书，国王再次拒绝辩护。24 日法庭重新开庭，对查理一世进行缺席审判，33 名证人做了陈述，25 日在一次公共集会上公开宣读这些证词，27 日下午对国王进行宣判，国王被押到威斯敏斯特大厅听取对他的判决。在宣判之前，布拉德肖进行了长篇发言：法律高于国王，而议会高于法律，因为法律是代表人民的议会所制定的，因而法官依据法律审判国王是合法的。国王知道一旦被判处死刑就无权在法庭上发表演说，因此要求法庭允许他先发表演说，但布拉德肖说，你拒绝承认我们是一个法庭，因此拒绝你对我们发表演说，后来国王要求允许他在上下议院联席会议上发表演说。于是法官们休庭讨论国王这一要求，法官们对这一问题发生了激烈争论，但争论在克伦威尔的厉声斥责中及时结束了。于是法庭立即重新开庭，对国王进行宣判：查理·斯图亚特作为暴君、杀人犯和英吉利国家的敌人，应予斩首。查理一世要求让他发表讲话，但遭到了布拉德肖的拒绝。在被带离审判大厅时他说了一句：“可怜的灵魂，6 个便士就可以让他们出卖自己的上司。”

1 月 30 日是个寒冷的早晨，在被押送刑场之前，因为担心自己在寒风中发抖，被他的子民误认为他是由于害怕而发抖，他特地穿了两件外衣，当他走上断头台时，发表了最后讲话：“我不畏惧死亡，死亡对我来说一点都不可怕。我想，首先对上帝，其次是对我的国家，我有责任阐明，我为人诚实，为君贤明。……世人皆知非我向议会宣战，而是议会对我宣战，但我已宽恕世人，包括那些意图置我于死地的人。”在看过刑斧之后，他说：“我将从一个能够腐化堕落的王位走向一个永不腐败的王位，那里永远不会有动乱。”最后，他将头发拢了起来，跪了下来，把头伸放到垫头毡，祷告后，用手势提示刽子手：“可以了！”只一刀，查理一世便人头落地。数千人挤在现场观看了这一幕，但是没有一点快乐的气氛，大多数人觉得他们看到了一场国家的灾难。一位 17 岁的旁观者后来写道：“我看到了那一击，老实说当时心情很难受。我记得很清楚，当时到场的数千人都发出了一声哀叹声，那是我从未听过的，并且我希望永远也不要再听到。”或许，英格兰人民是真的不愿再听到那声哀叹了，所以在 31 年后的 1688 年的那场“光荣革命”中，没有流血冲突，实现了国王统而不治的政体改革。据说，当晚克伦威尔注视着国王的遗体，嘴里念叨着：“我们必须残忍。”

如果说查理一世作为一位君主，他生前是人民的灾难，死时却像是一位英雄，他保持了作为君王的高贵和尊严，还有对这场至少是程序上不公正的审判的轻蔑。回过头来，我们再看这幅画，不禁会由衷地敬佩画家对人物性格特征的把握是如此的准确。说到准确，我们应该说对查理一世的审判，表面上是法律高于国王，实质上却是政治高于法律。

2020 年 6 月写于武夷山

“跟着良心走”

——乌顿的《伏尔泰》雕像

从伏尔泰的右面看去，从他那微侧的头部、尖削的鼻子和冷嘲的笑容里，使人感受到这位批判家的机智和善于讥讽的性格。从雕像的左方看去，端正的腰背和阔大的衣褶表现出这位思想家的坚强不屈的精神，他好像就要从椅中站起，去为一切遭受迫害的不幸者进行辩护，高呼着“消灭败类”的口号，勇敢地抨击天主教会和罗马教皇。

伏尔泰1694年出生于巴黎一个法院公证人家庭，年轻时即因发表讽刺诗影射宫廷的淫乱生活，被投入巴士底狱关押了11个月，期间将名字改为伏尔泰。1726年因遭诬告再次入狱，释放后被放逐出法国，此后，他成了“整个欧洲旅店的主人”。伏尔泰博学多思，才华横溢、著述颇丰，涉及戏剧、诗歌、小说、政治、历史、哲学多个领域，是跨界通才、百科全书式的人物。《哲学通讯》《老实人》是其代表作，他是法国的理性之王、启蒙时代家喻户晓的流量明星，欧洲最具影响力的人物，他使启蒙思想成为现实运动。“他对18世纪欧洲的荒谬与暴行的嘲弄催生了信奉科学与理性而非迷信的当代世界，他的愤慨与努力使得言论自由、信仰自由、公平正义成为不可剥夺的人权。”(《大人物的世界史》)

“伏尔泰一生最突出的成就是以其座右铭‘消灭败类’为口号的民权运动。他对宗教自由、审判公正的呼吁引领了一个新时代。”而在此之前，酷刑在全欧洲泛滥，刑讯逼供习以为常，有时毫无人性的做法，令人发指。伏尔泰在放逐国外之时，曾为一件震动法国的冤案呼吁平反。一个名叫克拉的新教徒，由于不肯改信旧教被人诬陷，有些旧教的当权者，竟无端说他谋杀了自己的儿子。结果克拉受到了用马车拉碎身体的“车裂”极刑。伏尔泰闻知后，用了四年的时光寻找证据，抨击当局，向国内外著文呼吁，终于取得了胜利。典型的事例并不仅 1762 年的“克拉事件”。1757 年，罗伯特·达米安行刺法国国王路易十五失败，朝廷即以惨无人道的酷刑对其执行了死刑：将其持刀之手用火烧，然后用铁钳扯去他手上的皮肉，再在伤口上填满用高温溶化的铅液，再用 4 匹马拉扯他的身躯，最后用刀砍断他的四肢，据说受刑者最后被投入火中仍存有气息。启蒙运动的思想家们认为理性应成为治国原则，而司法酷刑是一种与司法正义无关、宁可杀错也不放过的野蛮行径。诞生于这一时期的欧洲最伟大的著作之一，贝卡利亚的《论犯罪与刑罚》也强烈抨击刑讯逼供的结果“只能使无罪的人屈打成招”。在伏尔泰等人的推动下，欧洲开始了废除司法酷刑运动，18 世纪下半叶，普鲁士、瑞典、法国、奥匈帝国等都废止了刑讯逼供和酷刑惩罚。

伏尔泰是一个爱开玩笑的老头。但他说，“我笑！是以免发疯。”他用他的嘲笑声掀开了遮掩在欧洲当时政治、社会、司法制度的脉脉温情的面纱，使其虚伪、野蛮、不公、偏狭的真相大白于天下。他曾对一位友人幽默地说，“我只对上帝做过一次很短的祷告：‘上帝啊，让我的敌人变得可笑吧。’然后他恩准了。”1778 年，这位 83 岁的老人在临终弥留之际，一位神父应医生的请求走进来替他祷告，他有力无气地问道：“神父啊，是谁请你来的呀?”神父回答：“上帝本人呀！伏尔泰先生。”伏尔泰伸出他枯瘦的手，说道：“哦，亲爱的教长，那么介绍信呢?”

法国雕塑家乌顿（亦译乌东，1741—1828 年）于 1782 年创作完成的这尊伏尔泰雕像生动再现了这位思想家的气质和性格特征：脸上深深的皱纹、干瘪的手指，散发出强大的生命力，深邃的目光闪烁着智慧，没有牙齿的嘴巴似乎要开口说话，但他要说的话其实都已经在嘴角流露出的那一丝嘲讽的笑意里了。

这位在全欧洲备受尊敬又饱受辱骂的人物，“权威、不公与伪善的鞭笞者”，哪怕在最后一刻也是以嘲讽之声向人生谢幕的。他死之后，法国人在先贤祠为他筑起墓室，铭文是：“他教会我们如何获得自由。”

伏尔泰为克拉冤案、左拉为德雷福斯冤案奔走呼号、不懈斗争的精神，使我深信伟大的作家是人类正义的良知，以维护社会公平、正义为使命的法官并不孤独，但愿我们想起他们的时候，能更加认真地对待人权、对待权利。

伟大的作家是社会的良心，只是许多法官对他们的这些事业同伴并不了解，也不关心，更遑论从他们身上汲取精神力量了。他们中不仅有伏尔泰、左拉、雨果，还有托尔斯泰、陀夫妥耶夫斯基、狄更斯、拜伦、雪莱等等。但令我时常想起的是罗曼·罗兰，这不仅因为他的《约翰·克利斯朵夫》在大学期间所给予我的奋斗力量，还因为他是一战时期“欧洲的良心”，更因为他对自己信仰的坚贞不渝：“跟着良心走，找到自己的真理并实现之”，在他看来，世界上所谓的真理，就是良心发现的真理，它是终极真理，是最高的精神境界，良心是最高的权威，是全人类的最高上诉法庭，是灵魂自由和人权自由的保证，他在欧洲大地极度痛苦时发出的声音，成了“欧洲良心”的呼唤。

“法重良心”。法官应是法律的良心，许多司法不公的案件，与其说是法律知识的缺乏，或办案经验的不足，不如说是缺乏司法良知的指引，如果说司法是公平正义的最后一道防线，良知则是这道防线的守护神，良知入睡，则防线崩溃。——倾听良知的声音，“跟着良心走”，我们才能拥有一颗作为法官必不可少的公正之心！

黑暗之光

——伦勃朗的《夜巡》

1642 年他受一群军官的委托，画了一张巨大的集体肖像。

《夜巡》是伦勃朗（1606－1669 年）最著名的一幅集体肖像画，这幅画之所以非常出名，首先在于它高超的艺术性，这幅描绘阿姆斯特丹民兵队伍（射击手公会）去执行任务的场面，画幅巨大、人物众多，伦勃朗运用他高超的绘画技法，使整个场面呈现出一种行进中的动态，据说，当伦勃朗第一次将《夜巡》展示给他的朋友看时，他把布幔一拉，他的朋友顿时吓了一跳，因为他觉得画里面的人，好像是正要走出来的样子。而且这幅画里的人物主次分明、错落有致，光的明暗呈现出不同的空间分布，强烈的光束照在近景的队长和助手身上，二人正边走边商议着什么，而其他成员则被安排在暗色调的中景和远景中，他打破平衡的和谐效果，营造出一种紧张而仓促的氛围，使得整个画面更加生动，更富戏剧性，也更加激动人心。

这幅画出名的第二个原因是它非常富于戏剧性。这幅画构图设计的情节本身就非常富于戏剧性：突然接到巡查任务，马上出发！而它名不副实的《夜巡》画名则更有戏剧性：这幅画完成后，伦勃朗没有给它取名，实际上，这是一个表现白天的场景，而 18 世纪以来，人们都误认为这是发生在夜晚，造成这种误读的原因是，这幅画被雇主取走之后，挂在了取暖大厅，时间长了，画面上就落满了一层厚厚的炭灰，再加上壁炉明火的熏烤，画面上的色彩渐渐变暗，呈现出一种黄褐色，人们便认为这是有灯光照射的“夜景”，遂将这幅画取名为《夜巡》。直到20世纪40年代，经过修复专家的重新清洗，人们才发现作品采用的是白天的自然光线，而不是夜里的灯光，这是后来发生的一个戏剧性变化。而最富于戏剧性的是，这幅画改变了伦勃朗的一生，成了伦勃朗人生的一道分水岭，在1642年画这幅画之前，伦勃朗已经成名，家庭幸福，订画不断，收入丰厚，生活优裕，因为这幅画，他被射击手公会告上法庭，找他订购画作的人越来越少，而且对他的人身攻击和非议也越来越多，从此他生活在孤独和穷困潦倒之中，直到去世。但也是这幅画为他后来赢得了世界性的声誉，获得现实主义大师的称号，但在当时，对他个人生活的影响却是一个重大挫折的转折点，可谓是成也《夜巡》，败也《夜巡》。

这幅画出名的第三个原因是它的法律性。1642年的一天，阿姆斯特丹的射击手公会的柯克队长来找伦勃朗，说他和他手下的16个射击手，每人出100荷兰盾订金，委托伦勃朗为他们画一幅集体肖像画，他们要求在这幅集体肖像画中，他们都武装披挂，团坐在桌子周围，桌上摆放着牡蛎和精美的盘子和酒器，每个人都显得很勇敢和骄傲。伦勃朗欣然应允，接受了定件。这种肖像画，当时的画家一般也是将人物安排成并排静坐的模样，以便使他们的外貌和性格特征都能得到充分的刻画，伦勃朗之前也是这样画的，但是这次，当伦勃朗看到这一群身带武装、身份特殊的射击手时，突然来了灵感，一反常态地设计了这样一个场景：这群人刚刚接到一个巡查的命令，正各自忙着做出发的准备，画作完成之后，伦勃朗很满意，当然，这幅画也的确是一幅杰作。但是雇主却不干了，他们对这幅画非常不爽，原因是他们都出了同样的钱，却没有得到同样的表现，有些人画在正面，位置突出，全身都画出来了，有些人却隐身在背景后面，只画出半个身子、一个头，这太不公平了。他们要求重新画一幅，但是伦勃朗认为作为一个艺术家，当他达到了创作的目的时，有权宣告作品的完成，他坚持不对作品做任何修改。这件事一时闹得沸沸扬扬，不久他的妻子去世，伦勃朗与保姆发生关系，造成“丑闻”，进一步损害了他的声誉，再也没有人找他订画了。同时，由于伦勃朗对这幅画作不肯修改或重画，射击手们便将伦勃朗告上了法庭，要求退回画作，并退回订金。最后法庭怎么处理，限于资料，不甚清楚，但是有资料讲结果是，酬金从 5250 荷兰盾削减到 1600 荷兰盾，不知道这是判决的结果，还是调解的结果。但有一点是可以肯定的，法庭没有责令伦勃朗重画或修改，因为这幅画被雇主取走剪裁后就挂在取暖大厅里，而由于伦勃朗没有按照雇主定作的要求，酬金削减为订金的数额，雇主取走画作，不再按原约定支付酬金。这个处理应当是很得当的。

对这场纠纷，有的美术史书对这群“丝毫不懂艺术”的射击手们有所指摘，这当然也有一定道理，但从法律角度来说，道理是在射击手一方，而不在伦勃朗。从这场民事纠纷的过程来看，射击手们与伦勃朗形成的是定作合同的法律关系，定作合同是由承揽人根据定作人的定作要求使用自己的原材料、设备、劳动为定做人加工制作特定的产品，定做人给付相应的报酬。定作合同与普通买卖合同不同，一般的作品买卖是在作品创作完成之后出售的，而定作是在作品创作之前，定做人就对作品创作就提出明确要求，这些要求有特定性，承做人必须要满足。对买卖的作品，画家有完全自由创作的权利，但对定做的作品，画家则有履行合同的义务，不能不顾定作要求进行自由创作。本案中，柯克队长作为定作人的代表，已经提出了明确的定作要求，“射击手们团坐在桌子周围”，这一要求显然是此次定作集体肖像画的基本要求，目的是要让每个人的外貌特征都能够得到完整的表现。这既是对肖像画本质的要求，也是当时约定俗成的要求，也是伦勃朗之前肖像画的画法，然而这次伦勃朗给射击手们画的集体肖像画并没有按照定做人的要求作画，他把写实的肖像画变成了艺术的创作画，违背了双方的合同约定。如果这幅画是伦勃朗为自己创作的艺术品，他当然可以完全按照自己的想法和意愿作画，不必顾及他人的意见和感受，他的创作与他人无关，他人也无权干涉，最多只能对作品发表评论看法，但他可以爱听不听。然而本案的画作，是受他人委托，根据他人要求创作的作品，委托人支付作品报酬，作品归委托人，对作品伦勃朗只有署名权，没有所有权。画作是作为一种定制商品而存在的，因此伦勃朗就应当按照双方的协议，履行合同约定的创作要求。只有全面履行合同义务之后，他才能取得约定的报酬。所以艺术家为自己创作可以任性，为他人创作就不能任性，要按照合同约定履行，否则便是违约，对方理所当然可以起诉伦勃朗，要求退回订金，拒收画作。当创作成为一种民事行为时，艺术家没有完全的自由，他必须受制于合同的约定。所以，《夜巡》的创作，在艺术上是一幅成功的，但在法律上却是失败的。

从艺术来讲，伦勃朗确实是个天才，他的后半生虽然穷困潦倒，但他死后 300 年以来一直是对欧洲美术影响最大的大师。他一生中留下了 500 多幅油画，上千幅素描和版画，作品多而精，在市场上的价位也很高，因此他的作品也是名画盗贼的抢手货。似乎每一次大的盗案，伦勃朗都会躺着中枪，总有他的份，他成为被盗作品最多的作家，他的《雅各布三世》被盗竟达 4 次之多，以至于有人专门写了一本侦探推理小说：《先生，伦勃朗又不见了》。电影《偷天陷阱》里被盗的画也是伦勃朗的作品。早知如此，或许伦勃朗也不会去打那场让他身败名裂、得不偿失的官司吧，如果他不任性，完全可以把他精心创作的这幅杰作留下来，再按要求给这群射击手画一幅集体肖像画，这样既两全其美：他取得画酬，射击手取得肖像画，又一举两得：他不仅取得酬劳，而且留下一幅杰作，《夜巡》的价值肯定是远超肖像画的。只是，这样一来《夜巡》或许也就没有那样出名了。

“生存还是毁灭”

——大卫的《苏格拉底之死》

苏格拉底左手指天，向哀恸的学生们表示“信仰是不能动摇的”，同时右手去接毒酒。

公元前399年，苏格拉底被三个雅典人指控不信奉雅典的神并宣传新神，败坏青年，要求判处他死刑。虽然指控苏格拉底的原因很复杂，但从指控的罪名看，实质上是思想犯罪，指控的目的应该主要是让雅典的青年远离他。苏格拉底生平主要研究伦理道德，他倡导“知德合一”，认为正确的行为来源于正确的思想，美德基于知识，始于怀疑自己知识的自我认识，所以他常说：“我知道我一无所知。”苏格拉底被认为是当时雅典最聪明的人，他有一套自己的新方法，他常在集市上找人交谈，通过提问的方式，使对方纠正、放弃原来的错误观念，并帮助他产生新的思想，或增进彼此的知识和智慧。他曾风趣地说，“我母亲是个接生婆，我也想走她的老路，帮助别人产生新的思想”。产生新思想，这对当时雅典的青少年确实是很有吸引力的，有不少青少年成为他的“铁粉”。但是那些保守顽固的父母却生怕自己的子女跟苏格拉底“学坏”，离经叛道，危害社会。在政治上，对雅典人引以为豪的民主政体，苏格拉底也颇有微词，属于异议分子。公元前5世纪是雅典的“黄金时代”，全民做主的直接民主政体也是这一时期的发明，但苏格拉底认为国家行政和各个行业应当由经过训练、有知识、有才干的人管理，而优秀的人才只有极少数，多数的人都是庸俗的，品行有缺陷的，因此由多数人来决定社会的走向，会降低整个社会的品质，甚至走上歧途。所以，他反对用抽签选举的方法实行的民主，而且表现出强大的道德勇气。如在一场海战中，雅典人的民主决定居然是将刚刚战胜斯巴达归来的十位将军全部判处死刑，原因是他们指挥军队乘胜追击，而没有停下来救助一些落水的士兵。只有苏格拉底一个人反对这种民主的疯狂和暴虐。由于他以真理之名挑战权威、质疑多数人专制，撼动了雅典民主政体的根基，因此当民主派执掌政权后，他就被视为必欲除之而后快的“眼中钉”了。

陪审团制度是雅典式民主的一大特色，而且雅典人也特别热衷于法务。当时有一部喜剧说，一个人指着地图说：“这里是雅典”，另一个人反驳说：“我不信，因为我没有看见那些陪审团坐在那儿。”雅典人鄙视专业化，而崇尚综合素质，除了军事指挥官，没有专业官僚集团，大法官的职权被不断侵夺，大部分被陪审团所取代。雅典的法律规定，每年从 30 岁以上的男性公民中抽签产生 6000 名陪审员参与司法审判，这是西方司法民主原则的雏形。这次参与审判苏格拉底的是 500 人陪审团。三名指控者，只有米利都一人出庭，苏格拉底行使了自己的辩护权，针对他腐蚀青年的指控，苏格拉底用他著名的问答法，让米利都说出了：除了苏格拉底之外，所有的雅典公民都曾教导过青年的结论。他说，他在雅典社会中犹如一只牛虻，不停地叮咬雅典人，他这样做的目的，全是为了追求真理。然后指出他也曾教过数以百计的青年，但是指控方却不能找出一个来证实他曾经教坏过的青年。最后他说他无意模仿他人，让老婆孩子到法庭上哭哭啼啼，以此来打动陪审员，因为这样做只会让雅典的民主蒙羞，遭人嘲笑。他的职责是说服法官而不是讨他们的欢心。话虽然是对的，但是他这种全然不顾及陪审员面子的态度，只能使陪审员感到不爽和恼怒，投票的结果出来了：280 票对 220 票，陪审团裁定对苏格拉底指控的罪名成立。在接下来如何处罚的问题上，苏格拉底仍然表现出他的桀骜不驯，他不肯认罪认罚，也不肯提出流放的请求，因为他认为没有什么比为国捐躯更能证明他对国家的忠诚。所以他对陪审团戏谑般地说，自己不仅无罪，而且对雅典有功，应当享受高额的养老金补贴，苏格拉底对陪审团的戏谑，让本来同情他的陪审员转而投票支持对他的死刑判决：投票结果是 360 票对 140 票，这意味着有 80 位陪审员，原先认为他是无罪的，现在都转而赞同对他判处死刑。庭审结束时苏格拉底作了最后的慷慨陈词，他说，导致他毁灭的是众人的诽谤和妒忌，“诽谤和妒忌已经给很多无辜的人带来了不幸，我想这种情况还会继续下去，我不会是最后一个受害者”，“你们这些谋害我的杀人犯，我敢预言，我死之后，比你们对我惩罚更为沉重的惩罚将降临你们的头上……你们逃避苦难最简单也是最高贵的方式不是杀人灭口，而是提高自己的品格”。死刑判决已经确定，在这场审判中，我们看到了苏格拉底英勇无畏的道德勇气，也看到了雅典司法民主制度的缺陷：舍弃法律专业精神，而将司法审判完全交由普通公民直接行使，往往难以保持法律的理性，而仅凭感性和好恶做出结论，从而沦为多数人的暴政。判决的程序合法，结果却如此不公。

对苏格拉底死刑的执行，因为宗教仪式的原因，拖延了一个月，这期间，他的学生们准备安排他逃狱，但被他严词拒绝了。他说，法律是神圣的，依照法律程序做出的判决必须得到遵行。即使判决是错误的，也没有权利逃避法律的执行，因为是否错判在于个人认识，但如果人人都以判决不公为借口不执行，法律就没有权威，国家也就没有规矩和秩序了。如果一个人愿意生活在一个国家，他就和这个国家签订了一个契约，国家制定了法律，使公民能够享受到权利，那他同时也应当履行法律规定的义务，否则就是毁约，这是十分不道德的事，所以不能无耻地逃亡。

临刑时刻到了，苏格拉底从容赴死。他对学生们说：“死亡是一种永恒的安息——一种甜蜜的无争之乡。在那里只有永恒的遗忘，不会有人世间的迫害、痛苦、受伤和失望，那是人类由地面走向天堂的必经之路，也可以说是通往上帝宫殿的走廊。”狱方通知他：“你应该为自己处理善后了！”他说，“我一生中，时刻预备死，不必处理善后，无论公私方面，我从没有错对过一个人。”服毒酒执行死刑是从雅典和它的殖民地开始的。毒药是从欧洲普遍可见的毒芹中提炼出来的，然后溶于少量的酒精饮料中，以使药效很快抵达心脏。苏格拉底饮下毒酒躺下之后，他又忽然把已经盖在脸上的蒙脸布掀开说：

“克力同，我欠阿撒拉庇乌斯一只鸡，一定要替我还给他。”他死前做的最后一件事，就是处理这笔小债务，这句话通常被人看作是一种临终幽默，但我却从中看到了一种深入骨髓的契约精神。

苏格拉底虽然认为自己无罪，但他仍然拒绝逃狱，面对不公正的判决，在他有机会选择背法而生的时候，他却选择了守法而死，可说是法治信仰的殉道者。我原本以为崇尚个性、自由的西方文化，当个人遭受恶法侵害的时候当会赞同苏格拉底的背法而生，何况他是西方哲学之父，跨世纪的名人?!但不料想连人文主义的怀疑论者蒙田都对苏格拉底此举大加赞赏而并不赞成逃狱，我不揣冒昧地说，这件事如果落在国人头上，大多会选择背法而生的，况且他还有道义的支撑：这个判决是不公正的。我们许多人都认同这样的观点，既对认为不公正的判决可以不执行，这看起来似乎很有道理：不公正的判决怎么能执行呢？但问题是，如果抛弃判决的法律效力，那么，人人都可以认为对自己不利的判决就是不公正的判决，人人也都可以不执行自己不愿意执行的判决了，那么，法律、法院也就无异于虚设，更遑论其权威了。

苏格拉底之死引起了众多法学家的思考和热议，王利明教授为此发文两篇，谈了程序正义和法治信仰，刘星的《西方法学初步》则是以“从审判苏格拉底说起”，作为西方法学的出发点，洋洋洒洒地作了一大篇苏格拉底之死面面观的引言。或许也是有感于此吧，周天玮在《法治理想国》一书中虚拟了一场苏格拉底与孟子的对话，他以这场对话来突显中西方关于法律至上观点的根本歧异，而“法律至上”与“法律正当”则是他构成“法治”的四维坐标的两个出发点。

“有谁会在仍有选择的前提下，愿意为他所不同意的法律判决殉身？除非在他心中守法——包括恶法亦守——这个概念的的确确就是他所深信不疑‘通往真理’的手段。……大体上，西方文化确实显现出一种择‘法’固执的倾向。在争端出现的时候，西方人倾向于优先做法律思考，最后也倾向于服从法律的仲裁。这种倾向，在中国文化传统中很不容易看到。在传统中国社会里，我们所看到的是人们漠视法律。”

孟子的学生问他：舜做天子，皋陶担任法官，如果舜的父亲杀人了，舜该怎么办？孟子认为舜不能阻止皋陶去抓他父亲，但却可以背着父亲远走高飞，逍遥法外，以尽孝道。可见，在中国人的传统观念中人伦是高于司法的。当然，在中国并不只是人伦价值高于司法正义价值："中国传统文化的'伦理和人情压倒司法'以及'权力大于一切'的特质，可以让涉嫌犯刑事罪的'五四'学生不经司法程序而获得释放，也就有可能为半个世纪后的'文化大革命'中种种荒谬残酷的红卫兵行径提供意识基础。'文革'为什么能利用学生的激情点燃，有它历史和文化上的原因，司法功能的从属性提供了温床，法治不存是'五四'少数官僚的噩梦，但在'文革'却成了千千万万人的不幸，以及对 20 世纪进退失据的中国良心的最大教训。追本溯源，中国思维的问题症结，也许早在孟子与苏格拉底的各自谈话之中发出了讯号。"

因此，他在《自序》中明白无误地告诉我们："在走向法治的道路上，我们的最大障碍始终是法律的权威难以建立。"

革命与艺术

——大卫的《马拉之死》

1793 年 7 月 13 日，虽然身患疾病却仍然泡在澡盆里坚持办公的马拉，被一个保皇派的贵族少女马尔黛刺死。马拉是雅各宾的三巨头之一，是大卫的挚友。前一天他还见到马拉在澡盆里办公。出事后又赶到现场，怀着“为马拉报仇”“让人民看看敌人是多么凶残”的愤怒情绪，他迅速完成了《马拉之死》。

18 世纪中叶欧洲盛行考古风，随着庞贝古城和赫库兰尼姆古城的发掘，人们终于看到了向往已久的古希腊和罗马时代的真实社会风貌，欧洲社会的思古之幽情焕发出了现实追求的热情，艺术家们热衷于从对古建筑、雕像的研究中，寻找新的美学起点，由此出现了新古典主义绘画艺术。

大卫（1748—1825 年）以一幅《荷拉斯之誓》而成为新古典主义的先锋，1789 年爆发了影响世界历史的法国大革命，大卫从意大利回来后即投身大革命，参加了雅各宾党，按照“艺术为崇高的理想服务”的理念，他用画笔记录了这一时期的重大历史事件和人物。但他对大革命之后的混乱局面深感失望。由于雅各宾派的首领罗伯斯庇尔实行严厉的恐怖政策，甚至将自己的战友丹东送上断头台，使得人心惶惶，社会动荡不安。1794 年发生了热月政变，大革命结束，大卫被捕入狱，出狱后，他那倾向保皇党、之前与他分居的妻子，主动来探望他，二人又重归于好，大卫深受感动，之后，他画了《萨宾的妇女》呼吁“休战”。1799年拿破仑发动雾月政变，执掌法国政权，大卫转而支持拿破仑，对大卫政治立场的转变，有人颇有微词，但在我看来，这似乎是大卫身上浓烈的英雄主义情结使然吧。我们从他的画作题材也可以窥见一斑，他画《荷拉斯之誓》，荷拉斯兄弟的誓言是：“不胜利归来，便战死沙场！”他画《苏格拉底之死》的画外音是：“信仰是不能动摇的！”他画《斯巴达三百壮士》，表现的是面对波斯的数万大军，斯巴达国王亲率300勇士扼守温泉关，殊死战斗，最后全部阵亡；他画《布鲁图斯》表现为维护共和国利益而处死亲生儿子的罗马国王布鲁图斯，他画《马拉之死》喊出了“为马拉报仇！”他画《萨宾的妇女》表现一群妇女勇敢地冲进罗马武士和萨宾武士的战阵之中，为了下一代挺身制止双方的战斗；他画《拿破仑越过阿尔卑斯山》的马上英姿，正是人们潜意识中拿破仑作为军事英雄的崇高形象。他用三年时间画的《拿破仑加冕图》庄严崇高，一百多个人物清晰可辨，表情各异，栩栩如生地再现了这一史实。

大卫用精确的古典元素，“在历史画中表达现实，把现实带进历史画中”，以此抒发他心中的英雄主义激情。所以小说家司汤达说，大卫的艺术“是严肃雄伟的、有激动人心的力量。”画家德拉克洛瓦说，大卫的画是“雄壮有力的散文”，当然也有人批评说，“大卫在政治上有多革命，在艺术上就有多反动”，但这种指责是有失偏颇的，因为大卫和他的学生格罗、安格尔等画作的流传、不朽即是最好的证明。

在《马拉之死》这幅画中，大卫用极其简洁、朴素的手法，却深深地打动了人心：除了安详的人物、白色的浴巾、绿色的桌布、黄色的木箱，没有太多烦琐的构图，画面中心被压得很低，大面积的黑色背景，衬托出肃穆的悲剧氛围，马拉的头倒向一边，身体倾斜，握着鹅管笔的手臂下垂，如同过度疲劳而静静睡去一样，但是马拉锁骨下的一道伤口、浴缸里红色的水、掉在地上的匕首，又明白无误地告诉人们：马拉是死于被谋杀，马拉另一只手握着写有凶手名字的一张纸张。大卫如同现场目击证人，用画笔记录下这仿佛刚刚发生过的一幕。波德莱尔说，这里“既有一种柔和的情调，同时又有一股动人心魄的力量。该画作是一出触目惊心的戏剧。一种非常强烈的表现力使得该幅作品成为现代艺术的奇迹之一。”

马拉与罗伯斯庇尔、丹东号称雅各宾派三巨头，对法国大革命和马拉其人作为历史事件和人物，尽可有不同评价和争议，但无可否认的是，大卫的《马拉之死》并未因为法国大革命的结束随风而逝，这幅画作在美术史上的地位并非由于它的革命性，而在于它的艺术性。《马拉之死》似乎可以印证美学理论家文克尔曼的观点：古典之美在于它的“伟大的静穆和高贵的简单。”

宗教裁判所

——戈雅的两幅《玛哈》

西班牙的宗教裁判所，历来在欧洲是以严酷著称于世的。……有人统计过，到戈雅侍奉的查理四世时期，三百年间，宗教裁判所烧死的已达三十四万人。

在美术史上，戈雅是敢于以自己的作品向宗教裁判所挑战的最突出的一位画家。

戈雅（1746—1829年）的艺术有着强烈的时代特点，但又超越了时代的意义，被人称为“画中的莎士比亚”。他是第一个根据自己想法自由创作的艺术家，现代艺术始于戈雅。他的作品标志着个人表现和独立精神等方面的真正革命，这正是现代艺术运动所蕴含的生命力。19世纪的浪漫主义和现实主义画家包括德拉克洛瓦、库尔贝、马奈都从戈雅的绘画艺术中得到了启发和滋养。

戈雅早年曾旅行意大利三年来提升自己的绘画水平，1786年戈雅被任命为宫廷画师，从此他的大半生都是在西班牙宫廷中度过的。戈雅的主要作品有版画《狂想集》、油画《穿衣的玛哈》和《裸体的玛哈》、大型肖像油画《查理四世一家》、油画《1808年5月3日的枪杀》、版画系列《战争的灾难》等等。戈雅有关宗教裁判所的画作，有反映宗教裁判所正在开庭审理异端案件的《宗教裁判所》、有谴责教会和宗教裁判所培养人们对巫术恐惧的《空中的女巫》、有讽刺斐迪南七世恢复宗教裁判所的《沙丁鱼的葬礼》等。

戈雅虽然身处封建王朝的宫廷，但他的思想深受伏尔泰、狄德罗等启蒙主义思想影响。因此他的创作就难免与宗教裁判所发生冲突。早在1780年戈雅被召去装饰一座大教堂时，他的作品就遭到了教会领导的责难，他们认为他画中有些女性形象“不像她们应该的那样体面”。戈雅最著名的讽刺性版画《狂想集》总共有80幅，其中有些作品批评了教会的伪善和贪腐，有人把他告到宗教裁判所，宗教裁判所立即禁止销售这些作品，但戈雅将这些作品都卖给了国王和一位公爵，这才幸免宗教裁判所的进一步追究。

戈雅平时的穿着打扮很潮，他在王宫时身着体面的法式服饰，一离开王宫就打扮成玛哈风格，他似乎很喜欢这种被称为“浪荡风”的装束，还画过自己身着玛哈装束的自画像。1800年西班牙首相戈多伊向戈雅定制了一幅斜躺着的玛哈的裸体作品，但主题不是维纳斯女神，而是马德里街头的某个女人，不久又要求戈雅再画一幅穿衣的玛哈，艺术史上因此增加了两幅非常精彩的作品。

1814年11月宗教裁判所发现了这两幅玛哈，由此对戈雅展开了调查，戈雅被召入法庭，要求他解释“这两幅画是否出自你的手，创作的动机是什么，受何人委托，最终目的是什么”等等，但最终戈雅再次逃脱了宗教裁判所的惩罚，其中原因已不为人所知。但我们看到了在戈雅的艺术自由创作过程中，宗教裁判所总是如影随形、阴魂不散地徘徊在他身边。

讽刺司法

——杜米埃画笔下的法官和律师

只有到了杜米埃，才在绘画中把讽刺和喜剧或幽默非常完美地结合在一起。他的人物形象并不像现代漫画那样变形变得很厉害，而是在基本写实的基础上加以夸张，不但把巴黎社会的三教九流——从总统、皇帝到马戏团丑角的不同的性格神态——描绘得惟妙惟肖，而且把人类感情中的种种变化揭露得淋漓尽致。他的讽刺的分寸是很准确的，引起人们的笑也伴随着不同的态度和感情。

作为一个伟大的漫画家、法国讽刺艺术大师的杜米埃（1808－1879 年）他是一个以画笔当解剖刀的社会批判家，他用漫画表现当代社会最尖锐、人们最关心的问题，如《三等车厢》《带孩子的洗衣妇》等。他的画作突出人物的身份、地位、内在性格以及人物的品德，以此折射出画作的社会性。他曾借用文艺复兴时期文学作品高康大的形象画了一幅大逆不道的漫画：传说中的高康大巨人般地腆着个大肚子高坐在高耸的宝座上，张大着嘴伸出长梯般的舌头着地，地面上的人民则将粮食、捐税等财物源源不断地从传送带般的舌头运送到他的嘴里，这幅画无情地讽刺了当时的法国国王路易·菲利浦贪婪侵吞民脂民膏的丑行，为此他被判 6 个月的监禁。他也曾因版画《特朗斯诺南街》描写政府军队镇压民众游行示威、杀害无辜群众的场景，而被捕入狱。

在杜米埃小时候为法院执事当仆役时，有一次他看到本地一个富商来找法院执事说事，执事说："这事不太好办，你的马车撞到了那妇人是有人证的啊，那妇人又拖家带口，一幅穷困可怜的样子，她一定会讹上你的……"商人说："小的相信阁下一定会秉公处理的。"这时杜米埃看见商人把一个小盒子塞给执事。商人离开后，执事打开盒子，杜米埃看到：原来是一串珍珠项链。第二天，杜米埃照常到法院干活，他听到了法庭外传来了那个败诉妇女的哭喊声。

也许是小时候的见闻和这次入狱的经历，使他对当时法国腐败的司法界深恶痛绝。杜米埃长期在《讽刺》杂志上用漫画抨击政府和法律界的腐败。他创作了一组著名的《司法人员》石版画，这是在素描和水彩画的基础上完成的组合，他在画中以锐利的目光、冷静的观察刻画了司法界形形色色的人物，通过对这些人物的刻画揭露了当时法国司法界的伪善、自负、叛卖、卑劣、腐败的本质。

他画一个法官审问偷东西吃的人："为什么要偷?"答："我饿!"法官说："我到时候也会饿，我怎么不偷?"画面上是枯瘦的穷人饥饿而又惊恐的样子，和肥胖的法官躺在椅子上洋洋得意，自以为聪明的样子。

他画一个律师读着新出的报纸，喜笑颜开的脸上显出无限敬佩之情，标题是"他看到吹捧自己的文章——这文章是他自己化名写的"。

他画的《三个交谈的律师》，表现已经穿好法服的律师，上庭之前在走廊相遇交谈的样子，一副傲慢、自负、装腔作势、高深莫测的神态。

他画的《辩护者》，表现一位律师在法庭上，面对陪审团慷慨激昂地陈辞，双手做出夸张的动作，煽情的表演，让一旁被告席上的女士脸上流露出一丝惊诧的窃喜，似乎连她自己都有点不敢相信自己竟然是如此的无辜。

巴尔扎克曾说："从这个小个子，我看到了米开朗琪罗的力量。"这种力量，应该就是讽刺艺术的力量吧。

正义作家

——马奈的《左拉像》

他画的《左拉像》，在绅士风度中有一种敦厚沉着、坚定不移的气质。

马奈（1832－1883年）出身于巴黎的一个法学世家，他的父亲是一名法官，母亲是外交家之女，典型的上流社会家庭。父亲想将马奈培养成一名律师，但是不用功的马奈让他父亲的愿望落空了。马奈从小热爱绘画，于是说服父亲，师从学院画家，但渐渐地马奈对学院派的教学方法产生不满，并时常发生冲突，于是开始学习前辈绘画大师的作品。

1863年，马奈的画作《草地上的午餐》参展，引起了轩然大波，带来了巨大争议。画面上一个一丝不挂的女人很自然地坐在两位衣冠楚楚的绅士中间，在塞纳河边的一处树荫里野餐，而这个赤裸的女人竟然还毫不避讳地直接面对着观众，远处一位穿着薄纱般睡衣的女人正俯身站在水里。拿破仑三世看了直斥道：太粗鄙、太淫乱了！官方学院派也认为马奈离经叛道，群起而攻之。

马奈说，我看到的"就是如此"，而学院派却说艺术"应当如此"。其实，美术家们都知道，这幅画的主题只是借助了16世纪乔尔乔内的名作《田园协奏曲》，那幅画表现的希腊神话中的缪斯女神与抒情诗人在草地上，女神也是文艺复兴以来常见的美丽的裸体。马奈只是在画作中摘掉了古典的幌子，将那些传统画作上的所谓女神变成现代女人给大家看而已，然而画女神是习以为常，画女人却是离经叛道。可见，从裸女画上来讲，古典只不过是现代人的一块道德遮羞布罢了。实际上，马奈的这幅画与思想无关，与题材无关，而只关乎技法。这幅画不再像过去画作那样关心空间透视、明暗对比，以及由此造成的立体感，因此马奈不想让他的模特处于卡拉瓦齐的聚光灯下，而是将画面放到户外，让她享受着自然阳光的照射，但强烈的结构对比也没有了，所有物体都变成了基本的形和色，马奈只是借助裸女和绅士的形象来表现对外光、色彩和空气描绘的探索，人物和主题对马奈而言没有什么意义，他也不表达思想，马奈认为他的作品的主角是光和色。

当时巴黎一批富于革新精神的青年画家常常在一家叫盖尔波瓦的咖啡馆聚会，他们都不满当时占主导地位的安格尔古典主义，常聚在一起交流创作新思想，发表艺术新见解，这些人包括莫奈、雷诺阿、西斯莱、德加等，由此形成了一个新的美术团体——无名艺术家协会。作为新闻记者的左拉当时也常和他们聚在一起，而且左拉和他们相处感到十分舒适，如同在家里一样，比他在新闻界的圈子更自在，他特别欣赏这些保持着真诚、质朴、稚气的年轻人。为了维护艺术创新精神，正义感爆棚的左拉挺身而出，为马奈辩护，维护马奈反传统的精神，他写了一篇长文，深入解释了马奈绘画技巧的独到之处，肯定这种方式带来的视觉效果和表现方法，称赞它是“体现了人类才智中至今未被发现的一面”。他说马奈不像之前的艺术家，他不在“自己的画里引进思想”，他给自己定的任务丝毫不是表达某一个思想或某一幕历史，他只是一个画家，所以不应该把他作为一个道德家，也不应该作为一个文学家去评论。对这个画家，左拉预言他是“未来的大师”。左拉愤怒地说：“当初，大家都斥责库尔贝的艺术粗俗，毫无意义，现在人们却沉浸在库尔贝的艺术世界里不能自拔。如今你们又来否认马奈，但是有一天，你们会像崇拜库尔贝一样崇拜马奈，他的作品一定会在卢浮宫占有重要地位。”左拉勇敢反击诋毁马奈艺术的人，伸张正义，使这些新画派把他当成了他们艺术的捍卫者。当时处于四面楚歌的马奈得到左拉的强力支持，更坚定了自己的艺术道路，后来他专门为左拉画了这幅著名的肖像画，而且左拉的预言也成了现实。

爱弥尔·左拉（1840—1902 年）是法国的著名作家，自然主义文学流派的领袖，他用 25 年的时间写出了长篇巨著《卢贡——马卡尔家族》，它包括 20 部长篇小说。左拉小说的代表作有《小酒馆》《娜娜》《萌芽》《金钱》《崩溃》。他早年因为创作还打了一场轰动一时的官司。给他带来这场官司的是反映资产阶级通奸的小说《家常菜》。小说中有一个人物叫迪韦迪的，他是上诉法院的法官，而刚巧巴黎有一个叫迪韦迪的人，他是上诉法院的律师、《法庭报》的总编，这位真迪韦迪认为他的名字在一本不好的小说里受到了诽谤，要求左拉撤除这个名字，左拉不干，他说自己并没有不良的意图，小说里的那些名字都是从各省的老工商年鉴里找来的。于是迪韦迪将左拉告上塞纳省的民事法庭。原告的律师是前律师公会的会长和科学院院士，他要求人们设身处地地凭良心想一想，当他们看到自己的名字被用于这种污泥浊水的场合会有什么感受。被告这一方，左拉和连载《家常菜》小说的《高卢人报》则申辩，这个诉讼不仅是对《家常菜》的，而是对整个文学界的诉讼，因为对一个小说家来说，在编造一个名字时，不可能不会遇到同名的真人，而他因此被推论损害了他人的名誉，是不能成立的。虽然左拉的辩护合情合理，文学界的作家们也大多支持他的观点，认为左拉被起诉是作家的创作自由受到了威胁，但是判决结果是：左拉必须把这个有争议的名字从书中删除。最后，左拉将迪韦迪名字改成迪韦里耶出版了《家常菜》。左拉输了官司，但是因祸得福，这场官司给他做了免费的大广告，《家常菜》不热卖都难了。

左拉后来在平反德雷福斯案件的斗争中，成为举世闻名的民主斗士，从他早年支持马奈的艺术创新斗争中，我们可以知道这不是偶然的。早在年轻时他就不畏皇帝对《草地上午餐》的批评，不顾主导画坛的学院派对马奈艺术的否定，挺身而出，挑战权威，维护真理，这让我们看到左拉的身上始终洋溢着一种为正义而斗争的精神。无怪乎亨利·特罗亚将左拉的传记名之为《正义作家左拉》。

流放者之路

——列维坦的《弗拉基米尔卡》

通过这条荒凉的大道，有多少政治犯被流放到西伯利亚去！这条空荡荡的看不到尽头的大道，将引起多少人的激愤与叹息！

列维坦（1860—1900年）有一天带着学生来到西伯利亚写生，他们兴高采烈地在旷野上行走，忽然，列维坦发现大路边上有一条若隐若现的小路弯弯曲曲地通向远方，在路边茂盛的草地上有一块木制的路标，但是木牌上的字迹已经模糊得无法辨认，只有木牌的箭头指向远方，这时他的一个学生过来告诉他："这是一条通往西伯利亚流放地的古道。"列维坦大吃一惊，这就是那条充满流放者血泪的古道？他的眼前浮现出一队队在沙皇士兵武装押送下、戴着脚镣艰难行进的革命者形象。这条小路激起了他的创作灵感，他搜集了大量有关西伯利亚流放者的历史资料，满怀深情地创作了《弗拉基米尔卡》这幅画作：画面上压得很低的视平线使整个画面显得辽阔而深远，乌云笼罩前方，废弃的路标、荒凉的原野与墓碑，烘托出苍凉的氛围，它形象地告诉人们这是一条布满苦难、鲜血和泪水的道路。

通过这条道路走向苦寒之地西伯利亚，最值得铭记的是被列宁称为"俄国第一代革命者"的十二月党人。19世纪初的俄国仍是专制集权的封建帝国，保留着腐朽的农奴制，沙皇政府对内横征暴敛、压迫人民，对外争霸欧洲、穷兵黩武，1812年打败拿破仑，取得卫国战争的胜利后，更加激起了俄国人民的爱国热情，受到法国和欧洲资产阶级革命思想的影响，一些正直的年轻军官对国内政治日益不满，产生了“改造祖国”的愿望。他们成立秘密协会，倡导废除农奴制，建立共和制或君主立宪制国家，并决定发动武装起义。1825 年 11 月 19 日，沙皇亚历山大一世突然去世，12 月 14 日清晨，300 多名陆海军官兵列队走向圣彼得堡市中心的元老院广场，他们全副武装，利剑出鞘，一路高呼“拒绝宣誓”“要求宪法”“要求民主”的口号，在广场摆成战斗方阵，并打退了效忠新沙皇尼古拉一世的军队，由于起义部队统帅未能及时到场，尼古拉调集 1.2 万名步、骑兵，打败了起义部队，此后，南方的起义军也被打败。尼古拉一世亲自主持了对被捕的十二月党人的审讯，5 名起义军首领被处绞刑，121 名起义者被流放西伯利亚。这次起义让尼古拉一世感到了极大的恐惧不安，以至于他在一句审讯笔录下打了 12 个惊叹号。因为，在这之前没有人相信会爆发政治起义，更不相信有人能在俄国的心脏圣彼得堡的中心用鲜血对君主专制制度提出庄严的抗议，而且这些年轻的军官，原本都是贵族，是农奴制的受益者，是沙皇政权的支柱，都在军队、政府部门担任领导职务，他们个人有着美好的前程，但他们认为残暴的农奴制是腐朽的，自己享受的特权是可耻的，因此起而抗争。

他们被流放去服苦役的西伯利亚冰原在西伯利亚北部，沿北极冰盖边缘绵延三千两百公里，这片冰冷荒凉的土地，仲夏时气温也只有 5 摄氏度左右，冬季气温可降至零下 44 摄氏度，就连动物在冬季也纷纷迁徙到温暖的地方，正是在这样的苦寒之地，在长达 30 年的时间里，十二月党人在这里服苦役流刑，直到 1856 年大赦。这期间不断有人劳累而死，但是没有人退缩，仍然坚持斗争。他们有的密谋反抗逃狱，有的通过写作继续进行反政府宣传。而他们在服刑中打猎、耕作、建新村、办学校、设图书馆，给这荒无人烟之地，注入了顽强的生机。十二月党人的妻子们不理睬尼古拉一世的允许改嫁的谕令，放弃优渥的生活条件，毅然与丈夫们共赴患难，她们在哥萨克卫兵的押送下，戴着铁链枷锁，一路艰难跋涉，走向那野兽出没的苦寒之地，去守护在丈夫的身旁，把她们对爱情的执着，对苦难的超越，写在了西伯利亚冻原的星空上。

流放地图

——列宾的《意外归来》

一个因从事革命而被流放多年的政治犯，在亲人们已经绝望的情况下突然回到了家里，老母亲一刹那好像麻木了一样站在他面前。而他——这个被严酷的岁月磨炼得异常冷静的人，除去眼睛中闪着光辉之外，脸上没有任何表情。列宾曾多次改画这个人物，开始把他画得很激动，继而改为面含笑容，最后才改成这样一种“内热外冷”的样子。

这幅画的作者列宾（1844—1930 年）是巡回展览画派最杰出的代表。19 世纪以前，俄罗斯的艺术还没有形成自己的民族特色，只是在 19 世纪随着文学中的“自然派”、绘画中的“巡回展览派”、音乐中的“强力集团”、雕塑建筑中的“新古典主义”现象的出现，才标志着俄罗斯民族特色的艺术形成，因此，巡回展览画派的出现是俄罗斯绘画史上的一个重大事件。1870 年成立的“巡回美术展览协会”，其宗旨是以批判现实主义为创作方法和原则，决心把美术家的作品送到京城以外的地方展览，使绘画艺术成为人民大众可以共同享受的财富，从而打破由皇室和贵族垄断美术、左右评论的状况。正如车尔尼雪夫斯基说的“艺术是生活的教科书”，这当然不仅是绘画的展览，更是俄罗斯社会思想教育的重要手段。1871 年举办的第一次巡回展览，即以其新颖的内容、深刻的思想、诚挚的情感、高超的技巧，吸引并打动了许多观众，受到了社会各界的热烈欢迎。此后，他们每年举办一次，长期不懈地坚持举办了 48 次。

列宾以早期民粹党人的革命运动为题材的绘画有 8 幅，《拒绝忏悔》《宣传者被捕》《意外归来》《在押送下》《在单人囚室里》，都深刻地表达了革命者的精神面貌和时代气息。《拒绝忏悔》画面上只有两个人，在昏暗潮湿的牢房里，神态自若的革命者，轻蔑地拒绝了前来接受临刑前忏悔的神父，表达了革命者对信仰坚贞不渝的精神面貌；《宣传者被捕》一方面表现了革命者的临危不惧，另一方面也表现了其主张尚未为人民理解而处于孤立的处境：除了一个小姑娘对他表示同情外，其他畏缩在远处的农民，都是来看热闹的。创作于 1883 年的《意外归来》（亦作《突然归来》），描写的是革命者从流放地归来进入家门的一瞬间：通过对全家每个成员的细致心理刻画，突出了主人公的形象，并且烘托出了富有戏剧性的场面。是列宾的代表作之一。

流放是把犯人流放到边远地方以此作为惩罚的刑罚，流放在中国古代是一种很古老、很常用的刑罚。《尚书》即有“舜流共工于幽州，放驩兜于崇山”的记载，《史记》亦有商大臣伊尹流放国王太甲、周公流放蔡叔、春秋时楚国流放屈原、战国时秦国流放白起、秦朝流放吕不韦、汉朝流放淮南王等记载。历史上获罪被流放的名人也多得不可胜数，唐有李白、韩愈，宋有苏轼、黄庭坚，明有解缙，清有林则徐等等。我国至隋唐形成了笞、杖、徒、流、死的“五刑”体系，流刑作为死刑的减等刑，在生刑中是最重的，徒刑虽然要从事各种劳役，但不离开家乡，且有一定刑期，但流刑要到边远的荒僻烟瘴之地去，路上都要戴着钳、枷之类的刑具，路途少则一千里，多则四五千里，流放的路途跋涉本身就是一种惩罚，而到流放地后一般还要做苦役或戍卫，有的还要附加刑罚，如宋代的流刑，附加杖刑，还流行刺配，对此《水浒传》中有很生动的描写，而且，流刑的解除很难，有的朝代规定流刑服役结束后要在当地落户，终身不能回来，因此受流刑者很多要客死他乡，这不仅对犯人本身，对家属也是一种连带的惩罚。

流放刑在国外也很古老。古希腊雅典等城邦就有“陶片放逐法”，就是雅典公民可以在陶片写上可能威胁雅典民主制度的政治人物的名字，通过投票的方式进行表决予以放逐。这实际上是一种民主判决。在远古时代这种远行之刑几乎等同于死刑，没有多少人能够幸存下来。然而西方实施流刑带来一个意外的后果是，当成千上万的流放者被送到美洲和澳大利亚时，这些犯人竟成了当地的拓荒者，开辟出了一个新世界。

18世纪的英国，随着人口的爆炸式增长，犯罪率也极速上升，英国的死刑犯罪增加到200多种，而且超过40先令的盗窃都可以判处死刑，有的人因为盗窃一顶帽子，或一块手绢，或一块牛排而被判处死刑。但在死刑的执行上，法院也可以将死刑减为“流放”，这样流放就成了死刑的替代刑罚。在伊丽莎白一世执政的最后几年，决定把英国的一些犯人流放到一个世纪前哥伦布发现的美洲。因为他们觉得这样做的好处很多，一是可以让这些制造麻烦的罪犯远离英国，以使社会稳定；二是政府不用拨款盖新监狱来容纳越来越多的犯人；三是流放之地有大洋阻隔，流放者难以回来或逃跑；四是当地种植园主可以获得廉价劳动力，运送者亦可获利。1717年英国的《流放法案》生效，规定运送的商人可以把犯人服刑期内的劳动力出售给当地的种植园主。18世纪上半叶有3万多犯人被送到美洲，运送流放者的商人获得了35万英镑。后来由于弗吉尼亚等地居民不愿再接受他们的同类，而且种植园主发现非洲来的奴隶更廉价，流刑犯就不能再运往美洲了。监狱人满为患的英国只好另寻新的流放地，这时，他们想到了澳大利亚，于是，1787年，一支载着736名男女犯人的船队，从英国出发，航行了252天，中途死去48人，终于到达了澳大利亚，驶入悉尼湾，定居了下来。此后1790年第二支船队、1791年第三支船队相继到来，他们来到的地方与当时已有人烟的美洲不同，一切都是初创，都要白手起家，其开拓和生存的艰难，可想而知。与此同时，一些流放地的野蛮、残酷做法也十分骇人听闻。诺福克岛被称为地狱岛，成为绝望的代名词，这个岛在澳大利亚以东的500千米处，流放到这里的都是重刑犯，这个岛的指挥官似乎都有一种病态的摧残犯人的嗜好：脚镣被做得很小以便让它能够嵌进犯人的肉里，隔离室设在一个地下水坑里，以便让被关禁闭的人无法入睡。一种叫“九尾鞭”的刑具被发明出来，鞭上一般带有利刃，用刑量为100下，第一周先挨50下，第二周伤口快愈合时再挨50下，受刑者背部和屁股的皮肉差不多被割成碎条，但不给治疗，全靠自然愈合。

从早到晚劳动的犯人都被铁链串连在一起。不堪残暴的虐待，死亡成了解脱苦难的唯一途径，这使得犯人们一到地狱岛就纷纷急着签订自杀协议书。不堪折磨的犯人在 1834 年进行了暴乱，但是很快被镇压下去，有 35 个犯人被判处死刑，法官只对 14 人处以绞刑，但这些要上绞刑架的人都在感谢上帝使他们得以脱离苦海，而另一些被改判缓刑的犯人，则流下了绝望的泪水。

魔鬼岛也是一个让人闻声色变的恐怖之岛，它位于南美洲的法属圭亚那东北 1300 米处，加勒比海南部，最初被送到这里的犯人是麻风病人，1895 年，也就是从德雷福斯他们开始，健康的犯人也被送到岛上，他们被装进货舱的钢笼子运输到这里，关在岛上的一圈木栅栏里，食物匮乏，仅够糊口，几乎没有营养。酷热的热带丛林，不仅容易患上多种疾病，而且周围短吻鳄和食肉红蚂蚁成群出没，大批的食人鲨在周边游弋着，几乎没有逃跑的机会，而且逃跑将被关进可怕的“不流血的断头台”囚室。这个流放营直到 1938 年才关闭，进入魔鬼岛的犯人，只有德雷福斯一个人活着回来。

以残酷闻名的流放地除了英国的地狱岛、法国的魔鬼岛之外，还有就是俄国的政治犯流放地西伯利亚了。欧洲国家的流放地，差不多可以勾勒出一幅世界地图的轮廓了，从北美的弗杰尼亚到南美的魔鬼岛，从南太平洋上的地狱岛到北极边上的西伯利亚冻原，都成为惩治犯人的生命苦旅。

世纪末的惊恐呼号

——蒙克的《呐喊》

他的孤独感是真正无所依凭的孤独惶恐。他最得意的，一再用油画、版画表现过的名作《呼号》，描绘一个面容近于骷髅的人物，好像受到极大的惊吓，张口狂呼。用红、蓝、绿组成的粗线画出的河水与天空，好像布满了蠕动的蛇虫一样，使人感到整个宇宙都处于动乱不安之中。

被称为19世纪末“人类心灵的画家”的蒙克（1863－1944年）是表现主义艺术的先驱。他出生于挪威，5岁时母亲因肺病去世，15岁时比他大一岁、与他感情极深的姐姐也因肺病去世，妹妹患精神病，26岁时他的父亲和弟弟相继去世，后来他自己也得了精神病。从童年时代开始就经历了亲人因疾病相继去世的不幸遭遇，在他心底留下了挥之不去的阴影，也深深地影响了他的创作和艺术风格。他早期的作品《病孩》《母亲之死》《在灵床旁》等，都是表现疾病和死亡的主题。1893年，蒙克着手创作他一生中最重要的作品、被他称之为“生命、死亡和爱的诗歌”的《生命》组画，《呐喊》（亦译为《呼号》或《尖叫》）即是其中最负盛名的一幅：

一个面容近似于骷髅的人，站在一条看不见尽头的公路桥上，双手捂着面颊和耳朵，惊恐万状地发出歇斯底里的呼叫。

他为什么要画这样一幅画？蒙克自己曾描述说，“1892年1月22日，我和两位朋友正在大道上散步，太阳已经下山了，天空中突然间变得血一样红，我似乎感受到了一种悲伤忧郁的气息。我止住脚步，轻轻倚在篱笆边，极度的疲劳已经要使我窒息了。火焰般的云彩像血，又像一把利剑笼罩着蓝黑色的挪威海湾和城镇。我的朋友，他们继续走着，而我却呆呆地站在那儿，焦虑得不停发抖，我感到四周似乎被一声巨大而持续不断的尖叫声震得摇摇晃晃……”这次经历深深地震撼了蒙克的心灵，所以除了《呐喊》之外，他还以此为背景创作了《绝望》和《忧虑》两幅画。

《呐喊》的画面上，那人的头上是燃烧着血红色火焰的天空，正低压下来，周边是笼罩着利剑般的蓝黑色峡湾，唯一的出路是他站立着的棕色的公路桥，但这座桥既不知来处，也不见尽头，不知道通往何处，也不知道何时到达，颜色在剧烈冲撞，线条在急速旋转，面对这突如其来的险象，他感到了窒息般的压力和巨大的恐惧。他的脸形因恐惧而极度变形扭曲，以至于近似骷髅，他的身形因惊吓而战栗颤抖，以至于如风中之草飘摇不定，但是那对行人，他们一点也不知道发生了什么，正一如既往地朝前走去，于是惊慌失措的他，举起那双拉长变形的手，捂住脸颊耳朵，朝着前方发出了震天动地的呼号。

这是一幅看一眼便会记住的画：因为它的扭曲变形，因为它的匪夷所思，虽然会让你不适、让你不安，但会让你记住。

这个人是谁？是蒙克吗？从心灵感悟来讲，正如他在自述中所说，这是蒙克个人的独特体验，创作于《呐喊》之前、1892 年的那幅《绝望》中的那个中年男子应该就是蒙克自己，而创作于《呐喊》之后、1894 年的那幅《忧虑》画面上那群僵尸般的人物，显然是表现群体性对存在的焦虑，而《呐喊》从具象来讲，并不指哪一个具体的人，因为从这个穿着紫蓝色衣服的人身上，分辨不清是男是女，也分辨不出身份地位，不知道他为什么叫喊，也不知道他在叫喊什么，有关这个人物的具体特征和画中的故事情节都被彻底简化，而对情绪的渲染却被极度夸张，因此这个人物就成了抽象的人、象征的人，只指“人”，而不指“哪个人”。

他为什么呼喊？蒙克以他极度敏感的心灵，在 19 世纪的尽头、20 世纪的门前，天才般地预感到了即将来临的这个新世纪是一个让人类恐惧不安、焦虑迷惘、孤独无助、甚至布满血腥的新时代。当那一声尖叫穿透世纪末的云层落在20世纪的大地上，苦难，正如他所预感的如期而至：两次世界大战、两大阵营冷战、核武器威胁生存、艾滋病带来死亡、种族冲突的屠杀……

这也是一幅让人看一眼就能明白的画，你一眼便知道那个人正在发出惊恐的呼喊。蒙克将颜色、线条的表现力发挥到了极致，用视觉符号生动地传达了听觉的感受，使绘画语言的表达能力达到前所未有的高度，使这个在19世纪末发出的惊恐尖叫，成为20世纪人类的经典表情，也使得《呐喊》成为仅次于《蒙娜丽莎》的世界名画。

蒙克很看重这幅画，他先后制作了4幅：1893年蜡笔版、1893年蛋彩版、1895年粉彩版、1910年蛋彩版。4幅画中最出名的是第二版，即1893年的蛋彩版。最特殊的是第三版1895年的粉彩版，这一版画中两位行人，有一位正俯身观看桥下，画框上题有蒙克的诗句，这幅画在2012年5月的纽约苏富比印象派与现代艺术专场拍卖会上，竞拍出了1.19亿美元的天价，创下了当代油画拍卖价格的新纪录。

这么有名！这么值钱！《呐喊》难免让贼惦记上了。1994年2月12日，因为冬奥会开幕，挪威国家美术馆将《呐喊》移到另外一个展厅展出，几名小偷用锤子砸碎玻璃窗，直奔《呐喊》，剪断悬挂画作的金属线，一分钟搞定，将名画“拿下”，大概连小偷们也想不到价值连城的世界名画，竟能如此轻易得手，于是在走之前留下一张纸条：“感谢简陋的安保工作”，这固然是嘲笑，但其中应该也有几分真诚的谢意吧。窃贼盗走名画后，索要100万美元的赎金，但被挪威警方拒绝了，在美国警方的协助下，三个月后，即5月7日警方找回了被盗的《呐喊》。然而，正如俗话说的“不怕贼偷，就怕贼惦记”，10年后的2004年8月22日，两名蒙面持枪歹徒闯入挪威奥斯陆的蒙克博物馆，他们用枪指着保安和工作人员，逼迫工作人员将《呐喊》和蒙克的另一幅名画《麦当娜》从墙上取下包好，随后在众目睽睽之下大摇大摆地拿着画上车离开了。这次被抢的《呐喊》是1910年蛋彩版的作品。这伙劫匪逃离时被一位旁观者拍了下来，几个小时后警方发现了歹徒丢弃的汽车和画框。名画再次被盗，而且这也是挪威发生的第一起持枪抢劫艺术品的犯罪案件，在社会上引起了轩然大波，惊动了美国联邦调查局，旁观者拍下的歹徒照片被发表在联邦调查局网络主页上，在全球范围内通缉嫌犯，但是案件侦破的进展仍然缓慢，直到 2005 年 4 月 8 日，挪威警方先后抓获多名与这起持枪劫案有关的嫌犯，但是被盗的名画仍然不知所踪。直到两年后的 2006 年 8 月 31 日，被劫的《呐喊》才被追回，但是已经严重受损，画作的一角被水渗透，下部被刮伤，背面严重磨损，致使画作的整体清晰度永久性受损。

当今世界，名画被盗可说是司空见惯了。艺术品的盗窃现在已成为仅次于贩卖毒品、军火走私的第三大全球性犯罪活动。全世界每年失窃的艺术品价值已超过 60 亿美元。以至于美国记者爱德华·多尔尼克写了一部《是名画总会被盗》这样有趣的侦探小说。说起被盗的名画，可谓数不胜数，有达·芬奇的《蒙娜丽莎》，伦勃朗的《加利利海上风暴》《自画像》《雅各布三世》《穿黑衣的女人和先生》《拿肥皂泡的孩子》，弗美尔的《音乐会》，柯罗的《塞夫勒的道路》，雷诺阿的《年轻波斯人画像》《与园丁对话》《裸女》，马奈的《切斯·托托尼》，莫奈的《在维特尼的罂粟花田》《伦敦滑铁卢之桥》《伦敦查灵克斯桥》，塞尚的《穿红背心的男孩》《瓦滋河畔欧韦的风景》，凡·高的《罂粟花》《鸢尾花》《向日葵》《斯海弗宁恩海滩》《春天花园》《加歇先生》，高更的《窗口前的女孩》，马蒂斯的《穿白黄上衣的读书女孩》《田园曲》，毕加索的《小丑》《鸽子与豌豆》，还有德加、弗洛伊德、莫迪利亚尼等人的画作。这些被盗的名画，最后大部分都不知所踪，未能追回，有的甚至被付之一炬，如 2012 年失窃的毕加索等人的 7 幅画作，就被盗贼的母亲扔进火炉给烧了。这么热门的题材，电影当然也不会放过，著名的盗画影片有《偷天陷阱》《偷龙转凤》《盗走达·芬奇》以及港产片《纵横四海》等。

涉及艺术品的犯罪，除了盗窃还有伪作。不世出的伪作大师贝特莱奇在欧洲几乎家喻户晓，他对作画天赋异禀，几乎精通从达·芬奇到伦勃朗到现代名家的艺术风格和技巧，都能做到神形兼备，以假乱真，作为当今世界首屈一指的伪作大师，有人专门为他拍了一部纪录片《苏富比伪画大师》，他因为仿制名画被判入狱六年，拍片时他还在服刑呢。他曾用伪造的 14 幅假画卖了 5 个亿，这还只是 14 幅而已，还有许多没有被发现的伪作仍然珍藏在世界各个地方。让收藏家们胆战心惊的是，如今他已经出狱了。

附：

以人喻法　以事寓理

——读《判重南山》

施晓宇

周瑞春先生是一个嗜书如命的“书虫”，这是我俩君子之交二十年的关键所在。今春，我读到瑞春兄的《判重南山——法官思维札记》一书，才知道他已经将徜徉法律书山、这些年发表积累的阅读体会反刍给读者看，诚属不易。《判重南山》虽是一本解读法律的书，却一点也不枯燥，有十足的“文人味”——很好读，耐咀嚼，有分量，让人读了就放不下。在我，这些年里实在算不多的愉悦读书经历之一。

《判重南山》一书分为《判重南山》《天平随想》《为法官者》《法外说法》《法律英雄》五个部分，我喜欢瑞春兄使用的是“润物细无声”的写作笔法。字里行间充满文气，典雅而不失庄重，空灵而不失智慧，同时具有法官特有的思维敏捷和逻辑严谨。他不装腔作势吓唬人，不拿法律条文充渊博，而是以散文的笔调，像与知交朋友促膝谈心一样，一边品茗一边细说法律文化。让我理解了作者于潜移默化中“普法”的难能可贵。同时心生的感受是：善于以人喻法，以事寓理，这是他的一支笔与众不同之处。而这，作为尚存众多“法盲”的当下中国，无疑是一场容易消化、便于吸收的“及时雨”。

所谓以人喻法，书中《从培根获罪谈起》一文可为佐证。被马克思誉为“英国唯物主义和整个现代实验科学的真正始祖”的弗兰西斯·培根是世界著名的哲学家、作家和法学家。可惜他在1618年登上英国大法官兼任上议院议长宝座后晚节不保，收受贿赂。1621年上议院通过了对培根的有罪判决。瑞春兄由此从培根一案的判决作为鉴镜总结道：

"法官应当慎欲……不加节制地追求奢侈的生活方式，只能跌入欲望的深渊而不能自拔。法官应当慎微。培根时代的法官对收受馈赠习以为常……无疑有损于法官的公正廉洁形象，难负实现社会正义的众望。法官应当慎权……任何一个正直的法官都不应当曲法媚上、枉法邀宠。"书中的《天平随想》《独角兽》等篇，则是以事寓理的佳构。在"举报箱"一文中，作者通过深具中国"特色"的举报箱的问世，透彻分析了举报箱告密制度的弊端，算是敢言众人之未敢言："举报箱，最早叫作缿筩，这是一种瓶似的告密箱，大约是竹筒做成的，它是西汉宣帝时赵广汉的发明。"

武则天治国本领不让须眉。但武则天成天害怕男人不服，害怕百姓说她篡位。故而采用鱼保家改进的新式告密箱——铜匦，并任用酷吏索元礼、来俊臣等充当鹰犬。一时间举国上下风声鹤唳、冤案无数。因此中国历朝历代的法律都是严禁告密的："匿名信与诬告从来都是一对孪生兄弟，中国古代从秦朝开始就严禁诬告，'诬告反坐'是中国古代法律历来都坚持的处理诬告的一个原则。"

我十分赞同瑞春的观点。这就是我读《判重南山》收获的思考与启发。

（2010年7月26日载于《福建日报》第10版）

跋

修改完全书文稿，可以坐下来写篇后记了。

我喜欢看书，曾经有一个梦想，就是盖个书院，书院入门之处是一个手执折扇、翩翩潇洒的越剧“书生”，用德化瓷雕，书院围墙里的长廊列中国历代著名书院，用惠安影雕，书屋一如古人布置，自封为书院“山长”。书院里的藏书，要盖上一枚闲章：一介书生。

这倒不光是因为我喜欢读书，而是觉得自己本质上只是一个读书人。当然，对此我也曾犹豫过，因为现如今再说自己是个读书人好像不是什么光彩的事了，显得有点“out”，何况书生在人们眼里也算不上一个太好的词，有道是“百无一用是书生”，被人嘲为废材，实在有点不堪，还有说“穷书生”，因为书生不谙谋生手段和技能，大多穷困，这也有点让人难为情；习惯上，如果说一个人很书生，大抵意味着他不通实务，照搬书本，如果说这个人很书生气，则意味着他处世迂腐，不懂变通，这些，好像我也都沾点边，只是没有达到“很”的地步，不过书生也有好的一面，王勃说：“勃，三尺微命，一介书生”，但他的《滕王阁序》流传千古，着实为读书人长了一把脸，毛泽东说：“书生意气，挥斥方遒。指点江山，激扬文字”，则是为书生撑了一把腰，费孝通晚年自评“老来依然一书生”，可谓返璞归真，不忘本色。还有，说一个人有书卷气，则意味着他书读得多，斯文儒雅，有修养。另外，书生给人感觉有点青涩、青春的样子，这也让我忆起有一次和妻子王丽云到石狮参观一个博览会，看到一个手执折扇，风度翩翩的彩扎书生，她一看到就很喜欢，当即买下，我也很喜欢这个书生潇洒的造型，因此，他在我们家醒目的位置摆了很多年。所以，书生也没有什么不好的，认真想来，可以说，我的职业是法官，爱好是读书，本色是书生，我自许一介书生，亦不愿改书生本色。现在不做法官就只是一个单纯的读书人了，对于一个读书人来说，有书可读是福，我退休之后，每每有人问我干什么，我心想：有书可读还怕没事干！但这话不能说出来，一说出口人家的心里定会条件反射地跳出一句：书呆子！所以还是“哈哈”为好。

喜欢文学，还是源于中学，初二时的一篇作文，被代课的余天鹏老师当场作范文朗读介绍，这是我上学以来第一次得到的表扬，因此就有了成就感，1976 年我读高二时，在林文兴老师指导下写了《茶山春早》，被收入福建人民出版社出版的《中学生作文选》。这次《法意无边》也由福建人民出版社出版，算是续上前缘了。2009 年出版的第一本书《判重南山》，收入的文章是大约 2000 年以来十年的文章，这次出第二本书《法意无边》过了十一年了。喜欢看书，但又总觉得读而不写好像缺了点什么，想来应该是希望与人分享，同时，也给读过的书留个记忆吧，于是在今年 6 月 1 日退休后，趁着闲暇时间整理了文稿，也新写一些，算是对人生告一段落的纪念，也算是对之前阅读的一种交代。另外，《判重南山》出版后，得到诸多的肯定和鼓励，让我深感欣慰。但其间，必新同学也曾笑我是“一本书主义”，我知道他是希望我多写点东西，杜万华、裴先鼎同学也每加鼓励，所以，出这本书也算是对他们鼓励的回应。

大凡写文章，总要明白两点：一是为谁写，二是为什么写。因此在下笔时心里总有个潜在的读者意识，也就是这些文章是要写给谁看的，在我的心里，这些文章的第一读者始终是法官朋友，第二读者是对法律文化有兴趣的朋友。近日偶翻笔记，发现2011年写有《五十一自勉》云："古云三不朽，愧我无成就。转眼知天命，蹉跎几度秋。立德终身事，自当一世修。立功时已晚，升迁可无求。唯有立言事，余阴尚可为"。说是"立言"，当然只是附会拔高而已，我自知这些文章距"立言"无异于天壤之别，但如果说毫无意义，又觉得未必尽然。写作虽然是件苦差事，但这过程也能让人"离苦得乐"，获得愉悦感，而且，我始终认为法文化的滋养，对于成就一个好法官必不可少，而对于不沦为一个坏法官更是必不可少。2013年，在我读到马明博的《因为你我在这里》一书时，忽然想到，为法官写点文章，助力世上少些冤屈，亦大功德一件也。所以我自认为这是一件值得做的事。

这本书收入的文章大约是这样的。大约是十八大之前的2010年至2011年吧，有天夜里回想起少年时在农村生活的打老鼠经历，写了《打鼠记》，在这基础上又写了《四宗罪》《寓言里的老鼠》《老鼠嫁女的成功学》《社鼠的政治智慧》《鼠疫》《猫的印象》《生态灭鼠》8篇文章，之后围绕"猫、鼠、人"三角游戏的意思断断续续写了有关猫鼠的绝大部分篇章，编为第二辑《老鼠告猫》。第一辑《风雨老人桥》有一部分是发表过的文章，如《永远的大法官》《看培根怎样当律师》《听蒙田在壁炉旁谈法律》《树木之辨》，这些文章大多在出《判重南山》时已经发表过，当时限于书的篇幅，同时还想作点修改，故未收入，此次与《风雨老人桥》《反对不正义》《动物法庭》等编在一起，为第一辑。第三辑《法治画廊》是在原先的《跟随迟轲参观法律画廊》一文的基础上改写、扩写的，原文写于2007年，发表在最高法院的《民事审判指导与参考》的“法官沙龙”栏目上，大约1.6万字，有13则，此次改写后独立成篇，又新写了《带着你的剑来》《“法律”高于国王》《黑暗之光》《革命与艺术》《正义作家》《流放者之路》《世纪末的惊恐呐喊》等7篇，编成一辑。从书名来讲，本书应当是法治文化随笔集，但收入本书的部分篇什却与法治无关，原因是这本书正值我退休出版，带有人生阶段的小结和纪念，如果从法律人专业之外的另一个生活侧面来讲，也勉强可以说是有关的，这一点似有交代的必要。

诗有诗意，法有法意。孟德斯鸠的名著《论法的精神》早年严复译作《法意》，精神直白，法意典雅，故有学者谓法意胜精神。本书取名《法意无边》，意谓法可言但意难尽，言有尽而意无穷，法意在可言与不可言之间，有心领悟则法意无边。故可借用高启的一句诗：“法意休多问，无言即是禅。”

当然，写文章是一回事，出版又是另一回事，幸而福建人民出版社的房向东、刘亚忠两位社长甚为支持，于荣生、黄须友、林玲几位出版社的同志也非常给力，感谢设计师刘蓉的辛苦付出，因此，就有了这本书与读者见面。“秀才人情半张纸”，借此向上述诸位和为本书作序的江必新同学，写评论的施晓宇教授以及为我打印全部书稿的刘振宇学弟表示衷心的感谢！

刘伯温曾有诗云：为吏为官皆是梦，能诗能酒总是仙。世间万事都增价，老了文章不值钱。虽说老来文章不值钱，却也不敢怠慢读者，故而不断修改、用心打磨，以至于交稿半年多之后才能付印。要说的话说完了，怀着舒了一口气的心情，吃茶去。

2020年12月20日于福州西湖宾馆

2021年8月3日改于北京坐忘茶室